HISTOIRE

DE

BÉTHUNE

PAR

Le Chanoine Ed. CORNET,

Curé-Archiprêtre de Béthune

TOME II

INSTITUTIONS, COMMUNAUTÉS RELIGIEUSES
ET MONUMENTS

BÉTHUNE
IMPRIMERIE A. DAVID, SUCCESSEUR DE REYBOURBON
12, rue du Pot-d'Étain, 12.

1892

HISTOIRE
DE BÉTHUNE

—

II

HISTOIRE

DE

BÉTHUNE

PAR

Le Chanoine Ed. CORNET,

Curé-Archiprêtre de Béthune

TOME II

INSTITUTIONS, COMMUNAUTÉS RELIGIEUSES
ET MONUMENTS

BÉTHUNE

IMPRIMERIE A. DAVID, SUCCESSEUR DE REYBOURBON

12, rue du Pot-d'Étain, 12.

1892

†

Me Joseph-Gaspard-Edouard CORNET

Chanoine honoraire

CURÉ, ARCHIPRÊTRE DE BÉTHUNE

M. l'abbé Joseph Gaspard-Edouard CORNET, chanoine, curé et archiprêtre de Béthune, était un enfant de Béthune. Il naquit dans cette ville le 17 janvier 1818, d'une honorable famille qui eut le bonheur de donner deux prêtres à l'Église de Dieu. L'aîné, M. François-Alexandre-Léon Cornet termina sa carrière le 27 juillet 1864, curé de la paroisse de Méricourt. « Ses œuvres en faveur des pau-
« vres, de la maison de Dieu et du pieux asile des jeunes lévites
« l'ont suivi au delà de la tombe. » Le plus jeune laissa prévoir dès ses premières années qu'il se consacrerait, lui aussi, au service des autels. On raconte que tout enfant il répétait à la maison avec une étonnante sûreté de mémoire et un débit charmant les instructions qu'il avait entendues à l'église. L'éducation développa ces heureuses dispositions.

Les Frères des Ecoles Chrétiennes, par le zèle et la générosité d'un vicaire de la paroisse, M. l'abbé Wourm, venaient d'être appelés à instruire et à moraliser la jeunesse de Béthune. Ils furent ses premiers maîtres dans la science et la piété et il leur en garda toujours la plus vive reconnaissance. Voici le témoignage qu'il en donna dans une circonstance solennelle :

« Le premier maître que j'ai appris, tout petit enfant, à vénérer,
« s'appelait le Frère *Basilée*. C'est de lui que j'ai reçu, avec les pre-
« miers rudiments de l'instruction, les principes bien autrement
« importants de ces notions religieuses et morales dont les jeunes
« cœurs ont tant besoin, dont ils sont si avides et dont ils gardent,
« à travers les vicissitudes de la vie, la bienfaisante empreinte. Cet
« excellent maître qui était à la fois instituteur et éducateur dans
« la plus haute acception de ces mots, est resté, en toutes choses,
« un modèle pour ses successeurs.... Dévoué aux familles et au
« clergé dont il avait mérité, pour son excellent esprit, l'estime et

« la confiance, aux enfants qui l'appelaient de si bon cœur le
« *Cher Frère*, il faisait de son école une source abondante de sa-
« voir et de piété et du parloir de sa maison une sorte de sanctuaire
« où l'on ne pénétrait qu'avec une religieuse vénération et d'où
« l'on ne sortait pas sans éprouver le regret de n'y pouvoir pro-
« longer un entretien toujours utile, toujours édifiant, mais dont la
« durée, nécessairement courte selon la règle, était mesurée pour
« tout le monde par une sage discrétion. Il aimait et nous recom-
« mandait les pratiques religieuses. Nous assistions à la messe
« tous les jours ; et je vous assure que nos études, loin d'en souf-
« frir, y gagnaient beaucoup. »

Les études de l'enfant et de l'adolescent y gagnèrent si bien qu'à seize ans il avait terminé le cours de ses humanités, et, trop jeune pour entrer de suite où l'appelaient ses goûts développés par la grâce de Dieu, il alla, pendant quelques mois, se dévouer à son tour à l'œuvre de l'éducation dans une petite institution située entre Bergues et Wormhout, au Buyssaert où se dépensèrent plusieurs prêtres de notre diocèse, en particulier M. Pierre Devin qui fut dans la suite Principal du collège d'Aire et missionnaire diocésain et M. Gruson, curé de Lorgies. Un élève de cette maison dans ces temps déjà éloignés rappelait naguère la dignité du jeune ecclésiastique, son aimable sourire, son exquise politesse et cette bonté qui touchait les cœurs sans rien enlever ni au respect qui lui était dû ni à l'autorité qu'il avait su prendre.

Les portes du séminaire ne tardèrent pas à s'ouvrir devant lui : dans ce pieux asile il se livra avec ardeur, avec passion même, à toutes les études ecclésiastiques de sorte qu'à Saint-Sulpice, où il acheva ses cours, il ne se trouva inférieur à aucun de ses confrères. Or ses confrères s'appelaient Louis-Edouard Pie, Victor-Félix Bernadou, Alfred Duquesnay et ils devaient, cardinaux ou archevêques, illustrer l'épiscopat français. Quand il rentra dans le diocèse d'Arras, M. Cornet avait obtenu toutes les distinctions que le mérite et le savoir permettaient alors d'acquérir.

C'était en 1841 : M. Cornet fut immédiatement nommé vicaire dans sa ville natale ; il y retrouva pour confrère et premier vicaire un autre enfant de Béthune, M. l'abbé Henri Danel, précédemment curé de Plouvain. Tous deux, pendant de longues années, firent mentir le proverbe qui assure que nul n'est prophète en son pays, et furent les auxiliaires dévoués et infatigables de M. le chanoine Marin, grand-doyen de Béthune. Ils semblèrent se compléter l'un l'autre. Une mémoire ingrate rendait la prédication pénible à M. Danel. Ce fut l'œuvre de prédilection de M. Cornet. Aussi le jeune vicaire fit-il dans la parole sainte de rapides progrès. Pas une fête où il ne fût appelé à donner le sermon ou le panégyrique, et l'annonce que l'on en faisait attirait autour de sa chaire une foule compacte d'auditeurs souvent accourus de bien loin.

Du reste tout plaisait en lui, son attitude toujours noble sans aucun mélange de fierté, son geste gracieux, sa voix agréable et son ton convaincu.

Il était homme de doctrine et de science, nourri de l'Ecriture-Sainte et des Pères. Le moindre sujet, il savait l'agrandir et le développer d'une façon magistrale, sans oublier cependant de condescendre à la faiblesse de son auditoire. Serait-il indiscret de citer un exemple entre plusieurs autres ? En 1857, on inaugurait à Béthune l'œuvre du patronage des jeunes ouvrières sous le vocable de Sainte-Anne. M. Cornet donna le sermon de circonstance. Or après avoir montré cette œuvre comme une effusion de la Charité qui « tend à sanctifier les jeunes filles pauvres en les prémunissant « contre les séductions et les violences de l'esprit du mal », il l'exaltait comme une œuvre de religion des âmes patronesses à l'égard des âmes patronées, complétant dans ces dernières l'action de Dieu et l'action de Marie, avec la sollicitude de l'Ange gardien et le zèle du Prêtre.

« On a parlé avec enthousiasme de la mission du prêtre dans le
« monde. Et, M. F., n'y a-t-il pas quelque chose de la mission sa-
« cerdotale dans la mission des âmes patronesses de l'œuvre de
« Sainte-Anne ? Nous aimons à l'avouer, les âmes patronesses de
« cette œuvre n'ont pas *formellement, en son essence*, comme dit
« la théologie, le caractère sacerdotal ; mais ce caractère auguste,
« sacré, ne l'ont-elles pas en *vertu*, en *éminence*, selon ces autres
« expressions théologiques employées par Gerson ? *Characterem*
« *sacerdotalem habent non formaliter sed virtualiter, eminenter.*
« (Gers. tract. 3 in magn.).

« Les âmes patronesses de l'œuvre de Sainte-Anne ne montent
« pas, nous le reconnaissons, dans la chaire de vérité, pour évan-
« géliser les peuples ; cependant il faut admettre qu'elles ont au
« cœur le dévouement de la vérité ; la preuve, c'est que comptant
« pour rien leur propre gloire et leur intérêt personnel, elles des-
« cendent dans l'humble maison du patronage pour annoncer l'E-
« vangile aux pauvres. *Characterem sacerdotalem habent non for-*
« *maliter, sed virtualiter, eminenter.*

« Elles n'ont pas le droit, sans doute, de paraître sur l'autel du
« Dieu vivant pour y sacrifier, comme les prêtres, la victime sainte ;
« cependant, croyez-le bien, dans la maison du patronage il y a un
« autel ; cet autel, c'est le pauvre ; et sur cet autel mystique,
« elles offrent à Dieu le sacrifice de leur temps, de leurs prières et
« de la surabondance de leurs vertus. *Characterem sacerdotalem*
« *habent non formaliter, sed virtualiter, eminenter.*

« Elles ne sont pas appelées à chanter officiellement les louan-
« ges de Dieu dans sa maison ; cependant nous dirons avec St-Chry-
« sostôme que l'*aumône* qu'elles font dans la maison du patronage
« *est une espèce de chant beaucoup plus agréable à Dieu que tous
« les cantiques. Characterem sacerdotalem habent non formaliter,
« sed virtualiter, eminenter.*

« Elles n'ont pas autorité pour s'asseoir, en qualité de ministres
« de la miséricorde, au tribunal de la pénitence, c'est vrai ; cepen-
« dant par leurs prières, par leurs paroles, par leurs exemples,
« elles concourent d'une manière merveilleuse à la réconciliation
« des âmes avec Dieu. *Characterem sacerdotalem habent non for-
« maliter, sed virtualiter, eminenter ad reconciliationem pecca-
« toris.*

« Elles n'ont pas, comme St-Pierre et ses glorieux successeurs,
« les clefs du royaume des cieux sur la poitrine, nous ne le nions
« pas. Cependant elles ouvrent la porte du ciel pour y faire entrer
« des âmes pures qu'elles ont soigneusement préservées des atteintes
« du mal. *Characterem sacerdotalem habent non formaliter, sed
« virtualiter, eminenter ad apertionem paradisi.*

« Et dès lors ne me permettra-t-on pas de bénir, au nom de la
« religion, ces gracieux missionnaires, ces apôtres d'un nouveau
« genre qui, sans quitter le riche foyer de la famille, sans renoncer
« aux charmes de leur condition, et toujours sous les livrées du
« monde, pénètrent, avec le drapeau de la charité, dans le royaume
« de la misère, pour y déposer la vérité, la vertu, la consolation et
« la vie ?... »

Ces aperçus étaient fréquents et pour ainsi dire dans la manière
de M. Cornet. Il est facile de se rendre compte de l'impression que
sa parole produisait sur un auditoire toujours avide de l'entendre
et l'on a pu dire sans exagération que, durant cette période de sa
vie, il avait « jeté un véritable enivrement dans les populations. »

M. Cornet fut environ vingt ans vicaire à Béthune. Vers la fin
de 1860, Mgr Parisis le nomma doyen d'Auxi-le-Château. Quelques
mois après, mourait M. le chanoine Marin, grand-doyen de Béthune. Le souvenir de M. Cornet et de son influence était encore
trop récent pour qu'on ne pensât pas à lui dans la population béthunoise pour occuper le poste que laissait libre la mort de M. Marin. Des démarches furent faites en ce sens auprès de Mgr Parisis.
L'éminent Evêque ne souffrait pas que l'on exerçât sur ses décisions
la moindre pression morale. Aussi, tout en reconnaissant le mérite
de l'ancien vicaire de Béthune, il jugea plus sage de remettre à une
autre époque l'avancement demandé et maintint M. Cornet au
doyenné d'Auxi-le-Château.

C'est là que M. le ministre Rouland sut un jour le distinguer et vint lui offrir de le nommer professeur d'Ecriture Sainte à la Sorbonne ; mais M. Cornet déclina cet honneur, dès qu'il sut que Mgr l'Archevêque de Paris avait posé pour ce même poste la candidature de M. l'abbé Meignan. Ce dernier, devenu plus tard Evêque d'Arras, rencontra parmi les prêtres les plus distingués de son diocèse, son concurrent *ignoré* d'autrefois, qui n'avait pas voulu qu'on élevât en sa faveur un conflit entre l'autorité civile et l'autorité religieuse.

Du doyenné d'Auxi, M. Cornet fut promu au doyenné de Bapaume en 1865. Son passage à Auxi avait été marqué par l'établissement d'une communauté de religieuses, dites : les Servantes de Marie, fondées à Bayonne par un vénérable prêtre pour le service des orphelins, des pauvres et des malades.

A Bapaume, il trouva une immense caserne de cavalerie que l'administration de la guerre mettait en vente. Il crut que ces bâtiments dans un temps plus ou moins éloigné pourraient servir aux œuvres de la paroisse et jugeant l'occasion favorable, il s'en rendit acquéreur avec l'aide et la participation des personnes les plus influentes de la ville. La première pensée de M. Cornet fut d'y créer un collège chrétien. Il s'en ouvrit à Mgr Lequette qui ne pensa pas que le moment fût venu d'entreprendre ce que Sa Grandeur a si bien réalisé plus tard, et M. Cornet installa à la caserne les mêmes religieuses, Servantes de Marie.

Il y avait cinq ans que M. Cornet était doyen de Bapaume, quand éclata la guerre de 1870. On sait quels furent alors nos désastres et comment l'honneur français se releva dans notre région aux journées de Pont-Noyelles et de Bapaume. Ce qu'on sait moins peut-être, c'est le sang-froid, la sagesse, le dévouement de M. le Doyen dans ces circonstances difficiles où il vit trois fois sa paroisse occupée et rançonnée par l'ennemi.

Les Prussiens entrèrent pour la première fois à Bapaume au lendemain de Noël et dans cette ville comme aux environs se livrèrent à des excès de toutes sortes. La nuit du 31 décembre en particulier se passa en orgies répugnantes. Le lendemain, M. le Doyen, en présentant ses vœux à ses paroissiens, commenta devant un millier d'Allemands, avec une liberté et une énergie tout apostoliques ces paroles de l'Apôtre : *Sobrie et juste et pie vivamus in hoc sæculo.*

« ..... Je vous souhaite la tempérance, *Sobrie.*

« Cette vertu purifie et féconde les âmes, conserve et fortifie les
« corps, se fait suivre, comme une reine bénie, du magnifique cor-
« tège de toutes les prospérités.

« S. Paul veut que nous ayons de la tempérance même dans nos
« goûts de sagesse : *Oportet sapere, sed sapere ad sobrietatem.*

« Mais c'est surtout l'intempérance dans nos appétits sensuels

« qui est condamnable. C'est celle-ci qui *appesantit les cœurs,*
« *qui multiplie les infirmités, qui appelle* sur ses victimes *les ma-*
« *lédictions et les malheurs.* Et maintenant, instruisez-vous, « hom-
« mes de chair et de sang », *generatio carnis et sanguinis,* et con-
« fondez-vous.

« Désormais, soit que vous mangiez, soit que vous buviez, priez
« Jésus-Christ, le modérateur infiniment sage des esprits et des
« corps, de présider lui-même à vos repas, pour les bénir, pour
« les régler, pour en bannir les moindres excès.

« Gardez-vous de croire que la guerre donne des licences excep-
« tionnelles à ce sujet. C'est alors au contraire que la discipline
« militaire se fait l'auxiliaire de la religion, et qu'elle ordonne,
« plus qu'en un autre temps, la tempérance aux armées. Si j'avais
« le bonheur d'évangéliser nos soldats français, je leur dirais, ne
« fût-ce que dans l'intérêt de leur gloire : *Soyez sobres* ; ne faites
« pas *un dieu de votre ventre* et une Capoue de cette ville.

« Je vous souhaite en même temps la *justice, juste.*

« *La justice élève les nations, et bienheureux sont ceux qui*
« *souffrent persécution pour elle.*

« Au contraire, « ceux qui vivent dans l'injustice n'ont qu'à atten-
« dre des tourments, et des tourments horribles qui leur seront
« donnés par leurs injustices elles-mêmes » : *Illis qui injuste vixe-*
« *runt per hæc quæ coluerunt dedisti summa tormenta.*

« Le bien d'autrui, injustement usurpé, ne profite à personne ;
« c'est une source de pertes et de ruines pour tous.

« Les peuples païens ne voulaient pas de la justice pour leurs
« balances ; leur épée suppléait au vrai poids dans la mesure de
« leurs exactions ; ils couvraient la honte de leurs méfaits sous
« cette odieuse sentence qui ne faisait que révéler davantage l'i-
« gnominie de leur conduite : *Væ victis,* « malheur aux vaincus ! »
« C'en est assez pour expliquer leurs abaissements malgré, parfois,
« leur apparente grandeur.

« Les peuples chrétiens, instruits par J.-C., le juste par excel-
« lence, ont des tendresses particulières et des consécrations spé-
« ciales pour les droits de tous, même pour ceux des plus grands
« criminels. En France, on lit, à l'entrée de nos prisons, cette ins-
« cription touchante, qui est un témoignage irrécusable et en même
« temps si honorable pour notre justice et pour notre charité chré-
« tienne : *respect au malheur.* Dans toutes les questions et affaires
« de justice, le plus fort n'a d'autre privilège que celui de venir au
« secours du plus faible injustement menacé dans ses droits. C'est
« là le commandement du Dieu des armées qui s'en est expliqué
« de la sorte par la bouche d'Isaïe devant les princes de Sodome :
« *Audite verbum domini exercituum, principes Sodomorum ;*

« *quœrite judicium; subvenite oppresso, defendite viduam.* Pra-
« tiquez la justice avant votre mort, dit la Sainte Ecriture ; pra-
« tiquez-la donc tout de suite, car dans ce temps de guerre, vous
« n'êtes séparés de la mort que par un degré : *Uno tantum gradu*
« *ego morsque dividimur.* Demain peut-être, Dieu jugera non pas
« seulement vos injustices, mais vos justices elles-mêmes : *justi-*
« *ciam judicat.*

« Je vous souhaite enfin la piété : *et pie.*

« La piété, dit S. Augustin, est le fondement béni sur lequel
« repose le majestueux édifice de toutes les vertus.

« *La piété, qui est utile à tout et à tous,* dit S. Paul, *donne les*
« *biens de la vie présente, et promet ceux de la vie future.*

« *L'impie et son impiété sont enveloppés également dans la haine*
« *de Dieu,* est-il écrit dans le livre de la Sagesse ; par conséquent,
« ayez bien soin de rendre au prochain ce qui est au prochain, et
« à Dieu ce qui est à Dieu...... »

On ne peut nier que ce ne soit là une noble protestation contre
les abus du droit de la guerre, en face des autels, en présence de
ceux qui s'en rendaient coupables : mais en même temps le Pasteur
n'oubliait pas de rappeler à son troupeau que la guerre est un fléau
né du péché et que la réparation et la fuite du péché sont les seuls
moyens de ramener la paix si désirée.

Mais M. Cornet ne se contentait pas d'instruire et de reprendre ;
il essayait dans la mesure du possible de faire face aux malheurs
inévitables de la guerre et de venir au secours des pauvres blessés
et des malades. Par une sage prévoyance, il avait déjà organisé des
ambulances à l'hospice avec les sœurs de St-Vincent de Paul, à la
caserne avec les Servantes de Marie, et chez les religieuses Augustines. Lui-même, donnant un exemple qui fut suivi par toute la
population, transforma son presbytère en ambulance et en dispen-
saire. Les journées du 2 et du 3 janvier 1871 le virent constamment
sur la brèche. Toutes les chambres du presbytère, sauf une, se
remplirent ; plus de 500 blessés y reçurent les premiers panse-
ments : tout le linge de M. le Doyen y passa et le 4, au matin, il ne
lui restait plus une seule paire de draps. Comme autrefois St Vincent de Paul, il réunit d'urgence les dames de charité ; sa parole,
comme celle du bon Saint, fut entendue et les Dames rivalisèrent
de générosité pour fournir les ambulances de linge et de charpie.

La charité ne fait acception de personne. Elle voit dans le pauvre
et le malheureux, quelle que soit son origine, un membre souffrant
de N. S. J.-C.. A Bapaume, elle parut dans toute sa vérité : tous les
blessés, amis ou autres, furent entourés des soins les plus touchants
et les plus éclairés. Sous ce rapport, dès le temps du séminaire,
M. Cornet s'était mis à même de pouvoir sûrement porter au moins

les premiers secours aux malades et aux blessés et non moins sûrement suivre l'application et les effets des remèdes indiqués par les médecins. Dans ces jours de grande souffrance, son expérience amena les plus heureux résultats et un grand nombre de blessés de toute nationalité ont reconnu qu'ils n'avaient dû leur guérison qu'aux soins reçus au presbytère ou sous la direction de M. le Doyen, habilement secondé du reste par ses deux vicaires d'alors, MM. Lejosne et Guilbaut et par MM. les docteurs de Bapaume. L'histoire de ces jours sanglants montre dans toute sa hideur le crime atroce et contre nature de ceux qui ont arraché le prêtre au soldat et ruiné l'aumônerie militaire. Le prêtre près du soldat, c'est, avant le combat, la force d'un généreux sacrifice communiquée au jeune homme qui va donner sa vie pour son pays ; c'est, après le combat, sur un lit de cruelles souffrances, la force de la patience et de la résignation.

Un soldat souffrait d'horribles tortures pendant que le médecin prenait de ses mains ensanglantées des organes entièrement dépouillés de leur peau pour les forcer à reprendre leur place. Il poussait des cris affreux. Je m'approchai de lui, dit M. Cornet, je me mis à soulever sa tête, à la soutenir d'une main pendant que j'essuyais de l'autre la sueur froide qui mouillait son front et ses joues. Mon regard attaché sur le sien indiquait combien je compatissais à ses souffrances. Il cessa de crier, bien que le docteur continuât son atroce besogne. Un mouvement que je fis lui donna à penser que je me retirais. « M. le curé, restez, s'il vous plaît, votre présence me procure tant de bien ».

Mais les soins des corps meurtris et mutilés ne faisaient pas oublier les âmes et il est vrai de dire que le clergé paroissial aussi bien à Bapaume que dans les villages voisins, reçut de précieux renforts dans la personne de religieux et de prêtres accourus d'Arras, de Douai et de Lille.

Parmi les blessés prussiens se trouvait un jeune officier protestant, au cœur droit, aux aspirations élevées et qui recherchait en toute simplicité la vérité. Durant les jours qu'il passa sur son lit, il eut l'occasion de voir souvent M. Cornet et de lui exposer les doutes qui le poursuivaient. A chaque nouvelle visite la vérité se dégageait davantage à ses yeux et quand il dut quitter Bapaume pour rentrer dans ses foyers, M. Cornet put lui dire : « Si vous continuez à chercher la vérité avec la même droiture et la même bonne volonté, avant cinq ans vous serez catholique ».

Il en fut ainsi. La Providence voulut que durant l'été de l'année 1891, une personne de Béthune voyageant en Allemagne rencontrât l'ancien officier de Bapaume qui lui assura devoir à M. Cornet son retour au catholicisme.

Cependant la charité et le dévouement de M. le doyen de Bapaume avaient excité l'admiration des généraux prussiens. L'un d'eux, au sortir d'une inspection au presbytère, serra chaleureusement les mains de M. Cornet et le remercia avec effusion des soins dont il entourait ses compatriotes : « S'il vous arrivait d'avoir besoin de mon intervention, venez me trouver, je ne puis désormais rien vous refuser ».

L'occasion se présenta bientôt pour M. le Doyen d'user de son heureuse influence. Un malheureux français, pour une sorte de rébellion contre l'autorité, fut traduit devant une Cour martiale et condamné à mort. M. Cornet l'apprend : après avoir donné les secours de la religion à celui qui s'attend à passer par les armes, il se rend chez le général : — « Vous souvient-il, général, de la promesse que vous m'avez faite ? » — « Oui, M. le Doyen, et je la renouvelle. » — Eh bien, vous venez de condamner à mort un pauvre malheureux qui ne se rendait point compte de la gravité de ses actes ; je vous demande sa grâce. » — « Je le regrette, M. le Doyen, mais c'est impossible ! — Impossible ?... Je croyais qu'en Allemagne comme en France, un homme de cœur, comme vous l'êtes, n'avait qu'une parole ». Et M. Cornet insiste avec tant de dignité et de force qu'il arracha enfin la grâce de celui dont il s'était constitué l'éloquent avocat.

Il ne fut pas le seul à devoir son salut à M. Cornet. Un ecclésiastique revenait de visiter sa famille et traversait les lignes prussiennes pour regagner sa paroisse. Il fut arrêté comme espion et menacé d'être traité comme tel. M. Cornet intervint encore une fois avec la même autorité et le même bonheur.

M. le Doyen réussit aussi à empêcher la profanation de son église. C'était à la troisième occupation de Bapaume. Voici comment le fait a été rapporté :

L'armée prussienne, qui occupait Bapaume, était composée en grande partie de protestants. Le ministre fit signifier, le soir, au sacristain qu'il officierait le lendemain à neuf heures dans l'église de Bapaume. Aussitôt qu'il en fut informé, M. le Doyen rédigea une protestation qui commençait par ces mots : « J'apprends par mon sacristain que le ministre évangélique doit officier dans mon église, etc. » Le lendemain 25, à sept heures du matin, il se présenta chez le général von Komorn pour la lui présenter. L'aide de camp, soupçonnant le motif de cette visite, dit d'un ton un peu aigre à M. Cornet : « Vous venez sans doute réclamer contre la cérémonie évangélique qui doit avoir lieu à neuf heures ; vous avez beau faire, plus d'un évêque a protesté ; leurs protestations n'ont servi à rien ; du reste, cette affaire n'est pas de la compétence du général, elle ressort du major de la place. Voilà une ordonnance qui va vous conduire chez cet officier supérieur ». Soit que cette ordonnance ait reçu la mission secrète de gagner du temps, soit qu'elle ait agi par ignorance, elle ne parvint pas à trouver le logement du major. M. le Doyen, fatigué de battre inutilement le pavé, congédia le soldat qui l'accompagnait, et se rendit chez M. Théry où logeait un officier d'un grade assez élevé. Peut-être, disait-il, est-ce le major de la place ? Il ne se trompait pas. A peine cet officier eût-il lu les premières lignes de sa protestation qu'il lui dit : « Vous prétendez que vous avez appris par votre sacristain, mais le ministre évangélique a dû vous voir, vous rendre visite pour la circonstance ? — Non, monsieur le major ; M. le ministre prend mon église sans m'en prévenir autrement que par le sacristain ; assurément c'est d'une politesse peu équivoque. — C'est malhonnête, reprit le major, et vous ne voulez pas que le ministre évangélique officie dans votre église ? — Non ! — Eh bien, il n'officiera pas. Allez lui dire que je le lui défends. — Mais, M. le major, si vous me donniez un ordre écrit, je le lui porterais. — Vous avez raison, répliqua-t-il ». — M. Cornet alla lui-même remettre cet ordre au ministre qui, après en avoir pris connaissance, s'écria : « Je reconnais bien là M. le doyen de Bapaume, je sais qu'il n'aime pas la Prusse... nous verrons ». Il continuait à insulter M. Cornet lorsque celui-ci lui dit avec un admirable sang-froid : « M. le doyen de Bapaume, c'est moi !... » A ces mots le ministre tout confus se récria sur l'impossibilité de contremander sa cérémonie. — « Il ne m'appartient pas, répondit M. Cornet, d'entrer en discussion avec vous à ce sujet ; vous avez reçu une défense ; vous l'exécuterez ou vous ne l'exécuterez pas ; ce n'est pas mon affaire, c'est exclusivement la vôtre. Je n'ai qu'un seul souci, celui de vous interdire, selon les ordres de vos chefs, l'entrée de mon église ». Telles furent les dernières paroles de ce pénible entretien. M. le ministre n'officia pas dans l'église de Bapaume, mais il se rendit à la chapelle des religieuses Augustines où s'accomplit la cérémonie évangélique.

Tel fut M. le doyen de Bapaume pendant l'occupation prussienne. Trop de sang avait coulé, trop de victimes avaient succombé aux jours de la bataille et dans les ambulances, trop de familles avaient eu à souffrir des ennemis dans leurs personnes ou dans leurs biens pour que de ces temps mauvais on ne convînt pas d'élever un mémorial et de conserver le souvenir pour les générations futures. L'emplacement pour un monument était indiqué d'avance. Dans trois immenses fosses, creusées au cimetière de Bapaume, et bénites par M. le Doyen, reposaient près de 500 cadavres. Là sur un tertre formé de rochers se dressa une croix en granit, portant à l'intersection des deux branches une couronne d'immortelles en marbre blanc. C'était le *souvenir des habitants de la ville de Bapaume aux victimes de la bataille du 2 et 3 janvier* 1871. La bénédiction de ce monument au premier anniversaire de la bataille, fut l'occasion d'une grandiose cérémonie présidée par Mgr Lequette et à laquelle prit part, avec les autorités civiles et militaires et de nombreux survivants de la bataille, une foule immense de parents et d'amis de ceux qui avaient là versé leur sang pour le pays.

L'église de Bapaume avait reçu dans cette circonstance une décoration austère où la croix et l'épée alternaient avec des couronnes d'immortelles. Mgr Lequette célébra solennellement le service funèbre. — A l'offertoire, M. le Doyen monta en chaire et devant un auditoire d'élite tira de son cœur de Prêtre et de Françcis les accents les plus patriotiques.

« Après une bataille heureusement livrée aux ennemis de sa na-
« tion, Judas Machabée fit pieusement ensevelir ceux qui avaient
« trouvé la mort au champ d'honneur et demanda qu'on offrît pour
« eux au Dieu des miséricordes un service solennel d'expiation.

« Ne dirait-on pas, messieurs, que ce pieux et touchant épisode
« des hauts faits d'armes de l'homme puissant qui sauvait le peuple
« d'Israël, reparaît aujourd'hui, sous nos regards édifiés, avec toute
« l'auréole de ces mémorables circonstances, j'allais dire avec toute
« la gloire de sa parfaite identité ! Ne croiriez-vous pas, en effet, mes-
« sieurs, en cette funèbre solennité qui nous rassemble et dans mon
« récit biblique qui date de vingt siècles, avoir pour ainsi dire admiré
« l'histoire anticipée de l'armée du Nord au point de vue de sa for-
« tune militaire, de sa foi religieuse et de sa charité fraternelle ?

« Il y a un an, l'armée du Nord était sur un champ de bataille,
« à quelques pas de cette pieuse enceinte. Nos soldats, redevenus
« semblables à eux-mêmes sous un commandement ferme et habile,
« se couronnaient d'un succès.

« Mais de quel prix ne l'ont-ils pas payé ?

« Nous ne vous parlerons pas des fatigues, ni des périls, ni des
« privations qui auraient effrayé peut-être de vieilles troupes aguer-
« ries, et qu'ils ont dû subir, quoique novices pour la plupart dans
« la rude vie des camps. Il me suffira de vous dire, pour peindre
« d'un seul trait l'excès de leurs héroïques épreuves, *qu'ils se li-
« vrèrent au danger du combat*, ayant tout quitté, ayant fait tous
« les sacrifices, sans espérance d'aucun profit pour notre infortu-
« née patrie. Hélas ! l'illusion n'était plus possible : Paris était trop
« loin, l'armée du Nord trop petite ; il n'y avait plus que l'honneur
« à sauver.

« L'honneur du drapeau, l'honneur de la France à sauver ! tout
« le reste perdu... C'était l'heure des grandes âmes, Messieurs, c'é-
« tait plus qu'il n'en fallait pour que nos magnanimes guerriers,
« officiers et soldats, se précipitassent à la bataille, « plus agiles que

« les aigles, plus forts que les lions. » Et c'est ainsi qu'en se cou-
« vrant de gloire, après deux jours de luttes gigantesques, ils arra-
« chèrent à Manteuffel, le favori de Guillaume, les honneurs d'un
« succès inespéré. Ah ! nous avons eu alors une des visions d'Ezé-
« chiel : nous avons vu « les princes de l'aquilon tremblants et con-
« fus dans leur force, » *Ibi principes aquilonis pavente et in for-
« tudine confusi.* Bapaume, si célèbre autrefois dans nos fastes
« militaires, tu as donc été choisi de nouveau par le *Seigneur des*
« *armées* pour être l'heureux et le plus proche témoin d'un des
« échecs de l'étranger? Dieu soit béni de t'avoir donné ta part, si-
« non dans la récompense, du moins dans le péril, dans les souf-
« frances, dans le dévouement et dans la charité ! Ah ! que de cho-
« ses glorieuses tu as faites et qu'il faudrait dire pour la consola-
« tion de tes nobles et illustres sœurs de France! »

Et l'orateur rappelle tout le dévouement, toute la charité, tout l'héroïsme dont Bapaume fut le théâtre. Puis il continue dans un magnifique élan :

« Ai-je besoin d'ajouter que cette charité sacerdotale ou simple-
« ment chrétienne, *se faisant toute à tous*, se prodiguait, *sans*
« *acception de personnes*, avec son incomparable et si opportun
« trésor de sacrifices, aussi bien en faveur de l'étranger qu'en fa-
« veur de nos compatriotes? Je défie l'Allemagne d'exprimer à ce
« sujet la moindre plainte, le plus petit regret. Ah ! l'Allemagne,
« qui ne veut reconnaître aucune défaite dans ses armées, peut
« contester, malgré l'évidence, son échec militaire sous les murs
« de Bapaume. Je suis persuadé que la pensée ne lui viendra ja-
« mais de refuser son respect, je dis plus, sa reconnaissance pour
« les incomparables services rendus par toutes nos religieuses in-
« distinctement, filles de la Charité, sœurs Augustines, servantes
« de Marie, dans les grandes ambulances que notre sollicitude pas-
« torale avait eu le bonheur d'établir. »

Inutile de suivre M. le Doyen dans tout son discours : qu'il suf-
fise de dire que Mgr Pie, en ayant reçu un exemplaire, répondit à son ancien condisciple sur une simple carte : « Vous êtes resté notre maître à tous. »

Quant à la cérémonie, elle conserva jusqu'à la fin, à l'église et au cimetière, son caractère imposant et religieux. Le souvenir en survit encore après vingt ans, ravivé, chaque année, par un service funèbre pour les soldats tombés sur le champ de bataille de Bapaume.

De leur côté, les paroissiens de Bapaume voulurent manifester à M. Cornet leur reconnaissance pour les services rendus pendant la guerre ; ils lui offrirent un magnifique calice dont il se servit jusqu'à sa mort et que par une délicate attention il légua à l'église de Bapaume.

Il restait à réparer les désastres de l'invasion : ce fut l'œuvre des années qui suivirent, jusqu'au moment où M. Cornet fut, en 1878, appelé à remplacer à Béthune M. le grand-doyen Bocquet, décédé.

Si ce lui fut une joie de revenir dans sa ville natale, et de tracer de nouveaux sillons dans le champ où s'étaient exercés ses premiers efforts, elle ne fut pas sans mélange et sans amertume. Sans doute la population l'accueillit avec une évidente sympathie, mais les temps étaient changés et il pouvait répéter avec Bossuet : « Quel état et quel état ! »

Il venait avec son cœur, son dévouement, l'amour du sol natal et les souvenirs d'autrefois, et dès les premiers pas il rencontra de mesquines oppositions et des petitesses renouvelées du Bas-Empire. Ainsi le voulait, paraît-il, la politique.

Ainsi désireux de poursuivre l'œuvre de M. Bocquet et de compléter l'ornementation de l'église paroissiale, il fit poser les quatre grandes verrières qui manquaient encore. Or il se trouva quelqu'un qui s'imagina pouvoir, la loi à la main, faire enlever ces vitraux dont l'un au moins était un don de M. Cornet. Cette jalousie du pouvoir, pour ne pas dire ce zèle anticlérical, ne fut arrêtée que par une intervention du pasteur du diocèse auprès des pouvoirs supérieurs, mais elle ne cessa de chercher les occasions de se faire sentir et d'entraver les projets de restauration ou d'embellissement. Quand il s'agit de placer un nouveau banc de communion en marbre, œuvre pourtant d'un artiste de Béthune et pour laquelle les fonds étaient préparés, on put croire un moment que l'opposition triompherait et que M. le Doyen en serait pour ses frais. Dans une autre circonstance, il se vit en butte à des attaques directes au Conseil municipal et dans la presse locale. On réclama avec force démonstrations l'affichage du tarif dans l'église ; en vain il voulut présenter ses explications au Conseil et établir ses droits ; on ne le reçut même pas, mais il resta ferme sur son terrain et repoussa tout empiétement de l'autorité civile. On rirait si l'on savait que la cause de tout ce bruit et de ces démonstrations venait de ce qu'une personne refusait, à propos d'un mariage, de payer des faux frais pour articles ajoutés, *sur demande préalable*, à la classe indiquée.

Sans doute toutes ces tracasseries furent sensibles à M. le Grand-Doyen et ne laissèrent pas d'exercer une fâcheuse influence sur sa santé qui dès lors parut ébranlée, mais il n'en poursuivit pas moins son plan : on vit de nouveaux confessionnaux, plus en rapport avec le style de l'édifice, prendre la place des anciens ; l'église fut chauffée et les orgues que les travaux de consolidation et de réfection de l'édifice avaient fortement endommagées, furent remplacées et renfermées dans un nouveau buffet ; leur inauguration, présidée par Mgr Dennel, fut une consolation pour son cœur et une vraie fête pour la population de Béthune. — Du reste, M. Cornet cherchait à rehausser les solennités extraordinaires par la présence du premier pasteur du diocèse.

Un ouragan avait renversé le Calvaire du cimetière et depuis plusieurs années le champ du repos ne voyait plus s'élever au-dessus des tombes le signe sacré de la Rédemption. M. le Grand-Doyen offrit à la Municipalité et obtint de le rétablir sans qu'il en coûtât un sou à la ville : quand le jour de la bénédiction approcha, il rappela à Mgr Dennel que 40 ans auparavant l'ancien Calvaire avait été solennellement érigé en présence de S. Em. le cardinal de la Tour-d'Auvergne ; ne convenait-il pas que le nouveau fût bénit par le successeur de Son Eminence ! Il ne fallait pas tant de raisons pour décider le bon évêque à donner à cette fête par sa présence un cachet particulier de grandeur, et la cérémonie, malgré l'absence de la musique municipale, qui déjà ne paraissait plus aux processions de la Pentecôte et du St-Sacrement, fut de celles qui, par sa piété et son heureuse organisation, laissèrent dans la population les plus salutaires enseignements et les plus attendrissants souvenirs.

Quels souvenirs aussi restèrent de cette grande mission que le zèle du curé ménagea à sa paroisse, prêchée par le R. P. Berthe et ses confrères de la congrégation du T. S. Rédempteur ! Ce lui fut une consolation au milieu de ses épreuves ; car on put lui faire constater que tout n'était pas perdu au sein de ce peuple qu'il aimait, et que sous une indifférence apparente se cachait une foi toujours vivace. Cette foi, il fallait la sauver et la sauver par l'éducation et l'enseignement. M. Cornet, il faut le constater, n'eut rien de précipité dans son action ; outre que par caractère il désirait la conciliation et repoussait bien loin de lui tout ce qui eût pu paraître blessant, il avait la prudence pour compagne et s'il marcha lentement, il marcha sûrement, sans jamais avoir besoin de revenir en arrière.

Déjà du reste il avait pris fermement en main la cause de l'éducation chrétienne du peuple.

Un an environ après son installation à Béthune, un arrêté de M. Bihourd, préfet du Pas-de Calais, laïcisait l'école des Frères des Ecoles Chrétiennes. Cette école était assurément communale, subventionnée par la ville, mais elle avait été fondée par un vicaire de Béthune, M. l'abbé Wourm, et la ville, en acceptant la donation qu'en avait faite le fondateur par deux actes successifs, avait pris l'engagement d'en conserver la direction aux chers Frères. Aussi ceux-ci résistèrent à l'arrêté préfectoral, résultat de manœuvres secrètes, et la violence seule les arracha, au milieu d'une population qui les acclamait, de l'asile où ils travaillaient pour Dieu et les âmes.

Il appartenait à l'un des plus anciens élèves des Frères de protester, au nom de la première génération, contre l'insulte faite à des maîtres dévoués et vénérés depuis soixante-deux ans. Dans une lettre pleine de fermeté, M. Cornet jeta le cri de l'indignation, et au nom des pauvres et des ouvriers, reprocha aux auteurs trop connus de la violence, leur injustice personnelle et l'ingratitude dont ils semblaient rendre coupable la ville de Béthune.

Il appartenait aussi au successeur de MM. Wourm et Marin de défendre l'œuvre qu'ils avaient fondée et développée. Ce fut l'objet de revendications successives devant les tribunaux de différent degré et jusque devant le tribunal des conflits. Si, dans un esprit de conciliation dont chacun lui fit honneur, il parut désarmer momentanément devant l'impossibilité d'obtenir la *prompte* justice à laquelle il avait droit, il prit une brillante revanche de son apparente défaite en fondant l'école libre des Frères. C'était le vœu de la population ; aussi quand, avec le concours d'hommes dévoués, il eût recueilli les ressources nécessaires, l'école nouvelle se trouva remplie. Elle devint l'objet de ses incessantes préoccupations, faisant appel à la charité de ses paroissiens et organisant des quêtes aux jours de fêtes solennelles. Malgré les attaques ironiques du camp adverse, l'œuvre vivait et se développait, infusant dans le cœur des enfants, la connaissance et l'amour de Dieu, de la Patrie et de la Famille (1), sans négliger aucune des sciences réclamées par l'instruction moderne. Les succès obtenus en étaient la preuve. Si l'on ne se souciait plus d'aborder les concours pour le certificat d'études primaires, on établissait un comité d'hommes éclairés, honnêtes et indépendants, donnant à la fois l'impulsion à l'enseignement et distribuant, à bon escient, des certificats d'une valeur incontestable ; M. le Grand-Doyen aimait à le constater : réponse victorieuse à ceux qui avaient pris pour prétexte de l'expulsion des Frères l'infériorité de leur enseignement. Devant eux aussi, sa compétence dans l'histoire locale lui permettait de remonter le cours des âges et de montrer que le zèle pour l'instruction de l'en-

(1) « Chère petite portion de mon troupeau chéri, voici toute mon exhortation,
« qui est celle d'un père, votre devancier comme élève dans cette école : n'oubliez
« jamais que vous êtes chrétiens formés par les Frères des Ecoles Chrétiennes.
« Rappelez-vous toujours en même temps que vous êtes Français. *Dieu, Patrie,*
« *Famille,* telle est la devise de vos maîtres ; qu'elle soit aussi la vôtre ; elle est
« écrite sur vos certificats d'études. Que de grandes choses expriment ces trois
« mots : Dieu, c'est-à-dire notre père céleste ; Patrie, c'est-à-dire la France, votre
« mère temporelle ; Famille, c'est-à-dire *ce petit nid,* comme l'appelle le saint
« homme Job, où l'on vit si tranquille, où l'on meurt si doucement, où l'on renaît
« de ses cendres sanctifiées ici presque toujours, avant que la mort les ait faites,
« par les sacrements, ces semences incorruptibles et fécondes de vie et d'immorta-
« lité glorieuses. *In nidulo meo moriar.* » (*Discours du 13 août 1885*).

fance n'était pas d'importation récente. Qu'on permette de citer encore : peut-être ces lignes, perdues dans une brochure, aideront-elles dans ses recherches historiques quelque membre du clergé.

« L'histoire de notre cher Béthune nous autorise à croire, sans y
« mettre de notre côté la moindre exagération, que les enfants de
« cette cité, dans les temps les plus reculés, même dans les âges
« appelés barbares, étaient généralement instruits et plus instruits
« qu'on ne se le figure. L'instruction leur venait par de nombreuses
« issues, et surtout par les monastères et les presbytères. Il y avait
« à Béthune, sans parler des couvents où l'enseignement était
« donné, plusieurs paroisses ; or chaque paroisse avait sa maison
« d'école, et une fondation pour assurer le traitement de l'institu-
« teur. Parmi ces écoles les unes s'appelaient *écoles de charité*,
« parce qu'elles étaient fondées par les curés sur leur paroisse
« respective et qu'elles s'ouvraient gratuitement aux enfants pau-
« vres. Les autres, qui étaient dirigées par des maîtres particuliers
« avec l'autorisation et sous la surveillance d'un prêtre très docte
« et fervent zélateur de l'instruction, portaient le nom de *petites*
« *écoles* ou d'*écoles de grammaire*.

« Ces *petites écoles* étaient tellement multipliées dans cette
« ville que chaque quartier, sinon chaque rue, avait la sienne.

« C'était l'Église représentée par ses ministres, je viens de le
« dire, qui avait créé ces écoles. Elle ne l'avait pas fait seulement
« pour enseigner aux enfants leur religion et l'instruction primaire,
« mais encore pour les besoins du culte, en ce sens que l'institu-
« teur préparait ses élèves à prendre part aux cérémonies reli-
« gieuses, et à y apporter l'aide nécessaire par le chant et la musi-
« que liturgique. C'était une sorte de petite maîtrise créée pour les
« enfants en faveur du culte, louable institution qui s'est mainte-
« nue heureusement dans les écoles des Frères.

« Toutefois, nous n'en disconvenons pas, le programme d'ins-
« truction élémentaire était alors bien plus restreint que ceux ad-
« mis aujourd'hui par nos chers Frères.....

« ..... Quoi qu'il en soit....., l'instruction, telle qu'elle existait
« anciennement à Béthune, s'étendait et arrivait aisément jusqu'aux
« plus déshérités de la fortune. Il y avait en effet, dans chaque pa-
« roisse de cette ville, une *école dominicale* où l'ouvrier, engagé
« toute la semaine dans la vie de travail, pouvait venir gratuite-
« ment le dimanche pour y cultiver un peu son intelligence pendant
« quelques heures prises sans dommage sur sa journée de repos.

« C'étaient encore les curés qui avaient créé ces écoles ou du
« moins encouragé et favorisé leur création. L'enseignement popu-
« laire à Béthune a donc toujours été un des rameaux de la religion
« et presque toujours un des fruits du zèle sacerdotal. »

Il suivait donc l'antique tradition des curés de Béthune, reprise depuis le commencement du siècle par les prêtres vénérables que l'on connaît, quand il prenait en main la cause de l'enseignement chrétien non-seulement dans l'intérêt de la classe ouvrière, en élevant l'école libre des Frères, mais encore de la classe aisée en posant les fondements d'une institution secondaire libre.

C'était une œuvre importante, on l'a dit, et difficile en présence d'un collége communal et universitaire.

M. Cornet sonda le terrain, prépara les voies, recueillit des souscriptions et mit à la tête de l'entreprise une société civile. Son évêque l'encourageait, secondait ses efforts, le fortifiait dans les difficultés et s'occupait lui même activement de mener à bien une œuvre dont il appréciait d'autant mieux l'utilité qu'il avait lui-même consacré à l'éducation de la jeunesse près de trente ans de sa vie sacerdotale. Pour reconnaître cette grande participation à l'établissement de l'institution, M. Cornet aurait voulu la placer sous le vocable de St-Désiré : mais les habitudes locales l'emportèrent et on l'appela l'institution St-Vaast.

Commencée dans le local du patronage de jeunes gens, elle se trouva vite à l'étroit et bientôt Mgr Dennel venait poser la première pierre d'un édifice qui jusqu'à présent rappelle dans sa disposition générale le grand corps de bâtiment du petit séminaire d'Arras. Avant de quitter cette terre pour un monde meilleur, M. Cornet put voir la nouvelle institution grandir au milieu de l'estime générale et présenter les plus sûres espérances de prospérité.

Au milieu des soucis que lui donnait le soin de sa paroisse, M. l'Archiprêtre savait trouver encore du temps pour la satisfaction de ses goûts d'étude. Il aimait la littérature, et mettait un soin minutieux à la composition de ses sermons et de ses discours dont un bon nombre prit place dans les revues de la prédication contemporaine. Mais depuis plusieurs années, il s'était appliqué surtout à des études historiques et livré à de longues recherches dans les archives municipales et départementales et dans les principales bibliothèques du Nord de la France et de la Belgique. Ce qu'a été Béthune depuis bientôt dix siècles au point de vue religieux, militaire et civil, dans sa seigneurie, ses institutions, ses confréries, ses écoles, ses mœurs, ses coutumes, son commerce, tel est le thème apparent d'un livre consciencieux et précis qui est résulté de ces travaux et auquel il a donné le titre de : *Histoire de Béthune*. En réalité le cadre s'élargit ; l'auteur ne se renferme pas dans les limites étroites de l'histoire locale, mais il fournit à l'histoire générale de la France des données nouvelles destinées, pense-t-il, à jeter un jour plus vif sur son passé et ses institutions.

Des deux volumes que doit comporter l'ouvrage le premier seul est imprimé ; le second, confié à un ami éclairé, ne tardera pas à l'être à son tour.

L'ouvrage entier porte cette dédicace :

A la mémoire de mes parents et de mes concitoyens-paroissiens dont les chères âmes m'attendent auprès de Dieu.

C'est le témoignage suprême de l'amour profond que M. Cornet avait voué à son pays natal. Bien des fois dans le cours de ces dernières années il en avait donné des preuves non équivoques ; tout ce qui était une gloire pour sa ville, il le célébrait et l'exaltait avec toute son âme.

Il faut, pour s'en rendre compte, l'avoir entendu, à la chapelle de Quinty, prêchant à la foule accourue de Béthune et de Beuvry, le septième centenaire de l'établissement de la Confrérie des Charitables. Ce discours n'a pas été conservé, mais le vénérable Archiprêtre avait encore, pour dire la gloire de Béthune, l'entrain, le feu, l'imagination et le débit de sa jeunesse, et quand le soir, au banquet qui réunissait à une même table, avec tous les confrères, les autorités civiles, religieuses et militaires, il porta la parole, ce fut avec tant d'à propos et de délicatesse qu'il enleva tous les suffrages.

Du reste il ne laissait échapper aucune occasion d'instruire en louant ou de payer un juste tribut de reconnaissance à qui avait fait du bien à ses concitoyens. C'est ainsi qu'il tint à prononcer l'oraison funèbre du bon et vénéré M. Charles Hélin qui toute sa vie fut vicaire à Béthune. M. Cornet l'avait eu pour collègue de 1854 à 1860 et en 1878 il l'avait retrouvé au même poste, toujours dévoué et infatigable, le serviteur et l'ami des pauvres, avec la même piété et la même crainte de Dieu. Il lui fut facile de dire le prêtre pieux, zélé, charitable, le saint en un mot, et de faire couler de douces larmes ; on aimait tant celui qui avait passé en faisant le bien !

Une autre fois, c'est aux funérailles d'une jeune sœur de la Congrégation des filles de la Charité ; il y avait 15 mois qu'elle avait dit adieu à sa famille, à son pays ; *elle ne faisait que d'entrer dans la carrière du dévouement* et l'on rapportait ses restes mortels. Rien de touchant comme l'allocution prononcée sur cette dépouille virginale et consacrée au service des pauvres ; c'est un hymne en l'honneur de la virginité et de la charité et en ce moment-là même, les consœurs de la jeune victime étaient, à Béthune, l'objet de mesures malveillantes de la part de l'autorité. M. l'Archiprêtre ne pouvait pas ne pas y faire allusion, mais avec quelle délicatesse !

« Quelques heures avant sa mort, ayant donné à sa famille le
« suprême témoignage de son immortel amour, elle revint au sou-
« venir toujours vivant de sa ville natale et de notre maison de Cha-
« rité dont se glorifie à bon droit cette cité ; et sous l'empire d'une

« touchante sollicitude, elle fit cette question à son entourage :
« Tourmente-t-on nos sœurs à Béthune? — La réponse lui a été
« donnée au ciel. »

Le cœur de M. Cornet avait été frappé de coups successifs par la perte soudaine et imprévue de jeunes hommes distingués, officiers et autres, qui semblaient appelés à faire la gloire de leur famille et de leur cité. Il lui fallait épancher sa douleur devant les autels et en présence de ses concitoyens et il terminait ainsi son allocution : « Hélas! bonne et chère ville natale, tu es grandement
« éprouvée, depuis quelque temps surtout, par la mort de plusieurs
« de tes enfants et des plus distingués, ravis, jeunes encore, aux
« espérances que tu fondais sur eux pour ta gloire. Mes chers con-
« citoyens, nous les avons *connus et aimés dès leur plus tendre*
« *enfance* ces regrettés défunts; prions donc pour eux. C'est la
« seule consolation à laquelle nous puissions prétendre..... »

Ces accents, il les fit entendre une dernière fois, quand au mois de novembre 1890, il célébra la messe du départ et inaugura à Béthune l'aumônerie militaire telle que l'avait organisée l'autorité diocésaine.

Enfin quand, au premier janvier, il reparut en chaire et offrit à ses paroissiens ses vœux de nouvel an, on remarqua qu'il était triste et préoccupé de l'avenir qu'il entrevoyait sous le plus sombre aspect. Peut-être avait il dès lors comme un pressentiment de sa fin prochaine.

Autour de lui cependant le clergé de la paroisse, les prêtres du canton, ses amis espéraient, cette année-là même, célébrer solennellement son jubilé sacerdotal. A la réunion de la conférence on insista pour obtenir qu'il voulût bien se prêter à une manifestation religieuse que tous verraient avec bonheur et qui, en honorant le prêtre jubilaire, tendrait à honorer Dieu et l'Eglise. Sous la même impression de tristesse, il trouva que les circonstances n'étaient pas favorables et il refusa. Du reste il voulait *mourir dans sa simplicité*.

De fait, quelques jours plus tard, le dimanche 18 janvier, malgré une température exceptionnellement froide, il voulut pour ne point donner prise à des critiques malveillantes, présider lui-même à des funérailles solennelles et consentit à attendre patiemment, exposé à un froid glacial, le déploiement du cortège. L'effet ne fut pas immédiat; rien dans la journée ne laissa prévoir ce que la nuit réservait de troubles et d'inquiétudes. C'est en effet au milieu de la nuit que M. l'Archiprêtre se sentit gravement atteint : une congestion pulmonaire s'était déclarée. Son premier soin fut de demander aussitôt et de recevoir les derniers sacrements, puis il se remit aux mains de son médecin. Il fallut deux heures d'efforts et de remèdes énergiques au dévoué docteur pour enrayer les progrès du mal. Encore y avait-il à craindre des complications. Des soins assidus et intelligents, une obéissance absolue aux prescriptions du médecin parurent, au bout de quelques jours, assurer un heureux retour à la santé. Une visite à l'un de MM. les vicaires tombé malade, détermina un second accès ; il ne dura guère, mais provoqua de nouvelles précautions qui eurent encore une fois les meilleurs résultats. M. l'Archiprêtre avait repris sa vie d'études qu'il n'avait, pour ainsi dire, pas abandonnée : chaque jour il se faisait conduire en voiture à la Chapelle des filles de la Charité pour y célébrer sans danger la sainte messe. Le 13 avril, il déclarait tout haut qu'il se trouvait tellement bien rétabli que le lendemain il vaquerait de nouveau à toutes les occupations de la vie paroissiale. La veille ou l'avant-veille il y avait préludé en célébrant, avec toutes les précautions voulues, le mariage d'un officier né à Béthune ; il répondait à un désir nettement exprimé et il satisfaisait en même temps un besoin de son cœur. La journée se passa dans les meilleures conditions. Comme il l'avait fait dans tous les moments que la maladie lui avait laissés libres, il s'était occupé avec son éditeur à corriger les épreuves de l'*Histoire de Béthune*. Dans la soirée il avait élaboré avec un de ses vicaires le règlement qu'il voulait donner à la maîtrise de Béthune. Il venait de gagner sa chambre à coucher quand survint subitement la crise suprême.

Elle le trouva ferme et énergique : « Mon Dieu, ayez pitié de moi ! C'est tout cette fois, c'est tout. O mon Dieu, miséricorde ! » Telles furent les dernières paroles qui s'échappèrent de sa poitrine oppressée avant qu'il entrât dans sa courte agonie. Il put encore, malgré la soudaineté et la brièveté de ce dernier assaut, recevoir en pleine connaissance l'absolution et l'onction suprême des saintes huiles.

Sa belle âme s'envola alors vers le tribunal du souverain juge où, sans aucun doute, elle reçut l'accueil promis au bon et fidèle serviteur.

M. l'Archiprêtre devait le lendemain recevoir sa famille : elle arriva en effet de bon matin, heureuse de fêter le rétablissement d'une santé si chère : elle ne put que s'agenouiller, pleurer et prier auprès de la couche funèbre où étaient exposés ses restes mortels.

A la nouvelle inattendue de cette mort, la ville de Béthune fut consternée. Durant plusieurs jours ce fut un concours de toute la population qui allait revoir une dernière fois les traits vénérés de M. Cornet et chercher sur ses lèvres, comme le disait une femme du peuple, *son fin et doux sourire.*

Les funérailles eurent lieu le samedi 18 avril, sous la présidence de M. le chanoine Graux, vicaire-général, archidiacre de l'arrondissement de Béthune. Toutes les œuvres et institutions de la ville avaient tenu à honneur de prendre place dans le cortège qui se déroula à travers les rues de la cité décorées de tentures de deuil. Un clergé nombreux était accouru de tous les points du diocèse. Une foule compacte et émue suivait le cercueil porté selon la tradition séculaire par les confrères de St-Eloi en grand costume. Les coins du poêle étaient tenus par M. Mercier, sous-préfet de l'arrondissement, M. Haynaut, maire de la ville, M. le Président du Tribunal civil, M. le Colonel du 73ᵉ d'infanterie, M. le doyen de Carvin, M. le Président du conseil de Fabrique, M. le curé de Vieille Chapelle et M. le Président de la Conférence de Saint-Vincent de Paul. La vaste église se trouva trop petite pour contenir tous ceux qui avaient voulu rendre un dernier hommage au vénéré défunt. Les cérémonies de la liturgie s'accomplirent au milieu d'un ordre parfait et d'un silence solennel qui témoignait du respect de tous. Devant cette manifestation grandiose, M. le Vicaire-Général qui avait préparé quelques mots d'édification, préféra laisser à une autorité plus haute le soin de faire l'éloge du défunt : *Seule une voix épiscopale aurait pu se faire entendre en pareille circonstance.*

Mgr Dennel vint en effet, le 22 mai suivant, présider le service de six semaines et consacrer, avec sa haute autorité, la mémoire du prêtre éminent dont l'église d'Arras et la ville de Béthune déploraient ensemble la perte soudaine.

Avant l'absoute, Monseigneur retraça à grandes lignes, avec une émotion contenue, la physionomie inoubliable du regretté défunt.

Il ne pouvait que toucher les sommets des choses parce que d'autres devoirs l'appelaient ailleurs ; mais comment ne pas profiter de la circonstance pour donner un témoignage public de sa sympathie à cette chère mémoire ? Comment ne pas mêler sa note au concert de regrets qui s'élève dans toute la cité ?

Son intention, dit en substance Sa Grandeur, n'est pas de donner même à grands traits, une esquisse de cette vie sacerdotale si bien remplie. D'ailleurs cette vie a, presque tout entière appartenu à sa chère ville de Béthune, et il n'est personne qui ne la connaisse ; Elle voudrait simplement marquer les titres de Monsieur l'Archiprêtre Cornet au souvenir reconnaissant de ses concitoyens.

Il fut avant tout un homme de Dieu, plaçant toujours en première ligne ses devoirs de prêtre et de pasteur. Aussi sa mémoire se conservera t-elle toujours au milieu de son peuple : « *in memoria æterna erit justus.* »

Mais il fut aussi l'homme de son temps, suivant avec une rare intelligence le mouvement des idées, et comprenant les besoins nouveaux d'une société nouvelle. C'est pourquoi il sut diversifier ses moyens d'action suivant les nécessités de l'heure présente. Les œuvres qu'il a fondées lui survivront et formeront les plus beaux fleurons de sa couronne ; son successeur n'aura qu'à suivre le sillon qu'il a tracé. Son ministère si actif et si fécond tiendra une grande place dans les annales de l'Eglise de Béthune.

Il a fait l'histoire de sa ville natale ; mais lui-même n'en doit-il pas fournir une des plus belles pages ! Espérons qu'une main amie voudra donner bientôt à ce livre ce complément obligé.

Que de regrets n'a-t-il pas emportés avec lui dans la tombe ? Beaucoup avaient en lui un ami, tous un guide sûr, un conseiller prudent et éclairé. Demandez plutôt à ces prêtres, qui se sont formés à son école et ont profité si largement de ses lumières et de son expérience.

Demandez à ces épouses de J.-C. qui ont trouvé en lui un père dévoué, en même temps qu'un défenseur infatigable.

Demandez à ces jeunes personnes qui grâce à sa paternelle et prévoyante sollicitude ont trouvé le moyen de conserver leur vertu au milieu d'un monde corrompu.

Quelques-uns le craignaient peut-être parce qu'ils étaient sûrs de le rencontrer sur leur chemin toutes les fois qu'ils voulaient attenter aux droits et aux libertés de l'Eglise ; mais tous regrettent cet homme droit et bon, aux vues si justes et si élevées, au caractère si digne et si ferme.

Puisse la ville de Béthune rester fidèle à son souvenir et s'inspirer longtemps de ses conseils et de ses exemples !

Ces paroles autorisées du premier pasteur devraient clore cette longue, trop longue peut-être, notice consacrée à la mémoire de M. l'Archiprêtre, s'il ne s'était produit, au sujet de ses dernières volontés, des insinuations malveillantes.

On a osé lui reprocher en plein Conseil municipal de n'avoir pris de disposition ni en faveur de l'Hospice ni en faveur du Bureau de Bienfaisance.

De bonne foi peut-on lui en faire un crime ? N'a-t-il pas été, lui, *enfant de Béthune*, éloigné des administrations où ses prédécesseurs avaient leur place marquée et où il pouvait rendre, comme eux, d'éminents services ? Du moment que l'on traite les prêtres et les catholiques en suspects, il est tout naturel que les prêtres et les catholiques s'abstiennent de s'intéresser à des œuvres d'où on les a brutalement chassés. Du reste ces secours sont-ils désormais équitablement répartis ? N'ont-ils jamais été réservés aux seules familles qui éloignent leurs enfants des écoles où l'on apprend avant tout à connaître et à servir Dieu ?

En tout cas, on peut dire d'après le testament du vénérable archiprêtre que tout ce qui venait de la famille a fait retour à la famille et tout ce qui venait de l'Église est allé à l'Église et aux pauvres.

Les Fabriques d'Auxi, de Bapaume et de Béthune peuvent en rendre témoignage. Les œuvres fondées par M. l'Archiprêtre ont été mises en possession, de son vivant, de la part qu'il leur réservait et des mains sûres et discrètes ont porté aux pauvres de son choix et surtout aux pauvres honteux les aumônes qu'il n'avait cessé de leur distribuer larges et abondantes. D'après une disposition de son testament tous les papiers personnels devaient être livrés aux flammes : il est peut-être à regretter qu'elle ait été trop strictement accomplie. Ainsi ont disparu les pièces authentiques établissant la participation de certaines personnalités aux actes dirigés contre l'Eglise et ses œuvres, mais aussi les traces nombreuses de ses libéralités cachées et les témoignages de reconnaissance qu'elles dictaient aux âmes bien nées. Ne nous en plaignons pas cependant. Louons plutôt cette charité qui pardonne et oublie, louons cette charité qui se cache et s'ignore, et redisons une fois de plus après lui cette parole de nos Saints Livres :

Moriamur in simplicitate nostra.

HISTOIRE DE BÉTHUNE

SECONDE PARTIE

INSTITUTIONS, COMMUNAUTÉS RELIGIEUSES & Monuments

CHAPITRE I

Existence communale.

I. — Chartes et coutumes d'émancipation.
II. — Les échevins, — leur nomination, — leur administration, — leur serment. — Leurs attributions : chefs de guerre, législateurs, juges, pacificateurs, administrateurs. — Honneurs et avantages attachés à la charge d'échevin. — Halle échevinale.
III. — Corps de ville, — sa composition, — élection de ses membres, — leurs pouvoirs respectifs. — Fonctions du procureur-syndic, — du clerc ou greffier, — de l'argentier ou receveur. — Création de l'office de maire sous Louis XIV. — Mécontentement des échevins. — Vénalité de la charge de maire. — Rachat de cette charge par la ville en 1709. — Édit de 1684 réservant au roi la nomination du maire. — Appointements de ce magistrat. — Nomination du maire par les électeurs en 1789. — Organisation militaire par le corps de ville. — Auxiliaires et agents subalternes.
IV. — Scel et armoiries.
V. — Beffroi.
VI. — Bourgeois, habitants, manants, forains. — A quelles conditions on devenait habitant. — Concession du droit de bourgeoisie. — Serment des bourgeois. — Obligations et charges des bourgeois. — Leurs privilèges de juridictions, dans leurs maisons, dans leurs personnes et dans leurs biens. — Condition des manants. — Obligations des forains.

Si nous pouvions dissiper les ténèbres qui enveloppent le berceau de Béthune, vraisemblablement nous trouverions que, dès son origine, cette ville fut érigée en commune. Malheureusement l'incendie qui dévora, en 1178, ses archives et celles de sa collégiale, ne nous a laissé aucun document écrit, capable de nous éclairer dans cette recherche. A défaut de renseignements que nous refuse, pour les temps anciens, cette source locale, l'histoire générale de la France intervient, nous aidant suffisamment dans cette étude. On lit dans le capitulaire de Charlemagne, sous la date de 803, que les envoyés royaux devaient établir des échevins en tous lieux. Le capitulaire de Worms, en 829, prescrivait aux envoyés royaux de révoquer les mauvais échevins et de les remplacer, mais du consentement du peuple, par d'autres plus convenables. Béthune qui, déjà par sa nombreuse population et son privilège de battre monnaie, méritait d'être classée parmi les localités importantes du pays d'Artois, devait, pour ces motifs, avoir, à cette époque, ses échevins. Or l'institution échevinale implique celle d'une commune, comme la nomination de plusieurs ou simplement d'un seul administrateur révèle l'existence d'une société régulièrement constituée.

En dehors de ces documents qui intéressent la France tout entière, nous avons pour garantie de l'existence communale de Béthune 1° ses chartes et coutumes d'émancipation; 2° les élections ou nominations de ses échevins par ses bourgeois; 3° sa juridiction particulière; 4° son hôtel de ville anciennement appelé halle échevinale; 5° son corps de ville; 6° son budget; 7° son droit de justice; 8° sa police; 9° sa milice et ses travaux de défense; 10° son beffroi; 11° ses armoiries et son scel.

I. — CHARTES ET COUTUMES D'ÉMANCIPATION

Ces chartes communales (1), sorte de pacte analogue à la constitution politique des sociétés modernes, notamment de la France en 1814, sont les témoins irréfragables de la légitimité des anciennes franchises des bourgeois de Béthune. Nos pères, pour obtenir ces libertés, n'ont pas eu besoin de recourir, comme les habitants de St-Omer, à la violence contre leurs seigneurs. L'esprit du christianisme ayant relevé, au temps de Saint Vaast, chez les grands et les petits, le sentiment de la dignité humaine, l'accord ne tarda pas de s'établir entre eux sur le terrain communal. C'est là l'origine lointaine, la cause morale, élevée du premier affranchissement de cette commune. Il y eut alors par le consentement explicite ou simplement tacite des premiers seigneurs, une association communale entre tous les bourgeois de cette cité, association égale pour tous, consentie par tous, qui forma l'état politique de ces hommes libres. Lorsque un des seigneurs arrivait au pouvoir, par la mort de son prédécesseur, une cérémonie solennelle d'installation constatait les droits réciproques des gouvernants et des gouvernés. Elles étaient imposantes ces cérémonies auxquelles tous étaient convoqués pour en accroître, par leur présence, le caractère et l'authenticité. La commune y était représentée par son prévôt, ses deux mayeurs et ses échevins; les paroisses y assistaient ayant à leur tête leurs curés respectifs. La collégiale de St-Barthélemy s'y trouvait représentée par son prévôt; enfin les corporations y étaient conduites par leurs chefs et administrateurs, revêtus de leurs insignes. Le peuple, en habits de fête, entourait ces représentants du prin-

(1) *Hist. de Béthune*, t. I, 53-65.

cipe d'autorité. La prestation des serments se faisait dans le chœur de l'église St-Barthélemy. Le seigneur jurait, la main droite sur les saints évangiles, de maintenir les franchises, privilèges, immunités, libertés, exemptions accordés par ses prédécesseurs. A leur tour, les échevins, représentés par le prévôt, juraient, avec le même appareil, sur leur part de paradis, d'être bons, féaux et loyaux sujets. Il est à remarquer que parfois les échevins, comme s'ils avaient eu des défiances, exigeaient et obtenaient que leur serment fût précédé de celui du Seigneur (1).

Dans tous les temps, le peuple de Béthune resta fidèle à ce serment.

Quant aux seigneurs, ils furent presque tous animés de sentiments de justice et de bienveillance envers leurs sujets. On ne trouve que deux exemples contraires dont nous avons fait mention dans la première partie de cette histoire.

En somme, deux violations passagères de quelques privilèges communaux, terminées toutes deux selon la justice et au profit du peuple, et précédées et suivies d'une entente de sept siècles, voilà le spectacle que nous offre l'histoire de la châtellenie et de la commune de Béthune jusqu'à l'année 1789.

II. — LES ÉCHEVINS

Par ce mot dérivé du celtique *schwyn, juger,* servant lui-même de radical au mot de basse latinité *scabinus*, et à l'allemand *schaben*, on désignait autrefois les *hommes libres* chargés de décider de la justice et des intérêts publics d'une ville. Cette institution, qui rappelait en partie le régime municipal romain et

(1) *Hist. de Béthune*, t. I, 150.

en partie les coutumes germaniques fut adoptée et se développa surtout dans les pays où la population était en majorité d'origine allemande, comme les Pays-Bas auxquels, anciennement, Béthune était politiquement rattachée. Les échevins de cette ville étaient des magistrats annuellement élus parmi et par les bourgeois. Ils devaient faire profession de la religion catholique. Aucune autre condition ni de fortune, ni de rang, ni de capacité n'était exigée pour le choix de ces officiers municipaux. Les suffrages se portaient d'ordinaire sur les marchands, c'est-à-dire sur ceux qui avaient la pratique des affaires. Nous ne reviendrons pas sur le mode de leurs nominations ou élections, ayant eu soin de signaler, dans la première partie de cette histoire, les innovations qui se sont produites, dans le cours des siècles, à ce sujet. Nous tenons seulement à rappeler que d'abord et pendant plusieurs siècles le nombre des échevins était de *dix*; qu'ils furent nommés, premièrement, mais pour une fois seulement, par les bourgeois et à la pluralité des suffrages; que, plus tard, ils durent se renouveler tous les ans, par moitié, et que les nouveaux venus étaient élus par leurs collègues restés au pouvoir. En 1260, ces dix échevins se nommaient : Laurent de Gant, Bauduin Licuens, Jehan Hamelains, Laurent de Kenbles, Willaume Licras, Jehan Darras, de St Peri (Pry), Willaume Aignelains, Pierre de Nuée, Willaume Baises (1).

Nous ajoutons que, depuis 1773 jusque en 1789, la nomination des échevins, fixés au nombre de six, était faite par les Etats d'Artois dont le choix devait tomber sur un noble, deux gradués ou clercs et trois bourgeois; qu'ils étaient élus pour deux ans mais renouvelables chaque année par moitié. Voici les noms de ces échevins en 1787 : 1re élection, Rameau, directeur de la

(1) Archives de la cour des comptes de Lille, n° 1265.

poste aux lettres; Hurbiez, notaire; Capelle, négociant. — Dernière élection, Flahaut; de Bailliencourt dit Courcol; Chartrel, médecin.

Ils étaient révocables à la volonté du roi. Le 25 août 1767, deux d'entre eux étaient révoqués; le 25 janvier 1779, trois autres avaient le même sort.

Ils tenaient leurs séances, qui avaient lieu une ou deux fois par semaine, à l'hôtel de ville. En 1699, c'étaient le mardi et le vendredi à 11 heures du matin qu'avaient lieu ces réunions. A partir du 22 mars 1712, l'assemblée commença à 10 heures du matin. Quiconque s'en absentait, sans motif grave et n'ayant pas averti ses collègues, était puni d'une amende de 10 sols. Quitter la séance avant la fin d'une délibération c'était se rendre passible d'une amende de 5 sols.

Les séances étaient présidées primitivement par le prévôt et plus tard par le maire. Les délibérations des échevins n'avaient pas besoin, pour être obligatoires, d'obtenir la sanction de l'autorité supérieure; nos échevins jouissaient donc d'une indépendance beaucoup plus grande que celle dont jouissent nos conseillers municipaux.

Quoique leur administration fut collective et non individuelle, chaque année, pour alléger leurs travaux, ils répartissaient entre eux leurs divers offices; et comme cette répartition se faisait officiellement et d'un commun accord, il n'en pouvait sortir aucun conflit d'attribution. Le 18 décembre 1772, les emplois étaient ainsi répartis : *de Bardoul* fut commis à l'inspection des plantes, des marais et du tourbage; *de Marquay*, aux logements de troupe et de passages; *Boidin et Amas*, aux affaires contentieuses; *Baubrez et Courcol* à la conduite et inspection de tous les ouvrages concernant la ville; *Mongy et Bauprez*, à l'inspection des fournitures des soldats, à la distribution du chauffage des troupes, de garnison et de passage.

Ils avaient un costume qui était en rapport avec le rang et l'autorité qu'ils occupaient. Ils attachaient avec raison une grande importance à ce costume, y trouvant la considération qui, selon le mot de Pascal, est une *force*. Ayant remarqué que plusieurs personnes n'avaient pas pour eux les égards dus à leur dignité et attribuant ce manque de respect à ce que quelques uns d'entre eux venaient en chambre avec de vieilles robes et de mauvais chapeaux, ils ordonnèrent, le 15 avril 1570, à l'argentier de la ville de leur remettre individuellement trente-six livres pour l'acquisition d'une robe neuve qu'ils étaient tenus de porter dans toutes les séances et cérémonies officielles.

Comme leurs fonctions pouvaient ne pas se prolonger au delà de deux ans, il était convenable que la ville fît les frais de ce costume qui, ce semble, devait durer beaucoup plus longtemps. Mais les abus, paraît-il, étaient considérables en cette matière. Nos échevins, dont les robes avaient été renouvelées en avril 1570, en réclamaient et en obtenaient d'autres, toujours aux frais de la ville, au mois de janvier suivant. C'était une sorte de scandale qui avait fini par déconsidérer nos magistrats. Ils le sentirent et ils décidèrent qu'à partir du 2 avril 1773, ils achèteraient, ainsi que le procureur-syndic, le greffier et le receveur, leurs robes à leurs frais.

Jusques en 1766, ils portèrent la robe qui, reconnue comme le costume distinctif de la magistrature, rappelait, en même temps, un des vêtements de leurs anciens seigneurs. Par son testament, Robert V léguait à son secrétaire ses *habits* et *robes*, « *vestes et robbas.* » Cette robe était de *drap noir* avec doublure de *toile de Paris* et garnie de *bande de velours rouge cramoisi*. Le 16 avril 1776, il fut décidé, en séance échevinale, qu'à l'avenir le costume de cérémonie serait un habit noir complet avec manteau noir bordé de bandes en velours cramoisi. Les semainiers devaient assister aux séances en habit noir, les autres en manteau noir et collet, sous peine de dix sols d'amende.

A leur entrée en exercice, les échevins prêtaient le serment suivant à la chambre échevinale entre les mains du grand bailli :

« M....

« Comme échevin de cette ville vous jurez de garder
« les droits de Dieu, de la Sainte Église et du Roi
« notre sire, faire profession de la foi catholique,
« apostolique et romaine, de garder les chartes et
« privilèges, usages et coutumes de cette ville, les
« droits des femmes veuves et orphelins, ferez droit,
« loy et justice à toutes parties qui le requéront et cé-
« lerez le secret de la halle à votre pouvoir ».

Nulle époque et nulle religion ne s'étaient avisées de créer ainsi une sorte de garde-noble, toujours prête à respecter et à défendre les droits de la veuve et de l'orphelin, par pur esprit de justice et de dévouement. Le catholicisme seul, gardien permanent de tous les droits, a su inspirer ces sentiments généreux, si opposés aux habitudes de l'antiquité.

Ce serment de nos échevins n'a subi, depuis l'institution de l'échevinage jusqu'en 1789, aucune modification, sauf une variante introduite par les Hollandais, le 14 septembre 1710, lorsqu'ils étaient maîtres de la ville. Au mot *justice* ils substituèrent celui-ci : *Raison*. C'était la formule admise à Liège : *la loi et la raison*; c'était rappeler le principe des hommes de classe libre qui, selon les vieilles traditions du droit germanique, prenaient pour base de leurs décisions l'usage et la justice naturelle. Ils comprenaient ainsi le devoir du prince envers ses sujets. « En qualité de comte de Flandre, vous deviez nous traiter suivant le droit et agir avec raison », disaient en 1128, les Gantois à Guillaume de Normandie. Une de leurs chartes qui date de 1192 développe ces principes dans les termes suivants : « C'est la volonté divine que les souverains maintiennent les lois et coutumes de leurs sujets, pourvu qu'elles soient conformes à la raison ». Voici la formule du serment exigé par les Hollandais en 1710 :

« Vous jurez de garder les droits de Dieu, de la
« Sainte Eglise et de nos seigneurs les Etats-Géné-
« raux des Provinces-Unies nos souverains, faire pro-
« fession de la foi catholique, apostolique et romaine,
« de garder les chartes, privilèges, usages et coutu-
« mes de cette ville, les droits des femmes veuves et
« orphelins, ferez droit, loy et raison, à toutes parties
« qui le requéreront, ferez bons jugements justes et
« loyaux et celerez le secret de la halle en votre léal
« pouvoir. »

Les échevins prêtèrent ce serment, entre les mains de J. Tholins, l'un des députés des Etats-Généraux de Hollande, puis entre les mains de M. Delepierre, lieutenant général de cette ville et gouvernance, au grand autel de l'église collégiale de St-Barthélemy, au son de la grosse cloche.

Les fonctions des échevins étaient loin d'être ce qu'on appelle une sinécure. L'importance des affaires dont ils étaient chargés fut toujours considérable. Leur administration s'étendait à tout ce qui intéressait la ville : la défense de la cité, ses finances, sa police, ses travaux publics. En un mot, tout ce qui concernait son existence religieuse, morale et matérielle était l'objet de leurs attributions. Ils étaient tout à la fois chefs de guerre, législateurs, juges, pacificateurs et administrateurs.

Chefs de guerre. Constructions, réparations, entretien des fortifications, approvisionnements, armement, équipement, solde, instruction de la milice primitivement communale, plus tard bourgeoise, fixation du nombre d'hommes appelés à garder les barrières, les tours et les créneaux, heures de l'ouverture et de la fermeture des portes, tels étaient les objets importants de leurs occupations. A l'heure des périls, ils faisaient le guet comme de simples bourgeois, se revêtaient de la cuirasse et du casque et se mettaient à la tête des défenseurs de la ville. C'est en effet ce qu'ils firent courageusement, en 1506, réorganisant les arbalétriers et les archers, sous le commandement de Philippe de Bernemicourt, de Sevelinghe, de Jean de Planques et de Longastre, remettant l'artillerie en bon état et se plaçant eux-mêmes à la tête de la garde urbaine. C'est encore ce qu'ils firent, le 26 mars 1566, sur l'ordre de la régente des Pays-Bas, et le 30 avril de la même année, d'après les prescriptions du duc d'Albe.

Législateurs. Ils portaient des réglements, ils publiaient des ordonnances sur tout ce qui intéressait la commune. On peut relire le *ban des échevins* que nous avons cité dans la première partie de cet ouvrage et qui déterminait ce qui concernait le maintien du bon ordre dans la cité, l'étalage, le poids, la mesure, le prix de certaines marchandises, et réprimait par des peines plus ou moins fortes les délits.

Ces ordonnances étaient *criées, trompettées, tambourinées,* aux deux bretèques, celle de la halle échevinale et celle de la gloriette située au faubourg d'Arras. Par lettres datées de Montreuil-sur-Mer au 22 juin 1421, la comtesse de Namur, dame de Béthune, ordonna que la publication des bans et des statuts des échevins de cette ville fût renouvelée chaque année *au lieu où se font les cris.* Ces bans, d'après ces lettres, devaient être transcrits sur deux registres spéciaux dont l'un resterait entre les mains des échevins et l'autre entre celles du seigneur ou de ses officiers (1).

(1) Arch. municip., AA., 3.

Jugés. Au même titre que les anciens seigneurs de Béthune, dans l'apogée de leur puissance, les échevins étaient investis de la haute, moyenne et basse justice; ils pouvaient donc appliquer toutes les peines depuis le supplice le plus terrible jusqu'à la plus légère amende.

En 1353, Jean, roi de France, « leur accorda en
« privilège le jugement, la juridiction et la connais-
« sance de leurs bourgeois en toutes actions tant
« réelles que personnelles, civiles et criminelles. Les
« seigneurs de qui ils tenaient la ville avaient la cor-
« rection, punition et exécution de leurs bourgeois et
« bourgeoises ». Le 1er mars 1367, Marguerite de France déclarait « après avoir ouï les gens de son
« grand conseil, que la connaissance des cas civils et
« criminels appartenait aux échevins ». Ce droit, elle ne l'octroyait pas; elle ne faisait que le constater par un écrit officiel. Ce privilège, Charles, roi de France, le confirmait en 1387, « y ajoutant cet autre droit
« que les échevins pourraient réclamer en quelqu'en-
« droit du royaume qu'ils eussent été arrêtés, et cela
« pour eux en faire la punition ». Le 23 février 1421, les officiers de la gouvernance ayant empiété sur ce droit des échevins par une sentence concernant Jeannette Vaillant, furent déclarés répréhensibles et leur sentence annulée. Charles de Bourgogne, comte de Charolais, permit, en 1460, aux échevins pour déterminer l'étendue de leur juridiction, de renouveler les bornes, c'est-à-dire les *grosses pierres* plantées aux limites de la banlieue et sur lesquelles étaient gravées les armes de la ville. Charles Quint fit afficher, en 1549, un placard ainsi conçu : « Les échevins de Bé-
« thune ont corégime et gouvernement, ensemble
« l'administration de la justice d'icelle ville et la
« connaissance et juridiction de toutes actions et ma-
« tières réelles, personnelles, criminelles et civiles

« traitables devant eux selon la concession des pri-
« vilèges d'icelle ville tant entre leurs bourgeois et
« leurs manants que autres parties litigentes ».

Le grand conseil de Malines reconnaissait et confirmait ce privilège en 1564. Le conseil d'Artois avait porté une sentence identique, en 1555, contre les officiers de la gouvernance de Béthune et de celle d'Arras qui avaient attaqué ce droit échevinal. De tous ces documents il résulte que les seigneurs, étrangers à la localité, eussent-ils sur leur ténement une juridiction viscomtière, n'avaient dans Béthune qu'une simple juridiction foncière.

Ce droit échevinal s'exerçait indistinctement envers les bourgeois, manants et habitants de Béthune. Tous les articles réglant les pénalités encourues ne différaient que par leur application aux bourgeois sans aucune autre spécification. Les nobles, comme les vilains, étaient jugés par les échevins, conformément à la loi commune. Le seigneur de Béthune, eût-il été roi ou empereur, n'avait pas le droit d'entraver la justice de nos échevins. Y a-t-il, de nos jours, un pays, empire, royauté ou république, où la vraie égalité devant la loi, et la vraie liberté individuelle soient si rigoureusement observées?

Également dans leurs attributions ils avaient le droit de connaître de toute espèce de clain, et statuaient sur toutes les actions personnelles, mobilières et réelles. Leur juridiction s'étendait sur le territoire de Béthune et sur celui de Chocques qui, en matière de justice, relevait de l'échevinage de cette ville. C'est ce qui résulte d'une ordonnance de Philippe, duc de Bourgogne, seigneur de Béthune, en date du 25 février 1421, où il est dit que « tous les clains et ar-
« rêtés qui se feront en la ville et en l'échevinage de
« Béthune devront être portés à la connaissance des
« échevins à qui appartiendront les jugements, tels

« sont leurs privilèges ». Les sentences des échevins ressortissaient de la gouvernance de Béthune. Mais comme ce droit d'appel était de nature à faire traîner les procès en longueur, Philippe, roi d'Espagne et seigneur de Béthune, ordonna par ses lettres du 4 mars 1588, que les sentences des échevins seraient exécutoires pour les sommes n'excédant pas cinq florins en capital ou dix florins de rente annuelle, nonobstant toute opposition ou appel. Nos échevins tenaient audience, en 1421, tous les quinze jours; en 1549, une fois par semaine; en 1690, les mercredi et vendredi de chaque semaine.

Pacificateurs. A ces différentes charges s'ajoutait celle de *pacificateurs* ou, comme on disait à Lille et à Valenciennes, d'*apaiseurs*. Dans les temps où chacun, prétendant se faire justice soi-même, s'efforçait de remplacer le droit par la force, l'un des devoirs les plus essentiels de nos échevins fut de maintenir la paix publique par des arrêts de police urbaine qui étaient souverains. Leur tribunal qu'on pourrait comparer au *tribunal de la paix*, établi, en 1190, par Henri de Liège; à celle des juges de paix de Londres à la fin du siècle dernier; et, sous plusieurs rapports, à celle de nos juges de paix en France, contribua beaucoup à mettre un frein à la violence et un terme au désordre. Dans nos archives, il est fait plusieurs fois mention de cette institution échevinale à Béthune. En septembre 1421, Guillaume de Bonnières et Jean Lesot, mandataires de la comtesse de Namur, portaient cette sentence administrative que les dépenses faites par les échevins, les jours de *trèves ou paix*, seraient inscrites aux comptes comme par le passé. D'après les coutumes et privilèges de cette ville rédigés en 1334, un bourgeois, s'il venait à enfreindre *paix ou trèves* imposées par les échevins, était passible de soixante livres d'amende; les personnes, soumises aux *trêves* imposées par les échevins, devaient se présenter deux fois par an au siège de l'échevinage et même avant, si, dans cet intervalle, elles s'étaient rendues coupables de crimes ou de rupture de ban. Celles qui contrevenaient à cette ordonnance encouraient une amende de soixante livres. En 1699, ce droit fut contesté par le grand bailli et les officiers de la gouvernance. Le 24 novembre de cette année, l'intendant Bignon établissait, mettant fin à cette contestation, que les échevins étaient *juges de police*.

Au XIIIe siècle, lorsque il y avait, entre bourgeois, dénégation et défi, les adversaires renvoyés, pour vider leur débat, au jugement de Dieu, combattaient en champ clos, revêtus d'armure rouge. C'est ce qu'on appelait le combat judiciaire. Plus tard le serment fut admis par les échevins, comme preuve judiciaire, en matière criminelle.

Administrateurs. Les échevins, suivant la teneur de leur serment, avaient la tutelle des veuves et des orphelins; en outre, ils étaient chargés de l'administration des biens de l'église et de la *pauvreté*, comme on disait au moyen-âge; tout ce qui concernait le domaine public municipal faisait partie de leurs attributions. Ils recevaient les conventions des bourgeois, auxquelles ils donnaient un caractère d'authenticité. En ce qui regarde les finances, le pouvoir des échevins fut plus ou moins étendu, selon les temps. Au commencement du XIIIe siècle, Guillaume-le-Roux, seigneur de Béthune, reconnaissait qu'aux échevins de cette ville appartenait l'établissement de l'impôt, son application et, en cas d'insuffisance, le droit d'en créer de nouveaux. Le 1er mai 1372, la comtesse Marguerite, dame de Béthune, établit que les échevins ne pouvaient lever aucune imposition sans y être autorisés par le comte d'Artois et que, dans le cas où ils obtiendraient cette autorisation, ils seraient tenus d'en rendre loyalement compte à ce seigneur, chaque fois qu'ils en seraient requis. En outre, le consentement des bourgeois fut toujours regardé comme nécessaire pour l'établissement des octrois et la fixation de leurs tarifs. Lorsque, pour les besoins de la ville, les échevins avaient à proposer une augmentation dans les tarifs de l'octroi ou la création d'un emprunt, les femmes veuves ou célibataires dont la fortune personnelle pouvait être intéressée par ces mesures, étaient convoquées officiellement aux assemblées qui se réunissaient, à cet effet, dans la chambre échevinale, y délibéraient, et donnaient leurs votes comme les hommes. Au mois d'août 1529, les échevins convoquèrent à deux reprises les bourgeois et bourgeoises notables, à l'effet d'obtenir leur consentement à la demande qu'ils voulaient adresser à l'empereur pour la création d'un impôt d'octroi sur le vin dont la recette devait servir à la réparation des fortifications. En 1694, les femmes prirent part à une délibération échevinale sur le mode d'emprunt à employer pour l'achat de 910 setiers de blé réclamés par l'État (1).

Béthune est peut-être la seule ville de France où les femmes aient eu le droit de vote dans les affaires communales.

L'autorité souveraine qui, conjointement avec les bourgeois, intervenait pour toutes les mesures relatives aux impôts, fixait aussi les dépenses par des arrêts; en principe cependant, c'étaient les échevins qui réglaient les dépenses. Rien, sous ce dernier rapport, ne pouvait se faire sans leur adhésion et leur contrôle. Cette comptabilité sera, plus loin, l'objet d'une étude spéciale.

Des occupations si variées et si importantes étaient de lourdes charges pour nos pères dont la vie était d'ordinaire si paisible et auxquels elles imposaient

(1) Arch. municip., BB, 18.

une responsabilité inquiétante. Mais ces charges étaient compensées par des avantages. Nos échevins avaient droit à des honneurs; ils en recevaient. Ils étaient aimés de leurs concitoyens qui, voyant en eux la personnification de la ville et une image de la patrie, les acclamaient avec enthousiasme, surtout dans les jours de cérémonie où ils apparaissaient, au son de la cloche du beffroi, sur le seuil de l'hôtel échevinal, entourés d'une pompe qui relevait leurs dignités. A l'heure des processions publiques, l'église les admettait à porter des flambeaux et le dais sous lequel le *Vénérable*, comme on disait au moyen-âge en parlant du Dieu de l'Eucharistie, traversait triomphalement toute la ville. Dans les revues et défilés de la milice urbaine, ils marchaient en tête et commandaient à titre de chefs. Cette pompe extérieure n'était pas exclusivement circonscrite dans l'enceinte de la cité; elle se déployait au dehors, quand ils en sortaient à cheval, en robe officielle, pour recevoir, accompagnés des canonniers, arbalétriers, archers, un personnage de grande considération. A l'époque où les rues n'étaient pas éclairées par des lanternes permanentes, ils se faisaient escorter, le soir, pour se rendre à la chambre échevinale, d'un valet porteur d'un flambeau. Ils obtenaient, du bailli, qui ne pouvait pas la leur refuser ni la leur retirer, l'autorisation de porter des armes et des couteaux. Si bon leur semblait, ils pouvaient obtenir, en faveur de leur valet personnel, le permis de porter un couteau pour leur honneur et leur sûreté. Dans les procès-verbaux de leurs séances, plusieurs fois ils sont désignés par ce titre : *Mes seigneurs*. Dans la grande chambre de la halle échevinale, à côté d'un vaste tableau sur lequel on lisait, est-il écrit dans nos archives, « toute la généologie et descente de l'empereur », on voyait les portraits des échevins peints sur parchemin. Ce luxe dont ils étaient entourés les élevait, pour ainsi dire, jusque au niveau de la noblesse et du clergé. Cette honorable situation qui leur était faite ne fut-elle pas, pour eux, un des motifs, sinon déterminants, du moins impulsifs de leur délibération du 2 novembre 1788 par laquelle ils demandaient au roi que le Tiers-Etat fût représenté aux prochains Etats-Généraux par un nombre de députés égal à celui des deux ordres du clergé et de la noblesse et que les voix y fussent comptées par tête et non par ordre?

En principe, les fonctions échevinales étaient gratuites. Il en fut toujours ainsi jusqu'en 1773 où chaque échevin reçut une rétribution annuelle de 300 livres. Cependant, depuis un temps immémorial, l'usage s'était introduit de leur faire des présents appelés *courtoisies*. Ils se faisaient même entre eux des aménités de cette nature. Le 20 janvier 1604, ils offraient à leur confrère M. Robert Ségard un *tierchot de vin* pour fêter le jour des noces de sa fille Marguerite.

Quoiqu'il en soit, d'autres présents, qu'on ne saurait regarder comme abusifs, avaient pour objet d'indemniser les échevins des dépenses auxquelles ils ne pouvaient échapper dans l'accomplissement de leur mandat. La ville se chargeait du paiement des torches et des flambeaux dont ils usaient le soir de leurs séances et dans les processions. Fréquemment ils étaient appelés, dans l'intérêt de la ville, à faire des voyages. Ils avaient droit à être défrayés des dépenses exigées par ces déplacements. En 1681, Symphorien Sicard, échevin, reçut 24 livres « pour divers débours et jour-
« nées occasionnés par son voyage en la ville d'Arras
« pour le service de la communauté de Béthune ».
En 1595, Michel Galopin, échevin, reçut 12 florins pour un voyage qu'il avait fait à Arras au sujet « des
« droits que l'autorité voulait faire lever sur les bois ».
En 1681, Bécourt et Vassal, échevins, commis à l'é-

cole dominicale, reçurent, à titre de vacation, 319 livres. En 1741, pour droits ordinaires dus à MM. du magistrat qui avaient tenu les plaids, ils reçurent 461 livres 2 s. 6. d. — On leur distribuait des jetons appelés *jcets* pour leur présence dans la reddition des comptes de la ville. En 1643, pour l'achat de *jects* « distribués aux échevins pour le calcul de ce pré- « sent compte 24 livres ».

Il n'y avait point de délibérations ni de plaids sans dîner; ces repas se renouvelaient dans certaines autres circonstances. La ville en faisait les frais. En 1548, la dépense faite dans toute l'armée pour les dîners, les jours de séance échevinale, s'était élevée à 80 livres. D'autres dîners avaient lieu, particulièrement les jours d'élection ou de recrues d'impôts. En 1666, la ville paya 367 livres 11 sols pour le banquet et la collation offerts à l'occasion du renouvellement de la loi. En 1668, la dépense faite pour le banquet du renouvellement de la loi s'éleva à 832 l. 19 s., ainsi répartis : « A la conchierge de l'hôtel de ville pour blanche « nappe, 7 l.; pain, 7 l. 10 s.; bière, 16 l. 2 s.; « vin en nombre de 174 pots au prix de 32 sols, « 278 l. 8 s.; pour trois serviettes perdues, 3 l.; lard « à larder, 9 l. 7 s. 6 d.; achapt de gibier, chappons « de Bruge, fesens, jambon de Mayens, achepté en « la ville de Lille, 96 l.; 20 verres rompeus, 4 l.; à « Pierre Canlers, cuisinier, pour avoir accommodé le « banquet, 11 l.; au cuisinier de M. le commandant, « pour y avoir aussi travaillé, 3 l.; viande, 18 l.; au « secrétaire et gens de Monseigneur le président, « 45 l.; pour une pièche de vin présentée à Mgr. le « président, 120 l. 2 s. ». Le menu, comme on le voit, en fut des plus abondants et des plus choisis ; et si l'on ne connaissait le luxe de victuailles dont les tables des riches de l'époque étaient garnies, on s'étonnerait du nombre de chapons de Bruges, de faisans, de levrauts, de poules d'Inde, de pigeons, d'étourneaux qu'on vit paraître à ce banquet municipal. Mais que dire de ces 174 pots de vin? Après une telle consommation, faut-il s'étonner qu'il y ait eu 20 verres brisés et 3 serviettes disparues?

Depuis longtemps cependant les échevins comprenaient l'inconvenance qu'il y avait à charger de ces lourdes dépenses le budget de la ville qui était loin d'être prospère. Aussi s'étaient-ils interdits, le 1er février 1548, de se donner aucun repas après leurs séances échevinales ou de plaid. Ils n'en saisissaient pas moins, comme nous venons de le voir, toutes les occasions pour en donner.

Les échevins avaient d'autres avantages que ceux dont nous avons fait l'énumération. Ils étaient exempts de la garde, des logements militaires, du service du guet et du droit de *solidité* qui les rendait responsables de certaines impositions non recouvrées.

Aux échevins ont succédé, pendant toute la période révolutionnaire, des officiers municipaux et depuis ce temps jusqu'à nos jours des conseillers municipaux dont les attributions ont été singulièrement amoindries par le gouvernement, devenu centralisateur à l'excès. Ils ont cessé d'être chefs de guerre, juges, pacificateurs; ils n'ont plus qu'un simple pouvoir d'administration, et si peu indépendant que toutes leurs délibérations, même les moins importantes, ont besoin, pour être valables, de recevoir l'approbation du préfet.

Dans tous les temps les échevins ont eu à leur disposition une maison commune pour y tenir leurs séances, y gérer les affaires des habitants, y déposer les chartes et autres papiers importants de la cité et qu'on appelait anciennement halle échevinale et présentement hôtel de ville. Ce bâtiment brûlé une première fois en 1437 et une seconde fois en 1447, fut réédifié à cette dernière date avec une solidité de matériaux et un luxe d'ornementations qui en avaient fait un fort beau monument. Il comprenait au rez-de-chaussée une vaste salle s'ouvrant sur la grande boucherie, aujourd'hui place de la mairie; une cuisine avec ses dépendances; un corps de garde pour la milice; à l'étage, trois salles construites *sur l'héritage de Jehan Vallon*, et surmontées d'une plate-forme couverte de plomb et entourée d'une grille assez solide, est-il écrit dans nos archives, pour permettre à *plusieurs gens d'y monter es alléez pour vir aucuns esbatament en la ville*. L'escalier qui conduisait à cette terrasse avait *soixante-quinze marches*. Une fenêtre d'honneur avec balcon prenait jour sur la Grand'Place. Une lanterne contenant trois cierges brûlait jour et nuit devant la statue de la Ste-Vierge placée au-dessus de cette fenêtre. La salle des séances était richement et notamment très artistement meublée. Quatre bancs avec dossier, recouverts de dix-huit coussins de drap de couleur jaune ou rouge et sur lesquels étaient sculptées les armes de la ville s'étendaient le long des murs. Au centre, sur un fauteuil plus élevé couvert de cuir ornementé, siégeait le prévôt. — Les échevins se plaçaient autour d'une table en bois reposant sur deux trétaux; elle avait dix pieds de long, deux pieds et demi de large; elle était recouverte de six aunes de drap vert. Un comptoir et un banc à dossier étaient destinés au clerc. Dans un angle de cette salle avait été ménagé un espace carré qui était entouré d'une balustrade et qu'on appelait le parquet; c'est là que le public se tenait debout et que s'étalaient en temps de foire les marchandises des forains. La chapelle, regardée comme la partie principale de cet édifice, avait une fort belle décoration. La construction en était ogivale. On y admirait trois verrières dues au talent d'un peintre distingué, Jehan de Bernes. L'autel entièrement lambrissé était surmonté d'un magnifique tableau de l'Annonciation dû au pinceau de Jehan Delerue. Un autre peintre, très considéré, Nicolas Saillot, avait fait un tableau très remarquable de Ste-Anne. Le même artiste, se servant du procédé de la peinture à l'huile, avait décoré la voûte *sous forme de champ d'azur,* disent nos archives, d'un *chiel semé d'étoiles*.

Le concierge de cet édifice demeurait dans une cave creusée sous le corps de garde. Une autre cave servait de *cellier*.

Le 5 octobre 1811, sur l'emplacement de cette maison communale qui, de vétusté, tombait en ruine, M. Delalleau, maire, posait la première pierre de l'hôtel de ville actuel. Cette construction, lourde et grossière, manque absolument de style architectural. N'en accusons pas trop nos pères dont la vie, appelée à s'immoler, pour ainsi dire, tous les jours, dans des guerres interminables sur d'innombrables champs de bataille, n'avait plus le loisir de s'adonner aux études artistiques. Toutefois, ce bâtiment se recommande par un salon qui est vaste et richement décoré. Il y a, en outre, une salle également très spacieuse mais dont le nom, à force d'être prétentieux sous ce rapport, est réellement grotesque : elle s'appelle la salle des mille colonnes. Elle est située au rez-de-chaussée. Le grand salon est au premier étage, ainsi que les bureaux du maire et des employés. Les archives et la bibliothèque sont placées au second étage.

III. — CORPS DE VILLE

Le corps de ville de Béthune, dans lequel les échevins entraient comme partie essentielle et principale, était, en outre, composé d'un prévôt, de deux mayeurs, d'un procureur-syndic, d'un conseiller-pensionnaire, d'un greffier et d'un argentier ou receveur.

Le prévôt, les mayeurs et le procureur-syndic étaient élus pour un an. L'élection des échevins avait lieu le 21 décembre, fête de St-Thomas, apôtre. Les prévôt, mayeurs et procureur-syndic étaient élus par les bourgeois, chaque année, le vendredi qui précède la Pentecôte.

Telle fut la première cause originelle de la procession qui était célébrée le lundi de la Pentecôte. Cette dernière élection se faisait primitivement dans la halle aux draps. Avant l'année 1773, le conseiller-pensionnaire, le greffier et l'argentier étaient au choix des échevins.

Le prévôt, à son entrée en charge, payait, selon l'usage qui remontait à l'origine de cette institution, une somme plus ou moins considérable à la ville. En 1699, cette redevance était de 400 livres.

Il n'est pas facile de définir, encore moins d'énumérer les pouvoirs respectifs du prévôt et des mayeurs à l'égard des échevins, d'autant plus que fréquemment dans le passé il y eut entre eux des contestations à ce sujet. En 1354, le prévôt et les mayeurs, en vertu des coutumes anciennes de la ville, étaient particulièrement chargés de la police des marchés, de tout ce qui concernait les abreuvoirs et les marais. Leur assistance était indispensable dans toutes les délibérations échevinales qui avaient pour objet les fermes et censes de la ville. Mais ce n'était-là, disaient-ils, que le minimum de leurs attributions. En 1358, ils prétendaient avoir le droit d'assister personnellement à toutes les ordonnances qui pouvaient être prises dans l'intérêt de la ville et de prendre part à tous les actes de l'administration municipale, n'admettant d'autres réserves que les jugements rendus par les échevins qui, seuls, possédaient, en première instance, le pouvoir judiciaire. Ces prétentions, repoussées par les échevins, furent appréciées de la manière suivante, ainsi que nous l'avons dit longuement dans la première partie de cet ouvrage, par Jean de Gonnelieu, choisi pour arbitre, dans cette compétition, par les parties intéressées : Le prévôt et les mayeurs n'ont droit d'être appelés que dans les séances échevinales où l'on aurait à s'occuper des marchandises, des ouvrages, de la location des fermes et censes ainsi que de la nomination du procureur, du receveur, de la réception en ville des personnages importants et des présents à leur offrir. Aux échevins seuls appartient la connaissance des impôts royaux, des jugements et autres *dépens* analogues.

Il fut admis, cependant, de tout temps et presque sans contestation, que le prévôt, lorsqu'il assistait aux séances échevinales, avait le droit de les présider. Il siégeait alors, dans cette assemblée, sur une *caïère* ou *chaïère* à laquelle, selon le dire de nos archives, on arrivait par des *passés*, tandis que les échevins et leurs officiers prenaient place sur des bancs. Pourtant, les notables, réunis le 8 novembre 1764, déclaraient que, conformément à l'édit royal du mois d'août précédent, les maïeurs, prévôt et conseillers-pensionnaires étaient des agents inutiles.

Le procureur-syndic de Béthune était un des officiers les plus importants du corps de ville. On a voulu voir son origine dans les *défenseurs* des cités romaines. Quoiqu'il en soit de cette filiation, le procureur-syndic, élu par les bourgeois, était leur représentant et leur organe dans ses rapports avec les échevins dont il devenait l'auxiliaire, sans rien perdre toutefois de son indépendance. En vertu d'un édit en date de 1765, le procureur-syndic devait être remplacé par le procureur de la juridiction royale. Cette institution d'un officier de justice dans l'échevinage de cette ville ne fut pas agréable aux bourgeois ; aussi furent-ils heureux de voir révoquer, en 1771, cet édit qui amoindrissait leurs libertés communales. Cette rentrée du procureur-syndic dans le corps de ville fut suivie, en 1773, d'une réglementation concernant sa nomination et ses attributions. Il devait être nommé par les Etats d'Artois et pour trois ans qui pouvaient être renouvelés. Il n'était éligible qu'à 25 ans et après avoir acquis domicile depuis quatre ans au moins. En outre, il devait appartenir à la religion catholique et n'avoir rien dans sa vie qui fut répréhensible au double point de vue des mœurs et de la probité. La place était héréditaire. Membre de droit du corps de ville; indépendant de l'autorité des échevins par son origine et par ses attributions, il assistait, pour y défendre les intérêts des bourgeois, aux séances du Conseil échevinal où il avait voix non délibérative mais simplement consultative. C'est pourquoi toutes les délibérations qui se prenaient alors étaient précédées de cette formule : *Ouï le procureur-syndic*; mais il n'en signait aucune. Il assistait également, mais sans y avoir voix délibérative, aux séances consacrées à des délibérations spéciales concernant la table des pauvres. Les procès-verbaux, qu'il ne signait pas davantage, portaient pareillement cette formule : *Ouï le procureur-syndic*. Chargé de protéger les intérêts de la commune par tous les moyens légaux, il prenait part à toutes les affaires municipales pour les conduire et les mener à bonne fin. Il veillait à l'exécution des plans et devis administrativement adoptés pour les ouvrages publics, à la construction, à la conservation, à l'aménagement des bâtiments communaux (1). Il surveillait la marche des procès, faisant, selon les circonstances, des voyages pour cela (2). En 1459, Jean de Bray, pro-

---

(1) Arch. municip., CC. 241.
(2) Arch. municip., CC. 58 et 109.

cureur de la ville, fit un voyage à Bruxelles pour y soutenir un procès. Il assistait aux plaids de l'échevinage pour instruire les échevins de leurs droits et de leurs devoirs, dans leurs fonctions de juges et la rédaction de leurs jugements. Il posait ses conclusions, et recevait, pour son assistance une rétribution. Les comptes de 1702 portent cet article : « payé pour les « plaids de l'échevinage au maire et échevins, con- « seillers du roi assesseurs, aux procureurs du roi « et *procureur-syndic* de la ville 104 livres. » Il travaillait aux comptes des argentiers. La ville lui faisait un traitement. Ses gages, en 1481, étaient fixés à 40 livres. C'est ce qui lui valut en 1640, la qualification de *procureur-pensionnaire*. En 1789, M. Amas remplissait cette fonction. Cette charge fut trouvée si utile que, même à cette époque de destructions universelles, elle fut maintenue à Béthune.

Aux échevins de cette ville était adjoint un homme de loi dont les connaissances juridiques pouvaient servir à éclairer leurs jugements ; il était choisi parmi les avocats ; il recevait un traitement qui était payé par la ville et auquel s'ajoutaient des honoraires. Sa nomination était au choix des échevins. En 1764, son traitement était fixé à mille livres. Il portait le nom de conseiller-pensionnaire. Cet office fut aboli en 1773.

Le greffier, appelé *clerc* au moyen-âge, prit, en 1773, le nom de secrétaire-greffier. Anciennement, il était, comme nous l'avons dit, au choix des échevins. A partir de 1773, il fut nommé, comme le procureur-syndic, par les députés des Etats d'Artois pour trois ans. Il pouvait être réélu pour le même espace de temps. Il devait avoir 25 ans, habiter la ville depuis quatre ans et faire profession de la religion catholique. En entrant en fonction, il prêtait le serment suivant :

« Comme greffier vous jurez de garder les droits « de Dieu, de la Sainte-Eglise, du Roi notre sire, et

« les us, coutumes, franchises et privilèges de cette
« ville, des femmes veuves et orphelins; conseillerez
« et aiderez à votre sens et pouvoir MM. les maire
« et échevins, obéirez au commandement d'iceux,
« garderez l'honneur et profit de ladite ville et des-
« dits sieurs sans pouvoir exiger que le salaire ac-
« coutumée et célerez le secret de la halle à votre
« pouvoir ».

Préposé à la garde des archives de la ville, chargé de la rédaction des délibérations municipales, de l'inscription des noms des bourgeois sur un registre spécial, de tous les actes concernant le *renouvellement de la loi*, les biens patrimoniaux, les passeports; il était, pour ainsi dire, la tradition vivante de la commune et l'organe de la municipalité. En droit, cependant, son travail était celui d'un commis aux écritures qui, sous la dictée d'un supérieur autorisé, rédigeait, sans en prendre la responsabilité, des actes qu'il ne pouvait faire suivre de ses appréciations. C'est donc bien à tort que, pour montrer le peu d'attachement de Béthune à la France, en 1710, M. Travers s'autorise de la rédaction du greffier de cette ville dont la plume discrète ne laisse pas échapper, dit-il, un mot de regret en voyant sa ville natale devenir sujette des Provinces-Unies (1). Le traitement annuel du greffier qui, en 1481, était de 32 livres, s'élevait, en 1773, à 600 livres. Ces gages, à cette dernière date, étaient supérieurs à ceux des échevins qui ne touchaient que 300 livres pour indemnités. Il recevait, en outre, des honoraires pour les droits de recherches, de copies, d'extraits, d'expéditions. En 1691, ces sortes d'exploits lui procurèrent un revenu de 40 livres. Il cumulait les fonctions et les émoluments de greffier aux plaids de l'échevinage. D'après le règlement de 1421 sur les droits de greffe des tribunaux de justice et de police,

(1) TRAVERS, *Inventaire des archives communales*. Intr.

il recevait deux sols pour procuration de lettres d'héritage; cinq sols pour sentences ou jugements d'échevins. La taxe pour les grandes lettres était fixée, à son profit, par les échevins. Dans les audiences de plaids, il avait son bureau appelé *comptoir* et son banc à dossier dans l'auditoire. Il habitait une maison appartenant à la ville dans la rue du Pot-d'Etain qui, par la rue Dufour, avait accès à l'hôtel de ville dont il connaissait, comme on disait, tous les *agets*. En 1481, le titulaire de cet office se nommait Tassart de Bellesaies; en 1789, c'était M. Leroy qui remplissait cette charge.

Il avait un commis assermenté dont les appointements, en 1777, étaient de 120 livres qu'il touchait sur les revenus de la ville; elle lui allouait, en outre, des gratifications pour certains offices tels que la prisée des grains. Les frais de bureau étaient à la charge de la ville. Cette situation pour les secrétaires de la mairie et leurs commis est restée la même jusqu'à présent, n'ayant subi d'autres modifications que pour leurs gages qui ont augmenté proportionnellement au prix des denrées. En 1724, le commis-greffier s'appelait Leroulx. En 1765 c'était M. Hulleu qui remplissait cet emploi. A partir de cette date, cette honorable famille s'y succéda de père en fils. Cet office, se perpétuant ainsi dans la même famille, permettait aux titulaires de mieux connaître les affaires de la ville.

Le receveur, qui, dans cette ville, s'appelait autrefois *argentier* et plus tard collecteur, fut nommé pendant plusieurs siècles, comme le secrétaire-greffier, par l'échevinage. Ce ne fut qu'en 1773 que sa nomination fut dévolue aux Etats d'Artois. Son mandat devint alors renouvelable tous les trois ans. Il devait être âgé de 25 ans et avoir demeuré, à Béthune, depuis trois ans au moins. Avant cette époque, cette charge, sous Louis XIV, avait été érigée en office. Elle avait été rachetée par la ville pour la somme de 2,480 livres 10 sols. Le titulaire de cet office était chargé de percevoir les revenus de la ville et de payer ses dépenses. Il était responsable de sa gestion. En 1625, Philippe roi de Castille, de Léon, d'Aragon, seigneur de Béthune, déclarait par lettres-patentes que les biens des receveurs et fermiers de la ville de Béthune étaient tacitement hypothéqués pour sûreté et garantie des sommes dont ils étaient redevables.

La ville de Béthune, depuis son origine jusque vers la fin du dix-septième siècle, n'avait pas eu de maire. L'édit de Louis XIV, en date du mois d'août 1692, qui créa cet office dans cette commune, ne portait donc pas, directement du moins, atteinte à des droits antérieurs. Cependant cette adjonction d'un magistrat municipal à ceux qui existaient amoindrissait leurs prérogatives; de plus, comme ce nouveau magistrat devait être le président du corps de ville, les échevins qui, jusque là n'avaient point connu de supérieur dans l'exercice de leurs fonctions, se sentirent particulièrement humiliés. Cependant cette création, objet de leurs récriminations, avait sa raison d'être. Elle se faisait au profit des intérêts communaux tout autant qu'à l'avantage du pouvoir central. Si le maire allait être l'agent direct de l'autorité centrale pour l'expédition des affaires de l'Etat, il devait être en même temps l'agent de la commune quant aux affaires locales, gérant les intérêts de la ville d'accord avec elle, sous la surveillance d'une autorité supérieure qui était celle de l'Etat.

Il ne restait donc, pour unique objet de blâme de cette création, que le système de la vénalité qui, pour la nomination du maire, allait être substitué au principe électif. Le gouvernement, il est vrai, prétendait justifier cette grave atteinte au principe électoral par les embarras financiers que lui avaient causés les guerres dont la France avait été tout à la fois le théâtre et la victime. Toutefois, un autre grief que nos échevins alléguaient contre l'édit de 1692, c'est qu'il créait à Béthune une charge de maire héréditaire et perpétuel, cette perpétuité de magistrature détruisant, par cela même, à toujours le principe d'élection. Le motif invoqué par Louis XIV dans son édit pour justifier cette dernière mesure, c'était que la brièveté de la charge de maire n'aurait pas permis au titulaire de connaître suffisamment ses fonctions qui étaient nombreuses, délicates et difficiles à remplir.

Cet office de maire, grâce aux prérogatives et aux exemptions qui y étaient attachées, fut aussitôt très recherché. N'était-ce pas en effet chose séduisante pour un bourgeois de posséder la première dignité de la ville, moyennant une somme d'argent dont le placement, après tout, était sûr et productif?

Le premier acquéreur de cet office se nommait Maximilien de ou du Boisrond. Il paya sa charge 24,000 livres. Il toucha 560 livres de gages. Décédé le 15 août 1698, ses héritiers vendirent cet office, le 28 décembre 1698, à M. Jean-Baptiste Wallart, prêtre licencié ès-lois. La présence des prêtres dans le corps de ville n'était donc pas contestée. Ce nouveau magistrat, à son début, ne reçut de la ville aucun gage. Mais en compensation il acquit le droit de prélever quinze sols par chaque pièce de bière forte qui se consommait en ville. Les bourgeois, appréciant cette situation qui, tout à la fois, était avantageuse pour le titulaire, onéreuse pour les habitants et humiliante pour les échevins, lui proposèrent, en 1700, de leur vendre son office, au prix qu'il l'avait payé. Il s'y refusa. Il était trop heureux de posséder une magistrature qui lui donnait le premier rang dans les cérémonies publiques, la direction générale des affaires; l'exemptait du service du guet, de la garde, des droits

d'octroi; l'investissait du droit de convoquer les assemblées générales et particulières; de recevoir le serment des officiers de la ville qui étaient à sa nomination; de garder les clefs des portes; d'exercer une juridiction sur la milice; de présider les adjudications et les redditions de comptes; d'être affranchi de la suprématie des officiers des finances; d'être nommé conseiller du roi et d'arriver à la députation aux Etats-Généraux. C'est en vertu de ces prérogatives qu'au mois de novembre 1704, il complimenta M. Dupuich Vauban, faisant sa première entrée solennelle à Béthune; lui offrit les vins d'honneur, présida au banquet qui, à cette occasion, eut lieu à la halle échevinale, et alluma le feu de joie. Cependant comme il était en butte aux mauvais vouloirs des échevins et à une opposition systématique de la part des notables et des bourgeois, il finit, en 1709, par céder aux offres que lui faisait la ville. Le contrat de vente, passé le 26 janvier 1709, porte « que moyennant la rente hé-
« ritière de 1,200 livres, monnaie d'Artois, par
« chaque année au rachat de 24,000 livres que les-
« dits échevins, prévôt et assesseurs au nom de ladite
« ville créent et constituent par ces présentes sur les
« biens patrimoniaux et d'octroi d'icelle ville et com-
« munauté, présent et à venir au profit du sieur Wal-
« lart ou ayant cause, acceptant pour lui à avoir
« cours de cejourd'hui en avant et à toujours, du
« moins jusqu'au remboursement que lesdits sieurs
« du magistrat et leurs successeurs pourront faire
« quand bon leur semblera à quatre paiements égaux
« en tel or, monnaie qui aura alors cours en ce
« pays ».... Ce contrat, sur l'avis favorable de M. de Bernage, intendant-général des provinces d'Artois et de Picardie, reçut l'approbation du roi. La ville rentra dans ses droits dont elle sentait d'autant mieux le prix qu'elle en avait été privée pendant seize ans. Elle re-

prit le mode d'administration municipale dont elle jouissait avant l'édit de 1692. En 1713, la France étant rentrée en possession de Béthune occupée pendant trois ans par les Hollandais, l'élection des échevins continua de se faire selon l'édit du 8 avril 1664 qui fut remis en vigueur. Le 9 octobre 1765, parut un édit royal concernant le renouvellement intégral du corps de ville. Le maire devait être nommé par le roi sur la présentation, par les notables, d'une liste sur laquelle figureraient trois candidats. La durée de son mandat devait être de trois ans; son traitement annuel était fixé à 600 livres. Le 6 novembre suivant, M. de Beaulaincourt, comte de Marle, fut nommé maire. Le duc de Choiseul, dans sa lettre qui approuvait cette nomination, se servait du mot *mayeur* pour désigner le *maire*. Par un édit du mois de novembre 1773, le roi changea ce mode de nomination. Le maire de cette ville fut nommé par les députés ordinaires des Etats d'Artois et deux membres de chaque corps choisis à cet effet. Les échevins en exercice et leurs collègues sortis l'année précédente étaient chargés d'adresser chaque année aux députés électeurs une liste de candidats. Le magistrat élu était nommé pour trois ans et n'était rééligible qu'après un intervalle de trois autres ans. Il devait prêter serment entre les mains du bailli. Une indemnité annuelle de 600 livres lui était allouée. Le premier maire, nommé selon ces prescriptions, fut M. Lericque du Marquais.

Cet état de choses fut complètement changé par la révolution de 1789. Aux termes du décret des 14-18 décembre de cette même année, le maire devint le chef du corps municipal. Il fut élu à la pluralité absolue des suffrages de tous les citoyens actifs; ses pouvoirs devaient durer deux ans. Il pouvait être réélu pour deux autres années. Il avait la charge de rappeler, de renouveler, de publier et de faire exécuter les lois et règlements existants. Il était investi des attributions qui se retrouvent dans les lois postérieures.

Avant de nous engager dans cette nouvelle étude, nous tenons à faire remarquer que du milieu de cette législation diverse et variable se dégageait ce principe : l'administration municipale de Béthune ne fut jamais remise entre les mains d'un seul magistrat ; mais toujours elle fut partagée entre plusieurs. En tout temps, elle fut collective et non individuelle. Dans tous les procès-verbaux constatant les délibérations des échevins avant 1789 et des officiers municipaux depuis cette dernière date, on lit : *les maire et échevins, les maire et officiers municipaux* de la ville de Béthune assemblés, etc., et non pas le maire et les échevins ou le maire et les officiers municipaux. Le maire ne pouvait agir sans les échevins, sans les officiers municipaux. Il n'était que le premier d'entre eux, *primus inter pares*, ou le président d'honneur *du corps de ville* qui prenait et exécutait collectivement des délibérations. Il n'y avait entre eux que des distinctions de préséance, sans qu'aucun d'eux ait eu autorité sur les autres. Par des motifs d'ordre et de sage administration, les échevins et plus tard les officiers municipaux répartissaient entre eux les emplois ; — nous l'avons dit plus haut, — mais, conformément au principe démocratique sur lequel reposait notre administration municipale, ceux qui en étaient chargés n'avaient aucun droit de décision en dehors et indépendamment de l'assemblée du corps de ville dont ils n'étaient, à vrai dire, que les simples mandataires. C'est ainsi, du reste, que les échevins s'en expliquaient dans une de leurs délibérations (1).

La Constitution de l'an III, qui restreignait les administrations municipales aux chefs-lieux de canton et aux villes d'une population de 5,000 habitants au

(1) Arch. municip., BB, 24.

moins, laissa debout celle de Béthune qui remplissait ces conditions. Mais sous son empire, le maire n'était plus qu'un commissaire nommé par le Directoire, révocable, et placé auprès de chaque municipalité pour surveiller et requérir l'exécution des lois. La Constitution de l'an VIII rendit aux communes leur individualité en confiant l'administration de chacune d'elles à un maire, assisté d'un conseil municipal; mais elle supprima le principe d'élection, et attribua au chef de l'Etat la nomination des maires, des adjoints et des conseillers municipaux. Evidemment la République se montrait, sous ce rapport, beaucoup moins libérale que les anciens seigneurs de Béthune au moyen-âge. La Charte de 1814, imposée au roi par le parti qui s'intitulait *libéral*, conserva au pouvoir exécutif la nomination absolue des maires. Aux termes de la loi du 21 mars 1831, le choix des maires resta dans les prérogatives de la couronne; mais celle-ci, par une disposition plus libérale, dut les prendre dans le conseil municipal, élu par un certain nombre de citoyens. Après la révolution de février 1848, suivant un décret du gouvernement provisoire, en date du 3 juillet, le maire de Béthune dut être choisi par le pouvoir exécutif parmi les membres élus du conseil municipal. Il pouvait être suspendu par un arrêté du préfet, mais il n'était révocable que par une décision du pouvoir exécutif. Si la nomination du maire ne se faisait point par l'élection, cependant, comme il devait être choisi parmi les conseillers municipaux, on était sûr, du moins, que la direction des affaires municipales serait confiée à des hommes qui en auraient acquis, par l'expérience, une certaine connaissance (1).

Le corps de ville avait sous ses ordres et à sa nomination une foule d'officiers et d'agents. Les uns lui

(1) Renseignements et pièces justificatives n° I.

servaient d'auxiliaires pour la garde de la ville, pour son administration et pour sa police; les autres veillaient à l'observance des règlements sur les octrois, l'industrie et le commerce.

Au moyen-âge, dans ce temps primitif où la ville de Béthune avait besoin, pour subsister, de se défendre elle-même, l'organisation militaire prima chez elle toutes les autres. Dans l'intérêt de cette défense, la municipalité, qui adopta la division admise par le *castrum* romain, divisa la ville par quartier; elle confia la direction de ces quartiers à un de ses membres qui nommait, pour chacun d'eux, un capitaine, appelé, pour cette raison, *quartinier* et qui avait sous ses ordres des *dixainiers*. Cette organisation dura jusque en 1594.

Le corps de ville, activement secondé par ces auxiliaires qui lui apportaient un concours gratuit et dévoué, avait, en outre, pour exécuter ses volontés, des agents subalternes qui dépendaient plus spécialement de son autorité; tels étaient les valets de ville qui avaient pour principales fonctions d'accompagner le *magistrat* dans les cérémonies publiques et de transmettre ses ordres. Avant l'année 1770, ils se tenaient à sa disposition dans la chambre du greffe. A partir du 15 décembre de cette année, on leur assigna une place séparée, contiguë à celle du greffier. Jusque en 1765, on en compta quatre à Béthune. Le 2 novembre 1765, les échevins, vu la délibération des notables en date du 26 octobre précédent, élevèrent ce nombre à sept. Pierre Lemoine, Antoine Gourieux et Jean Goudart furent élus au scrutin, à la pluralité des suffrages, selon le mode admis pour leur nomination. En vertu d'une délibération du 12 décembre 1769, ils ne furent plus que cinq. Par suite d'une autre délibération échevinale du 31 octobre 1704, ils avaient pour costume une casaque de deux couleurs, rouge et noire, sur laquelle, au milieu du dos, étaient brodées les armes de la ville. En 1752, ils portaient, au-dessus de leur casaque ce qu'on appelait des *tharats* qui, en 1753, furent remplacés par des *surtouts* payés 20 liv. 14 sols.

En vertu d'une délibération échevinale, en date du 7 septembre 1787, ils eurent des habits de drap écarlate qui ne devaient être renouvelés, aux frais de la ville, que tous les quatre ans. On leur donna, en même temps, d'après la même délibération, un surtout de drap rouge garance, renouvelable tous les deux ans seulement. Leur gage, variable selon les temps, était fixé, pour chacun d'eux, en 1728, à 144 livres; en 1771, à 200 liv. Le prévôt, en 1724, en avait deux qui lui servaient d'escorte et qui étaient également habillés par la ville. On les appelait indifféremment sergents ou *massiers* du prévôt et des mayeurs. On leur donnait ce dernier nom parce que l'un et l'autre portaient séparément une masse qui était, pour Béthune, l'insigne de l'autorité du magistrat. Ces massiers jouaient un rôle non moins important dans le cérémonial de l'échevinage que dans l'exécution de ses délibérations. Dans les convois funèbres de personnages importants, ils portaient un costume de deuil. Le 18 décembre 1792, nos officiers municipaux, trouvant que *la qualité de valets de ville déshonorait tout citoyen et détériorait les droits de l'homme*, substituèrent à cette qualification celle de *sergents de police*; présentement on les appelle *sergents de ville*.

La ville avait, en outre, deux sergents qu'il ne faut pas confondre avec les valets de ville. Agents du pouvoir judiciaire, ils avaient des fonctions à remplir tant au civil qu'au criminel. Leurs exploits étaient valables pour la ville et le dehors, mais seulement dans un rayon de quatre lieues. Si, pour le besoin de leur service, ils étaient obligés de s'absenter plus d'un jour, ils recevaient en indemnité 3 livres par jour. Leur gage, à partir du 3 décembre 1771, fut fixé à 70 livres. En 1767, leurs appointements n'étaient que de 60 livres; mais on leur allouait, en outre, une indemnité de même valeur pour avoir transmis des ordres de convocation à la garde bourgeoise. Ils étaient habillés aux frais de la ville.

Les faubourgs avaient aussi des sergents, mais absolument distincts de ceux de la ville. Ils étaient sous les ordres d'un lieutenant qui tenait ses pouvoirs de la municipalité. Ils montaient la garde de nuit et de jour, faisaient des rondes, exerçaient la police dans toute la banlieue (1).

La ville avait, de plus, à son service, des hallebardiers qui étaient au nombre de quatre. Ils figuraient dans les cérémonies publiques. Ils étaient vêtus d'une capote sur laquelle étaient brodées les armes de la ville. Leur chapeau, qui était bordé d'un galon d'argent, fut payé 14 liv. par la ville en 1731.

Le 19 janvier 1773, les échevins instituaient un service nouveau, celui de garde-sermenté qui devait veiller à la conservation des tourbes et des arbres du marais. Il avait droit au logement, portait la livrée de la ville qui consistait en un habit de deux couleurs noire et rouge, recouvert d'une bandoulière avec plaque sur laquelle étaient gravées les armes de la ville.

Il y avait encore un sergent d'eaux qui était préposé à la perception des droits imposés sur les marchandises transportées par la Lawe, et un chasse-pauvres qui était chargé de veiller aux « ordonnanches échevinales touchant la mendicité ».

La municipalité avait aussi des messagers ordinaires qui faisaient le service de Béthune à Arras, à Armentières, à Lille, à Douai, et dont les gages en 1693, étaient de 30 livres; un autre, extraordinaire, faisant

(1) Arch. municip., CC., 103.

de service de Béthune à Bruxelles ; en 1633, il reçut douze florins pour avoir rapporté de cette capitale de la Flandre les lettres-patentes de Sa Majesté concernant le renouvellement de la loi. Ces fonctionnaires disparurent lorsque le service des postes se fit avec régularité ; ce qui eut lieu au commencement du dix-septième siècle.

Le trompette était un des agents les plus importants et les plus occupés de la ville. C'est lui qui, au moyen-âge, faisait, pour les ordonnances de l'échevinage, ce qu'on appelait les *cris*. Il n'était pas autorisé à faire lui-même les publications ; sa besogne se bornait à les annoncer, en sonnant de la trompette. Un autre agent, nommé *tambourineur*, *tamboureur*, battait, au même moment, du tambour pour ces publications. Il n'appartenait qu'au sergent de l'échevinage d'en donner lecture. Sur le registre qui en témoignait, on avait coutume de marquer qu'elles avaient été *criées, trompettées et tambourinées*. Le trompette, en recevant son instrument des mains du magistrat, jurait de ne jamais le faire servir à sonner la révolte. Ces agents furent remplacés, au dix-huitième siècle, par un *bacineur* qui, en 1738, recevait pour gages 8 livres.

Le tamboureur pour les publications était distinct de ceux qui, au nombre de deux, avaient été établis par les échevins, le 27 septembre 1577, pour *battre le tambour du guet jour et nuit*, et dont le traitement était primitivement de dix sols par semaine.

Les tambours et trompettes donnaient des aubades au corps de ville nouvellement élu, ainsi que le 1er jour de l'an fixé d'abord au dimanche de Pâques et plus tard au 1er janvier.

La municipalité avait en outre à son service des musiciens qui figuraient dans les cortèges officiels, dans les réjouissances et notamment dans la représentation des mystères, sans être, toutefois, comme le tambour et le trompette, des employés en titre de l'échevinage. En 1554, la ville allouait quarante sols à Jehan Danezin, pour avoir plusieurs fois sonné de la trompette et joué du fifre. Pierre Piénal et Charles Marquasin reçurent également quarante sols pour avoir joué de *haully soens*, du *hautbois* en 1555, en réjouissance de la trêve signée à Vaucelles. En 1550, il est question dans les archives d'un joueur de violon. Le 17 septembre 1607, au banquet offert à M. de Bossut, gouverneur de Béthune, à l'occasion de sa première visite à Béthune, les enfants de chœur firent de la musique et reçurent 60 sols de gratification.

Béthune avait son maître des œuvres qui présidait à tous les travaux exécutés pour la ville : cet agent s'appelle aujourd'hui architecte; son maître-maçon auquel, en 1448, il fut alloué 4 livres 5 sols 6 deniers pour l'indemniser d'un voyage de six jours qu'il avait fait dans l'intérêt de la commune; quatre manœuvres dont les gages, depuis le 1er janvier jusqu'au 12 avril 1749, s'élevèrent à 745 livres 12 sols. Ils étaient tous revêtus des livrées de la ville. Béthune avait aussi son peintre qui se nommait, en 1540, Pierre de le Helle; son *escriveur* dont le nom, dans la même année, était Jehan Ploucquin; son sculpteur qu'on appelait tailleur d'images; son horloger qui était chargé de *gouverner* et de réparer l'horloge du beffroi et dont les gages annuels, en 1724, étaient de 230 liv.; ses guetteurs au beffroi dont nous parlerons plus tard; son *bacineur*.... Les deux veilleurs de nuit dont les fonctions étaient de prendre garde aux incendies et d'annoncer, par le son du cornet, qu'ils veillaient.

A ces ouvriers et fournisseurs il faut encore ajouter une foule d'autres agents subalternes qui relevaient de l'échevinage et dont le nombre ainsi que les fonctions sont inimaginables. La plupart étaient connus sous un nom commun *Eswards* emprunté à la langue flamande et qu'on traduisait par ce mot générique *Esgards* qui a la même signification que gardes. Il y avait séparément des esgards des rues, des ponts, des pierres, des vaches, des tuiles, des briques, des lattes, des clous, du blé, *du fait de l'argent*; il y avait encore des courtiers de bêtes, de grains ; des auneurs de drap et de toile ; des peseurs de lin ; des mesureurs et porteurs de grains; des mesureurs de charbon; des avaleurs ou déchargeurs de vins ; un vérificateur des poids et mesures ; un minqueur de poisson ; un sergent du minque; des poissonniers; sans compter les gardes de lices employés pour assurer l'ordre dans les joûtes. Dans un autre ordre d'idées, mais beaucoup supérieur, l'échevinage nommait le médecin des pauvres, le chirurgien des pauvres, l'opérateur de la pierre et de la cataracte, le donneur de répit, les sages-femmes. Tels étaient les fonctionnaires et serviteurs dont la nomination, sauf quelques exceptions, était réservée au magistrat.

Aujourd'hui comme autrefois le maire nomme à tous les emplois communaux pour lesquels la loi ne prescrit pas un mode spécial de nomination. Il nomme les sergents de ville, les secrétaires de la mairie...

Cependant la ville de Béthune ne fut jamais « une véritable petite république oligarchique », comme s'est plu à le dire M. Travers (1), et après lui, M. P. Decroos (2). Elle était régie, à son origine, par le pouvoir seigneurial, plus tard par le pouvoir échevinal, à la fin du siècle dernier, par celui des officiers municipaux, présentement par celui des conseillers municipaux. Ces différentes administrations n'étaient pas

---

(1) *Inventaire-sommaire des archives de Béthune.* — Introduction, p. 2.
(2) P. Decroos, *Une ville artésienne avant la Révolution*, p. 4.

indépendantes du chef de l'État dont l'intervention, dans les affaires de la commune, était nécessaire et légitime.

Primitivement le seigneur (1) avait coutume de se réserver la gestion des choses de guerre, laissant à son bailli le soin de diriger les affaires civiles et judiciaires.

Lorsque la ville fut érigée en commune, les échevins furent investis de tous les pouvoirs publics; toutefois le bailli comme aussi le grand bailli, qui était l'agent principal du seigneur exerçait en son nom sur eux une sorte de contrôle et de direction. Le préambule du *ban des échevins* promulgué au commencement du XIVe siècle portait ces mots : « Le bailli et messieurs les échevins ». Aux échevins était réservé le droit de nommer les eswardeurs, c'est-à-dire, les agents qui avaient la garde et la police des marchandises de la ville; mais ces officiers subalternes ne pouvaient entrer en fonction qu'après avoir prêté serment entre les mains du bailli. Les échevins avaient le droit d'afforer les vins, mais ils ne pouvaient le faire qu'en présence du bailli ou d'un de ses sergents. Les échevins avaient, en première instance, le pouvoir judiciaire; mais ils ne devaient l'exercer qu'à la conjure du bailli. Le seigneur exerçait son droit d'appel par son bailli et ses prud'hommes.

La ville avait son gouverneur dont les pouvoirs étaient presque ceux des anciens envoyés royaux désignés par ces expressions latines : *Missi dominici*. Ce haut fonctionnaire s'occupait principalement pour le bien de l'État, des affaires militaires de la ville sur lesquelles il exerçait un contrôle très actif. Il veillait à ce que les fortifications fussent tenues en bon état et que les défenseurs de la place fussent en nombre suffisant. Informé, le 23 janvier 1551, par son collègue d'Artois, qu'une brèche existait aux murs des fortifi-

---

(1) Renseignements et pièces justificatives, n° II.

cations près de la porte d'Arras, le gouverneur de Béthune en avisait les échevins qui, par ses ordres, rehaussaient d'un avant-pied de terre l'endroit où se trouvait la brèche et y plaçaient quelques *harquebuttes* à crochet. En 1566, le gouverneur de Béthune demandait, dans l'intérêt de la défense de la place, que le personnel des guetteurs au beffroi fût augmenté. Les échevins, pour ne pas charger les finances de la ville qui ne l'étaient que trop, refusèrent d'obtempérer à cette demande. Bientôt cependant par un compromis fait de bonne foi par les parties intéressées, il fut décidé que « ceste fois pour toutte nullement et sans
« préjudice aux partys, ont — les eschevins — con-
« senti ledit renfort de guet estre quant ad présent
« commis et institué par ensemble avec ledit sieur
« gouverneux ».

Les gouverneurs de cette ville appartenaient presque tous par leur naissance aux familles les plus considérables. La plupart d'entre eux avaient leurs entrées à la cour et quelques uns y avaient même d'importants emplois. En 1515, Jean d'Ostin cumulait les fonctions de gouverneur de Béthune et celles de maître d'hôtel de Marguerite d'Autriche qui, à cette date, le chargeait d'une mission pour le roi d'Angleterre (1). On pourrait citer plusieurs de ces hauts fonctionnaires dont les largesses furent considérables en faveur des couvents de cette ville. En 1330, Robert, gouverneur de Béthune, et Blanche, sa femme, fondèrent le couvent des Cordeliers de cette cité. Aussi ne rencontraient-ils de la part des échevins et des bourgeois qu'un respect profond et une déférence sans réserve. Sur la grosse cloche du beffroi, ceux-ci firent graver le nom de M. de Thieuloy, gouverneur. Jusque en 1710, le gouverneur habita le château. Cette magnifique demeure, ayant été démolie presque entièrement par le siège de

(1) *Archives du Nord de la France*, 2e série, t. III, p. 73.

cette année, la ville lui fournit un logement dont le loyer, en 1777, coûtait mille francs (1).

La ville avait un subdélégué de l'intendant. Cette charge avait été créée par Louis XIV dans un but fiscal et pour amoindrir les pouvoirs du gouverneur. En 1707, au mois de décembre, M. Jacques-François Damiens fut pourvu de cette charge pour laquelle il dut payer à l'Etat trois mille livres. Ses attributions contrebalançaient celles du gouverneur dont la grande situation perdit alors de son prestige. C'est ce que voulait Louis XIV qui, par cette mesure, abaissait la haute noblesse pour être lui-même plus particulièrement en vue. Ce fut vraisemblablement sous l'empire de cette pensée qu'il nomma intendant de l'Artois un roturier, M. Bignon. Le subdélégué était admis aux séances de l'échevinage et y avait voix délibérative. Il prenait également une part active aux délibérations des administrateurs de la *pauvreté*, recevant comme eux l'argent tiré de la caisse de cet établissement pour être distribué en secours aux indigents. En 1728, M. Delevigne, subdélégué, distribuait, au nom du bureau de la *pauvreté*, 600 livres aux indigents. Le subdélégué s'occupait des finances de la ville qu'il avait soin de contrôler. Rien ne se faisait, au point de vue financier, qu'en sa présence. En 1754, c'est devant lui qu'une transaction fut passée entre la ville et André Lasorre, ancien entrepreneur des fournitures des troupes de la garnison. Il était en relation journalière avec l'intendant auquel il adressait ses rapports touchant les affaires communales. La ville lui payait ses ports de lettres.

Nos archives font également mention d'un fonctionnaire qu'on appelait le lieutenant de la ville; on lui reprochait en 1566 ses étranges exigences, entre au-

(1) Renseignements et pièces justificatives n° III.

tres celle de s'être fait donner par un jardinier une *postée* de violettes et de giroflées doubles (1).

La ville de Béthune faisait partie des États de la province d'Artois. Chaque année, elle se faisait représenter à leurs assemblées par deux de ses échevins qu'elle y envoyait en qualité de députés (2).

IV. — SCEL ET ARMOIRIES

La ville de Béthune, depuis son érection en commune, a constamment joui d'un scel particulier. Ce droit de sceau ne lui a jamais été contesté par aucune autorité supérieure, soit seigneuriale, soit royale. Si, dans son histoire, on trouve quelques discussions à ce sujet, elles ne portent que sur certains cas particuliers où le bailli, par un double motif d'intérêt et de vanité, prétendait sceller les lettres de l'échevinage avec le scel aux causes et y mettre son nom en tête. Sur l'avis des membres de la chambre des comptes et de ceux du conseil de Gand, en date du mois d'août 1422, il fut décidé que provisoirement nos échevins se serviraient de cyrographe. L'année suivante, une décision définitive, qui apaisait ce différend, fut prise au château de Béthune par M*r Martin, évêque d'Arras, M*r Jean, évêque de Tournai, et le chevalier Hue de Lannoy, gouverneur de Lille. Les lettres de ces honorables arbitres portaient que le bailli et les échevins scelleraient ensemble les lettrages tenus du seigneur, les saisines et désaisines ainsi que les sentences qui en dépendaient; que le bailli, les échevins et le clerc recevraient chacun deux sols pour l'apposition du scel; que dans les cas criminels et personnels il en

(1) Arch. municip., BB. 11.
(2) Renseignements et pièces justificatives n° IV.

serait usé de la manière ordinaire. En 1463, le scel aux causes dont il vient d'être fait mention, donnait pour revenus de toute l'année 7 livres 6 sols 8 deniers. Le scel de Béthune est formé d'une *bande fermée*.

Les armes de Béthune sont *d'argent à la fasce de gueules*.

Ces armoiries sont ornées de supports et de cimier, marque indispensable et distinctive de la noblesse d'après Duchesne (1). Ces supports sont deux sauvages tenant d'une main une massue abaissée; et le cimier est un paon issant d'un heaume d'or ouvert, semé de fleurs de lis d'or, avec pennaches ou lambrequins de gueule et d'azur semés des mêmes fleurs de lis.

V. — BEFFROI

Le beffroi dont le nom, d'après Ducange, dérive de deux mots saxons ou allemands *Bell*, cloche, et *freid*, paix, était, au moyen-âge, le témoin et le symbole autorisés des libertés communales.

Par une charte datée du 27 octobre 1346, Eudes, duc de Bourgogne, et Jeanne de France, son épouse, seigneur de Béthune, autorisent les bourgeois de cette ville, pour les récompenser de leur courage et de leur fidélité, *à faire un beffroi... Et à mettre audit beffroi cloches*. L'édifice, élevé en vertu de cette autorisation, reposait sur des piliers construits en bois. Il ne tarda pas de s'écrouler.

Sur la demande des bourgeois, Guillaume de Namur, seigneur de Béthune, les autorisa par lettres-patentes du 6 mai 1388, à le reconstruire en pierres, « afin que ce puisse être chose perpétuelle. » Nos pères se mirent immédiatement à l'œuvre et firent de ce mo-

(1) *Histoire généalogique de la maison de Béthune*, p. 46.

nument, que nous voyons tel qu'il est sorti de leurs mains, un des plus beaux en ce genre du nord de la France.

Sur d'énormes blocs de grès, liés par un ciment aussi dur que le grès lui-même, s'élève une tour à la fois élégante et hardie. Elle est supportée par quatre piliers sous lesquels primitivement on pouvait circuler. Appuyée sur un mur dont l'épaisseur est de 1 m. 60 cent., elle n'a jamais eu besoin, pour se soutenir, d'être protégée par aucun contrefort.

Aux angles de cette tour qui est carrée se trouvent quatre tourelles de forme hexagone en encorbellements; il y a en outre une échanguette ou tourillon de même forme contre laquelle est adossé un escalier à vis. Ces tourelles qui datent de la construction de l'édifice ont dû cependant, par suite de dégradations notables, être *refaites*, disent nos archives, en 1437, par Jehan Delattre. La hauteur totale de chacune d'elles est de huit mètres. Celle du cul de lampe est de un mètre; c'est-à-dire que du cordon à la partie supérieure du chapiteau du merlon on compte sept mètres. La profondeur de chaque créneau est de soixante centimètres environ.

Au premier tiers de l'élévation de ces tourillons s'ouvrait autrefois pour chacun d'eux une gargouille monolithe représentant des images fantastiques.

Des travaux réparateurs ont été faits récemment à ces tourelles. En 1832, on reconstruisit celle qui fait face la porte du Rivage. Celle qui se présente du côté de l'église St-Vaast est restée ce qu'elle fut originairement. Les deux autres ont été renouvelées presque entièrement jusque au cul de lampe.

Anciennement ces tourelles avaient trois baies. On n'en voit plus que deux dont l'une donne accès à une maison voisine qui n'est pas la propriété de la ville; l'autre s'ouvre sur une ruelle très étroite, aboutissant par une porte à la rue des Poulets et servant de flégard au pâté de maisons ou, pour employer l'expression de nos archives, au *touquet* qui cache en partie et défigure le beffroi. Les terrains sur lesquels ont été élevées ces regrettables constructions ont été concédés à prix d'argent par les échevins, peut-être dans des moments de gêne. En 1441, figure au compte une rente de 20 sols perçue pour une échoppe sise sous le beffroi (1). En 1484, Collart Païen paie 36 sols « pour l'échoppe desoubz le bretesque du beffroi » (2). Il est fait recette en 1608 d'une rente de 16 livres tournois pour une échoppe sise sous le beffroi (3). Plus tard, quand la halle aux draps, tenant au beffroi, fut tombée en ruine, « Messieurs du Magistrat ont baillé en arrentement perpétuel, à plusieurs particuliers, à commencer du 1er avril 1664, plusieurs places au rendage annuel de douze sols chaque pied, suivant la demeure » (4).

La première horloge qui fut placée dans le beffroi, date de la construction même de ce monument. *Vincent Coquelles, orlogeur de Douai*, en livra une moyennant sept écus de vingt-quatre sols, valant 8 livres 8 sols. En 1462, Jehan Lambin, maître de l'horloge de la ville de Montreuil, fournit une *roue*, une *tourte et quevallet* qui coûtèrent à la ville *quarante-huit sols*. Jehan Dupire, maçon, et Jehan Genelle, huchier, firent, à cette époque, le premier pour cinq écus d'or et demi, et le deuxième pour six livres huit sols, les travaux nécessaires *pour asseoir le cadran et le tabel*, comme il est écrit dans les archives. — En 1512, *Estienne Alce*, habitant de Frelinghien, habile horloger qui, récemment, avait construit l'horloge d'Armentières, s'engagea, pour la somme de dix-huit livres, à faire

---

(1) Arch. municip., CC. 32.
(2)   Id.   CC. 54.
(3)   Id.   CC. 178.
(4)   Id.   CC. 271.

de nombreux travaux, devenus nécessaires pour l'horloge de notre beffroi. D'après cette convention, il ne devait employer que du *fer d'Espagne*. A cette date, le cadran avait six pieds de circonférence en y comprenant les bordures qui étaient d'un pied de large; *il était peint d'or et d'azur semés, estimeillés, de fleurs de lis de fin or*. En 1501, c'était le peintre Miquiel le Thieullier qui faisait ce beau travail. Les lettres qui marquaient l'heure et la demi-heure étaient *de blancq sur blancq escript de nom et de romain*. Sur ce cadran était placée *une grosse boule ronde* destinée à indiquer les phases de la lune. En 1547, Jean Aloe, « orlogeur » à Tournai, fit une nouvelle horloge pour la ville; la dépense s'éleva à près de 1,600 livres, il y eut alors trois cadrans « afin que le peuple et les marchands « puissent plus facilement veoir et cognoistre quelle « hœure il pœult estre » (1). En 1851, l'administration municipale fit l'acquisition d'une horloge nouvelle pour le beffroi; cette œuvre qui est très remarquable est due à M. Vérité, de Beauvais. L'horloge commença à fonctionner vers la fin du mois de novembre.

Anciennement, sur le beffroi, on remarquait une enseigne de bougran vermeil et blanc, à laquelle on ajoutait une planche de tilleul, destinées, paraît-il, l'une et l'autre, à signaler les personnes qui entraient dans la ville. C'est là un mécanisme bien simple, trop simplifié peut-être pour nous mettre à même d'en expliquer le résultat.

Le beffroi contient deux cloches. Jusqu'à l'année 1576, la plus forte pesait 2044 livres; en 1576, le 12 mai, elle fut remplacée par une autre qui existe encore aujourd'hui et dont le poids est de 4000 livres; elle fut fondue à Douai par Nicolas Deltour. Elle porte cette inscription :

« Gouverneur, eschevins, prévost et mayeurs, me

(1) Arch. municip., BB. 8.

« feirent faire l'an mil cinq cent septante-six : Loenge
« à Dieu. »

Et plus bas :

« C'est mon désir. La Thieuloye. »

Auprès de cette cloche s'en trouve une beaucoup plus petite sur laquelle est gravée cette inscription : *Benedicta vocor*. Elle sonnait l'ouverture et la fermeture des portes; on l'appelait autrefois la cloche des vignerons.

Le beffroi, dès sa construction, fut enrichi d'un carillon. « En 1419, le tonnerre étant tombé sur le bef-
« froi, le jour de la Pentecôte, les gens qui y montè-
« rent pour éteindre le feu, rompirent les filez du
« grand martel et ceux des *appeaulx* » (1), c'est-à-dire des petites cloches dont le carillon était composé. En 1547, Simon Haudebert, fondeur à Arras, livra six appeaux, cloches, pesant neuf cent soixante livres; les poids 11 m. vi c., 76 l. et demie (2).

En 1773, on y comptait trente-six cloches de différentes grosseur sur lesquelles, sauf quelques exceptions, on lit cette inscription :

Pour le beffroi de Béthune, 1773. — Fait à Lille, par Ph. Le Corsin.

En 1547, on s'adressait au chantre de St-Barthélemy et à d'autres gens d'église pour harmoniser les cloches du carillon. En 1561, c'étaient également des prêtres qui étaient chargés d'accorder, selon le rythme voulu, toutes ces cloches. En 1562, on allouait trente sols à Jacques Danniel, prêtre, « qui avait mis à
« point les touches du clavier ». Précédemment, en 1532, Georges Clop, prêtre, syndic du couvent de St-

---

(1) Arch. municip.
(2) Quelques auteurs du pays d'Artois ont prétendu qu'après le sac de Thérouanne, en 1553, l'horloge et le carillon de cette ville infortunée furent transportés à Béthune et placés à son beffroi. Un de ces écrivains cite, à ce sujet, Dom DEVIENNE, t. IV, p. 65. Or, Dom Devienne est muet sur ce point. Il en est de même de nos archives communales qui ne mentionnent pas davantage ce fait. Il est vrai qu'en 1561, il y est question de *l'accord du beffroy nouvellement pendu*.

François à Béthune, raccommodait l'horloge moyennant vingt-six sols. Le clergé de cette époque tant décrié de nos jours par de prétendus savants se recommandait, on le voit, à Béthune, par des connaissances, aussi solides qu'étendues, en astronomie, en mécanique et en art musical.

Le campanile qui sert d'abri aux cloches date vraisemblablement du commencement du XVIe siècle; il est question, dans les comptes de 1503, de plusieurs fournitures faites, selon toute probabilité, pour ces travaux. Cette partie supérieure de l'édifice a un caractère ogival très prononcé. De la galerie surplombant les tours surgit, comme un hors-d'œuvre tout à fait inattendu un clocheton fort travaillé qui ne manque pas d'élégance en lui-même, « mais qu'il semble « qu'un esprit malin ait arraché à quelque église go- « thique flamboyant et transporté, par plaisanterie, « en ce lieu qui ne lui convient guère » (1).

Anciennement, le beffroi était surmonté d'un dragon. En 1432, Colart de Leporte l'avait doré de *double or et à œulle*. Fréquemment, à des intervalles plus ou moins rapprochés, « il fallut, est-il écrit dans nos « archives, le reffaire, rabilier et remettre sups le « nouveau ». En 1520, Jehan de Bennes, qui venait de le redorer, avait peint à ses côtés une aigle, une couronne impériale. Le 10 novembre 1725, Louis Brunel en avait effacé l'aigle, et avait placé, près du dragon doré et remis à neuf, une couronne et une fleur de lys. La Révolution qui avait en horreur les insignes de la royauté, les remplaça ainsi que le dragon par un oiseau de forme étrange, image peu gracieuse du coq gaulois.

Autrefois sur le sommet du beffroi flottaient, au gré des vents, une foule de bannières, *dorées de fin or, parées de couleurs variées*, qui, par leur gracieuse élé-

(1) MALTE-BRUN, *France illustrée.*

gance, tempéraient ce qu'il y avait de terrifiant dans l'image du dragon.

Louange à Dieu, liberté aux bourgeois, tel est, depuis sa construction, le double enseignement de notre cher et vénéré beffroi.

VI. — BOURGEOIS, HABITANTS, MANANTS, FORAINS

La population de Béthune se composait, avant 1789, de bourgeois, d'habitants, de manants et de forains. Cette classification était à peu près celle que les rois adoptaient dans leurs lettres-patentes à nos anciens concitoyens. *A nos féaux sujets, bourgeois, habitants et manants de Béthune,* telle était littéralement la formule qu'ils employaient dans ces occasions.

Il ne suffisait pas, pour devenir habitant de Béthune, d'y demeurer. Si la résidence était une condition indispensable, elle n'était pas cependant la seule qui fût exigée pour obtenir le droit au domicile. Ce droit ne s'obtenait point sans être sollicité. Le solliciteur devait en faire la demande aux échevins par une requête dans laquelle il s'engageait à se soumettre à toutes les charges et contributions imposées aux habitants de la ville. Il devait, en outre, produire un certificat de son curé constatant qu'il appartenait à la religion catholique et qu'il était de bonne vie et de bonnes mœurs. Le magistrat, après enquête et délibération, lui délivrait, s'il y avait lieu, des *lettres d'habitant* dans lesquelles on lisait qu'il n'était reçu qu'à la double condition de donner à la ville *deux seaux de cuir bouilli pour servir au feu de méchef,* — incendie — et de participer à toutes *les charges auxquelles les habitants sont soubmis.* Le nouvel arrivant, assujetti à ces charges, jouissait, par compensation, de certains privilèges que la communauté possédait. Il échappait au servage, cette humiliante et onéreuse condition du paysan qui, à Béthune était l'objet d'un profond mépris, à tel point qu'appeler *serf* qui ne l'était pas, c'était d'après une charte de Jeanne, — 1334, — se rendre passible, pour injure, d'une amende de soixante sols. Les habitants de cette ville étaient exempts de tailles et de corvées résultant du servage; ils trouvaient derrière les fortifications un refuge contre la tyrannie féodale, un abri contre toutes sortes de périls, une garantie de travail et d'épargne par l'association, un abaissement de droits pour maîtrise dans les corporations, la faculté d'étaler leurs marchandises *aux francs étals*, comme on disait, sans être astreints à aucune redevance (1).

L'autorisation d'établir son domicile à Béthune n'impliquait pas la concession du droit de bourgeoisie. Tout habitant n'était pas bourgeois. On n'était reçu dans la bourgeoisie que sous certaines conditions et obligations tout à fait particulières.

Quoique les privilèges conférés aux bourgeois de cette ville fussent beaucoup plus considérables que ceux dont jouissaient, à côté d'eux, les habitants, la taxe des uns et des autres pour leurs réceptions respectives dans la bourgeoisie et l'habitantage était la même.

Les bourgeois étaient tenus au serment qu'ils prêtaient, le jour de leur réception, entre les mains du prévôt. Leurs noms étaient consignés sur un registre spécial qui remonte à l'année 1349 et qu'on retrouve dans nos archives municipales sous la signature des greffiers successifs de la ville. Le prévôt en exercice en 1349 se nommait Pierre Dauchy. La formule de ce serment, depuis cette dernière date jusqu'à la Révolution, est restée la même, n'ayant subi qu'une modification insignifiante en 1493 où l'on substitua le mot

(1) Lettres de la comtesse Mahaut, en date du mois de juillet 1325. — Voir arch. munici).

six à celui de *sept*. Ce serment dont nous allons donner le texte, sert à faire connaître, en partie du moins, les charges et privilèges des bourgeois :

« Vous jurez de garder les droits de Dieu, de la
« Sainte Eglise, du royaume, et les us, coutumes et
« privilèges de cette ville comme appartient à bour-
« geois, et aiderez en bonne foy, si mestier est, à vos
« sens et à votre pooir, et ne désobéirez à ce qui sera
« ordonné ou commandé soit tailles, veillées, ouvra-
« ges, argent ou aide dont à ce droit bourgeois con-
« tribuer, et ne ferez ou faire ferez assemblée ni ail-
« lance contraires à la ville ni auxdits échevins, pré-
« vôt et mayeurs; si le savez, vous le ferez connaître
« au conseil de la halle et aux échevins. Vous contri-
« buerez comme les aultres bourgeois à tous les frais
« et mises de cette ville, pour l'acquit d'icelle en quel-
« que manière que se prenne et assoye, et à ce vous
« soumettez et obligez ensemble de comparoir à tous
« commandements qui vous seront faits sous peine
« d'être cassé de ladite bourgeoisie. Au surplus on
« vous déclare que l'on réserve que, si d'aujourd'hui
« en sept (en 1493 il est dit *six*), ans prochains ve-
« nant, vous, vos femmes et enfants estiez empêchés
« de la maladie de Ste-Ladre, vous ne jouiriez du pain
« de la maladrerie de cette ville et que si prenez état
« de mariage à aulcunes des bourgeoises, paravant
« lesdits sept ans expirés, vous payerez droit de sep-
« tième au profit de cette ville ».

Charges des bourgeois. — Astreints à toutes les charges locales, comme les autres habitants, ils payaient les contributions et s'acquittaient de l'*ost* ou service militaire.

S'ils étaient appelés à participer à toutes les charges de cette commune, ils devaient, en compensation, participer à tous les privilèges que possédait cette communauté. La plupart de ces droits, dont l'origine était féodale, ne pouvaient être exercés que par délégation; chaque bourgeois, cependant, avait la faculté de confier ou de recevoir le mandat d'en user administrativement. La nomenclature que nous allons en faire mettra plus en lumière ces divers points historiques :

Droits politiques des bourgeois. Ils avaient toutes les fonctions utiles et influentes de l'Etat; c'est-à-dire la justice, l'administration, les finances, la police, une milice qui prenait le nom de milice bourgeoise. Il n'y avait que les bourgeois qui donnassent des magistrats, tels que mayeurs, prévôt, échevins, à cette cité; la ville était représentée aux Etats d'Artois par deux de ses échevins. Mais ces droits n'étaient pas personnels, comme l'exemption du service du guet, la présence à la reddition des comptes des échevins, l'assistance au renouvellement de la loi, la liberté sous caution, la pêche, le pouvoir d'association, de réunion, de vote.

Privilèges de juridiction. — Les bourgeois de Béthune n'étaient justiciables, en première instance, que de leurs échevins; ils ne pouvaient être soumis à une enquête, quelle qu'elle fût, qu'en vertu d'une autorisation échevinale; ils jouissaient du *droit d'Arsin* contre quiconque les injuriait; ils pouvaient faire arrêter, sans titre exécutoire, par deux autres bourgeois, jusqu'à l'arrivée de la justice, tout débiteur non domicilié à Béthune.

Privilèges des bourgeois dans leurs maisons. — La justice ne pouvait pénétrer dans la maison d'un bourgeois, pour exploits d'arrestation, sans être accompagnée de deux échevins de la ville. Réserve, toutefois, était faite par les cas criminels. Jusque en 1399, les bourgeois furent autorisés à créer des rentes sur les maisons dont ils étaient propriétaires. Ils pouvaient donner leur maison à loyer, et y mettre puits et colombier.

Privilèges des bourgeois dans leurs personnes et dans

leurs biens. — Les arrêts sur les bourgeois de cette ville ne pouvaient être faits que par les échevins. On ne pouvait les arrêter quand ils allaient moudre leur blé. La justice n'avait pas le droit de leur faire subir l'épreuve de la question. Leurs biens étaient exempts de toute confiscation, même en cas de bannissement perpétuel ou de condamnation à la peine capitale. Ce privilège leur avait été octroyé en 1346 par Philippe, roi de France, et en 1353 par Jean, son fils et successeur sur le trône de France. Condamnés pour crimes ou délits, on ne pouvait les incarcérer ailleurs que dans la prison qui leur était exclusivement affectée et que, pour cette raison, on appelait la prison des bourgeois (1).

Tous ces privilèges, d'une importance inégale, étaient conservés par cette cité comme la partie la plus précieuse de son patrimoine. Ses magistrats en gardaient les titres avec un soin jaloux dans nos archives. Si, par hasard, les baillis se permettaient sur quelqu'un d'eux une tentative d'empiétement, les revendications à l'instant même, se faisaient ardentes. Nos bons aïeux, d'ordinaire si paisibles, couraient aux armes, s'il le fallait. Une émeute eut lieu, en 1503, dans l'enceinte de la ville, au sujet de l'arrestation d'un bourgeois par le bailli, sans la présence des échevins (2).

Ces privilèges étaient appréciés par les gentilshommes, au point qu'un grand nombre d'entre eux, à toutes les époques, sollicitèrent, pour en profiter personnellement, le droit de bourgeoisie. Mais comme il leur était interdit par un statut de 1480 de prendre le titre de bourgeois, sous peine d'être exclus des tournois, ils ne faisaient cette demande qu'avec cette réserve formelle qu'ils inséraient dans leurs suppliques :

(1) Arch. municip., AA. 4.
(2) Arch. municip., BB. 4.

Sans préjudice, c'est-à-dire sans préjudice de leurs droits nobiliaires.

On pouvait perdre le droit de bourgeoisie, mais aussi le recouvrer. Adrien Delporte, banni de cette ville en 1462 à la suite de quelque méfait, fut réhabilité et remis, le 10 septembre 1466, *en sa franchise de bourgeois*, et autorisé de nouveau, à faire, en cette qualité, le *serment auquel furent faites les réservations à ce accoutumées*, est-il écrit dans nos archives municipales. C'est le premier des bourgeois de Béthune qui, selon le dire de ces archives, fut successivement *escarsé* et réhabilité. Comme cette peine d'*escarssage*, disent nos archives, *escorcement*, dit M. Travers, avait le plus souvent pour cause l'insolvabilité des bourgeois, leur réhabilitation était certaine lorsqu'ils s'étaient acquittés de leurs dettes. De là cet axiome admis, selon tous les droits, par nos pères : *Dette payée, peine levée*. C'est encore ce qui existe présentement pour les faillis qui se font réhabiliter.

Manants. — Le manant, dont le nom dérive du mot latin *manens*, n'avait, aux yeux du magistrat de Béthune, que la résidence. Sorti d'un village quelconque où, précédemment, il vivait sous la loi du servage, il était reçu à demeure et vivait sous la protection de la commune, mais ne participait à aucun des privilèges, civils et politiques, accordés aux bourgeois et aux habitants de cette ville. En arrivant, il était tenu de se faire inscrire à l'hôtel de ville, d'y donner connaissance de son origine, de sa vie, de ses mœurs, et de son intention de résider à Béthune. Son nom figurait alors sur les listes de recensement. Il était astreint aux charges locales comme les bourgeois et les habitants. S'il ne devenait ni l'un ni l'autre, c'est que l'admission dans cette commune, à l'un ou l'autre de ces deux titres était subordonnée à certaines conditions que tout le monde, faute d'argent ou de moralité, ne pouvait pas remplir. Cette privation de libertés et de droits civils qui, d'ordinaire, avait pour cause l'indigence ou l'immoralité, plaçait par la force des choses le manant au-dessous du bourgeois et de l'habitant. Cette infériorité vis-à-vis de la bourgeoisie, qui, pourtant, ne forma jamais une caste, un ordre dans l'Etat, le rendait si méprisable que, pour désigner un homme grossier, inculte, avili, on employait dans un sens injurieux cette expression : *Manant*.

Forain. — Moins favorisés que les manants, les forains ou hommes du *dehors*, ou *non-domiciliés* ne recevaient dans la commune qu'une hospitalité momentanée. Ce qui n'empêchait pas qu'ils fussent astreints, pendant leur séjour dans cette ville, aux charges locales et aux prescriptions de police, comme les autres habitants. Le ban de nos échevins portait « qu'au« cun forain ne pouvait quitter la ville sans avoir « payé l'assise ».

CHAPITRE II

Finances

I. — Leur gestion appartenait aux échevins. — Sagesse des règlements touchant la comptabilité. — Règles tracées en 1431 par deux commissaires de Philippe-le-Bon.
II. — *Recettes* : Deniers patrimoniaux. — Arrentements. — Fermes et assises. — L'impôt pesait sur tous, excepté le chapitre de St-Barthélemy.
III. — *Dépenses* : Elles devaient être autorisées par le seigneur. — Elles étaient de deux sortes, les unes facultatives, les autres obligatoires. — Appointements et gages des agents de l'administration. — Charges occasionnées par le service militaire. — Réglement du budget.
IV. — Contributions seigneuriales, provinciales et royales. — Droit du quart, aides; droit de relief, centième, vingtième. — Taxes éventuelles.

I.

Une des principales attributions de nos échevins était de gérer les finances communales. Ce droit, toujours existant avant la Révolution, reposait sur ce principe qu'une communauté, régulièrement constituée, doit participer, par ses mandataires, à l'établissement et au recouvrement de ses revenus ainsi qu'à leur emploi.

Cependant nos magistrats municipaux n'ont jamais fait par eux-mêmes les recettes ni les dépenses de la commune. Dans tous les temps, ils nommèrent des argentiers pour les remplacer dans cette double fonction. Pour la formation de ce que nous appelons le budget communal, ces fonctionnaires pouvaient être consultés mais ils n'avaient pas voix délibérative. Leur office consistait uniquement à encaisser les fonds appartenant à la ville et à tirer de cette caisse l'argent nécessaire pour les dépenses régulièrement ordonnancées.

Quand on étudie la science financière de nos autorités supérieures au moyen-âge, on est avantageusement surpris de la sagesse de leurs réglements touchant la comptabilité courante de cette ville. En 1358, d'après une décision arbitrale de Jean Gonnelieu, doyen de Cambrai, gouverneur du comté d'Artois, cette comptabilité appartenait aux échevins et à sept prud'hommes. Ces prud'hommes ne pouvaient pas être choisis parmi les magistrats municipaux en exercice ou qui venaient de sortir de charge, ni parmi leurs frères, neveux, cousins. Six d'entre eux devaient être élus, chaque année, quelques jours avant Noël, par les échevins, et le septième par le prévôt et les mayeurs. Ils étaient tenus d'assister, une fois par semaine, aux séances des échevins, pour y prendre connaissance de toutes les recettes, notamment de celle des *censes*, faites dans la semaine et y régler les dépenses hebdomadaires. Les délibérations sur ces deux points de comptabilité n'avaient de valeur qu'autant qu'elles étaient prises en présence de quatre échevins et de cinq prud'hommes au moins. Les votes devaient être publics, afin que, lors de la reddition annuelle des comptes, les responsabilités des votants fussent connues du public. Une *cédule*, comme on disait alors, un procès-verbal, selon l'expression présentement admise, devait être dressée et scellée de leurs sceaux après la séance.

En 1421, deux commissaires de Philippe-le-Bon, seigneur de Béthune, réglementaient longuement et avec sagesse cette comptabilité :

Les comptes seront divisés en deux parties, l'une pour les recettes, l'autre pour les dépenses. — Les recettes auront deux chapitres, le premier pour les rentes, le second pour les *censes*. — Les assises auront un chapitre spécial pour les recettes et les dépenses. — Un autre chapitre sera ouvert pour y inscrire les pensionnés de la ville, leurs noms, leur âge et le montant de leurs pensions ou traitements ; les gages des guetteurs du beffroi figureront dans ce chapitre. L'argentier recevra une quittance pour l'emploi régulier des fonds qu'il aura perçus et dépensés dans l'année.

Les dépenses faites par les échevins à l'occasion des *plaids*, des *trèves* et de la *garnison*, seront inscrites en compte selon l'usage ancien. Il en sera dressé un rôle scellé du sceau des échevins et de celui des sept hommes. — Chaque semaine, seront dressées des *cédules*, mentionnant les ouvrages faits, les matières employées, et les dépenses occasionnées par ces travaux. — Les présents de vin formeront un chapitre particulier. — Les dépenses extraordinaires pour charrois faits pour le prince devront être indiquées à part, en ayant soin de marquer si elles ont eu lieu par *mandement patent, par lettres missives ou par commandement verbal.* — Les argentiers ne délivreront les dons, présents accordés par la ville et ne paieront la différence de la valeur des monnaies que sur mandat des échevins. — Ils seront tenus de rapporter à la reddition des comptes les quittances des rentes héritières qu'ils auront payées. — Dans le cas où la ville aura acheté des vins dont elle aura fait une distribution pour l'amélioration des aides, elle devra indiquer, pour être mentionnés dans les comptes, le prix du vendeur et le prix payé — Toutes les recettes formeront un compte qui se fera avec exactitude en triple expédition dont l'un sera remis au bailli, un autre aux échevins, et le troisième au receveur. A la fin du compte seront indiqués les dettes de la ville et son avoir en meubles.

La reddition des comptes aura lieu annuellement après publication faite en la manière ordinaire en la halle des francs hommes (hôtel de ville), la porte ouverte, en la présence du bailli, des gens et officiers de la dame de Béthune et de tous ceux qui y voudront assister. Ils seront alors signés, s'ils sont trouvés exacts, par le bailli, les officiers susdits et les auditeurs.

En 1773, l'administration ne fit que reproduire, à peu près, sur la comptabilité de cette ville, les mêmes errements. Les recettes devaient être inscrites sur un registre spécial, jour par jour. Les mandats devaient être signés par le maire, par un échevin au moins, par le secrétaire-greffier et enregistrés sur ce registre. Tous les mois, l'argentier devait présenter son compte de recettes et de dépenses à la municipalité, après l'avoir soumis préalablement au vu et à la signature d'un échevin. Les comptes devaient être rendus, tous les ans, au mois de mars au plus tard. Ils étaient adressés, ensuite, au commissaire de la province d'Artois, à Arras, pour être soumis à son contrôle et enfin à la cour des comptes.

II. — RECETTES

Les deniers patrimoniaux formaient la partie fondamentale et la plus importante des revenus de cette commune. Ces deniers provenaient des propriétés immobilières et des droits communaux. Ces propriétés étaient nombreuses et d'une grande valeur.

La ville possédait :

Par donation de son ancien seigneur Guillaume II, le grand marais situé entre Béthune et Annezin, d'où la municipalité fit extraire des tourbes et qu'elle convertit ensuite en pacage qui lui rapporta des droits appelés *droits de langue*; un droit d'usage pour les bourgeois dans les bois domaniaux appelés *bois dérodés*, qui avoisinaient la ville et dont la contenance était de 597 mesures et demie et 8 verges et demie. — Mesure de Béthune de 100 verges par mesure;

Par cession d'Albert et d'Isabelle, du 2 septembre 1608, le tiers de ces bois comprenant les tailles du Mont-Liébaut, du courant et de Verquin contenant ensemble 124 mesures 12 verges; le parc et le bois des Fillettes contenant 40 mesures, situés derrière le faubourg du Rivage vers le bois de Beuvry; plus tous les bois sur la chaussée d'Arras, contenant 45 mesures 3 verges;

Par acquisition en 1615, trois mesures de terre situées le long de la rivière la Lawe en aval du faubourg Catorive et qu'on appelait *béguinage;*

Egalement par acquisition cinq mesures, qui longeaient le grand chemin d'Arras, au-dessus des bois dérodés, près du petit triangle de terre appelé l'*Avouerie de Béthune;*

Par droit de construction, les classes du collège ;

Par cession du chapitre de St-Barthélemy, en date du 13 juin 1419, trois moulins à eau situés dans l'enceinte de la ville : celui de la rue St-Pry, celui du Castel et celui du Moulinet en face de l'église St-Barthélemy ;

Un moulin à vent installé sur le cavalier Vauban ;

Par acquisition en 1768, une maison sur le marché-au-poisson, dont une partie servait de magasin aux tourbes extraites des marais communaux, et l'autre partie était affectée à l'orphelinat ;

Par acquisition en 1778, la maison appelée le *canon d'or;*

Par donation de Charles-Quint en 1516, les bâtiments fournissant un local aux poids publics, à la prison;

Par acquisition, une maison située dans la rue du Pot-d'Etain et servant de logement au secrétaire-greffier de la ville ;

Par acquisition en 1590, au prix de 13,000 florins, d'Artois, les moulins de la Fosse, sur la Lawe ;

Par acquisition, onze quartiers de terre à labour proche du Pont-de-Pierres ;

Par lettres patentes de Charles-Quint, en 1510, la rivière de la Lawe depuis l'éperon de Gosnay jusqu'à la choque Renard.

La ville possédait de nombreux arrentements. Ceux constitués à l'occasion de la cession des terrains situés autour du beffroi et sur l'emplacement de la halle aux draps consistaient dans un canon de douze sols par chaque pied de terrain. Elle avait, en outre, une certaine quantité de rentes sur des particuliers, sur le domaine et sur les finances. Nous ne mentionnerons que les plus apparentes : arrentement temporaire d'un magasin à tourbes sur l'emplacement de l'ancienne chapelle de St-Éloi ; du terrain sur lequel est construite la maison blanche, près du pont de Sévelingues; arrentement perpétuel de six écluses établies sur la rivière de la Lawe ; arrentement de l'écluse de Sévelingues, construite en 1421, arrentée en 1528 pour 8 livres parisis, à la charge de livrer passage aux bateaux se rendant à Béthune, moyennant 6 deniers, taxe qui était la même pour toutes les écluses; arrentement de l'écluse de Monchecourt, construite en 1528, rapportant annuellement 8 à 9 livres tournois; arrentement de l'écluse de l'Etang, construite en 1665, sur le territoire du Locon, entre la planche Vaux-Aches et l'écluse du petit Etang, rapportant 25 livres tournois; arrentement de l'écluse du petit Etang, construite en 1705, rapportant environ 20 livres tournois; arrentement de l'écluse du Fosset, construite en 1665 et rapportant 6 livres tournois; arrentement de l'écluse des Agneaux, construite en 1421, sur le territoire de Lacouture et rapportant 40 sols.

Par lettres patentes des différents princes-seigneurs de Béthune, le magistrat de cette ville était autorisé à percevoir sur la bière, le vin, l'eau-de-vie, les grains le tabac... des impôts dont le produit avait son emploi déterminé. Ces différents droits étaient affermés pour un an; de là, le mot de *ferme* pour exprimer chacun de ces impôts, et celui de fermier pour en désigner l'adjudicataire.

Le 19 juillet 1768, Sébastien Utasse, est-il écrit dans les registres municipaux, prit la régie des fermes afférentes à cette ville et fixées aux prix suivants : deux sols par livre de tabac; six deniers par chaque rasière de grains; six deniers au pot de forte bière; six deniers au pot de vin ; un denier au pot de bière pour sortie ; douze deniers sur les bêtes vives (chevaux, bœufs, moutons) payables par les vendeurs, et douze autres deniers par les acheteurs. Sauf pour le tabac dont l'imposition était précédemment de trois sols la livre vendue et débitée dans la ville, ces tarifs n'avaient guère varié depuis de nombreuses années. En 1695, il fut stipulé, par lettres patentes du roi, que l'octroi percevrait : 1° dix sols pour chaque pot d'eau-de-vie; 2° deux sols pour chaque livre de tabac; 3° six deniers pour chaque rasière de grains.

Deux commis aux gages annuels de 300 livres chacun, étaient chargés de veiller aux fraudes.

Ces impôts étaient très-impopulaires; mauvais en eux-mêmes, ils soumettaient les fermiers à des perquisitions fréquentes, à la marque des bestiaux, à d'innombrables procès-verbaux.

La ferme, en 1768, produisait en totalité 1,500 livres pour le tabac; 2,900 liv. pour les grains; 23,040 liv. pour la bière; 100 liv. pour les pots de vin; 1,761 liv. pour les tonneaux de vin payant quatre sous à chaque vente; 1,503 liv. pour les bêtes vives.

D'après les prévisions du fermier de cette époque, le montant des ventes partielles devait dépasser, dans toute l'année, les chiffres suivants :

1° Tabac, 15,000 livres ; 2° bière forte, 924,600 pots; 3° vins au pot, 4.000 pots; 4° vins au tonneau, 8,805 tonneaux ; 5° grains, 116,000 rasières ; 6° bêtes vives : chevaux, bœufs, moutons, 15,030 bêtes vives.

Ces chiffres nous donnent un aperçu du mouvement commercial qui se produisait à Béthune, dans les temps antérieurs à la Révolution.

L'impôt sur les eaux-de-vie, dont il n'est pas fait

mention dans les adjudications de 1768, était fixé à 10 sols au pot et donnait un produit annuel d'environ 4,000 livres.

Outre le prix principal fixé d'après le tarif ordinaire, la ville stipulait *des vins au rebail des fermes et anciennes assises.*

Les droits de greffe, au profit de la ville, étaient peu productifs. L'affermage des boues, créé en 1680, rapportait, pour prix de l'adjudication, 500 livres en 1752, 990 liv. en 1761, 956 liv. en 1779.

Les assises et tonlieux de la draperie produisirent en 1672, pour trois mois, 10 livres.

Les assises de la laine produisirent en 1673, pour 9 mois, 54 livres.

Le droit d'aunage de la toile produisit en 1685, 60 livres; en 1715, 265 livres; en 1730, 315 livres.

Le droit d'*esgards aux porcs* rapporta en 1733, 30 livres.

La poissonnerie était donnée en ferme dès 1595. Il y avait douze poissonniers(1). En février 1562, on vendit ces charges. Chacun des poissonniers payait à la ville une rétribution annuelle de dix-huit livres. Le minqueur payait, pour sa charge qui était également donnée en ferme, la somme de 256 livres. L'ordonnance de Charles-Quint portait que le produit de la vente de la charge des douze poissonniers serait employé aux travaux des fortifications.

La location des étaux de bouchers rapporta 40 livres en 1673; 60 livres en 1705, 1726, etc.

La ville percevait le droit de *Longhuet* sur toutes les marchandises transportées par eau et déchargées au rivage.

Elle avait une part dans les amendes;

Le droit de septième sur les biens des bourgeois épousant des non bourgeoises. Les échevins étaient

---

(1) Ordonnance de Charles-Quint, donnée à Gand le 23 décembre 1529. AA., 2.

libres d'accorder des exemptions pour cet impôt, et ils usaient fréquemment de ce droit.

Tous ces revenus, sauf ceux des octrois, étaient peu élevés.

Le consentement des habitants fut exigé dans tous les temps pour l'établissement des octrois. C'est ce que Colbert reconnaissait et ce qu'il confirmait par un écrit de 1680 : « Les nouveaux octrois, disait-il, conformément aux anciennes coutumes, doivent être faits du consentement universel de tous les habitants.... il ne se pratique guère de les charger, soit pour des œuvres de charité, soit pour les embellissements de leur ville, sans un consentement unanime ». Ce consentement arrêta plusieurs fois nos échevins dans leurs entraînements à créer de nouveaux octrois. Lorsqu'une mesure de cette nature paraissait inutile aux bourgeois, ils ne se rendaient pas aux assemblées. Cela arriva en 1529 (août), à l'occasion de l'établissement de l'octroi sur le vin.

Si le consentement des habitants était indispensable pour l'établissement des octrois, l'autorisation préalable des seigneurs, des rois, était également exigée en pareille circonstance. C'est ce que Marguerite, dame de Béthune, rappelle par lettres données à Arras, le 1er mai 1372, où il est dit que les échevins de Béthune ne peuvent lever aucune imposition sans y être autorisés par le comte d'Artois. Ce droit d'intervention de la part du seigneur et plus tard du roi ainsi que de la part des Etats dérivait du principe fondamental de la constitution politique de la province d'Artois. La ville, pour obtenir cette autorisation, devait fournir tous les documents nécessaires touchant sa situation financière. C'est ce que firent, en 1777, les magistrats qui, pour obtenir une augmentation d'octrois à l'effet de couvrir un déficit de 68,122 livres, adressèrent à l'intendant et aux Etats d'Artois un tableau des revenus et des charges annuels de la ville.

La plupart des taxes connues sous les noms de tonlieux, d'assises, d'octrois, avaient une affectation déterminée par l'autorité compétente qui en avait autorisé la perception. C'était, presque toujours, pour remédier à l'insuffisance des ressources destinées à subvenir aux dépenses telles que remboursement de dettes, rachats d'offices, entretien des fortifications. C'est ainsi que, par lettres du 7 octobre 1379, Marguerite, comtesse d'Artois et dame de Béthune, accordait « la levée de diverses assises à Béthune pour « fortifier cette ville et pour l'alléger de ses charges(1) ». Par lettres en date du 1er mai 1372, elle avait permis aux échevins de Béthune de lever pendant trois ans, quatre deniers par livre des différentes marchandises vendues ou achetées dans ladite ville, mais à la condition que ces assises serviraient à la réparation des fortifications et au paiement des dettes contractées par la commune.

Lorsque la cause pour laquelle ces impôts avaient été créés disparaissait, le reliquat restait dans la caisse municipale. Il était inscrit en tête du compte suivant. C'est ce qui arriva pour le compte de l'année 1422-1423 où les recettes précédentes avaient été de 3,024 liv. 19 sols pite, et les dépenses de 2,639 liv. 8 sols 11 deniers pite. Dans ce cas, on abaissait les tarifs, de manière à ce que les droits fussent réduits à la proportion des besoins.

Ces impôts étaient d'autant plus productifs que tous les habitants de la ville, nobles et ecclésiastiques, y étaient astreints; il n'y avait d'exception que pour le chapitre de St-Barthélemy qui, de tout temps, avait joui de ce privilège. C'est ce que le prévôt de cette collégiale déclarait, en 1369, contrairement aux exigences des échevins de Béthune qui venaient de sommer le chapitre de St-Barthélemy de contribuer aux

(1) Archives du Pas-de-Calais. — Chartes d'Artois.

impositions récemment levées pour l'entretien des fortifications. Un procès s'engagea, sur ce point, entre l'échevinage et la collégiale ; par suite d'un accord amiablement conclu le 15 juillet 1369, entre les parties, le prévôt et les chanoines consentirent à aider la ville dans ses travaux par l'offrande de quatre-vingts livres du roi, mais avec cette réserve que ce don ne leur porterait aucun préjudice dans l'avenir. Quoiqu'il en soit, le chapitre continua jusqu'en 1789, de jouir de cette immunité, malgré les réclamations ininterrompues des échevins et les nombreux arrêts rendus de 1747 à 1754 qui portaient que les droits d'octroi seraient payés par toutes sortes de personnes, de quelque état et condition qu'elles fussent, même par les ecclésiastiques, communautés séculières et régulières, nonobstant tous privilèges, édits, déclarations, arrêts et lettres contraires à cette législation financière. On l'a dit bien des fois, ce qui caractérisa d'une manière plus particulière l'ancien régime, ce fut de ne pouvoir établir l'égalité dans l'impôt et des règles sans exception. Cette double inégalité n'a disparu qu'en 1789.

A un autre point de vue, l'impôt, à partir de cette dernière époque, est entré, sous un pouvoir centralisateur à l'excès, dans une phase nouvelle. C'est ici peut-être la ligne de démarcation la plus caractéristique, mais plus apparente que réelle, entre l'impôt, d'abord féodal, puis communal, et l'impôt national. Présentement les taxes se divisent en contributions directes et en contributions indirectes. Dans cette classification se retrouvent les *octrois*, ou les taxes intérieures de consommation. Le principe des octrois, objet de tant de critiques contre l'ancien régime, resta donc admis comme autrefois. La différence sous ce rapport entre le moyen-âge et les temps modernes n'est que dans l'application de ce principe. D'un autre côté, aujourd'hui que tout privilège d'exemption a cessé, il reste la différence inévitable des conditions et des fortunes. Et, contrairement à ce qui devrait être, la masse des gens pauvres ou peu aisés, est moins favorisée qu'autrefois sous ce rapport, et paye la plus grande portion de l'impôt, sans en excepter celui qui s'appelle *foncier*. Ces considérations, si notre plan le permettait, trouveraient leur application et leur justification dans notre tarif d'octroi où l'on trouve les taxes les plus onéreuses et les plus mal réparties, n'ayant d'autre avantage sur les anciens octrois que d'être perçus d'une manière moins fâcheuse.

Quoiqu'il en soit de la valeur de cette appréciation générale de l'ancien et nouveau mode d'impôts, on peut ajouter que, dans cette ville, à toutes les époques jusqu'à ce jour inclusivement, leurs produits respectifs n'ont suffi que rarement aux dépenses.

III. — DÉPENSES

Les dépenses de la ville, sous le régime féodal, ne pouvaient se faire qu'après autorisation du seigneur qui exigeait, en outre, selon les prescriptions de Marguerite, dame de Béthune, en date du 1er mai 1372, qu'elles fussent soumises au comte d'Artois et à ses officiers, à toute réquisition de leur part. Un édit de 1683, conçu dans le même sens, prescrivait aux villes d'envoyer aux intendants l'état exact de leurs recettes et de leurs dépenses. Si celles-ci dépassaient une certaine limite, elles devaient être ratifiées par le conseil qui les réglait pour une période déterminée. Le consentement des habitants était requis lorsqu'il s'agissait de dépenses extraordinaires pour lesquelles il fallait créer des ressources spéciales. Il était présumé pour les dépenses ordinaires.

Cette ville, dont les ressources ne suffisaient pas, d'ordinaire, à l'acquit de ses charges, fut souvent obligée de contracter des dettes, de recourir à des emprunts. Les échevins et les habitants portaient la responsabilité solidaire de ces engagements. Au mois d'octobre 1271, ils empruntaient à Jacques Mayeur, résidant à Arras, deux cent trente livres parisis pour les besoins de la ville, s'engageant *eux et leurs biens* à lui rembourser cette somme et à l'indemniser des frais occasionnés par ce prêt, renonçant, dans le même acte, à tous les privilèges qui pourraient les soustraire à l'accomplissement de cet engagement. Ce principe de solidarité, ou plutôt, comme on disait anciennement, de *solidité*, appliqué, dans cette forme, aux emprunts de cette ville, est d'autant plus remarquable qu'il se rattache au droit romain.

Les dépenses étaient de deux sortes, les unes facultatives, les autres obligatoires. Pour les premières, les *courtoisies* c'est-à-dire les dons gracieux, les présents figuraient en première ligne et même presqu'exclusivement. Les *courtoisies* se faisaient en nature et en argent. Cette charge pesait lourdement sur la ville. C'était le vin qui le plus souvent était offert en courtoisie par la municipalité de Béthune. On en donnait des *cannes*, des lots, des bouteilles, et même des tonneaux selon la dignité du personnage qu'on voulait honorer. De là les vins d'honneur, les vins au rebail des fermes, et l'expression de pots de vin appliquée de nos jours et depuis longtemps à des actes de corruption. Il n'y avait cependant dans cette offrande de courtoisie ni corruption, ni concussion de la part des donateurs, ni des donataires. Les uns et les autres ne faisaient que céder à un usage universellement consacré; et il eût été pour le moins inconvenant de ne pas s'y conformer. Au lieu de vin, la ville faisait parfois les courtoisies en argent, en argenterie. Ce qui chargeait davantage ses finances. Voici ce qui se passait en 1594 et 1595 relativement aux courtoisies offertes, le 26 décembre, à l'occasion du renouvellement de la loi :

Courtoisies faites par MM. les échevins, prévost et mayeurs de la ville de Béthune, le 26 décembre 1595.

« Au *coustre* (sacristain) de St-Barthélemy, pour
« avoir sonné la cloche à chaque fois qu'il s'est fait
« orage, grandes pluies et autres, afin de donner
« avertissement et inciter le peuple et religieux de
« cette ville à faire prière et oraisons pour la conser-
« vation des biens de la terre . . . 16 florins »

On ne comptait pas, comme il appert de cette pièce, dissiper l'orage par l'effet *naturel* de cette sonnerie; elle n'était que le signal de la prière. On ne lui déniait pas cependant la puissance *surnaturelle* qu'elle avait sur la foudre et que lui conférait la bénédiction de l'église.

« A l'évêque des innocents. . . . . 16 florins
« Aux sœurs hospitalières a été donné pour Dieu
« et faire ausmones. . . . . . . 6 florins
« Aux sœurs Annonciades . . . . 14 id.
« Aux sœurs d'En-Bas . . . . . 36 id.
« Au père gardien des cordeliers pour avoir an-
« noncé la parole de Dieu pendant le temps des
« avents . . . . 10 florins
« Au prieur des cordeliers. . . . 12 id.
« Au R. P. Carme de la ville d'Arras pour avoir
« annoncé la parole sainte pendant le temps des
« avents en l'église St-Vaast . . . . . 15 florins
« Quant aux vingt-huit écus de M. le gouverneur por-
« tant 33 florins et 10 sols se payeront par l'argentier.
« Sy, a été ordonné que les cierges de N.-D. et de
« St-Antoine au devant de la paroisse St-Barthélemy
« et ung autre au devant du vénérable St-Sacrement
« en l'église St-Vaast s'entretiendront ».

Cette liste de gratifications est loin d'être complète ; elle ne contient du reste, que les dépenses faites pour *courtoisie*, à l'occasion du renouvellement de la loi. Pour la compléter il faudrait y ajouter les présents offerts à l'empereur Charles-Quint, à Philippe son fils, aux gens de leur suite, aux princes, aux évêques, aux gouverneurs de la province, à celui de la ville, aux intendants, lors de leur première et solennelle entrée dans Béthune. Nous les avons mentionnés dans la 1re partie de cette histoire. Les arbalétriers, les archers, les canonniers recevaient des gratifications, à la fête de leurs patrons respectifs et pour leur assistance en corps aux processions. Les sociétés joyeuses et les grandes écoles en recevaient également pour avoir représenté des mystères. Les échevins n'avaient garde de s'oublier dans ces distributions de largesses. Le 26 novembre 1647, ils faisaient présent d'un *tierchon* de vin valant 46 liv. à leur confrère Jean Pinchon, pour son mariage avec Melle Fodur. Le premier jour de l'an on offrait, à titre d'étrennes, au gouverneur, une pièce de vin et de plus, quatre-vingts faisceaux de bois, pour bûche de Noël, « ainsi que cela s'est toujours pratiqué », comme il était dit dans tous les comptes annuels.

Ces courtoisies, devenues très fréquentes, obéraient les finances de la ville. C'est ce qui décida les échevins à porter, en 1713, le règlement suivant : 36 bouteilles de vins d'honneur pour les princes, ducs et pairs, maréchaux de France et gouverneurs généraux de la province ; 24 bouteilles pour les évêques, lieutenants-généraux, intendants et gouverneurs de la ville ; 12 bouteilles pour les députés aux Etats d'Artois, aux présidents du Conseil d'Artois [1].

Cet usage de faire des dons aux autorités majeures pour en obtenir des faveurs était-il emprunté aux

[1] Arch. municip., BB. 19.

orientaux qui, par les croisés, en avaient transmis la connaissance et la pratique?

Il faut aussi mentionner, parmi les dépenses facultatives, celles des feux de joie, donnés, disent les comptes, « pour la récréation de M. le gouverneur », à l'occasion d'une victoire, d'une prise de ville, de la paix, et qui coûtaient d'autant plus qu'ils étaient suivis d'une collation à laquelle prenaient part les échevins et toutes les autorités locales. Il est certaines années où l'on en compta douze. A ces dépenses s'ajoutaient accidentellement les frais des pompes funèbres à la mort des rois, des reines et des princes. Ces dépenses facultatives qu'expliquaient, sans les justifier toutes, les mœurs du temps, restent inscrites, mais parfois sous des noms différents, jusqu'en 1789. En 1777, le mot *vins d'honneur* est substitué à celui de *courtoisies*.

Dans les comptes, les dépenses facultatives et obligatoires étaient confondues dans un même chapitre. Mais comme nous avons cru devoir les séparer, nous sommes tenus de jeter séparément un coup d'œil sur les dépenses obligatoires. Elles étaient considérables. Les appointements et gages des agents salariés de l'administration dont le nombre était excessif, depuis le maire, les échevins jusqu'au chasse-pauvre, absorbaient chaque année, des sommes énormes. Les autres charges de la ville étaient également nombreuses et variées; pour ne pas nous exposer à des oublis, nous empruntons aux archives municipales l'état des dépenses en 1777 :

« Appointements du corps échevinal .	4100	livres
« Arrérages de rentes héritières . .	2368	»
« Rente due à la pauvreté. . . .	170	»
« Fondation des trois bourses de l'é- « cole latine	270	»
A REPORTER. . .	6908	livres

	Report.	6908 livres
«	Au domaine et droits d'aide	845 »
«	Aux Etats d'Artois pour offices	750 »
«	Arrentement des classes et prix « aux écoliers.	200 »
«	Au commis-greffier	120 »
«	Aux valets de ville, guetteurs, caril-« lonneurs, horloger, esgards au « poisson, pour tous.	1771 »
«	Aux hallebardiers, bassineurs, pom-« piers, priseurs de grains.	160 »
«	Aux sergents royaux et geoliers.	400 »
«	Aux bureaux de l'intendant.	250 »
«	A l'aumônier du collège, profes-« seur d'anatomie	160 »
«	Pour frais d'économie et vins d'hon-« neur.	300 »
«	Feu de la St-Jean	100 »
	« Total.	11964 livres

Charges occasionnées par le service militaire :

«	Logement de M. le gouverneur	1000 livres
«	— du lieutenant du roi	500 »
«	— du major	220 »
«	— de l'aide et sous-aide major « 120 livres chacun.	240 »
«	Logement du directeur des fortifi-« cations.	300 »
«	Logement de l'ingénieur en chef	300 »
«	— de l'ingénieur ordinaire.	105 »
«	Logement de l'inspecteur des ca-« sernes	120 »
«	Logement du sous-directeur d'ar-« tillerie	200 »
	A reporter.	14949 livres

Report. . .	14949	livres
« Logement du capitaine d'artillerie.	200	»
« — du garde magasin. . .	80	»
« Logement du commissaire des « guerres.	300	»
« Logement du chirurgien-major. .	150	»
« — du commissaire provincial.	75	»
« Pour étrennes au commandant . .	250	»
« Pour étrennes au valet du comman- « dant et du major	12	»
« Droits de langue à l'état-major, « charbon, falots et choque de Noël.	392	»
« Abonnement aux réparations des « casernes (génie)	1200	»
« Fourniture et ameublements des « casernes	8000	»
« Fournitures extraordinaires pour « officiers supérieurs	300	»
« Passage des officiers généraux, offi- « ciers de troupes, soldats conva- « lescents.	400	»
« Chauffage et éclairage des cinq « corps de garde.	1840	»
« A la brigade de la maréchaussée .	150	»
« Intérêts viagers dus pour emprunt « relatif à l'établissement du manège.	1550	»
« Intérêt du capital dû à l'entrepre- « neur des fournitures de troupe .	750	»
« Entretien de la glacière militaire .	70	»
« Total. . . .	30668	livres

Messieurs du magistrat accusaient pour recettes la somme de 20.035 livres destinée à couvrir les dépenses de cette année. Le déficit s'élevait donc à 10344 livres. Il y avait, en outre, soixante mille livres d'arriéré. En 1723, l'arriéré n'était que quarante mille livres. Les dépenses n'étaient donc pas, depuis longtemps, proportionnées aux recettes. Faut-il attribuer cette situation financière à l'impéritie de nos administrateurs municipaux, ou bien aux vices de l'administration communale. Assurément cette insuffisance des recettes à solder les dépenses était regrettable; mais cette disproportion était facilement réparable par une augmentation d'octroi que permettaient, d'ailleurs, sans trop escompter l'avenir, les ressources de la ville loin d'être épuisées. Et c'est précisément ce motif très justifiable qui détermina nos échevins à demander, en 1777, une augmentation d'octroi. Ce qui prouve, du reste, que la solidité du crédit municipal n'était nullement ébranlée par ce déficit, c'est que, l'année suivante, la ville achetait la maison du *Canon d'or*. Lorsqu'on appliqua à Béthune l'article de la loi de 1793, qui attribuait à l'Etat les dettes et les biens patrimoniaux des communes, il se trouva que la ville avait à son actif 272 mesures de terre qui n'étaient que la *saine* partie, comme on disait alors, de ses propriétés immobilières, et que leur aliénation était plus que suffisante pour le paiement de ses dettes.

La gestion des deniers de la ville n'était donc pas si mauvaise que le prétendent les détracteurs de l'ancien régime. Si les dépenses, à cette époque, dépassaient, d'ordinaire, les recettes, cette augmentation était due à la délicatesse de nos échevins qui ne touchaient à la bourse des contribuables qu'avec les plus grands ménagements. Mais présentement les recettes balancent-elles toujours les dépenses?

Pour compléter cette étude historique des finances de cette ville, jetons un coup d'œil sur les impôts que le seigneur et le roi percevaient directement, et sur ceux que les Etats d'Artois levaient pour faire face aux charges envers le pouvoir central et aux dépenses d'administration.

IV

Les habitants de Béthune payaient au seigneur, puis à l'empereur ou au roi le *droit du quart*, autrement dit le quart denier sur les fermes et assises de cette ville. En 1446, la comtesse de Namur, dame de Béthune, percevait pour ce droit seigneurial 1394 livres, 5 sols, 4 deniers parisis. Le produit des assises sur lesquelles le roi percevait un quart et qui était mis tous les ans en adjudication, était divisé de la manière suivante en 1600-1601 : Assises du vin (à collecter); du blé, 982 liv. 16 sols; de la bière, 2013 liv. 15 sols; de la draperie, 312 liv. 5 sols; de la laine, 125 liv. 15 sols 6 deniers; de la lingerie, 585 liv.; de la viézerie (friperie), 137 liv. 5 sols; du marien (bois de construction), 23 liv. 1 sol 3 deniers; de la boucherie, 340 liv. 17 sols 6 deniers; de la poissonnerie, 112 liv. 10 sols; du lin, 452 liv. 5 sols; du fer et « candrelach », 43 liv. 17 sols 1 denier; « menus tonlieux », 73 liv. 2 sols 1 denier; assise du cuir, 226 liv. 2 sols 1 denier; de la mercerie, 171 liv.; du sel et du miel, 151 liv. 12 sols 1 denier; « le longhuet du rivaige », 58 liv. 10 sols; assises de la teinture, 67 livres 6 deniers.

L'ancienne aide, ou composition d'Artois, avait été imposée sur les biens-fonds, à l'occasion de la rançon du roi Jean, et continua de subsister jusqu'en 1789; elle était perçue, au profit du roi, par le receveur des *aides d'Artois*. En 1494-1495, les aides *ordinaires*, reçues par Rolland le Challe, receveur, produisirent la somme de 600 liv. 10 sols. En 1491-1492, l'aide extraordinaire payée au roi produisit la somme de 300 livres.

Un édit de 1758, imposa à toutes les villes du royaume, à titre de dons gratuits, le paiement de sommes déterminées à l'avance. En 1786-1787, la ville paya pour sa quote-part 394 livres 1 sol 6 deniers.

Il y avait aussi le droit de relief ou de mutation fixé sous les ducs de Bourgogne, seigneurs de Béthune, à deux sols par livre. Le duc Eudes, par ses lettres de 1346, en avait abandonné le produit en faveur de la ville.

La commune de Béthune, en vertu de ses privilèges et des capitulations de l'Artois, était exempte de la taille personnelle, de la gabelle, des droits de timbre, contrôle, petit scel, ainsi que des autres charges comprises dans les cinq grosses fermes du royaume; mais à différentes époques, le besoin d'argent avait amené la royauté à méconnaître, par des voies détournées, ces privilèges. Les Etats d'Artois avaient lutté en vain; pour sauver l'honneur des principes et se soustraire aux vexations des agents du trésor, ils s'étaient engagés à payer une somme fixe. Ils avaient créé, dans ce but, en 1569, une contribution directe appelée *centième*. Au *centième* ordinaire venaient fréquemment s'adjoindre les *centièmes* dits extraordinaires. En 1788, on avait perçu cinq centièmes dont deux par anticipation.

L'impôt réel perçu par le roi sous le nom de *vingtième* avait été établi pour toute la France en 1749; il frappait le revenu des immeubles et des offices. Au premier vingtième, on en avait ajouté deux autres (1756-1760). Les Etats d'Artois, n'ayant pu se soustraire au paiement des vingtièmes, s'étaient chargés de les lever eux-mêmes. La ville de Béthune paya aux Etats d'Artois 735 livres 6 sous pour offices, droits de vingtième et de centième de l'année 1773. En 1752-1753, le paiement du vingtième des bois dérodés fut de 200 livres.

Il y avait, en outre, des taxes éventuelles, telles que le don de joyeux avènement qui était perçu pour la confirmation des privilèges des villes et qu'on réclamait à l'époque où les rois montaient sur le trône. Il consistait dans une somme égale au quart du revenu des octrois et des biens patrimoniaux, à la moitié des taxes des foires et des marchés, à la totalité des produits des usages et des biens communaux. La commune de Béthune qui, déjà, payait au roi le quart du revenu de ses octrois, n'était tenue qu'aux autres taxes indiquées plus haut. On sait qu'à son avènement au trône, Louis XVI renonça spontanément à ce droit.

Les Etats d'Artois avaient établi des contributions indirectes pour subvenir aux dépenses nécessaires au pays; elles consistaient 1° en un droit sur les boissons. Tandis que les cultivateurs payaient le droit entier, les bourgeois n'en acquittaient que la moitié, les ecclésiastiques et les nobles le quart; 2° en un droit sur les bêtes vives (chevaux, bœufs, moutons), fixé par chaque aliénation au soixantième. Ce droit rapporta en 1723, 2.200 livres; en 1746, 1.567 livres.

Ces contributions, séparément seigneuriales, provinciales et royales, étaient très-onéreuses, au point que, pour trouver les ressources nécessaires au paiement de ces impositions, la commune de Béthune dut, à diverses reprises, s'imposer ou emprunter. Les officiers municipaux étaient solidairement responsables des comptes arriérés, des impôts non recouvrés, et du paiement des dettes. Cette responsabilité fut accablante pour eux jusqu'à l'édit de 1683, qui les en déchargea. Elle s'étendait, à Béthune, nous l'avons dit plus haut, jusque aux échevins et aux habitants qui, en 1664, n'osèrent point se montrer au dehors, de peur d'être arrêtés par les créanciers de la ville. On ne s'étonne plus, pour cette raison, de leur empressement à se rendre, le 3 janvier de cette dernière année, à l'assemblée générale où, d'un consentement unanime, ils établirent de nouvelles impositions sur le tabac, le brandevin, la bière, le vin et les grains de toute espèce, destinées au paiement de toutes les dettes de la ville (1). Mais à partir de l'édit de 1683, il ne resta d'autre responsabilité pour les officiers municipaux et les habitants de cette ville que celle qu'ils pouvaient encourir comme administrateurs ou comptables des deniers publics.

Nos magistrats municipaux eurent toujours, dans les affaires de finances, un double mandat à remplir ; ils furent tout à la fois les représentants officiels de la communauté et les agents reconnus de l'autorité centrale. Les archives témoignent qu'ils surent se dévouer à cette double tâche avec un zèle pleinement désintéressé. Ils comprenaient que, par le concours qu'ils apportaient à la perception des impôts, ils ne servaient pas seulement les intérêts de la cité mais aussi ceux de la patrie, et cette double pensée les soutenait dans l'accomplissement de leurs fonctions vis-à-vis des pouvoirs publics et de leurs concitoyens dont ils avaient, parfois, à réprimer les injustices et à supporter les ingratitudes.

(1) Arch. municip., CC. 384.

CHAPITRE III

Droit de Justice

I. — Origine du droit de justice. — Prétention de Daniel, seigneur de Béthune, d'exercer la haute justice; ce droit lui est concédé par Louis VIII. — Droit de justice exercé par les échevins en tous cas criminels et civils, excepté celui de lèse-majesté : haute, moyenne et basse justice. — Pouvoir judiciaire des échevins s'étendant sur les militaires, les clercs, les morts et les animaux. — Pénalités en usage : l'amende, le bannissement à trois degrés, la fustigation, la marque, la torture, la mort. — Peines appliquées pour coups, vol simple, vol dans une église, vol avec menace d'incendie, immoralité, assassinat, infanticide, fabrication de fausse monnaie. — Exécution des sentences. — Prisons. — Recours en appel.

II. — Droit de police exercé de tous temps par les échevins. — Police morale ayant pour but la répression du scandale et des manifestations tumultueuses. — Police municipale prévenant les fraudes électorales, surveillant les hôtelleries, auberges, cabarets, la propreté des rues, assurant la sécurité des habitants. — Érection de la charge de police en office.

I

« Toute justice émane du roi ». Cette maxime romaine patronée par les légistes fut constamment reconnue et suivie dans Béthune. Il est vrai que Daniel, seigneur de Béthune, voulut faire prévaloir, en 1223, à son profit seigneurial, contre cette maxime, le système germanique qui faisait prononcer sur le fait et sur le droit par les hommes de fief. Il prétendit, en effet, à cette date, que le droit de haute justice lui appartenait indépendamment de la volonté du roi Louis VIII, sur ses terres situées entre la Lys et le tronc Béranger. Cependant, mieux éclairé par l'évêque de Senlis, chancelier de France, il ne tarda pas à reconnaître que le droit de haute justice, c'est-à-dire celle qui a rapport au rapt, au meurtre et à l'incendie, appartenait au roi de France et à ses successeurs. Ce droit lui fut alors concédé par Louis VIII.

En vertu d'une concession, expresse ou tacite, également émanée de l'autorité royale, depuis un temps immémorial, et qui fut formellement confirmée, au mois de novembre 1353, par le roi Jean, à St-Omer, la ville de Béthune avait le droit de justice en tous cas criminels et civils, excepté celui de lèse-majesté, comme le crime « d'assurement donné en la cour du roy,
« brisé, de sauve-garde enfrainte, de prison royale
« brisée, de contrefaction des sceaux royaux, de con-
« trefaction d'obligations faites aux foires de champa-
« gne ou passées sous sceaux royaux, de ports d'ar-
« mes publics et d'injures ou mauvais traitements
« adressés aux officiers du roy dans l'exercice de leurs
« fonctions. »

L'attribution de ces prérogatives judiciaires aux échevins était un des privilèges les plus précieux de cette cité qui les revendiquait, avec raison, comme le gage de son émancipation municipale.

On distinguait, dans cette justice échevinale ou communale, trois degrés de pouvoirs plus ou moins étendus : la haute, la moyenne et la basse justice.

Les échevins, en qualité de haut-justiciers, connaissaient en matière civile de toutes les causes réelles, personnelles ou mixtes, sauf les affaires réservées à la justice royale. En matière criminelle, ils jugeaient tous les délits et crimes commis dans le *ténement* de la commune, comme on disait, c'est-à-dire dans l'étendue de leur juridiction, ville, faubourg et Chocques, sauf les cas royaux. Ils pouvaient condamner à toutes sortes de peines, et même à la mort. Ils avaient sur les étrangers, les habitants et les forains, en certains cas, le droit de confiscation. Cette peine n'était pas applicable aux bourgeois de Béthune qui, par privilège seigneurial et royal, n'y pouvaient être soumis.

La moyenne justice était le second degré de la justice échevinale. Elle embrassait, comme la haute justice, en matière civile, toutes les causes réelles, personnelles ou mixtes. En matière criminelle, son pouvoir qui était très étendu lui permettait de condamner à toute espèce d'amendes et à d'autres peines afflictives.

La basse justice était le dernier degré des justices échevinales. Les échevins connaissaient des cens, des rentes, de la qualité des marchandises vendues, de la reddition des comptes de sociétés commerciales, des ventes d'immeubles, de l'affermement des droits perçus au nom de la ville, de succession, de droits seigneuriaux et autres; en matière de police, de dégâts commis par les bestiaux.

La juridiction des échevins de Béthune s'étendait aussi bien sur les soldats que sur les personnes *civiles*. En 1676, Simon Le Caisne, dit la Ramée, soldat au régiment des fusiliers, est condamné par les échevins à être fustigé publiquement et banni pour vol d'argent, de hardes et de diverses provisions, commis la nuit avec effraction (1). Ce pouvoir judiciaire sur les soldats cessa depuis 1710 jusqu'en 1713, sous le gouvernement des Provinces-Unies qui établirent pour les militaires un conseil de guerre.

Les échevins n'exerçaient, dans le principe, aucune poursuite judiciaire contre les clercs dont les délits et les crimes étaient déférés à la puissance ecclésiastique. En 1422, une tentative de vol commise par un clerc tonsuré fut soumise au tribunal de l'évêque. Dans le dernier état du droit, la procédure criminelle pour délits ou crimes commis par les ecclésiastiques se faisait devant le tribunal des échevins. En 1687, Me François Le Maire, prêtre, chapelain de La Couture, est condamné par les échevins à 40 livres d'amende pour coups et blessures (2).

(1-2) Arch. municip., FF. 20.

Le pouvoir judiciaire de nos échevins ne s'exerçait pas seulement sur les vivants. Le corps des suicidés était porté au gibet. En 1685, un nommé Massilia, soldat de la compagnie de Mauroy, au régiment de la *Reine*, de la garnison de Béthune, s'étant librement et volontairement pendu au faubourg du rivage de cette ville, les échevins instruisirent son procès; un curateur fut chargé de défendre le cadavre; « ledit curateur « ayant été atteint et convaincu de s'être défait et ho- « micidé soi-même », le cadavre fut condamné « à « être traîné sur une claie, à être pendu à un gibet et « à y demeurer à l'advoirie ». En outre, les biens du suicidé furent confisqués au profit du roi.

La justice échevinale saisissait aussi, pour les punir, les animaux qui avaient causé quelque dommage. En 1421, le lieutenant du bailli ayant rendu à un habitant de Bailleul « une jument que les échevins avaient fait « arrêter » pour certains dommages qu'elle avait causés, l'exploit de ce lieutenant fut déclaré nul. Les peines infligées aux animaux consistaient en amendes que subissait leur propriétaire. En 1683, Jean Delplace est condamné à 6 livres d'amende pour avoir fait mordre par ses chiens et *mis en confusion* un troupeau de moutons.

La pénalité pécuniaire était surtout en usage dans Béthune. L'amende (fredum) était considérée, depuis des siècles, par les Francs, comme le prix de la paix que la société doit garantir à chacun de ses membres. Au sixième siècle, tous les crimes et spécialement les meurtres se rachetaient avec de l'argent. La vie d'un évêque, par exemple, était évaluée à neuf cents sous d'or; ce qui formait, dit dom Devienne, treize à quatorze mille francs de notre monnaie.

Plus on s'éloigna de ces temps de barbarie, plus fréquemment furent appliquées par la justice les peines afflictives. Le bannissement venait, dans l'échelle

des pénalités, immédiatement après les amendes. Dans certains cas cependant, on se rachetait du bannissement par une amende. Le bannissement, ainsi appelé parce que c'était sous la forme d'un *ban* qu'il était prononcé, consistait à obliger le coupable à sortir, pour toujours ou pour un certain temps, de la ville. Il y avait à Béthune trois sortes de bannissement : le bannissement simple, le bannissement à l'oreille et le bannissement à la *hart*. Le bannissement simple donnait lieu à une peine double pour rupture de ban. Le bannissement à l'oreille était prononcé comme sanction de cette condamnation; le banni, en rupture de ban, était *essorillé;* c'est-à-dire qu'on lui coupait une oreille. En cas de récidive, on lui coupait l'autre oreille. En 1421, François Le Bosquillon est banni sur l'oreille, pour vol d'un livre d'heures. On se rachetait de cette peine en payant vingt livres d'argent. En 1423, deux mesureurs, convaincus d'avoir injurié et frappé de dagues deux marchands qui ne les avaient pas payés pour leur mesurage selon le tarif, sont condamnés au bannissement sur l'oreille, ou à 20 livres parisis d'amende. Le bannissement à la *hart* était une peine beaucoup plus grave. Le banni, s'il rentrait sans autorisation à Béthune, était pendu sans autre forme de procédure. Il pouvait même être mis à mort par le premier venu qui n'avait besoin, pour cela, que de constater l'identité du coupable. En 1424, Hanequin Le Breton fut condamné, pour plusieurs vols, à avoir l'oreille coupée et au bannissement perpétuel de Béthune, sous peine *de la hart*. Dans les comptes de Mahaut, comtesse d'Artois et dame de Béthune, on trouve cette note : « Au pendeur de Béthune qui coupa une
« oreille à Robin de la Capelle pour cause de larrechin, VI s. Audit pendeur pour un wans et un cou-
« tel dont il coupa l'oreille, XII d. (A. 345) ».

Pour avoir frappé de la main, sans être dans le cas de

légitime défense, on était condamné à trente sols d'amende. L'amende était de dix livres contre celui qui avait frappé de la main garnie d'un gant ou d'autre chose.

Les injures étaient punies d'une amende.

Le vol commis dans les circonstances ordinaires était puni ou de la prison, ou d'une amende, ou du bannissement.

Le vol dans une église était puni de mort. Jacques Salmon, dit Va-de-bon-Cœur, soldat au régiment de Cotencin, est condamné, en 1723, à être pendu pour vol de plusieurs objets dans l'église des PP. Capucins.

Si le vol était commis dans une chapelle, située en dehors d'une église, le coupable était condamné à la prison et au bannissement, parfois aux galères. Pierre Martel, coupable d'avoir volé des cierges dans la chapelle de N.-D. de Miséricorde, située au cimetière Catorive, fut condamné par les échevins à être fustigé et banni pour trois ans; ce criminel, ayant appelé de cette sentence, fut condamné aux galères à perpétuité.

Pour vol et menaces d'incendier une saline, Jacques François, dit Baron, fut condamné, en première instance, à faire amende honorable, la torche en main, la hart au col, à être fustigé, à baiser la potence, et aux galères à perpétuité; sur appel, il fut condamné à être pendu.

L'immoralité avait sa pénalité particulière : Marie Desmaretz fut condamnée, pour s'être livrée à la prostitution, à porter le tonneau de vergogne par les carrefours ordinaires et au bannissement.

Les femmes publiques ne pouvaient résider en deçà du gibet, situé au faubourg Catorive, sous peine de vingt livres d'amende ou de la mutilation d'une oreille. Il était défendu de les héberger, de nuit, dans la ville, sous peine de trente sols d'amende. *(Ban des échevins)*.

En vertu d'une ordonnance échevinale, en date du 12 mai 1531, les ivrognes, les blasphémateurs, les vagabonds et coupe-bourses étaient attachés, sur la grand'place, à un *cept* (poteau), ayant au cou, aux mains et aux pieds un triple collier de fer.

Dans des temps plus rapprochés de nous, le vol était passible de l'exposition du coupable, sur le marché, pendant une, deux ou trois heures ; dans certains cas, à cette peine était ajoutée celle de la marque au moyen de l'application, sur l'épaule droite du coupable, d'un fer rouge ayant la forme d'une fleur de lys, ce qui entrainait expulsion de la ville pendant un certain nombre d'années ou à perpétuité, selon la gravité du crime. Dans les temps modernes, les condamnés au carcan étaient, dans certains cas plus graves, marqués des deux lettres T. F., ce qui signifiait : *Travaux forcés*.

L'assassinat était puni de mort. Le coupable, s'il avouait son crime, subissait la décapitation. S'il le niait, malgré les preuves flagrantes de sa culpabilité, il était traîné au gibet et pendu. *(Ban des échevins).*

Quiconque se rendait coupable d'infanticide était condamné au feu.

La fabrication de faux méreaux était un crime grave. En 1530, un nommé Augustin Prévost, natif de Soissons, fut pris presqu'en flagrant délit de fausse monnaie. Quelle peine fallait-il lui infliger? Le procureur de la ville se rendit à Arras pour soumettre l'affaire aux jurisconsultes les plus distingués de cette ville. Quel fut, après cette consultation, le jugement porté contre ce faussaire? c'est ce que nous n'avons trouvé ni dans les actes judiciaires, ni dans les traditions de Béthune. L'année suivante, le 24 avril 1531, un nommé Augustin Dulos, atteint et convaincu d'avoir contrefait les méreaux de la ville, fut condamné à être battu et fustigé par le bourreau dans les carrefours de la ville.

Sous le gouvernement de la comtesse Mahaut, dame de Béthune, les faux-monnayeurs étaient *bouillis*, et leur pitoyable corps était porté de la chaudière au gibet. Quelquefois, les femmes coupables de meurtre ou simplement de vol étaient enfouies vivantes.

Il y avait, en outre, à Béthune, des exécutions en effigie. En 1685, Antoine Gallois, demeurant à Béthune, fut condamné par contumace à être pendu en effigie, et à la confiscation de ses biens, pour avoir violé une enfant de sept ans.

La question, ou la torture extraordinaire, fut rarement appliquée à Béthune. Les bourgeois ne pouvaient y être soumis.

Pendant l'exécution des sentences capitales rendues par l'échevinage, on sonnait, depuis l'année 1700, la grosse cloche du beffroi. Cette sonnerie invitait les habitants à prier pour le condamné qui allait paraître devant la justice divine.

Dans la salle des audiences appelée la *salle des plaids*, se trouvaient, au xv° siècle, trois tableaux remarquables, dont la vue devait impressionner vivement les juges, les témoins et les prévenus. Un de ces tableaux, qui avait une grande valeur, représentait le jugement dernier. Un autre, qui était l'œuvre d'un peintre distingué, Micquiel de Thieulier, offrait « une « histoire en forme d'arbre où s'observaient les sept « péchiés mortels et les branches et deppendances « d'iceulx; ainsi que plusieurs escriptions de la saincte « escripture ». Le troisième, qui n'était qu'une peinture sur parchemin, rappelait, par des sentences et des maximes, « comment juges doibvent maintenir justice ».

Par leur nombre, leur variété, leur rigueur et leur appareil, les peines criminelles prononcées par l'échevinage de Béthune et dont la cruauté nous répugne aujourd'hui, étaient faites pour inspirer aux méchants une salutaire terreur. C'est dans ce but qu'on étalait, sur la place publique et jusque dans les carrefours, le supplice de la fustigation. Mais autant alors on s'efforçait de manifester la répression des délits pour frapper les yeux et l'imagination du peuple, auquel on voulait inspirer la crainte du mal par la vue du châtiment, autant aujourd'hui, dans un prétendu but *humanitaire*, selon l'expression moderne, on tâche de dissimuler cette répression.

Le droit pénal qui édictait ces peines cruelles, telles que le fouet, la torture, les bûchers, le carcan, le pilori, n'était qu'une émanation du droit pénal romain. Le droit canonique condamnait tout cela.

Cette justice pénale n'exigeait point de la part des échevins une science juridique très étendue. Cependant, pour s'éclairer dans leurs procédures et leurs jugements, ils avaient soin de s'adjoindre, chaque année, un homme versé dans la connaissance des lois et des coutumes que la ville payait et qui portait le nom de conseiller-pensionnaire.

La justice échevinale ressortissait à la gouvernance qui avait son siège sur la grand'place, au n° 13. Le rez-de-chaussée de cet hôtel de justice était occupé par des marchands. Au-dessus du rez-de-chaussée, on trouvait, ayant balcon sur la grand'place, la *grande chambre plaidoyable* (sic), la chambre secrète et le greffe contigus à ladite grande chambre.

Béthune avait sa prison, située d'abord sous le beffroi, puis dans la rue du Carnier, ensuite dans la rue des Treilles, à l'entrée du marché aux poissons, enfin dans l'ancien couvent des dames de la Paix. Ces prisons, avant 1789, étaient peu spacieuses, mais suffisantes pour les besoins de l'époque. Les peines les plus ordinaires, infligées pour délit, étaient l'amende et la fustigation; les bourgeois, avant leur condamnation, pouvaient éviter la prison par une caution.

La prison, rue des Treilles, était précédée d'un perron ayant trois marches au-dessus de la rue. Au rez-de-chaussée, se trouvaient deux guichets séparés, trois cachots, dont le premier s'appelait simplement *cachot*, le deuxième *grand cachot* et le troisième *noir cachot*; un corps de garde garni d'un lit de camp, cuisine, chambre du geôlier, lieu d'aisance. Au premier étage, se trouvaient la chapelle, la chambre de prison, plusieurs autres chambres plus petites, lieu d'aisance. Cette prison n'avait pas de cour.

Elle était enclavée par le marché aux poissons et la maison du commandant, occupée présentement par le pensionnat des sœurs de la Providence.

Les prisonniers recevaient, chaque jour, une ration de pain du poids de trente onces.

Le geôlier ne recevait de l'Etat, ni de la commune, ni de la gouvernance, aucun traitement, aucun gage, aucun salaire, sauf les droits qu'il touchait à raison de chaque prisonnier ; il n'avait point de guichetier.

L'usage était de payer cinq sols par jour au concierge pour la nourriture de chaque prisonnier.

Les prisonniers, détenus pour crimes, dans la prison étaient presque toujours au nombre de *dix*.

Les autres prisonniers, militaires ou bourgeois, étaient enfermés par ordre de la police et par forme de correction.

Chaque prisonnier payait par jour au concierge trois sols pour son lit.

Les droits d'entrée et de sortie étaient de vingt sols pour chaque prisonnier civil, et de dix sols pour chaque militaire.

Cette ville avait aussi son bourreau qui, au xive siècle, portait le nom de pendeur. Elle avait, en outre, un appariteur qui était chargé de fouetter les condamnés et de les exposer au pilori où ils étaient marqués du fer rouge. Il n'intervenait pas pour les exécutions capitales qui toutes devaient être faites par le pendeur. Si l'on en croit M. Alexandre Dumas, le bourreau habitait la *Maison rouge*, située près d'Annezin, dans le faubourg de la Porte-Neuve. Le bourreau de la juridiction royale résidait à Arras. C'est lui qui procédait aux exécutions capitales.

Nos pères étaient très attachés à la justice échevinale dans laquelle ils trouvaient le mémorial de leur émancipation municipale et qui était gratuite. Les échevins, il est vrai, avaient une part dans les amendes; jamais cependant ils n'ont abusé de leur autorité souveraine à cet égard; ces sortes d'amendes, si minimes qu'elles ne produisaient pas plus de 18 livres par an, étaient distribuées immédiatement aux pauvres. Il y avait, en outre, des droits pour les procès-verbaux des scellés, d'inventaires et pour les assemblées de parents; le produit n'en était pas non plus considérable.

Cette juridiction échevinale, revêtue d'un caractère seigneurial, ressortissait à la gouvernance de Béthune qui, elle-même, ressortissait à la gouvernance d'Arras et enfin, au parlement de Paris. Le prévenu, s'il voulait épuiser ces recours en appel, comparaissait personnellement devant ces tribunaux distincts. Les frais alors s'élevaient à une somme énorme, c'est ce qu'on voit dans le procès de Jean Bacouel (1).

En dehors de cette juridiction communale, on trouvait celle du roi qui s'exerçait extraordinairement par lettres de cachet. Un sieur Sagond, dont la conduite immorale déshonorait sa famille, fut enfermé par lettres de cachet, à St-Lazare à Paris. Après deux ans de détention dans cette prison d'Etat, il demanda d'être interné dans une forteresse. Les parents, consultés par le ministre, donnèrent un avis défavorable.

II

Dans tous les temps, même les plus reculés, cette ville exerça la juridiction de la police sur ses habitants.

(1) Renseignements et pièces justificatives n° V.

Ce pouvoir embrassait tout ce qui concerne le maintien de l'ordre religieux, de l'ordre moral et de l'ordre matériel. Nos échevins, qui avaient en main ce pouvoir, cherchaient à prévenir non moins qu'à réprimer. De là, leurs bans ou règlements qui étaient concertés et établis en assemblée générale à laquelle prenaient part les bailli, prévôt, mayeurs, procureur-syndic. Les arrêts n'étaient donnés que par les échevins chargés spécialement, comme juges, de tenir les plaids ou audiences.

La police morale avait surtout pour but d'éviter, ou du moins, de réprimer le scandale; son rôle revêtait un caractère religieux. Il était défendu, sous peine d'une amende, de se promener dans les églises, pendant les offices. Les brasseurs de la rue St-Pry furent condamnés à payer une amende pour avoir fait travailler un jour de fête.

L'autorité échevinale prêtait la main à l'exécution des prescriptions ecclésiastiques, et sa police veillait strictement, par exemple, à l'interdiction de manger de la viande pendant le carême. Pour vendre de la viande, dans ce temps prohibé par l'église, il fallait être *boucher de carême*. Celui-ci ne pouvait en débiter que sur un billet donné par un médecin et le curé. Les cabaretiers ne pouvaient vendre quoique ce fût pendant les offices.

La police morale s'efforçait de réprimer les manifestations tumultueuses. Elle contrôlait même, dans un but de moralité, les réunions privées, mais notamment les spectacles, qu'on ne pouvait offrir au public sans autorisation du magistrat. Pas plus que les comédiens, les joueurs de marionnettes n'étaient autorisés à ouvrir leur petit théâtre sans permission. A chaque représentation, se trouvait un échevin chargé de surveiller la pièce et les acteurs.

La police s'occupait de mœurs. En 1505, les officiers de la ville portaient une ordonnance par laquelle il était défendu aux hôteliers, taverniers, etc., de tenir chez eux des filles de joie. Depuis la grande révolution, la police n'a plus les mêmes rigueurs contre l'immoralité. En 1790, l'administration municipale fournissait, aux frais de la ville, « des voitures pour la conduite des filles de joie aux villes prochaines ». La prostitution n'était plus traitée en ennemie ; on avait des égards pour les prostituées.

La police municipale de Béthune prêtait son aide à toutes les mesures administratives concernant les élections. Le droit d'élection, qui est le corollaire des droits d'une communauté, fut légitimement mis en pratique, dans tous les temps, par les bourgeois de Béthune. Les seigneurs, notamment Louis XIV, portèrent quelquefois atteinte à ce principe d'élection ; mais ce ne fut que passagèrement, tant il était conforme aux coutumes et à la constitution de cette cité. C'était, anciennement, le suffrage universel, mais à deux degrés, accessible à tous les bourgeois, qui était pratiqué à Béthune. Quiconque était inscrit sur le registre des bourgeois, eût-il été relégué dans les derniers rangs du peuple, *de la plus vile populace*, selon le mot usité dans le langage administratif, faisait partie de l'assemblée des électeurs. Les bourgeois et les corps de métiers, prévenus à son de trompe et plus tard par la cloche du beffroi, se réunissaient dans la halle aux draps, plus tard, après la démolition de ce bâtiment, dans la halle échevinale, où ils nommaient leurs députés, chargés d'élire les notables qui étaient appelés à procéder aux élections des magistrats.

Ce suffrage à deux degrés, tel qu'il était pratiqué, n'était cependant pas à l'abri des brigues et de la corruption. Nos magistrats qui, tous et en tout temps, autrefois du moins, voulaient que les élections se fissent librement, *sans brigue ni monopole*, édictè-

rent des pénalités contre ceux qui attentaient à cette liberté. La police intervenait, s'efforçant d'empêcher toute tentative de corruption électorale. Nous citerons, à ce sujet, une délibération du corps municipal : « Ce
« jourd'hui, 24 février 1769, messieurs les maire et
« échevins de la ville de Béthune, assemblés en leur
« chambre du conseil, considérant qu'il est de no-
« toriété publique qu'il s'est fait des assemblées de
« bourgeois chez le nommé Martin Flament, mar-
« chand débitant de vin en cette ville, le samedi 11
« de ce mois, que ces assemblées se tiennent encore
« tous les jours tant chez ledit Flament qu'ailleurs
« pour régler la nomination et le choix des députés
« et des notables qui devaient se faire ledit jour onze
« de ce mois, des allées et venues de la part de quel-
« ques particuliers chez les députés des différents or-
« dres pour les séduire et gagner les suffrages, et que
« les mêmes députés sortaient de l'hôtel de ville pour
« aller dans les cabarets rendre compte de ce qui s'y
« passait.

« L'intérêt public et le bon ordre exigent de prendre
« les précautions nécessaires pour arrêter les cabales
« qui sont de la plus dangereuse conséquence et qui
« ôtent la liberté à ceux qui sont préposés de faire un
« choix libre et désintéressé, ont ordonné et ordon-
« nent par ces présentes au procureur-syndic juridic-
« tionnel de ce siège, de faire son réquisitoire pour
« qu'il soit informé sans délai des personnes qui font
« de pareilles manœuvres et des auteurs de ces trou-
« bles, auquel effet la présente délibération sera com-
« muniquée au procureur-syndic juridictionnel ».

Ont signé :
Le comte de Marle, Delattre, Lebas, Alexis
Bréhon, Boyaval, Doublet.

A cette époque, comme on le voit, le conseil de

ville n'avait pas ses candidatures officielles. Le sentiment d'indépendance, qui existait dans la population, fit aussi repousser par elle, autant qu'elle le put en cette matière, l'intervention de l'Etat ou des seigneurs. Les maîtres respectaient la liberté du vote de leurs ouvriers; les auberges n'étaient point transformées en officines électorales.

La police exerçait une surveillance journalière sur les hôtelleries, auberges et cabarets. Les hôteliers, taverniers étaient tenus d'avoir un registre sur lequel étaient inscrits les noms des étrangers qui descendaient chez eux pour y passer la nuit. L'ouverture des cabarets était soumise à l'autorisation des échevins; la police indiquait les heures pendant lesquelles ils devaient être fermés au public. La défense était formelle, comme nous l'avons dit, pendant les heures des offices religieux, les dimanches et fêtes. Ils devaient être fermés après la sonnerie de la cloche du vigneron. Les jeux de dés y étaient proscrits avec une singulière sévérité.

Nos échevins cédaient aussi parfois à la tendance des démocraties de s'ingérer dans la vie privée. Nous avons déjà dit qu'ils limitaient à vingt le nombre des convives des banquets de noces. Sous le prétexte que le luxe des vêtements doit être en rapport avec la fortune de ceux qui doivent les porter, ils avaient fait une ordonnance sur les *accoutrements en drap de soye*(1).

Si la surveillance de la police sur le costume et la dépense des particuliers était abusive et presque ridicule, elle était parfaitement légitime, lorsqu'elle s'appliquait, comme nous en avons dit quelques mots, aux charlatans, aux montreurs de spectacles. La police surveillait aussi les travestissements pendant le carnaval qu'elle réglementait avec un soin tout particulier, se faisant un devoir d'y sauvegarder les bonnes

(1) Arch. municip., AA., 3.

mœurs. Les échevins avaient fait ce qu'on appelait *un ban des fêtes.*

La salubrité matérielle, non moins que la salubrité morale, était l'objet de la sollicitude de la police. Les échevins firent des réglements que souvent ils renouvelèrent pour interdire de garder des porcs dans la ville (1574), pour l'enlèvement des immondices (155"). Le fumier, déposé dans la rue, s'il n'était pas enlevé dans les cinq jours, appartenait à qui voulait le prendre. Nos magistrats édictèrent aussi des ordonnances pour empêcher les fromagers, les ciriers, les chandeliers, les poissonniers, les tanneurs d'incommoder le public par l'exercice de leur profession ou de leur commerce.

Le balayage et l'enlèvement des boues étaient également prescrits et réglementés. Les habitants étaient tenus de faire balayer, jusqu'au ruisseau, la rue qui s'étendait devant leur maison, la veille des dimanches, des fêtes et de l'arrivée d'un personnage important. *(Ban des échevins).*

D'après un arrêt du parlement de 1663, ils étaient obligés de jeter de l'eau pure sur le pavé et dans les ruisseaux, pendant les grandes chaleurs de l'été. Un valet de ville sonnait une clochette pour annoncer l'heure du balayage. Présentement, tous les jours à 8 heures du matin, la cloche du beffroi en donne le signal. L'enlèvement des boues et des immondices fut effectué, à partir de 1555, par un entrepreneur, nommé, à cette dernière date, Nicolas Lecaisne, qui traita par voie d'adjudication avec l'échevinage. Des tombereaux traversaient, dès le matin, toute la ville pour les recueillir et les transporter hors des murs. Les frais de ce service étaient à la charge de la ville. Elle payait en outre un balayeur qui, en 1772, recevait 8 livres pour ses gages annuels. En 1680, lorsqu'on eut reconnu l'utilité des engrais pour l'amélioration de l'agriculture, l'enlèvement des boues commença de s'affermer et de produire un bénéfice en faveur de la ville. Cet *affermage* rapportait en 1752, 500 liv.; en 1761, 990 liv.

Les échevins, soucieux de la propreté de la ville, ne l'étaient pas moins de la sécurité des habitants et de la facilité de la circulation. Par une ordonnance échevinale, en date de 1367, il était prescrit, à l'occasion de la fête de St-Barthélemy, de débarrasser les rues de tous les objets qui pouvaient gêner la circulation. En 1506, des ordonnances étaient portées, concernant la propreté des rues, l'entretien des ruisseaux, la liberté de circulation.

Les armures invisibles et les couteaux étaient prohibés sous peine de confiscation et de soixante sols d'amende. (*Ban des échevins*, 1366). Il était également défendu d'entrer dans la ville avec des armes. (Item). Le soir, après la sonnerie de la cloche du beffroi, on ne pouvait, à moins d'y être autorisé, parcourir la ville sans lumière. (Item). Les uns s'éclairaient par des fallots, des flambeaux; d'autres, moins fortunés, par des lanternes, des *esconces*. En 1558, on renouvelait cette défense qui s'appliquait particulièrement au temps où les Allemands faisaient le guet dans la ville. D'après un règlement publié, en avril 1448, par Jeanne de Harcourt, dame de Béthune, les habitants de cette ville, en présence d'un danger quelconque, pouvaient crier *commune* ou *bourgeoisie*. Toute la ville, à ce signal d'alarme, devait se porter soudainement à leur secours. Quiconque avait des armes ne pouvait ni les vendre, ni les donner, chaque bourgeois étant tenu de veiller à la sûreté de la place. (13 août 1521). Le 1er juillet 1543, il était ordonné aux maîtres d'hôtel de porter bâtons pour leur défense. En outre, la ville avait *son esward des rues*, c'est-à-dire, un garde préposé, pour la sûreté de la place, à la surveillance des rues. Il était défendu, sous peine de bannissement, de faire de fausses serrures.

Nos échevins, qui tenaient à être parfaitement renseignés sur leurs droits et devoirs touchant la police, achetaient, en 1742, pour le compte de la ville, au prix de 60 livres le *traité de la police*.

En 1696, la charge de police était érigée, à Béthune, en titre d'office, par M. Bignon, intendant de la Picardie et de l'Artois, qui devançait, sur cette matière, l'édit fiscal de 1699 établissant partout en France des offices de lieutenant de police. Les échevins de cette ville n'hésitèrent pas à faire des sacrifices pour le racheter. Ils payèrent, en 1711, à la France et aux Provinces-Unies, la somme de 2,480 livres 10 sous, pour le rachat des offices de police et d'argentier.

CHAPITRE IV

Les Fortifications

I. — *Mur d'enceinte.* — Sous Herman, simple palissade défendue par un fossé. — Robert VII fait construire et relier par un mur sept grosses tours. — Philippe de Valois en 1346 et Louis XI en 1477 font relever les fortifications. — L'usage de la poudre de guerre fait modifier le système de défense par les échevins d'abord, par Charles-Quint ensuite. — Défense des portes, barrières, pont-levis, herse. — Ouverture et fermeture des portes. — Clefs.

II. — *Portes et tours.* — Porte St-Pry. — Tour des Récollets. — Tour de la porte des Fers ou d'Arras. — Tour St-Ignace et bastion Vauban. — Porte de la Vigne ou du Rivage. — Tour de la porte du Carnier. — Porte-Neuve ou porte d'Aire. — Porte et tour des Marais. — Tour du Colombier. — Tour du Molinet et tour des Faucilles.

III. — *Armement.* — Acquisition de poudre, de salpêtre, de pièces d'artillerie. — Installation de guérites. — Echevins commis à l'inspection de l'artillerie, leur remplacement par un directeur des fortifications quand l'État se substitue à la municipalité.

IV. — *Le château,* son origine, son importance, sa démolition.

V. — *Sièges de Béthune.*

I. — MUR D'ENCEINTE

Si loin qu'on pénètre dans le passé de Béthune, on y trouve, dans tous les temps, des fortifications, élevées pour sa défense, par ses soins et à ses frais. Nos pères s'imposaient volontiers tous les sacrifices pour la construction et la conservation de leurs portes et de leurs murailles derrière lesquelles ils s'abritaient contre les ennemis extérieurs, et qu'ils regardaient, en même temps, d'un œil jaloux comme la sauvegarde de leurs franchises et immunités municipales.

Le système défensif de cette place a subi des modifications successives exigées par la résistance aux efforts et aux armes des assiégeants, de telle sorte que, de tout temps, il y a eu une corrélation intime entre les fortifications et la nature des engins de siège en usage. Anciennement, sous le seigneur Herman, les habitants de la ville, n'ayant à craindre que des attaques peu redoutables de la part de quelques maraudeurs, se bornaient à s'entourer d'un fossé garni d'une palissade. Un peu plus tard, pour se garantir d'une invasion ennemie, ils élevèrent, au-dessus du sol, une petite muraille. Lorsque le danger devenait grave et pressant, ils cherchaient et obtenaient un refuge dans l'enceinte du château.

Ces éléments de résistance, si faibles qu'ils aient été, suffirent en 1197, aux bourgeois pour repousser l'attaque de Baudoin IX, comte de Flandre, dont les machines de jet, agissant au moyen d'un ressort ou d'un contrepoids, n'avaient que de faibles portées et ne servaient pas à battre en brèche.

En 1238, le seigneur de Béthune, Robert VII, qui était un vaillant homme de guerre, fit agrandir et fortifier la ville. Par ses soins, sept grosses tours furent construites et reliées entre elles. De profonds et larges fossés furent creusés; ces fortifications, qui faisaient de Béthune une des plus fortes places de l'Artois (1), étaient très apparentes, trop peut-être; mais, à cette époque, on s'occupait beaucoup plus d'en rendre les approches difficiles que de les dérober aux regards de l'assiégeant.

En 1346, Philippe de Valois, ayant reconnu certaines défectuosités dans ce mode de constructions défensives, écrivit aux échevins de relever leurs fortifications et de remplacer le mur d'enceinte par une autre muraille beaucoup plus solide et plus régulière. Munis de cette autorisation, nos magistrats élargirent les fossés de défense, s'appropriant, moyen-

(1) Duchesne, p. 210. — Ferri Locrii, chron. belg., 391.

nant indemnité, pour cause d'utilité publique, des jardins et des terrains contigus. Ce fut vraisemblablement à cette époque, c'est-à-dire vers l'année 1355, que la tour de St-Pry, construite par Robert VII, fut réédifiée, dans de meilleures conditions et avec une courtine nouvelle, sur un autre emplacement dont le terrain appartenait au seigneur de Béthune.

Ces travaux, malgré leur importance relative, n'auraient pas permis à la ville de soutenir un siège en règle contre un ennemi puissant et muni de béliers dont on se servait alors pour renverser les murailles. En 1406, les Béthunois, sous l'empire de ce sentiment, préférèrent payer un tribut militaire à l'armée anglaise qui stationnait dans le pays que de risquer les chances d'un siège (1).

Préoccupés de l'insuffisance de ces fortifications, les échevins faisaient construire, en 1416, une grosse tour des plus solides qui venait se relier à la forteresse du Marché-aux-Chevaux. On lui donna trente-huit pieds de hauteur et six pieds et demi d'épaisseur.

En outre, nos pères, dès l'année 1424, garnissaient le haut des murailles de pierres, de poutres, d'épines qui, suspendues à de nombreux *rateliers*, tombaient sur les assaillants.

Louis XI, s'étant emparé de Béthune en 1477, s'occupa sans retard de relever ses fortifications, voulant faire de cette place une des plus fortes de la province. Il dirigea, à cet effet, vers cette ville, mille pionniers de la Normandie, qui, par ses ordres, travaillèrent activement à réparer toutes les brèches faites aux murailles et aux tours. Mais, comme la ville, dont les finances étaient très obérées, ne pouvait les payer, ils durent laisser leur œuvre inachevée. Peu de temps après leur départ, d'autres ouvriers reprirent ces travaux.

(1) FERRI LOCRII, chron. Belg., p. 491.

L'usage de la poudre de guerre et des bouches à feu vint apporter de notables modifications à ce système de défense. Il fallut consolider le mur d'enceinte en le renforçant de bastions pour parer aux effets destructeurs des nouveaux projectiles. Pour obtenir ce résultat, le maître des œuvres de la ville se rendait, en 1507, à Arras, avec un maçon nommé Jean Grosset, chargés d'y visiter les ouvrages nouvellement exécutés à la porte d'Hagerue. Peu satisfaits de leurs rapports, les échevins envoyaient à Lille, l'année suivante, deux ouvriers très capables, à l'effet d'étudier sur place les ouvrages faits récemment aux boulevards, ponts et portes de cette importante cité.

De son côté, Charles-Quint regardait la ville de Béthune comme le boulevard du *West,* pays de Flandre.

Le 20 novembre 1440, il arrivait à Béthune, voulant se rendre compte personnellement de l'état de ses fortifications. C'est ce que firent également Louis XIV et Louis XV qui, dès leur arrivée dans cette ville, montaient au rempart pour juger par eux-mêmes de la situation militaire de la place.

En 1522, les murailles de la ville avaient 36 pieds de haut, 7 d'épaisseur jusqu'à *my voye puise.*

En 1551, la ville de Béthune, menacée par l'armée de Henri II qui se rassemblait sur les confins de la province d'Artois, fut mise, par ordre de Marie, gouvernante des Pays-Bas et par les soins du comte de Rœux, en état de défense. Cette ordonnance est datée de Bruges, 17 janvier 1551.

En 1645, la ville était complètement entourée d'une ceinture de forts (demi-lunes, contregarde), et sur certains points, de chemins couverts, de manœuvre d'eaux.

En 1710, les fortifications se présentaient avec un aspect redoutable. On y trouvait « corps de place, « contre escarpe » du fossé du corps de place « demi-

« lunes, coupures, réduits de demi-lunes, mines et
« contre mines, chemins couverts, place d'arme, tra-
« verses, glacis, sortie du chemin couvert, double
« inondation, l'une appelée supérieure » qui se formait en barrant, à Gosnay, la Brette et en déversant
toutes les eaux de la Lawe dans la Blanche qui s'étendait dans le vallon des Houches, entre le mamelon de
Béthune et le contrefort de Fouquières ; l'autre nommée
« inférieure » qui, de la partie inférieure du contrefort
de Fouquières s'étendait, en passant par le territoire
d'Annezin, jusqu'à la chaussée du faubourg d'Aire.

Les fortifications, sans revenir sur son mur d'enceinte, formaient un pentagone s'expliquant et se jus-
tifiant par les cinq portes ou entrées de cette cité. Ce
système défensif différait des trois ordres admis pour
la classification des forteresses : l'hexagone, l'hepta-
gone et l'octogone formant les « petites places » ; l'en-
néagone, le décagone et l'endécagone, constituant les
places du « second ordre » ; le dodécagone appliqué
aux places de premier ordre. Pourtant lors de son démantèlement, la place de Béthune était classée dans la
deuxième série des villes fortes de la France.

Au-delà, et sur un point proche de chacune de nos
cinq portes, se trouvaient un pont-levis et un pont
dormant. Entre ces deux ponts était placé le bureau
de l'octroi dans une maisonnette qui n'avait qu'une
seule pièce au rez-de-chaussée. Des barrières *volantes*
précédaient et défendaient les ponts. Il y avait aussi
ce qu'on appelait des bailles *coulantes* qui entouraient
les ponts-levis. Chacun de ces ponts était garni d'an-
neaux auxquels s'attachaient des chaînes à double ser-
rure. Le pont, une fois relevé à l'aide de ces chaînes,
faisait en quelque sorte, selon les expressions de MM.
Mérimée et Lenoir, l'office d'un large bouclier opposé
à l'ennemi ; mais à force de bras, ou bien avec des
machines, celui-ci pouvait parvenir à l'abaisser, ou

bien à rompre les chaînes, si nombreuses qu'elles fussent — en 1518 il y en avait *six* — qui le tenaient suspendu. Il fallut donc opposer à l'ennemi un autre obstacle. Ce fut la *herse*, espèce de lourde grille en fer, ou bien un système de pieux indépendants, glissant dans des rainures pratiquées aux parois des murailles du passage. En 1496, des couteaux de fer, en forme de serpe ou de *ferment*, selon le patois encore usité près de Béthune, attachés aux treuils des portes par des chaînes de fer, servaient à couper les cordes qui maintenaient la herse. Pour garantir ces cordes des injures du temps, on les entourait d'un étui de bois. En 1444, lorsque la ville avait à craindre l'invasion des *écorcheurs*, nos magistrats faisaient nettoyer tous les ponts, de manière à ce que la manœuvre pour les dresser put se faire rapidement.

Les portes placées entre des courtines, étaient surmontées de tours assises sur des « moisnetz ou maisneaux » et construites en grès et briques.

Au-dessus de chaque porte, s'élevait une terrasse appelée boulevard. Pour en obtenir le plan, la « portraiture en figure, comme on disait aux xve et xvie siècles, nos échevins s'adressaient aux plus célèbres peintres et arpenteurs du pays. Pour construire le boulevard de la porte St-Pry, le mortier employé se composait de « chaux, de gluis réduit en fleur de farine, d'huile et de sang de bœuf pour sauer le ciment.

Les portes étaient munies de fenêtres et avaient plusieurs ouvertures, peintes de couleurs variées, *rouge et blanche;* elles étaient surmontées de gracieux chapiteaux sur lesquels, en 1480, étaient représentées les armes du roi, de la reine, du dauphin et de la ville.

Ces portes, avec leur pont-levis, leur boulevard, leurs chapiteaux, leurs piliers, leur herse, leur tour, leurs gargouilles, leurs échanguettes avaient un aspect d'autant plus redoutable que nos échevins, voulant témoigner de leur patriotisme en même temps que de leur amour pour l'antique et vénérable monarchie française, ne reculaient devant aucun sacrifice pour en faire des œuvres d'art. La cloche du beffroi en sonnait l'ouverture et la fermeture, et dans les temps de guerre, annonçait l'approche du danger. Primitivement, des bourgeois armés, plus tard des portiers veillaient, faisant le guet, sous leurs voûtes, et chaque soir, lorsqu'elles étaient fermées, les clefs en étaient portées chez le capitaine de la place. Elles étaient nombreuses, ces clefs; il y en avait non-seulement pour les portes, mais aussi pour les « cliquets, les saillies, les barreaux, les murailles, les canonnières ». Elles étaient, dans la journée, suspendues séparément à des courroies chez les portiers; la nuit, on les renfermait dans des sacs de « peau de velours ». Il y avait pour les fermer des « serrures doubles à trois clefs, des plates serrures », merveilleusement ouvragées avec des formes diverses.

Nos magistrats étaient d'autant plus soigneux de ces clefs qu'elles étaient pour ainsi dire l'emblème de la souveraineté de la ville. Leur possession indiquait qu'ils en étaient les maîtres. C'est pour cette raison qu'ils les présentèrent à Louis XIV et à Louis XV à leur entrée dans cette ville. Ils les rachetaient quand ces personnages l'exigeaient. Lors de sa première visite à Béthune, en 1501, le duc de Nassau, gouverneur-général des Pays-Bas, se montra généreux en faisant remise à la ville de la *moitié* de ces clefs.

II. — PORTES ET TOURS

Pour entrer plus avant dans notre sujet, nous dirons un mot des différentes œuvres défensives qui protégeaient contre l'ennemi chacune de nos cinq portes.

Porte St-Pry

Cette porte, construite en 1355, avait sur le fronton de son arcade une inscription que le temps finit par effacer presque entièrement et qui, pour cette raison, a longtemps excité la curiosité des savants du pays. M. Lequien, dans sa *notice sur la ville de Béthune*, se plaît, selon son attrait pour le romanesque, à l'attribuer à une légende tragique, contemporaine de celles qu'il a semées dans son opuscule, et qui se rapporterait à la fondation des chartreux ou chartreuses à Gosnay. De son côté, la commission des antiquités départementales du Pas-de-Calais, plus sérieuse dans ses recherches, déchiffre ainsi cette inscription :

> Ai ouvrée al cop
> Jehan le M.

Ce qui pourrait signifier :

> Frappez et on vous ouvrira
> Jehan le Maçon

Après avoir vu, étudié cette inscription gravée sur la pierre qui se trouvait anciennement encadrée dans la porte St-Pry et qui sert présentement de siège dans le jardin public, nous adoptons de préférence le travail de M. Guesnon, de Lille, ainsi formulé : « porte « vivier sui appelée, en l'an XL commenchiée et par « maistre Jehan le Courtois fu ouvrée et par Jehan « Cottin ».

Le terrain sur lequel cette porte était construite appartenait à la gouvernance ou plutôt au château de Béthune. Aussi n'est-il pas étonnant qu'en 1630, au mois de juillet, les échevins aient fait peindre sur ce monument, par le peintre Philippe Coupet, de cette ville, les armes de M. d'Hénin, ancien gouverneur, celles de M. Gomicourt, présentement gouverneur, celles de M. de la Thieulloy, ancien gouverneur, celles de l'empereur et celles de la ville, et dans la partie supérieure la statue de St-Pry, le tout, comme il est dit dans les archives « bien et suffisamment estoffé « de fin or de ducat. La façade, depuis le haut jus- « qu'en bas, fut peinte en grès, bien enhuillés de « huile de lin ». Ce travail coûta soixante florins (1).

La tour de St-Pry était protégée par un petit fort avancé, appelé *Barbacane* et qui n'en était séparé que par un fossé de huit mètres. Son mur d'enceinte, élevé de quatre mètres au-dessus du niveau de ce fossé, et de deux mètres au-dessus du sol de la chaussée, représentait plusieurs demi-cercles se reliant entre eux et garnis, dans toute leur circonvallation, de meurtrières. La hauteur de la muraille de la tour St-Pry, prise du sol jusqu'au cordon, était de 6^m 70, du cordon à la corniche on trouvait 1^m 70. Cette tour, dont le diamètre était de 13 mètres, était ronde. Pourvue d'un parc fortifié destiné à recevoir des provisions de guerre et de bouche et à abriter ses défenseurs, protégée par des courtines très solides et fort élevées, elle était presque inexpugnable.

Tour des Récollets

Cette tour existait en 1405, puisque, d'après les comptes de la ville, on y faisait alors « ung comble, pour y mettre guet ». Elle avait été construite sur une partie du couvent des Récollets; et pour cette raison, nos archives portent : « Sous le retrais des frères mineurs ». De là, plus tard, le « mont dit des Récollets ».

(1) Arch. municip., BB. 17.

Tours de la porte des Fers ou d'Arras

Cette porte avait deux tours reliées entre elles, dans la muraille, au-dessus de son arcade sur laquelle dominait une plate-forme. En 1792, elles furent démolies, et sur leur emplacement l'on construisit un fort beau pavillon, où vint s'installer le capitaine-commandant du génie. En 1825, le chef du génie de la place fit construire une porte monumentale avec manœuvre pour le pont-levis. Avant cette belle construction, le passage pour arriver au tablier du pont était à ciel ouvert; les deux parties du bastion, qui datait du règne de Charles-Quint, se trouvaient séparées.

Tour St-Ignace et bastion Vauban

Entre la porte d'Arras et celle du Rivage, se trouvait une tour édifiée au xiv° siècle. Des réparations importantes y furent faites par Vauban en 1683. Elle prit alors le nom de tour St-Ignace pour honorer le saint fondateur des Jésuites dont le collège était à proximité. Son diamètre était de dix mètres; sa hauteur, à partir du fond du fossé jusqu'à la naissance de la toiture, mesurait 13 mèt. 50 cent. Trois meurtrières formant une croix, ayant séparément une hauteur de 1 mèt. 30 cent. et une largeur de 0 mèt. 10 cent., éclairaient l'intérieur de cette tour qui servit longtemps de magasin à poudre, et sur laquelle repose actuellement le réservoir d'alimentation du château-d'eau.

Dans l'intérieur du fort ou bastion Vauban dont la maçonnerie mesurait 3 mèt. 50 cent. en contre-bas de la courtine, existait un corps de garde auquel venait se joindre un souterrain qui s'ouvrait sur la galerie des mines de la contre-escarpe.

Porte de la Vigne ou du Rivage

En 1260, au mois de mars, Gui, comte de Flandre et seigneur de Béthune, donnait à Gignon Angniel de St-Venant et à ses hoirs, la porte de la Vigne et la tour « qui est vers Simon Kafau, avec les alcoirs qui sont entre deux », à condition qu'en temps de guerre la ville de Béthune pourrait s'emparer, si elle le croyait nécessaire, de cette porte et de la tour, en dédommageant ledit Gignon ou ses hoirs. Cette pièce dont l'original est à Lille (cour des comptes), est signée par les dix échevins de Béthune dont l'intervention fut jugée nécessaire par le seigneur. Voici leurs noms : Laurent Degant, Raous Patous, Bauduin Licuens, Jehan Hamelains, Laurent de Kenbles, Willaume Licras, Jehan Darras, de St-Peri, Willaume Aighelains, Pierre de Nicée et Willaume Baises.

La tour, dont il est fait mention dans cette acte, était construite isolément, pouvant être donnée séparément, sans nuire aux autres ouvrages défensifs de la ville. Elle descendait jusqu'au fond du fossé dont la profondeur était de 8 mèt. 40 cent. Elle fut démolie en 1442, lors de la reconstruction de cette porte. A cette date, on y fit un boulevard où l'on employa, comme matériaux, « des pierres de grès de deux pieds et demi », disent nos archives. Philippe II, dès le commencement de son règne, vers l'année 1556, fit démolir en partie ce boulevard qui tombait en ruines ; et à proximité des restes de ce bastion, on construisit la porte qui a subsisté jusqu'au démantèlement de la place. Les courtines, placées entre le bastion de la porte du Carnier et celui de St-Ignace, furent également restaurées.

Nos archives communales ont soin de faire remarquer, à cette occasion, que les bourgeois supportèrent la presque totalité des dépenses exigées pour ces travaux.

Tour de la porte du Carnier

Cette porte s'appelait primitivement porte St-André. Sous Robert-le-Roux, qui vivait au douzième siècle, elle portait le nom de « porte du Carnier ». Entre autres donations faites par ce seigneur de Béthune à la collégiale St-Barthélemy, on trouve celle-ci : « 19 sols à prendre sur la porte du Carnier, *portam del Carnier à Béthune 19 solidos* ». Elle se trouvait à l'extrémité de la rue du même nom.

Deux tours la protégeaient contre toute attaque extérieure. Le diamètre intérieur de chacune d'elles était d'environ 3 mètres; le mur dont elles étaient entourées était de 1 mèt. 12 cent. Deux portes, en 1442, y donnaient accès. En 1475, une autre tour y fut construite, reposant sur les meneaux.

Chaque tour était défendue par trois barbacanes ou barrières, ou poternes, trois noms différents qu'il n'est pas facile de distinguer. Un de ces ouvrages avancés ouvrait la défense sur la courtine tout entière; l'autre surveillait la route d'Aire qui était en ligne droite; enfin le troisième protégeait les abords de la porte. C'était, comme on le voit, une suite de barrières avancées. C'était là que s'engageaient les premiers combats, et, d'ordinaire, l'assaillant commençait ses opérations par brûler ces postes. En 1495, cette porte fut reconstruite dans des conditions très solides. Le pont dont elle était précédée reposait, en 1510, date de sa reconstruction, « sur quatre arches »; la première, placée du côté de la ville, avait 47 pieds; la seconde, placée dans la même direction, n'avait que 37 pieds et demi. Les deux autres qui regardaient les faubourgs étaient à peu près de la même longueur; l'une avait 42 pieds, l'autre 36.

PORTE S^t-PRY

Porte-Neuve ou porte d'Aire

L'usage de la poudre de guerre et des bouches à feu exigea la suppression de la porte du Carnier qui, s'ouvrant directement sur la route d'Aire, était désignée aux projectiles de l'ennemi pour l'établissement de ses brèches. Pour remplacer cette sortie de ville, absolument indispensable en faveur des communications avec Aire et St-Omer, la municipalité fit l'acquisition, en 1588, du terrain nécessaire à l'établissement de la Porte-Neuve qui se trouva protégée par les fortifications mêmes de celle à laquelle elle succédait.

Porte et tour des Marais

Entre la courtine de St-Pry et celle du Carnier, il y avait une porte qui donnait accès aux marais de la ville et, par une route directe, au moulin et au village d'Annezin. En 1442, Jehan Lecat, dressait un devis détaillé de plusieurs ouvrages de charpente qu'il s'obligeait à faire à cette porte et au boulevard dont elle était surmontée. En 1552, la ville payait pour des travaux de charpente et de ferronnerie exécutés aux barrières, boustillons, boulevards, ponts et porte des *Maretz*. C'est le dernier ouvrage dont il soit fait mention dans les comptes de la ville pour cette porte qui, bientôt après, fut supprimée et remplacée par une poterne dont la clef fut confiée aux capucins.

Tour du Colombier — Tour du Molinet et Tour des Faucilles

Entre la porte du Marais et celle du Carnier, se trouvait la tour ou bastion du Colombier. En 1540, Charles Longespée, commis à la conduite des ouvrages de la ville d'Aire, vint à Béthune pour y donner son avis touchant la construction du boulevard de cette tour. Comme on trouvait le sable mouvant sur le terrain où devait se faire ce travail, on le consulta pour savoir s'il ne serait point nécessaire d'asseoir les fondements de cet édifice sur pilotis. D'après son avis, on se borna à faire un lit de maçonnerie sur le fonds.

La tour du Molinel, située entre la porte St-Pry et le château, reposait sur la digue de la rivière du « Molinel », s'appuyant contre les murailles. En 1481, on rehaussait cette tour avec de la terre. Les ouvriers employés à ce travail s'appelaient *mureteurs de terres*, par allusion aux maçons que les romains, autrefois, appelaient *murateurs*. Les murs de terre, tels qu'on les faisait à Béthune, au xve siècle, étaient couverts de paille, et si c'était nécessaire, de fumier.

Il y avait la tour des « Faucilles » élevée près du bastion de la porte St-André; la tour du Constantin adossée au beffroi pour le défendre contre toute attaque venant de l'extérieur ou de l'intérieur.

D'après le système ancien et moderne de nos fortifications, le rempart qui entourait la ville, était le plus considérable et le plus essentiel de nos ouvrages défensifs. Le mur qui en soutenait les terres se nommait « mur d'escarpe ». Celui qui terminait le fossé du côté des faubourgs et qui supportait le chemin couvert se nommait « Contre escarpe ». Au-dessus du mur d'escarpe s'élevait le massif de terre qui formait le rempart et qu'on appelait le « parapet ». Il se composait d'un talus fort doux, le long duquel nos soldats appuyaient leur arme pour tirer sur l'assiégeant. Anciennement, notre rempart se fermait par des portes. Au siècle dernier, les maisons de la rue d'Arras aboutissaient à la porte de ce nom et interceptaient le passage vers le rempart.

III. — ARMEMENT

Mais il ne suffisait pas à nos pères d'avoir des remparts, ils avaient, en même temps, la charge de les armer. Béthune avait son arsenal, rue de la Calandre; un magasin pour les mousquets, près de la porte d'Arras; une poudrière placée primitivement près du bastion St-Ignace, plus tard sur l'Esplanade. De temps en temps, la municipalité faisait procéder à l'inventaire des armes qu'elle possédait.

En 1595, le magistrat acheta 1,114 livres de poudre à canon dont le prix s'élevait à 400 livres 18 sols. La même année, on fit un autre achat de 2,173 livres de « finne pouldre de canon » pour la somme de 826 livres. Dans les comptes de 1605, nous lisons : achat de 2,400 livres de poudre pour 1,082 livres; autre achat de 2,213 livres de poudre à canon, à 43 florins le cent, somme totale 952 livres 10 sols. En 1646, la ville fait des dépenses de réparations « au moulin de la pouldre ». En 1412, la ville faisait acheter à Bruges du salpêtre de Paris et de Venise. En 1794, l'administration communale convertissait en salpêtrière l'église, le cloître et le grand jardin des dames de la Paix. A l'occasion de cet établissement, le maire de Béthune écrivait à l'administration du district une lettre ainsi conçue : « travailler pour l'af-
« fermissement de la République et pour la destruc-
« tion des tyrans coalisés contre elle, voilà le devoir
« des vrais Français. Le conseil général de la com-
« mune de Béthune, briguant la gloire de poursuivre
« jusqu'au tombeau le despotisme terrassé, a établi
« dans son sein un atelier de salpêtre, cette poudre
« propre à pulvériser les tyrans...... ». Il faut croire que cette poudre, destinée à « pulvériser les tyrans et dont l'atelier était établi dans le sein du conseil gé-

néral », à l'effet de « poursuivre jusqu'au tombeau le despotisme terrassé », valait mieux que le style du premier magistrat de la cité.....

Nos échevins d'autrefois, fiers avec raison, de leur artillerie et de leurs munitions de guerre pour lesquelles ils ne ménageaient aucun sacrifice, avaient recours, comme ils le faisaient pour les fortifications, aux maîtres les plus habiles des œuvres, lorsqu'il s'agissait de garnir nos remparts de canons, de fauconnaux, d'arquebuses à croc. Tel était le motif qui les engageait à consulter, en 1508, Antoine Willemaire, maître des œuvres d'Arras, sur l'installation et le nombre des canonnières qu'ils voulaient placer à la porte St-Pry. Sur leur désir, Jehan Houllet, maître des œuvres de l'Empereur, venait, en 1522, à Béthune pour y montrer, *enseignier* et *marquier* les lieux où devaient être installées des *batteries de terre* sur la muraille. En 1526, Jehan Recullé, maître des œuvres, et Pierre de la Ruelle, tailleur de grès, se rendaient, par ordre de M. de Rœulx, à Aire, St-Omer, Thérouanne, pour étudier le mode d'emplacement de canonnières et de batteries. En 1437, on faisait « un grant tran et rayère », pour y mettre « un gros veuglaire ». La même année, un travail identique se faisait à la porte de la Vigne, pour y placer un « gros veuglaire et jetter au long de la rue du Rivage ». En 1497, on pratiquait des « rayères » à la porte St-Pry et au château à l'effet de « thirer de harquebuttes ». Dans le même temps, on place à la grosse tour de la porte des Fers une « grande serpentine ». En 1482, il est question de clous servant à pendre les brigantines des gens de guerre. En 1553, on plaçait six *canonnières* au bastion de la porte du Carnier. Le feu grégeois n'était pas inconnu à Béthune, il y était encore en usage vers le milieu du xvie siècle (1).

(1) Arch. municip.

Pour utiliser, en temps de guerre, la rivière de la Lawe et même les simples ruisseaux, Antoine de Coquerel et Jacques Mas, conseillers de la ville de Béthune à Amiens, se faisaient remettre, 1518, « la figure et pourget (plan) ou petit pict carré des rivières, fleuves, etc. »

A toutes les portes se trouvaient des cloches d'alarme. En 1507, le magistrat en achetait dix à Jean Prévost, fondeur à Arras. Elles pesaient, réunies, 756 livres et demie. Elles furent placées aux tours et aux portes sous des potences recouvertes de bois. On les sonnait à l'aide de fil d'archal.

Sur les murailles des remparts, on élevait, de distance en distance, des guérites, *esgarittes*, expression, disent les auteurs, dérivés de l'allemand *warten*, veiller, ou plutôt des deux mots *guet* et *it il va au guet*. Au reste, le mot guet vient aussi de l'allemand *wacht*. A Béthune, on les appelait indistinctement *escarghuettes*, *hobettes*, *maisoncelles*. Elles étaient construites en bois et couvertes de paille, d'*esteulle*, comme on disait alors. En 1487, on en construisit huit en bois de chêne sur les murailles pour le guet de nuit(1).

Aux xve et xvie siècles, sept bourgeois étaient nommés, tous les ans, pour visiter les ouvrages aux fortifications. Ils recevaient, pour cette besogne, 36 sols. Des échevins étaient spécialement commis à l'artillerie. En 1590, ils étaient deux, nommés Antoine Calier et Robert de Beugin. En 1595, il y en avait trois MM. Robert Ségard, François Monpetit et Antoine Delafosse.

Au xviiie siècle, les anciens canons, qui étaient d'un calibre restreint, furent enlevés à la ville de Béthune et remplacés par des pièces de rempart, plus appropriées à la défense de la place. Les échevins cessèrent d'être préposés à leur conservation. L'Etat, se substi-

(1) Arch. municip., CC. 18.

tuant à la municipalité, nomma, pour la place de Béthune, un directeur des fortifications, un capitaine du génie, ingénieur en chef, un lieutenant du génie, ingénieur ordinaire, un sous-directeur d'artillerie, un capitaine d'artillerie, un garde-magasin, un commissaire des guerres. Ce régime militaire, pour la défense de cette place, dura jusqu'en 1789. Plus tard, il n'y eut plus à Béthune qu'un capitaine du génie, un garde du génie, un capitaine d'artillerie et un garde d'artillerie.

En 1789, M. de Bellonnet, père de l'honorable ancien maire de Béthune, était capitaine du génie, ingénieur en chef de cette place. En 1780, M. Carnot, aïeul du président actuel de la République, remplissait à Béthune, les fonctions de lieutenant du génie, ingénieur ordinaire. Ce jeune officier, qui, pour arriver à ce grade, avait dû produire, selon les exigences de la loi, un titre quelconque de noblesse, était admis dans la bonne société. Il se plaisait à y réciter des odes et des madrigaux, de sa façon, qui se recommandaient par une grande sensiblerie. Il avait des rapports suivis et très corrects avec le clergé et occupait un appartement chez une vieille fille, Melle de Ruyaut, rue ou plutôt impasse St-Yor, contiguë à la caserne de ce nom.

Par décision impériale du 23 mai 1866, rendue exécutoire par décret du 26 juin 1867, l'Etat admit en principe l'abandon de Béthune comme place forte; bientôt après, eut lieu le démantèlement.

IV. — LE CHATEAU

Dans tous les temps jusqu'à sa démolition, le château concourut efficacement à la défense de la place dont il était, avant qu'elle fut fortifiée, l'unique protecteur contre l'ennemi. C'était une sorte de forteresse où résidaient anciennement les seigneurs de Béthune. Son origine est tellement ancienne qu'on ne saurait en assigner la date. Ce que l'on peut dire, c'est que, dès 970, ce château mettait notre cité en *importante considération* (1). Daniel, un des anciens seigneurs de cette ville, le fit reconstruire en 1216, alors que, par suite des années et des guerres, dit une ancienne chronique, il tombait en ruines, *bellis et vetustate deficiens*. Avec ses dépendances, il égalait en surface tout le terrain de l'Esplanade, y compris le rempart jusqu'à la caserne St-Yor. Le bâtiment formait un quadrilatère renfermant une cour spacieuse et flanquée, à chacun de ses angles extérieurs, d'une grosse tour surmontée d'une plate-forme. La porte d'entrée du château et son pont-levis qui donnaient accès dans la cour d'honneur étaient resserrées entre deux autres tourelles surmontées d'une flèche. Les deux tours, placées à l'ouest, portaient le nom de « pavillons ». Une troisième tour, construite à l'est, s'appelait la tour du « diable ». Cet effroyable nom lui avait été donné parce qu'elle servait de prison et que sous ses fondations se trouvaient les « oubliettes » du château. La quatrième tour, également construite à l'orient, s'appelait la tour des « Vaches ». Elle servait d'écurie aux vaches qui paissaient dans le marais. La partie extérieure des bâtiments dépendant du château était fermée, du côté du marais, par une muraille élevée d'environ huit mètres sur le rempart, du côté de la ville, par un fossé et une muraille.

Si l'on en croit Ferri de Locres (2) et MM. Harbaville, d'Héricourt, Béghin, qui s'appuient sur son autorité, les habitants, jetant des yeux courroucés sur cette forteresse féodale, qui leur rappelait les redevances anciennes, se portèrent en arme, en 1578, contre elle et

(1) Ducaesne. *Histoire généalogique de la maison de Béthune*, p. 10.
(2) Arx Bethuniensis parte quâ urbem spectat, populari tumultu intestinis que dissidiis, solo tenus ad æquatur.

ne se retirèrent qu'après en avoir comblé le fossé et démoli la partie faisant face à la ville. Nous regrettons d'être en opposition, sur ce point, avec ces honorables auteurs; les faits, il faut le reconnaître, contredisent absolument leur récit. Le 17 septembre 1577, les bourgeois de Béthune obtiennent des Etats-Généraux d'Artois l'autorisation de démolir la partie du château qui regardait la ville, mais à la condition de construire deux plates-formes sur leur emplacement. Il leur fut permis d'employer les matériaux de la partie démantelée à élever lesdites plates-formes, et de se servir d'une portion du nouvel impôt sur les grains pour couvrir les frais de ce travail. Les bourgeois s'engagèrent, en même temps, par serment envers les Etats, à observer et maintenir la religion catholique et à obéir fidèlement au roi. Le 18 novembre suivant, le lieutenant du château reçut l'ordre de remettre les clefs de cette forteresse au prévôt de la ville qui déclara prendre les *souldoyers* à la charge de la commune. Le serment de ces *souldoyers* est relaté dans cette partie de nos archives (1). Y a-t-il dans ce récit authentique une allusion quelconque à cette sédition populaire dont parlent les auteurs cités plus haut? Il est vrai, comme le fait remarquer M. d'Héricourt, que le registre mémorial de cette époque est incomplet. Il y manque, en effet, ainsi que nous l'avons constaté, plusieurs feuillets. Mais les faits, tels que nous venons de les produire, y sont clairement relatés. Nous n'hésitons pas davantage à admettre, s'il le faut, avec M. Travers que les comptes de l'année 1577 et 1578 ne sont pas authentiques. Mais notre récit repose sur une pièce testimoniale autre que ces comptes.

De 1710 à 1713, les Hollandais qui occupèrent Béthune démolirent la partie du château faisant face à la ville. Ils y conservèrent un corps de caserne pou-

---

(1) Arch. municip., BB, 13.

vant contenir quatre à cinq compagnies. Le reste des bâtiments disparut de 1793 à 1815.

V. — SIÈGES DE BÉTHUNE

Nous croyons convenable de rappeler succinctement les principaux sièges que la ville a soutenus pendant sa longue existence.

1° En 1197, les Flamands vinrent mettre le siège devant Béthune. Les bourgeois, quoique réduits à leurs propres forces, résistèrent si vigoureusement qu'ils forcèrent bientôt les assiégeants à se retirer.

Nous ne mettons pas au nombre des sièges, comme certains auteurs l'on fait, l'entrée d'Adam de Melun dans Béthune dont il s'empara, *sans coup férir*, en 1212, au nom de Louis, comte d'Artois, fils de Philippe, roi de France.

2° En 1346, les Flamands, conduits par Oudart de Renty, mirent le siège devant cette ville, mais après trois semaines d'investissement, ils furent obligés de se retirer avec grande perte. La place était défendue, pour le compte du roi de France, par Geoffroy de Charny. Pour récompenser les bourgeois de cette ville de leur belle défense, Philippe de Valois leur adressa, en 1347, une charte qui leur fait le plus grand honneur et où l'on trouve ce passage :

« En regard et considération à la grande loyauté
« que nous avons toujours trouvée en échevins, pré-
« vôt, mayeurs et communauté de Béthune et en loi
« qu'ils ont eue contre nos ennemis, et aussi aux
« grandes pertes qu'ils ont encourues en cette année
« passée, nous établissons qu'ils ne pourront être
« poursuivis par qui que ce soit pour avoir abattu,
« brûlé les maisons qui gênaient la défense de la
« ville..... »

3° En 1477, Louis XI s'empara de Béthune, après un siège qui ne dura qu'un instant, les bourgeois n'ayant pas voulu défendre la place contre son armée.

4° Une note du bureau du génie militaire de Béthune, concernant les sièges que cette place eut à soutenir, établit que Philippe-le-Beau s'empara de cette ville en 1497. Cette assertion ne nous paraît pas probable. Car si cet archiduc eût possédé cette place, après un siège quelconque en 1497, on ne s'expliquerait pas le traité qui fut conclu à Paris, le 18 juillet 1498 et par lequel il fut convenu que Béthune lui serait remise dès que les troupes allemandes auraient évacué la Bourgogne ; d'autant plus que, par le traité de Senlis du 23 mai 1493, Béthune devait rester sous le gouvernement du seigneur d'Esquerdes jusque à la majorité de Philippe-le-Beau.

5° En 1645, les Français commandés par Gaston d'Orléans assiégèrent Béthune qui se rendit après six jours de tranchée ouverte.

6° En 1710, Fogel et Schulembourg, généraux placés sous le commandement du prince Eugène et du duc de Malborough, firent le siège de Béthune. La place vigoureusement défendue par le gouverneur Dupuich Vauban dut capituler, au grand regret des habitants, après quarante jours d'une attaque furieuse.

Le prétendu siège de Béthune par Fruchart, surnommé Louis XVIII, en juillet 1815, ne mérite pas ce nom.

CHAPITRE V

La Milice bourgeoise — la Garnison

I. — *Milice bourgeoise.* — Le droit d'avoir des remparts entraînait le devoir de les défendre. — Le guet et la garde. — Réorganisation de la garde bourgeoise à l'avènement de Charles-Quint. — Obligation de fournir un contingent de dix hommes équipés et armés. — Organisation des jeunes gens en corporations armées. — Joueurs d'épée. — Modification de la milice bourgeoise au xviiie siècle.

II. — *Compagnies volontaires.* — Archers, arbalétriers, arquebusiers et canonniers. — Leurs fonctions. — Privilèges accordés et courtoisies faites à ces compagnies. — Origine de ces compagnies et leurs exercices. — Tir du *gay* et roi de l'oiseau. — Suppression des compagnies.

III. — *Garnison.* — Troupes du seigneur associées à la milice bourgeoise. — Obligations des bourgeois à l'égard des troupes de la garnison, des troupes de passage. — Répartition des logements militaires. — Logement des troupes de passage dans les quartiers et les auberges. — Réclamations des habitants contre les charges de la garnison et le passage des troupes. — Construction de casernes. — Leur aménagement. — Demande d'augmentation de la garnison.

I. — LA MILICE BOURGEOISE

Si la ville de Béthune avait le droit d'avoir, à ses frais, des murailles, elle pouvait et devait s'organiser militairement pour les défendre. C'est aux bourgeois que fut confié, primitivement, le soin de les garder. C'est à eux qu'appartenait, exclusivement, aux xiie, xiiie, xive, xve et xvie siècles, la surveillance des portes et des remparts. On sait avec quelle vaillance ils surent les défendre, en 1197 et 1346, contre les Flamands. L'esprit s'arrête volontiers sur ces souvenirs de nos gloires militaires qui flattent notre patriotisme et caressent notre cœur de Béthunois.

A cette époque, la défense de la ville par les bourgeois s'appelait le guet et la garde. En 1405, André Taigne, Jacquin Hanel et Mathelin Lasne, charpentiers, faisaient un *comble* à la tourelle *dessoure* le *retrais* des frères mineurs pour y *mettre guet*. En 1507, on fait des « des fenestres, des barbaquesnes, des tours du guet et des maisoncelles du guet ». En 1505, on installait sur les murailles une « nœufve hobette du guet ». Les ponts étaient précédés de portes et de gardes, et, vers le milieu, d'*acoustres* de bois destinées aux *guesteurs*. Une sorte de conflit existait, au commencement du xve siècle, entre les officiers de la comtesse de Namur et le magistrat de la ville relativement au guet du château. Les échevins et les bourgeois, contrairement aux exigences de ces officiers, prétendaient qu'ils n'étaient pas tenus à la garde du château, y consentant cependant, par pure déférence pour la dame de Béthune, à la condition toutefois qu'ils occuperaient, pendant leurs heures de guet, une place convenable et qu'ils obtiendraient des lettres de non-préjudice. Le 22 juin 1421, leur demande fut favorablement accueillie. En 1571, la municipalité payait au gouverneur messire François de la Thieuloy, la somme de 36 livres 8 sols pour la solde de deux *souldoyers* qui, pour le guet au château, avaient remplacé, pendant toute l'année, deux habitants de cette ville tenus, « d'après les pappiers anchiens et chartes de cette ville », de faire ce service.

En 1506, lors de l'avènement de Charles-Quint au trône impérial, la garde bourgeoise fut réorganisée sur le modèle des subdivisions de l'armée active. La ville fut divisée par quartiers à chacun desquels était attaché un échevin. Les quartiers dont les bourgeois armés faisaient partie se transformèrent en compagnie, et les quartiniers devinrent des capitaines, les dixainiers des lieutenants. Les bourgeois armés furent divisés en quatre compagnies; chaque compagnie ayant son capitaine et son lieutenant. Les capitaines et les lieutenants n'étaient admis qu'après avoir prêté le serment de *fidélité acquise aux Etats*. Toutes les compagnies avaient leur enseigne particulière qui leur était fournie par la ville. En 1577, une somme de vingt florins était accordée à chaque capitaine pour la confection de cette enseigne (1). Les faubourgs avaient également leur compagnie qui était commandée, ainsi que toutes les autres, par un échevin. Le 7 août 1593, les magistrats ordonnaient aux habitants de ces faubourgs de s'armer et de nommer sans retard leur dixainier pour courir sus aux Espagnols, s'ils osaient se montrer.

Les chefs étaient choisis par le lieutenant, les échevins, prévôt et mayeurs.

Chaque année, au mois de décembre, les magistrats recomposaient toutes les compagnies bourgeoises. Primitivement, il n'y avait que quatre compagnies. En 1594, le nombre des compagnies fut élevé à dix avec un effectif de quatre cents hommes (2).

En 1624, d'après une ordonnance du comte de Hoochstraete, gouverneur général de l'Artois, la ville devait fournir, en cas de besoin, un contingent de dix hommes qu'elle serait tenue d'équiper et d'armer à ses frais; La *ration* de ces miliciens était ainsi fixée par l'autorité supérieure : douze patards par jour pour chaque soldat; vingt-cinq sols pour le caporal; quarante sols pour le sergent. Cette solde devait courir depuis leur départ jusques à leur retour (3).

L'esprit militaire qui, dans l'ancienne France, se manifestait partout, s'est toujours révélé d'une manière remarquable dans Béthune. Les jeunes gens, « josnes gens, jouvenceaux », comme on disait autrefois, étaient organisés dans cette ville en corporations armées ; sous la surveillance des échevins, ils

---

(1) Arch. municip., BB. 13.
(2) *Histoire de Béthune*, p. 215.
(3) Arch. municip., BB. 17.

nommaient leur chef qu'ils appelaient fièrement le *prince de la jeunesse*. Ils avaient leurs postes pour la garde des remparts et faisaient des sorties. En 1594 et 1624, ils prenaient position devant le château « le tout attendant », disent les archives. Le 26 février 1576, ils sortaient de la ville, avec les porteurs au sac et les arquebusiers pour se porter contre les compagnies rebelles *espagnoles*. Ils avaient leur drapeau qui était de bougran rouge et sur lequel, en 1516, était représenté « l'imaige d'un prinche à cheval, aux armes du roi très catholicque et de la ville ». Leurs cottes d'armes étaient de taffetas bleu, ornées de franges de *sayette*. La compagnie des jeunes gens disparut au XVIIIe siècle, se confondant avec les compagnies d'archers, d'arbalétriers, de canonniers ou de simple milice, dont nous parlerons plus loin.

De nombreux règlements déterminaient le mode des convocations, la durée et la nature du service. Ce service n'était d'obligation que dans les circonstances graves, comme l'imminence d'une guerre, les hostilités déclarées. C'était l'échevinage qui jugeait alors de l'opportunité de veiller à la défense de la place. Les valets de ville annonçaient « commandaient », selon le mot des archives, les convocations. Le 20 septembre 1577, les échevins nommaient « deux tambourreurs, pour donner le tambour du guet jour et nuit ». Ces tambours recevaient un traitement de dix sols par semaine. Les miliciens qui faisaient la garde de nuit prenaient leurs postes à la tombée de la nuit, et étaient eux-mêmes relevés à minuit par d'autres hommes qui restaient sous les armes jusques au matin. Le mot du guet était donné par le gouverneur, en son absence par le lieutenant, et, en l'absence de l'un et de l'autre, par le premier échevin.

En tout temps, les bourgeois et même les jeunes gens se sont montrés habiles dans le maniement des armes. En 1571, il y avait dans cette ville des maîtres d'escrime parmi lesquels se distinguaient Noël Godin et Jehan d'Arras. En 1530 « les joueurs de l'espée à deux mains » montraient leur habileté dans la fête qu'ils faisaient devant la halle, en l'honneur de Jehennet Jamot « josne fils à marier », reçu comme maître d'armes par Michel d'Arras « maistre passé du jeu d'espées ». Il est souvent fait mention, dans nos registres « du jeu d'espée par personnaige ». Notamment en 1563, on parle des « josnes compaignons du serment de St-Michel, joueurs d'espée », assistant à la grande procession de la Pentecôte.

La municipalité ne votait de fonds qu'en temps de guerre pour les vêtements et les armes des miliciens. En 1628, le contingent qu'elle dut fournir ne s'éleva qu'à dix hommes. Elle les approvisionna de 15 livres de pain et leur délivra trois mousquets, trois arquebuses avec bandoulières et quatre piques (1).

Au XVIIIᵉ siècle, cette institution militaire bourgeoise fut soumise à des modifications importantes. Le service fut obligatoire pour les jeunes gens dont le rôle sous les armes devint tout à fait sérieux. Des cotisations leur furent imposées; il y eut, sous ce rapport, quatre classes; la première paya 6 livres; la seconde 3 livres; la troisième 30 sols; la quatrième 15 sols. La ville dut payer pour les pauvres. Dans les comptes de l'année 1722, nous trouvons cette mention : « Mémoire des garsons dont les cottisations pour les « milices se doivent payer par la ville, à cause de « leur pauvreté; à faire payer 125 livres 9 sols 6 de-« niers par quinze miliciens dont 9 indigents ». La ville eut alors à sa charge l'habillement et la solde des miliciens; en 1729, elle payait pour ces charges 426 livres 9 sols 2 deniers. Elle devait fournir son contingent de miliciens pour le bataillon provincial.

(1) Arch. municip., BB. 17.

Elle employait le produit des cotisations des jeunes gens à payer l'engagement de ceux qui volontairement acceptaient de servir pour les autres. Les engagés étaient conduits, aux frais de la ville, à la citadelle d'Arras pour y être incorporés dans le bataillon provincial. Nous trouvons dans les comptes le détail des dépenses faites par les miliciens les 18, 19 et 20 mai 1752 pour leur voyage à Arras : « Premièrement, « avant de partir de Béthune, pour eau-de-vie, dé- « jeuner et boissons, 9 livres; depuis Béthune jusqu'à « Arras, tant pour boissons que leur manger, 7 li- « vres 10 sols; payer au perruquer pour les avoir ac- « commodés pour les présenter à messieurs des Etats, « 1 livre 10 sols; payer à M. Thomas, au Chevallier- « Rouge, pour toutes leurs dépenses, 35 livres; payer « pour leurs cocardes, 2 livres; au conducteur des « miliciens pour avoir été occupé 3 jours, 24 livres ».

Les exemptions du service de la milice ne s'accordaient qu'à la condition de se faire remplacer. On pouvait se libérer en payant une certaine somme. Guilmant, de Béthune, grand-oncle maternel de Damiens le régicide, paya 400 livres pour la libération de son indigne petit-neveu qui, après avoir pris un engagement militaire, voulut le résilier, avant l'expiration du terme fixé par cette convention.

A la milice succéda, par une transformation plus apparente que réelle, la garde nationale qui, en 1789, s'organisa à Béthune avec une rapidité d'autant plus grande qu'elle trouvait ses cadres et ses éléments dans les anciennes milices de la ville.

Les exemptions du service de la garde nationale étaient nombreuses. Les membres du bureau du district, du bureau de paix, du conseil général, jouissaient, en 1792, de ce privilège, inconnu sous l'ancien régime, à Béthune où tous les bourgeois, sans en excepter les échevins, concouraient personnellement à la défense de la place. C'est ainsi que les privilèges, inconnus sous l'ancien régime, étaient admis par la Révolution qui prétendait n'être venue au monde que pour les abolir.

II. — COMPAGNIES VOLONTAIRES

A côté de la milice, dont le service était obligatoire, du moins en principe, s'étaient formées anciennement des compagnies de volontaires dont le caractère était à la fois civil et militaire et qui se livraient particulièrement au maniement des armes de tir. Telles étaient les compagnies d'archers, d'arbalétriers, d'arquebusiers et de canonniers. Érigées en corporations et confréries, ces compagnies avaient leurs statuts qu'elles faisaient approuver par le magistrat, leurs chefs qu'elles choisissaient, leurs assemblées, leurs bourses spéciales, leur salle de réunion, leurs enseignes, leurs patrons, leurs armes, leurs devises, et ne reconnaissaient pour supérieurs suprêmes que le gouverneur et les échevins. Leur uniforme consistait en une étoffe de laine appelée *saye* qui se fabriquait sur place. Dans les cérémonies, ces bourgeois militaires n'avaient pour armes qu'un bâton. C'est ainsi qu'ils figurèrent lors de l'entrée de Philippe, duc de Milan, à Béthune, le 3 août 1549 : « Les hacquebu-« tiez, arbalestriers et archers, embastonnés, ensei-« gnes déployées, vêtus en saye de livrée ». Cet uniforme n'était pas brillant, ils en étaient fiers cependant, le portant avec cette satisfaction que donne l'habit militaire à celui qui en est revêtu.

Ils faisaient le guet. En 1492, douze archers appartenant aux compagnies de MM. de Piennes et Despierres faisaient les *accoustres* de nuit, au-dehors de Béthune, depuis la prise d'Arras par les Bourguignons.

En 1547, la ville faisait remettre, par son argentier, 5 livres 2 sols, au *connestable* de la confrérie des arquebusiers pour avoir fait le guet avec six hommes pendant 22 nuits à la porte du Carnier.

Les arquebusiers pouvaient être appelés à marcher en dehors contre l'ennemi. En 1576, 150 arquebusiers furent envoyés à St-Nazaire contre les chevau-légers espagnols qui s'étaient mutinés et ravageaient le pays.

Outre ces services de guerre, ils étaient appelés à faire la police des incendies; leurs chefs étaient convoqués en séance échevinale pour prendre les mesures préventives contre le feu. Le 5 juin 1556, les *connestables* des arquebusiers, des arbalétriers et des archers, assemblés en chambre échevinale avec le gouverneur, les chanoines de St-Barthélemy, les gentilshommes, les échevins décidaient de faire couvrir de tuiles, les maisons et édifices bâtis dans l'intérieur de la ville et qui étaient couverts de paille.

Mais c'est surtout dans les cérémonies publiques, dans les processions, aux entrées des grands personnages, que nos arquebusiers, arbalétriers, archers, canonniers se plaisaient à paraître dans leur simple mais fière tenue. Ils faisaient la haie, précédés de leurs tambours et de leurs fifres, escortant les magistrats, et saluant de leurs salves le passage du *vénérable* St-Sacrement ou celui des princes.

Pour encourager leurs exercices et rémunérer leurs services, les échevins leur octroyaient des privilèges. En 1424, le magistrat fait une courtoisie de 20 livres à 10 arbalétriers qui, s'étant rendus à l'Ecluse, en Flandre, pour prendre part à des jeux d'arbalètes, en étaient revenus avec un prix consistant, disent nos archives, *en joyaux en argent* (1). En 1508, la ville fait une fort belle distribution de prix aux archers. En

(1) Arch. municp., BB. 2.

1509, la municipalité délivre gratuitement de la poudre et du plomb aux canonniers pour tirer leur *gay*. En 1528, ce sont les arquebusiers qui reçoivent de la ville, à l'occasion de leur fête, 40 livres de plomb pour faire leurs balles, et 40 livres de poudre. En 1579, les arquebusiers obtiennent, selon leur requête, un terrain pour *tirer au blanc*. En 1580, les magistrats leur concèdent un autre terrain dans le marais pour tirer l'oiseau. En 1699, les arbalétriers reçoivent du magistrat 24 livres pour l'achat de deux écussons aux armes de la ville qu'ils demandaient à placer dans la salle de leurs assemblées.

En 1642, cent quatre lots de vin, distribués en 52 semaines, sont octroyés aux canonniers, suivant le testament de l'archiduc Albert et d'Isabelle, son épouse. A toutes les processions, pour leur présence, on leur allouait une courtoisie. En 1718, les arbalétriers, archers et canonniers reçoivent 67 livres 10 sols pour avoir assisté en corps avec leurs armes aux processions solennelles de la Pentecôte et du St-Sacrement pendant le cours de l'année.

A ces avantages venaient se joindre des charges. On payait pour entrer dans l'une des compagnies; on payait aussi pour en sortir; les archers de Ste-Christine prétendaient, en 1504, que ceux qui sortaient de leur confrérie pour entrer dans celle de St-Sébastien devaient payer 12 sols. Chacun d'eux achetait ses armes et son uniforme; la ville ne faisait cette dépense qu'en temps de guerre. En 1566, elle distribua, à ses frais, des arquebuses aux habitants de la commune. Tous les membres de ces confréries contribuaient de leurs propres deniers aux dépenses exigées pour fêtes, repas, déplacements, concours de tirs à l'extérieur, location de l'hôtel où ils avaient coutume de faire leurs exercices respectifs. En 1740, il y eut un procès entre la confrérie des canonniers représentée par le sieur de Fromentel, leur capitaine et plusieurs confrères au sujet du paiement de cotisations et de dépense auxquelles devaient participer tous les membres de ladite confrérie (1).

Chacune de ces confréries était animée d'un esprit de corps qui, parfois, amenait des querelles, des disputes entre elles. C'était surtout entre les archers du *grand serment* et ceux du *petit serment* que se produisait cette animosité querelleuse. En 1500, les premiers se plaignaient amèrement de la conduite des seconds qui, en passant par la ville, avaient crié, sans y être autorisés : *le roi boit* (2). Le motif de cette plainte était futile. Il révélait d'autant mieux l'esprit d'hostilité qui divisait ces deux sociétés rivales.

La confrérie des archers fut établie à Béthune, en 1413, par Guillaume de Namur, seigneur de Béthune. Elle se divisa en 1496 en deux confréries particulières dont les statuts et règlements furent tout à fait distincts (3). L'une prit le nom de confrérie d'archers du *grand serment*, ayant pour patron St-Sébastien ; l'autre fut appelée, par contraste, confrérie du *petit serment*, ayant pour patronne Ste-Catherine.

Le lieu de leur réunion se trouvait au bas de la rue St-Pry, dans un bâtiment et un jardin contigus à l'hospice. Le chef de la confrérie portait le nom de *conestable*.

En 1424, on plaçait sur les murailles de la ville trois *arquières* où les archers se servaient de leurs armes.

La confrérie des arbalétriers date du 1er mai 1396, suivant une ordonnance édictée par Pierre d'Aisne, grand bailli de Béthune, et par les échevins (4). On donnait également le nom de *conestable* au chef de

(1) Arch. municip., FF. n°
(2) Arch. municip., BB. 3.
(3) Arch. municip., HH. 7.
(4) HENNEBERT, t. II, p. 63.

cette compagnie. Le lieu de réunion des arbalétriers se trouvait dans la rue Poterne aux numéros actuels 38 et 40.

En 1506, les arbalétriers et les archers de cette ville avaient pour chefs Philippe de Bernemicourt, de Sévelinghes, Jehan de Planques, de Longastre, fils. Ils se réunissaient à l'arsenal, rue de la Calandre, pour leurs exercices de tir.

En cas d'alerte, ils se tenaient sur le *Marquié* de la ville, les arbalétriers devant la halle échevinale, les archers près de la Gloriette, au-devant la gouvernance. Telles étaient, du moins, les positions qui leur avaient été assignées par les échevins en 1595 et en 1624.

En 1424, 1430, 1472, on ouvrait dans les murs de la ville des *fenestres* ou plutôt des créneaux pour *tirer arbalestre*.

La confrérie des canonniers fut établie à Béthune en 1500 (1). Celle des arquebusiers, un peu moins ancienne, est de l'année 1520. Longtemps auparavant, 1424, le maçon Baudin Goudin pratiquait dans un des murs de la ville, haut de 22 pieds 2 pouces, trois canonnières avec trois créneaux. En 1465, Jean Wiot, maçon, faisait également sur nos remparts des travaux pour y installer une canonnière.

En 1497, Martin Pinchon, maçon, remurait les créneaux établis entre la porte St-Pry et le château, et leur substituait des *rayères* pour y placer des arquebuses.

Il y avait donc à Béthune des canonniers et des arquebusiers, avant l'institution des confréries qui, devant s'acquitter des mêmes manœuvres, portèrent ces noms.

Le lieu de réunion des canonniers et des arquebusiers portait le nom de *Canon-d'Or*, auberge située sur la Grand'Place.

(1) Hennebert, t. II, p. 08.

Tous les dimanches, ces sociétés tiraient à la cible; la cible était un disque de fer blanc avec un centre noir. Pour aider nos canonniers et arquebusiers à supporter les frais occasionnés par ces réunions, l'archiduc Albert et sa noble épouse Isabelle, leur accordèrent à perpétuité, chaque dimanche, deux lots de vin. Ce qui produisit 130 livres en 1627; 135 livres 4 sols en 1642.

Tous les ans, au mois de mai, avait lieu dans le marais de Béthune en deçà d'Annezin le tir solennel du *gay*. Ce mot est un diminutif de celui de *papegay*, ancien nom du perroquet et qui signifiait oiseau de bois ou de fer blanc de la grosseur d'un pinson, placé au haut d'une perche. Le jour où l'on tirait le gay était, pour toute la population, un jour de fête. On l'inaugurait, à Béthune, par une cérémonie religieuse qui consistait principalement dans la *bénédiction de l'oiseau* à l'église St-Barthélemy. Le grand bailli, baron d'Hinges prétendait, en 1746, avoir le droit de tirer les trois premiers coups. Il y eut un arrêt du Conseil d'Etat prescrivant à l'intendant de Picardie et d'Artois de faire une enquête sur cette prétention qui était contestée par le magistrat de la ville. La sentence définitive n'est pas rapportée à cette page de nos archives(1).

Le tir de l'oiseau éveillait l'ambition et surexcitait l'adresse de nos archers, de nos arbalétriers et de nos canonniers. Celui d'entre eux qui parvenait, avec son arc, son arbalète, ou son arme à feu, médiocre comme l'arquebuse, à abattre d'un seul coup le gay, était proclamé roi de l'oiseau. Sa royauté durait toute l'année, et lui valait des honneurs et d'autres privilèges utiles. En 1472, la ville accordait une courtoisie de 25 sols, à Martinet Baron, *roi de la pie*. Même somme est allouée à un autre en 1501. Souvent, il devenait par ce seul fait le chef de sa compa-

(1) Arch. municp., FF. 83.

gnie. Le 15 septembre 1590, Antoine Calier était devenu, par son adresse au tir, roi, connétable et capitaine des canonniers (1).

Comme toutes les royautés, celle de l'oiseau, quoique la plus futile et la plus éphémère, avait ses charges. Le roi payait, si sa fortune personnelle le lui permettait, sa bienvenue par un repas qu'il offrait à ses compagnons. D'ordinaire, la ville l'aidait, par un don gratuit plus ou moins important, à supporter les frais de cette fête. Elle l'exemptait de l'assise du vin, qu'au repas de galas, il devait distribuer à ses confrères. Au reste, elle ne ménageait jamais ses gratifications à l'égard du chef d'une confrérie ou société quelconque. En 1500, Eloi du Crocq, prince de la jeunesse, recevait 16 livres pour subvenir aux frais de la fête de sa société. Dans le même temps, il était exempté de l'assise du vin qu'il devait, le jour de sa fête, distribuer à ses camarades. En 1509, la ville fournissait aux canonniers la poudre et le plomb pour tirer leur *gay*.

Ces trois compagnies bourgeoises assermentées, conservèrent, pendant des siècles, leur intégralité et leur organisation. Elles formèrent longtemps une sorte d'élite bourgeoise qui savait s'imposer des sacrifices pour soutenir l'honneur de la cité. De là leur popularité dans toutes les classes de la société. De là malheureusement aussi les jalousies qui, vers la fin du XVIII° siècle, se produisirent dans les rangs des autres compagnies bourgeoises déjà pénétrées de ces aspirations à l'égalité dont l'explosion, en 1789, ébranla si violemment toutes les bases de la société. En 1771, notre municipalité décidait que ces trois compagnies privilégiées seraient supprimées, que les maisons et terrains dont elles avaient disposé jusque là pour leurs exercices seraient vendus, et que le produit de

(1) Arch. municip., BB. 15.

cette vente servirait à établir une école gratuite. Cette ordonnance échevinale, devançait de dix-neuf ans le décret de la Révolution qui ordonna à tous les corps d'arquebusiers, d'archers ou d'arbalétriers de s'incorporer dans la garde nationale, sous l'uniforme de la nation et sous le même drapeau.

III. — GARNISON

Dans les premiers siècles de son existence, la ville de Béthune, que ses seigneurs avaient dotée, par intérêt ou par pure bonté, du privilège d'avoir des remparts et de les défendre elle-même, trouvait donc alors dans ses enfants de nombreux et vaillants combattants qui suffisaient à repousser toutes les attaques de l'ennemi, quel qu'il fût. Cette organisation militaire qui n'était faite que pour la défense de la cité avait le défaut d'être isolée, ne se rattachant à aucune autre force venant du dehors. Lorsque Béthune eut pour seigneurs les ducs de Bourgogne, les archiducs d'Autriche, l'empereur Charles-Quint, Philippe II, son fils, Louis XIV, Louis XV, à ce particularisme succéda, dans l'intérêt de l'unité nationale, le principe de la défense commune par tous les citoyens de la même patrie. Béthune reçut alors les troupes de son seigneur qui venaient, au nom du gouvernement, unir leurs forces à celles de la milice bourgeoise pour la défense de la place.

La présence de ces troupes, qui déchargeaient les bourgeois d'une partie de leurs obligations militaires, était cependant regardée par eux comme un redoutable fléau. Ils devaient leur fournir le gîte, le feu et la chandelle. C'était une charge de tous les instants pour les habitants qui n'aimaient pas à introduire des étrangers dans leurs demeures où ils étaient, d'ailleurs, pour la plupart, très à l'étroit. Les régiments et les compagnies, à cette époque, étaient, d'ordinaire, composés de gens d'origine étrangère, et sans aveu, qu'il était difficile de retenir toujours dans le devoir. Les officiers eux-mêmes avaient, parfois, des exigences intolérables. En 1692, le lieutenant-colonel du régiment de *Chartres* — en formation à Béthune — non content des places auxquelles il avait droit pour son logement, s'emparait de vive force, à l'hôtel du Bar-de-Mer, sur la Grand'Place « de trois chambres basses, d'une haute, d'un grenier et de deux écuries » (1). En 1709, les bourgeois de Béthune se plaignaient au gouverneur de la province de la conduite des officiers de l'état-major qui s'arrogeaient le droit de s'emparer du logement des particuliers quand il était à leur convenance, ayant, toutefois, la délicatesse d'en payer le loyer au propriétaire. Le roi, averti, ordonna à l'intendant de la province d'empêcher de pareilles vexations et lui prescrivit de donner satisfaction aux bourgeois (2). Dans la même année, les troupes de la garnison n'avaient pas reçu leur solde. Les bourgeois, craignant de leur part, des violences et des rapines, avancèrent au trésorier de la guerre l'argent nécessaire pour qu'elle leur fut payée. En 1576, une imposition fut levée sur tous les habitants de Béthune indistinctement, ecclésiastiques, nobles, bourgeois, pour apaiser les soldats étrangers et payer leur solde (3). D'après une ordonnance royale, en date de 1768, les officiers, logés chez les bourgeois, avaient droit à un lit garni, trois chaises, une armoire ou une commode, deux serviettes par semaine, plus un lit de valet. Pour les sous-officiers, un lit pour deux suffisait.

Les passages des troupes, fréquents dans cette ville,

---

(1) Arch. municip., CC. 830.
(2) Arch. municip., BB. 19.
(3) Arch. municip., BB. 13.

située près des frontières de la Flandre, sur les grandes routes, imposaient aux habitants de Béthune des charges d'autant plus considérables qu'un grand nombre d'entre eux en étaient exonérés. Les ecclésiastiques, les membres des communautés religieuses, le prieur de la confrérie de St-Eloi, la communauté des filles dites d'Ailly, les personnes et les maisons des contrôleurs, maîtres de postes, commis et courriers ordinaires, les échevins et les bourgeois vivant noblement jouissaient de cette immunité. La contribution des logements militaires était répartie par les échevins qui dressaient, sous leur responsabilité, devant l'intendant, les listes des personnes qui y étaient assujetties. La ville venait, autant qu'elle le pouvait, au secours des habitants. En 1778, elle acheta la maison de la confrérie de Ste-Barbe connue sous le nom du *Canon-d'Or* et y fit construire des écuries pour loger quarante chevaux de la garnison. En 1642, elle payait, pour les logements des soldats de passage, chez les hôteliers « de St-Martin, du Pélli-
« can, de St-Sébastien, de l'Arbre-d'Or, du Carpe,
« du Petit-Paris, de St-Christofle, du Guiant, du
« Blanc-Lion, du Cornet-d'Or, de la Tête-Grosse, de
« St-Nicolas, du Heaulme, des Trois-Rois, de St-An-
« drien, de l'Etoile, de St-Adrien, de St-Louis, de la
« Blanche-Notre-Dame, du Rouge-Chevalier, de St-
« Georges, de la Belle-Image, de la Clef du Cardinal(1).

En 1750, pour alléger davantage encore les charges des habitants, elle faisait loger les soldats de passage « dans les quartiers de Boufflers, Fondu du Gouver-
« nement, de Puynormand, de St-Yor, de St-Pry et
« de St-Vaast, ainsi que dans les auberges dont les
« noms suivent : L'Aigle-d'Or, l'Arbalète, aux Ar-
« mes de France, aux Armes d'Houchin, la Blanche-
« Notre-Dame, le Canon-d'Or, le Cardinal, le Carillon

(1) Arch. municip., CC. 410.

« le Cheval-Blanc, le Chevalier-Vert, la Cité d'Arras,
« la Clé-d'Or, le Cœur-Joyeux, la Coupe-d'Or, la
« Cour, la Couronne, le Croissant, la Croix de Bour-
« gogne, le Cygne, le Damier, le duc de Bourgogne,
« l'Hermitage, l'Espagnol, l'Etoile, la Fontaine, le
« Lyon-d'Or, la Notre-Dame-de-Lorette, le Palais
« Royal, le Petit-Droguiste, le Petit-Lille, le Poids
« de la Ville, le Prince de Condé, la Reine, le Ri-
« vage, la Rose, le Roy de France, la Ste-Catherine,
« le St-Eloi, le St-Hubert, le St-Jacques, le St-Martin,
« le Sauvage, le Singe d'Or, le Soleil, les Trois-Fau-
« cilles, les Trois-Rois, la Vache-Rouge, la ville
« d'Aire, la ville d'Arras » (1).

Cependant, les troupes envoyées en garnison à Béthune ne logeaient pas toujours dans l'enceinte de la ville. En 1669, un certain nombre d'entre elles campaient au faubourg St-Pry. En 1706, des gens d'armes, des mousquetaires, des chevau-légers et des gardes du roi furent campés, depuis le mois de juin jusque au mois d'octobre, dans les faubourgs (2). En 1708, la ville reçoit livraison de 2,410 bottes de paille pour couvrir les hangars devant servir au logement des chevaux sur les remparts (3). En 1727, le régiment de *Pecquigny* et quatre compagnies de dragons prenaient leur campement dans les faubourgs.

Malgré ces adoucissements, la ville supportait impatiemment les charges qu'elle avait à subir pour les logements des troupes en garnison dans son enceinte. En 1667, les échevins demandaient avec instance au gouvernement par l'entremise d'un « sollicteur, le descharge de la garnison de cette ville (4) ». En 1679, elle députait le sieur Descoulette, lieutenant des grenadiers au régiment de *Boulonnais*, auprès du maré-

(1) Arch. municip., EE. 1.
(2) Id. CC. 271.
(3) Id. CC. 611.
(4) Id. CC. 587.

chal de Boufflers pour lui représenter qu'ayant déjà à sa charge cinq régiments dans son enceinte, il lui était impossible de loger trois autres régiments d'infanterie irlandaise qu'on lui envoyait (1).

Les habitants, accablés sous le poids des charges occasionnées par la garnison et le passage des troupes étaient, en outre, assujettis à fournir des réquisitions à l'armée. En 1567, la ville reçoit l'ordre de disposer huit chariots attelés chacun de quatre chevaux pour le service de Sa Majesté (2). En 1694, elle doit livrer 910 setiers de blé, sous peine, de par le roi, d'une augmentation de six bataillons de garnison aux frais de tous les habitants sans exception (3). Elle était tenue de fournir des chevaux, à ses frais, aux officiers des troupes de passage à Béthune. De toutes les nombreuses réquisitions de ce genre, nous n'en citerons qu'une seule qui n'est guère justifiable. Un fermier du faubourg d'Arras dut fournir un cheval au chef de cuisine du duc de Boufflers, le jour du départ de son régiment, qui eut lieu en 1726 (4).

La ville sentant, depuis longtemps, la nécessité de s'imposer des sacrifices pour alléger le fardeau qui pesait sur les habitants, et dont sa nombreuse garnison était la cause, se hâta de construire des casernes, suivant l'autorisation donnée par Louis XIV, à toutes les places fortes des frontières. En 1682, elle fit bâtir la caserne St-Yor et celle de Danis appelée plus tard Magnac; en 1693, elle fit élever celle de St-Vaast et celle de St-Pry. La caserne St-Vaast fut bâtie sur un terrain que la ville avait acheté aux Etats d'Artois qui, eux-mêmes, l'avaient acquis de la dame de Lachapelle, femme du sieur d'Essars. Celle de St-Pry était construite sur un terrain dont les chartreux de Gosnay

(1) Arch. municp., CC. 600.
(2)   Id.   BB. 11.
(3)   Id.   BB. 18.
(4)   Id.   CC. 600.

étaient propriétaires, pour une partie, et qui leur rapportait annuellement 9 livres de rente foncière.

Les casernes St-Vaast et Magnac étaient affectées à l'infanterie et pouvaient loger, lorsque les lits étaient pour deux, 1156 soldats. En 1749, la ville y faisait placer douze cents lits. La caserne St-Vaast avait une écurie, d'une étendue de 24 toises 2 tiers. Les casernes St-Yor et St-Pry, faites pour la cavalerie, pouvaient recevoir un régiment de cette arme.

Dans ces deux dernières casernes, il y avait une salle d'exercice pour le détail à pied et l'instruction des recrues, une autre pour les chevaux de bois.

Il y avait en outre, dans la ville, derrière le château, sur les fortifications au delà la porte St-Pry, un manège pour la cavalerie. Construit et disposé, en 1767, aux frais de la ville, il était regardé comme un des plus beaux, des plus spacieux et des plus commodes de tous ceux du royaume. Il avait en outre le précieux avantage d'être à portée des deux casernes de cavalerie.

Chaque caserne avait deux puits.

Les dépenses pour l'entretien et l'ameublement des casernes variaient, en moyenne, entre 8 et 9000 livres. En 1742-1743, la dépense s'éleva à 30,533 livres 3 sols 1 denier.

Les officiers qui avaient leur quartier spécial dans chaque caserne, étaient luxueusement meublés. Ils avaient chaises, commode ou armoire, garniture de cheminée, tapis, rideaux de lit et de fenêtres. En 1707, la chambre de M. de Magnac, lieutenant général des armées du roi, était ornée d'une tapisserie de haute-lice contenant neuf pièces à petits personnages et fleurages.... On employait, en 1706, des étoffes de Bergames dans les tapisseries faites pour les appartements de M. de Puynormand, brigadier des armées du roi, et de M. de Saint-Wal, lieutenant provincial d'artillerie.

Les soldats avaient des bancs au lieu des chaises. Leurs lits étaient pourvus de paillasse, de matelas ayant 3 *aunes de long et* 9 *quarts de large;* chacun d'eux était garni de 43 livres de laine qui, tous les ans, était soigneusement *rebattue.* Il y avait, dans toutes les chambres, des cuvettes.

Il y avait, en outre, sur le marché aux poissons, une caserne, élevée, aux frais de la ville, pour la brigade de la maréchaussée (1). « La maréchaussée était
« tenue de faire toutes les corvées en cette ville et
« banlieue, tant pour la police que pour le criminel,
« et à leur exécution; de conduire les prisonniers
« condamnés par jugement de ce siège dans les pri-
« sons d'Arras, et de les aller reprendre audit Arras
« pour les emmener dans les prisons de cette ville
« après leur condamnation. La ville s'engage à payer,
« par abonnement, à cette brigade de la maréchaussée
« la somme annuelle de 90 livres, payable par quar-
« tier. (Le 15 février 1771).

« Ratifié par nous, exempt de la brigade de Bé-
« thune, le 29 décembre 1772.   DE FOUCAULT. »

Lors du démantèlement de la place, la caserne St-Pry fut démolie en partie et remplacée par celle de la gendarmerie. Les autres casernes sont restées ce qu'elles ont toujours été, n'ayant reçu d'autre amélioration dans leur aménagement primitif que l'installation de lits solitaires (2).

Autant nos pères redoutaient, avant la construction des casernes, le séjour des troupes dans la ville, autant ils le désirèrent après ces constructions. Le 23 novembre 1787, nos échevins adressaient au ministre de la guerre une supplique pour en obtenir une garnison plus nombreuse. Ils motivaient ainsi leur pétition :
« Les casernes de Béthune sont parfaitement aména-

---

(1) Arch. municip., CC. 475.
(2) Arch. municip., BB. 24.

« gées; le manège, établi près d'elles, est fort beau;
« les fourrages du pays sont meilleurs que dans tout
« le reste de l'Artois; l'hôpital militaire est salubre,
« tout à fait convenable pour la destruction du germe
« de la maladie de St-Jean-d'Angely. »

De nombreux régiments ont successivement tenu garnison à Béthune (1). Ces régiments faisaient partie d'une armée puissante que la monarchie, depuis Louis XIV, avait constituée, et qui servit de cadre aux armées de la République et de l'Empire. A l'abri de cette armée, la plus brillante et la mieux organisée qu'ait eue la France, nos pères purent déposer, sans rien craindre pour la défense de leur ville, les armes que leurs aïeux avaient portées avec une grande vaillance. La milice, dont on réclama la suppression avec tant d'instance, en 1789, disparut. Bientôt cependant il fallut la remplacer, après les levées en masse, par l'établissement de la conscription, cette charge bien plus pesante que celle qui, autrefois, était imposée à nos ancêtres. D'après la nouvelle loi militaire, votée par les Chambres, en 1889, tous les Français, âgés de 20 ans, font partie de l'armée active pendant trois ans. C'est faire de la France une caserne.

(1) Renseignements et pièces justificatives, VI.

CHAPITRE VI

Confréries — Corporations

I. — Le principe de l'association domine dans l'histoire de Béthune. — Droit d'association admis sans restriction. — Classification des confréries. — Toutes portent d'abord le nom de *Charité*, plus tard certaines le nom de *Serment*. — Choix d'un saint patron. — Motifs qui guidaient les confréries dans ce choix. — Noms des patrons.
II. — Organisation de la corporation, — ses règlements et statuts, — ses ressources : droit d'entrée, amendes, cotisations, courtoisies, legs, — sa comptabilité. — Élection des chefs. — Respect qui leur était dû.
III. — Hiérarchie de la corporation : l'apprenti, le compagnon, le maître. — L'examen exigé de tous pour la maîtrise après présentation d'un *chef-d'œuvre*. — Production d'un certificat de catholicité. — Les étrangers admis à la maîtrise sous condition que les droits seraient doublés. — Tarif des droits de maîtrise. — Nombre des apprentis limité. — Durée de l'apprentissage. — Obligations des apprentis. — Obligation du compagnon de travailler sous les ordres d'un maître qu'il ne peut quitter que sous certaines conditions. — Défense aux maîtres de *débaucher* aucun compagnon d'une autre boutique.
IV. — Situation matérielle des ouvriers. — Taux des salaires et prix des denrées. — Règlement de la collation de la maîtrise modifié sous Louis XIV. — Création d'offices. — Transformation d'offices en charges héréditaires. — Esprit de monopole des corporations. — Organisation et limitation du travail. — Sauvegarde des intérêts de l'ouvrier et du consommateur. — Contestations entre les corporations et les habitants. — Armoiries des corporations, — leurs bannières, — leur suppression.

I

Le principe de l'association, de la *sodalité* (1), selon l'expression employée dans nos archives municipales, domine dans l'histoire de cette ville. Anciennement, la population, profondément chrétienne, comprenant que l'association religieuse a le secret de féconder tout ce qu'elle touche, cherchait et trouvait dans les confréries le moyen le plus prompt et le plus efficace

(1) Arch. municip., BB. 19.

de faire le bien dans une mesure que des forces complètement isolées auraient été impuissantes à réaliser.

Le droit d'association, anciennement, était admis sans restriction et soumis à une législation unique; c'est-à-dire que les conditions de toute association, soit civile, soit religieuse, étaient les mêmes. L'administration communale était investie du pouvoir d'accorder ou de refuser à son gré l'existence à une corporation, quelle qu'elle fût. Jamais elle n'usa de ce pouvoir arbitraire pour refuser une autorisation demandée. Cependant, elle exigeait préalablement la présentation des statuts; l'inscription des noms des membres de la corporation sur un registre officiel; enfin la reddition des comptes annuels.

Chacune de ces confréries pouvait posséder des immeubles et des biens mobiliers qui, tous, étaient soumis aux règles du droit commun. La faculté de posséder était libre de toutes entraves.

Ces confréries, distinctes les unes des autres par les objets auxquels elles se rapportaient, ainsi que par la fin qu'elles se proposaient, se rattachaient entre elles par un double lien, également puissant, celui de l'honneur de Dieu et celui de la sanctification des âmes. Formées et développées sur le même sol, elles existaient côte à côte, ayant chacune son but, ses statuts, ses assemblées, ses chefs, son patron, ses finances, sa bannière, ses privilèges, en un mot, sa vie propre, mais saintement unies par la consécration des mêmes autorités religieuses et civiles qui leur donnaient simultanément, quoiqu'à des titres différents, l'existence spirituelle et temporelle devant Dieu et devant les hommes. Il y avait variété dans l'unité.

On pourrait classer les confréries, suivant leur caractère distinctif, en quatre catégories : la première comprendrait les confréries ayant pour objet principal la pratique des œuvres de piété, comme les confréries de la Sainte-Trinité, du Très-Saint-Sacrement, du Rosaire, anciennement très prospères dans cette ville; la deuxième, celles qui s'attachaient tout particulièrement à secourir les malades et à rendre les derniers devoirs *aux morts,* comme la confrérie des charitables de St-Eloi; la troisième, celles qui réunissaient leurs membres pour les dresser au maniement des armes dans l'intérêt de la défense de la ville, comme les arbalétriers, les archers, les arquebusiers et les canonniers; la quatrième enfin, les corporations des arts et métiers.

Toutes les confréries qui existaient à Béthune, au moyen âge portaient un nom commun, celui de *charité.* On disait: *charité* des charitables de St-Eloi 1188; charité de St-Jacques, 1439; charité de St-Cosme et de St-Damien, xve siècle; charité Notre-Dame de St-François, 1450; charité des Sueurs, au xive siècle. Ce nom, qui est fort beau, se justifiait par les œuvres de charité que les confréries, suivant leurs statuts, devaient accomplir à l'égard de leurs membres, de leur saint patron et de Dieu. Une des formes les plus touchantes et les plus chrétiennes de ces confraternités se révélait par l'assistance mutuelle des confrères, se donnant affectueusement des secours spirituels et matériels pendant la vie et après la mort. Toutes les semaines, chaque membre de la confrérie des tailleurs devait payer six deniers pour ses confrères malades. Le lendemain de la fête de leur patron, les confréries devaient faire dire la messe pour leurs membres défunts. Ce n'était point assez pour eux de se donner les uns aux autres, ils donnaient, en même temps, à leur saint patron dont ils embellissaient la chapelle ou du moins la statue. En 1422, une testatrice léguait son *domino* à St-Antoine. Ils donnaient à Dieu lui-même; ils se plaisaient non-seulement à décorer son sanctuaire, mais encore à lui offrir l'hommage de leurs cœurs.

Certaines confréries, comme celle des Archers et

celle des *Joueurs d'épées*, prenaient le nom de serment. On disait : les Archers du *grand serment*, les Archers du *petit serment*, les Jeunes compagnons du *serment* de St-Michel.

Quel était le fonctionnement de ces confréries? Une des premières préoccupations des membres des corporations professionnelles était de choisir leur patron. Ce qu'ils faisaient par élection à la suite d'une délibération. Souvent, c'était un saint qui, pendant sa vie, avait exercé une profession ayant quelqu'analogie avec celle du corps d'art et métier qu'ils avaient choisi. L'analogie néanmoins n'existait pas toujours. Dans ce cas, les confrères, pour se donner un protecteur céleste, avaient pour motif particulier ou la grande renommée d'un saint, ou certains *faits et gestes* tirés de sa légende qui avaient frappé leur esprit.

1° Les archers du *grand serment* qui lançaient des flèches avaient pour patron, selon toutes convenances, St-Sébastien, dont le corps, lors de son martyre sous Dioclétien, fut couvert des flèches des archers romains, comme un *hérisson garni de ses dards*, est-il dit dans ses actes. On trouve dans Bernard Sannig une oraison pour la bénédiction des flèches.

2° Les archers du *petit serment*, pour se distinguer des précédents, avaient deux patrons : St-Sébastien et Ste-Catherine. Cette glorieuse sainte fut choisie par ces archers, en souvenir des nombreux services rendus à l'armée de St-Louis pendant les croisades et peut-être aussi en reconnaissance du secours qu'elle apporta à Jeanne d'Arc dans ses hauts faits d'armes contre les Anglais.

3° Les arbalétriers qui lançaient aussi des flèches avaient pour cette raison le même patron.

4° La confrérie des arquebusiers et des canonniers avait pour patronne *Madame Ste-Barbe*, pour ce motif qu'immédiatement après son martyre, la foudre, dont les effets ont quelqu'analogie avec ceux de la poudre, éclata tout-à-coup dans un ciel sans nuage et frappa Dioscore, son père, qui s'était fait son bourreau, et Marcien, son juge.

5° La confrérie des escrimeurs, des maîtres d'armes qui, en 1563, se qualifiaient à Béthune, *joueurs d'espée*, avait pour patron St-Michel, par allusion à l'armure et à l'épée avec lesquelles il est représenté.

6° La confrérie des pèlerins, très nombreuse à Béthune au moyen âge et dont Jean Chatelain et ses confrères figurèrent à la grande procession de 1562, s'était placée sous le patronage de St-Jacques, qui, le premier parmi les apôtres, entreprit un voyage en terre lointaine. Les statuts de cette confrérie datent de 1439.

7° La confrérie des cordiers et tisserands dont les statuts sont de 1444, avait choisi pour patron St-Sévère, évêque de Ravenne, au IV° siècle, à cause de la profession qu'il exerçait avant son élévation à l'épiscopat et qui consistait à travailler la laine.

8° Les cordonniers, dont les statuts sont de 1446 et de 1502, avaient pour patronne de leur confrérie *la Très-Sainte-Vierge,* honorée dans le *mystère de l'Annonciation*. Nous n'avons rien trouvé de semblable dans aucun historien, sans en excepter les auteurs spécialistes. Il faut donc recourir aux conjectures pour expliquer ce choix des cordonniers. En 1323, la confrérie des cordonniers, qui déjà existait, comme on le voit par les comptes de la comtesse Mahaut, dame de Béthune, portait le nom de *Charité des Sueurs de Béthune*, lequel mot *sueurs* dérive de celui-ci : *sutor*, qui appartient à la langue latine. Nos anciens cordonniers ont-ils trouvé une analogie de consonnance entre *sutor* et *salvator?* On remarquera que le mot français *savate* a un rapport plus prononcé encore de consonnance avec *salvator?*.... C'est une affreuse analogie, mais il y a beaucoup de patronages qui ne sauraient s'expliquer autrement. Quoi qu'il en soit, les tanneurs, corroyeurs et basaniers faisant partie de cette confrérie, étaient aussi sous le patronage de l'*Annonciation* de la très Ste-Vierge. Au xviiie siècle, cette confrérie se plaça sous le vocable de St-Crespin et de St-Crespinien.

9° Les drapiers, tailleurs et tondeurs de draps, dont les statuts sont de 1492, avaient pour patronne Notre-Dame de St-François, choisie par eux pour cette raison qu'ils s'engageaient à couvrir la statue de la Ste-Vierge d'un riche vêtement de drap.

10° Les porteurs au sac, dont les statuts furent renouvelés en octobre 1500, avaient pour patron Saint-Christophe qui, selon la légende, s'était imposé, par pénitence, l'obligation d'employer sa grande force physique à lutter contre le courant d'une rivière large et profonde et à porter ceux qui voudraient la traverser.

11° Les couturiers, parmentiers, pourpoinctiers, dont les statuts furent renouvelés en 1500, suivant une ordonnance de cette date, avaient pour patronne Ste-Catherine, choisie, en cette qualité, à cause de la grande célébrité dont elle jouissait dans l'univers catholique.

12° Les échoppiers, grossiers, épiciers, merciers, ciriers, dont les statuts ont été renouvelés successivement en 1413, 1500, 1630, avaient choisi Ste-Madeleine pour patronne de leur confrérie. Celle que Raban Maur appelait la *dévote parfumeuse de Jésus-Christ*, était également réclamée comme patronne par les *parfumeurs*, auxquels se sont joints les fabricants des produits similaires. Nous venons de les citer plus haut, savoir : épiciers, merciers, ciriers, grossiers, échoppiers.

13° Les chirurgiens dont les statuts ont été renouvelés en 1487 et 1605, avaient choisi pour leurs patrons St-Cosme et St-Damien, ces deux frères, médecins, qui souffrirent le martyre en 297.

14° Les barbiers dont les statuts ont été renouvelés

aux mêmes dates que ceux des chirurgiens, avaient pris pour patron St-Louis, pour cette raison que ce grand roi avait réglementé et approuvé les statuts des premières corporations qui, en même temps, étaient des confréries.

15º Les bouchers s'étaient mis sous le patronage du très Saint-Sacrement, pour ce motif que le divin sauveur donnait en nourriture aux chrétiens son corps, son sang, son âme et sa divinité, et que, de leur côté, ils procuraient comme aliment aux humains une chair matérielle.

16º Les pelletiers, wautiers avaient choisi pour patron St-Jean-Baptiste qui, dans le désert, n'était vêtu que d'une peau de chèvre.

17º Les charpentiers et menuisiers, quoique divisés en deux corps d'état distincts, étaient réunis en une seule confrérie qui avait pour patron St-Joseph et Ste-Anne; St-Joseph ayant exercé la profession de charpentier, et Ste-Anne ayant fait le « premier tabernacle », dit le père Cahier.

18º Les ferronniers, maréchaux, estainiers, chaudronniers, plombiers avaient pour patron St-Eloi qui, en sa qualité d'argentier, travaillait l'or, l'argent, l'étain et le fer.

19º Les meuliers, carriers, maçons, plâtriers, couvreurs, chaufourniers, paveurs, crocqueteurs de grès, tailleurs de pierres blanches dont les statuts ont été renouvelés en 1505 et 1630, avaient St-Blaise pour patron, les uns à cause de l'analogie plus ou moins directe de l'instrument tenu par ce glorieux martyr avec la ripe, la boucharde, le marteau bretté, outils dont se servent les ouvriers du bâtiment, tels que maçons, tailleurs de pierre, plâtriers, les autres tels que les meuliers, à cause de la grosse pierre ou de la meule suspendue au cou de ce confesseur de la foi, quand il fut précipité dans un lac profond.

20° Les hommes de loi, qui assistaient gratuitement les pauvres dans les causes judiciaires, formaient une confrérie dont le patron était St-Ives, surnommé pendant sa vie, *l'avocat des pauvres*. Il est fait mention de cette confrérie dans les comptes de 1653.

La confrérie des charitables de St-Eloi avait sa chapelle particulière, dédiée à son saint patron. Les autres confréries célébraient leurs cérémonies dans l'une ou l'autre des églises. La confrérie des porteurs au sac avait son autel près de celui de St-Joseph dans la chapelle latérale de St-Vaast. Les tailleurs d'habits avaient leur chapelle dans l'église des Récollets. Les barbiers avaient aussi leur autel dans l'église des Récollets, dont le parloir servait à leur réunion, quand elle n'avait pas lieu chez leur doyen. Les membres de nos anciennes confréries devaient assister, sous peine d'amende, à la messe le jour de la fête de leur saint patron, à la messe le lendemain pour leurs confrères défunts, aux processions de la Pentecôte et du Saint-Sacrement. L'amende, en cas d'absence, était de cinq sols pour les barbiers. Les confrères de Ste-Barbe, *canonniers*, étaient tenus d'assister en corps, les dimanches, à la messe. Toutes nos confréries avaient leur bannière sur laquelle était représentée la figure vénérée de leur saint patron ainsi que l'attribut désignant le métier. Présenter ainsi, dans les processions, aux hommages des fidèles l'effigie de simples artisans, n'était-ce pas un moyen efficace de rehausser les arts manuels dans l'estime publique ?

II

La corporation, telle qu'elle existait avec sa complète organisation dans cette ville, constituait une sorte de personne morale, jusqu'à un certain point, indépendante de l'État, nommant ses chefs, faisant ses statuts qui, pour être obligatoires, n'avaient besoin que de l'approbation de l'échevinage et, au xviiie siècle, de l'homologation de l'autorité royale; elle exerçait sur tous ses membres un pouvoir de juridiction qui n'était limité que par ses règlements professionnels.

Elle pouvait posséder des immeubles et des biens meubles soumis, ainsi que nous l'avons dit, aux règles du droit commun.

Chacune d'elles avait donc sa caisse particulière, alimentée par les droits d'entrée de ses membres respectifs, par les amendes, par les cotisations, par des revenus de diverses natures, en cens, en loyers, en rentes. Chacune d'elles avait son coffre-fort fermant à deux clefs au moins, qui étaient remises, pour les charpentiers et menuisiers, entre les mains des deux mayeurs. Le coffre-fort des perruquiers avait trois clefs dont l'une était remise au doyen en exercice, un autre au doyen sortant, et la troisième au syndic. Les comptes, recettes et dépenses, étaient rendus exactement par les chefs. Dans la confrérie des charpentiers et menuisiers, cette reddition des comptes était faite par le prévôt; deux copies en étaient officiellement rédigées; l'une d'elles était remise audit prévôt et l'autre enfermée dans le coffre.

A son entrée dans la corporation des charpentiers, chacun des membres payait trois livres. Chez les barbiers, perruquiers, baigneurs et étuvistes, le droit d'entrée pour les apprentis était de six livres. Chez les tailleurs d'habits, même somme. L'absence d'une assemblée était punie chez les charpentiers et menuisiers d'une amende de cinq sols; chez les perruquiers de 10 sols; d'un sol chez les cordonniers. Chaque portefaix remettait, tous les lundis, deux sols aux quatre hommes pour la corporation.

Avant l'année 1700, chaque porteur au sac ne

payait, annuellement, que douze deniers pour tous les frais exigés pour la confrérie. En 1700, ils demandèrent que cette cotisation annuelle fût élevée à douze sols. Les charges de la corporation, disaient-ils dans leur requête, étaient fort lourdes ; elles exigeaient cette augmentation de recettes. Voici l'énumération de *leurs grosses dépenses* : Entretien et décoration de leur chapelle dans l'église Saint-Vaast ; ornements et décorations pour l'autel ; ornements sacerdotaux pour célébrer la messe et autres offices religieux ; entretien et réparation de la grande fenêtre au-dessus de leur chapelle ; célébration d'une messe chaque semaine ; d'une autre messe à toutes les fêtes de la Ste-Vierge, comme aussi les jours de la Pentecôte et du St-Sacrement ; fournir le luminaire pendant les messes ; trois cierges pour les autres offices ; quatre cierges portés par les *remonstrants* aux processions de la ville ; un cierge de trois livres pour l'illumination, chaque année, à la chapelle de St-Éloi ; célébration d'un service d'enterrement avec diacre et sous-diacre à la mort de chaque confrère, six vingts bougies pour aller à l'offrande dans ce service funèbre ; faire brûler tous les jours une chandelle dans une lanterne placée devant la maison de la *Coupe-d'Or*, située au coin de la place et de la rue des Poulets ; le paiement des gages annuels du clerc de la confrérie ; achat d'ornements pour la chapelle, notamment d'un Christ, de nappes, d'aubes, de voile pour la *grande Vierge*.

Pour subvenir à toutes ces dépenses, la confrérie n'a d'autres ressources que la somme fixée pour les entrants, cinquante sols payés par ceux qui achètent une place de porteur, vingt sols pour ceux qui la prennent en louage et les petites amendes. En 1600, le prix de la charge de porteur était de quatre florins.

La corporation des drapiers jouissait d'une recette

de six livres que Robert le *Machon* (maçon), lui avait léguée en 1483.

La ville venait en aide à chaque corporation par des dons multiples, ainsi qu'il est marqué dans les comptes de 1535; elle faisait notamment à la corporation de St-Ives un don annuel de 32 livres 8 sols en 1652 et de 36 livres en 1744, « pour rétribution « ordinaire de l'office divin et la récréation des con- « frères le jour de St-Ives » (1).

Les dépenses de nos corporations avaient pour objet l'entretien d'une maison commune, ou au moins d'une chambre communale, la rétribution d'un conseil administratif, des services religieux, des repas, etc. Les syndics de la corporation des perruquiers, recevaient, trois livres par an de la communauté et trois livres à chaque réception de maître. Le valet recevait, chaque année, dix sols des maîtres et cinq sols des apprentis.

Dans les cérémonies publiques, nos corporations, officiellement convoquées, en rehaussaient la beauté par leurs bannières et leurs insignes. Elles défilaient, selon le programme, en grand appareil. Elles donnaient à la population, avide de fêtes et de spectacles, des représentations de mystères, des jeux, des divertissements variés, mais toujours innocents. C'était une manière honnête de se récréer, de récréer les autres et de rapprocher ainsi publiquement toutes les classes de la société dans une participation commune aux mêmes joies. Ce mode d'amusement qui n'était pas coûteux, comme les distractions du cabaret, avait au contraire cet avantage de procurer à nos artisans de belles courtoisies que le magistrat leur faisait pour les récompenser de leur assistance en corps aux processions et de leur concours, en qualité d'acteurs, dans la représentation des mystères. En 1549, pour

---

(1) Arch. municip., CC. 220 et 731.

la représentation du mystère de la Passion lors, de la venue de l'Empereur et du prince d'Espagne à Béthune, les bouchers qui avaient représenté *Judas* reçurent une *casne de vin post et lot et demy*; les *croqueteurs de grès* qui avaient représenté le *diable* dans la tentation en reçurent trois; ceux qui avaient représenté les anges en reçurent quatre (1).

Les corporations, suivant le principe démocratique sur lequel reposaient toutes nos institutions communales, élisaient leurs chefs; cette élection ils la faisaient le jour de leur fête patronale. Le nom et le nombre de ces chefs variaient selon les corps de métier. L'article 1er de la corporation des charpentiers et menuisiers est ainsi rédigé : « Les maîtres charpentiers et menui-
« siers ne feront qu'un seul corps ou confrérie sous
« un prévôt qui sera élu tous les ans et choisi alter-
« nativement parmi les charpentiers et menuisiers et
« sous deux mayeurs qui seront renouvelés tour à tour,
« dont l'un sera charpentier et l'autre menuisier ».
Dans les statuts des maîtres perruquiers, barbiers, baigneurs et étuvistes, on lit : « La corporation est
« composée d'un doyen, d'un syndic, d'un secrétaire,
« ainsi que des maîtres tant en exercice que locataires
« des charges ». Les tailleurs d'habits étaient administrés par un prévôt et deux mayeurs; il en était de même pour la corporation des grossiers, épiciers, merciers, échoppiers. — Les cordonniers avaient pour chefs un prévôt et un mayeur. Les tisserands avaient quatre administrateurs appelés les *quatre hommes*. Il en était de même de la corporation des portefaix qui avaient aussi leurs *quatre hommes* pour administrateurs. La corporation de St-Ives n'avait qu'un seul administrateur qui portait le nom de *bâtonnier*; on l'appelait ainsi parce que le bâton était l'insigne de sa charge ; c'est encore par ce nom qu'on

(1) Arch. municip., CC. 119.

désigne le chef de l'ordre des avocats. L'installation du titulaire se faisait à l'église avec un certain apparat, inspiré par une pensée liturgique : au moment où l'on chantait le verset du *Magnificat* « *Deposuit potentes de sede* », le bâtonnier en exercice remettait le bâton de la corporation à son successeur qui le prenait aussitôt au chant de la fin du verset : *Et exaltavit humiles*. C'est ce qu'on appelait la cérémonie du *deposuit*.

Certaine corporation avait, en outre, à Béthune, un représentant honorifique qu'on appelait *roi des Ribauds* (1). Ce chef était un officier de la maison du roi dont la fonction correspondait à celle de la communauté. Le premier valet de chambre du roi était chef honorifique des barbiers de cette ville.

Les membres de nos corporations étaient tenus d'avoir pour leur chefs le plus profond respect. Les statuts des perruquiers portaient que toute infraction sur ce point serait punie de trois livres d'amende; en cas de récidive, d'après le même règlement, le coupable était exclu de la corporation.

Aucun membre n'avait le droit de prendre la parole en séance qu'avec la permission du président. Les délinquants étaient passibles d'une amende de cinq sols qui, en cas de récidive, était portée à dix sols. Il était expressément défendu d'injurier dans les assemblées aucun des membres de la corporation, quel qu'il fût, présent ou absent. Il était également interdit de boire ou d'apporter aucune boisson en séance.

III

Mais ces données historiques, si intéressantes qu'elles soient, ne touchent que le côté extérieur de la corporation. Pour l'apprécier comme il convient, il faut

---

(1) Arch. municip., AA. 4.

l'envisager dans ses éléments constitutifs, c'est-à-dire dans le groupement des travailleurs exerçant la même profession, pour l'avantage respectif des producteurs et des consommateurs. Le métier, constitué dans ces conditions pour cette double fin, s'exerçait sous un régime protégé par des privilèges, mais en même temps limité par un réglement approprié aux ressources et aux besoins de cette localité. Sans analyser tous les textes de cette organisation qui révèlent tout à la fois ce régime et cette discipline, on peut déduire de leur ensemble qu'ils présentent tous, quoique variés dans leurs détails, un cadre uniforme. On y trouve une législation complète, touchant les attributions du métier, la condition de l'ouvrier, l'emploi des matières premières, la fabrication et la vente.

On distinguait, dans le métier, les apprentis, les compagnons, les maîtres. Au sommet de cette sorte de hiérarchie professionnelle était le maître, c'est-à-dire l'artisan qui, ayant l'investiture du métier par la maîtrise, avait le droit de travailler pour son compte et de s'adjoindre des ouvriers. Le titre de maître ne s'obtenait qu'après un examen spécial sur les règles du métier et par la présentation d'un *chef-d'œuvre*, double épreuve nécessaire mais suffisante pour l'appréciation des connaissances théoriques et pratiques du candidat. Quiconque voulait se créer une position professionnelle était obligé de subir cet examen. Personne, pas même le fils d'un maître, n'en était exempté. L'égalité devant le jury, devant l'examen, devant le diplôme, était le principe élémentaire et fondamental de la constitution corporative.

Les chefs et maîtres de la corporation présidaient à cet examen, en ayant déterminé à l'avance le programme. La nature du chef-d'œuvre exigé, était un ouvrage de difficulté ordinaire et d'un prix de vente modéré. Il était dit dans les statuts des charpentiers et menuisiers, art. 10 : « le chef-d'œuvre sera prescrit par les prévôt, mayeurs et maîtres du corps. » Le candidat devait, en outre, présenter un certificat constatant qu'il professait la religion catholique, apostolique et romaine et qu'il avait une réputation intacte. Ces conditions remplies et le candidat reconnu digne d'être maître, il était admis au serment Il s'engageait, par ce serment, à donner à ses confrères de loyaux conseils, d'excellents exemples de religion et de probité, de bons et fraternels offices, et à ne point tolérer dans son atelier d'actions répréhensibles de la part des apprentis ou des compagnons.

Aucun ouvrier, s'il remplissait les conditions précédemment énumérées, n'était exclu du droit d'obtenir un certificat ou diplôme de maître. Cependant certains corps de métier ne pouvaient avoir qu'un nombre déterminé de maîtrises. En 1732, la corporation des bouchers ne pouvait en posséder que deux.

Les corps de métier de Béthune ne rejetaient ni les étrangers, c'est-à-dire ceux qui étaient nés dans une autre ville, ni les femmes. La corporation des tailleurs d'habits était composée de femmes et d'hommes, ceux-ci maîtres, celles-là maîtresses. La différence qu'il y avait entre les indigènes et les étrangers, c'est que, pour ceux-ci, les droits de maîtrises étaient une fois plus élevés que pour les autres. Les étrangers et ceux qui n'étaient pas fils de maîtres payaient vingt-quatre livres; ceux qui étaient nés à Béthune, sans être fils de maîtres, payaient dix-huit florins; les fils de maîtres neuf livres; les filles et femmes payaient douze livres, neuf livres et quatre livres dix sols.

L'article 11 des statuts des charpentiers et des menuisiers est un résumé des charges imposées aux ouvriers à leur entrée dans la maîtrise : « L'apprenti
« dont le chef-d'œuvre est admis aura son nom ins-
« crit sur le registre des maîtres. Il paiera cinquante

« livres, s'il n'est point natif de Béthune ou banlieue,
« plus trois livres dix sols au prévôt, mayeurs et
« valet de la confrérie pour l'assemblée et une livre
« de cire pour la chapelle. Si l'apprenti devenu maître
« est né à Béthune ou dans la banlieue, mais non fils
« de maître, il paiera trente livres pour les droits de
« maîtrise, en outre les frais d'assemblée de corps et
« de chapelle ; et seulement quinze livres s'il est fils
« de maître, Béthunois ou étranger, en outre les frais
« d'assemblée et de chapelle ».

La corporation des perruquiers, barbiers, baigneurs et étuvistes n'exigeait que douze livres pour droits d'entrée dans la maîtrise. Les fils de maître ne payaient rien. La corporation des tailleurs d'habits avait adopté le tarif suivant : « Les Béthunois, fils de maître, payaient douze livres ; les étrangers vingt-trois livres ; les étrangères douze livres. » Le tarif de la corporation des cordonniers était ainsi fixé : « Étranger, quinze livres ; natif de Béthune, dix livres ; fils de maître, cinq livres. » A cette redevance s'ajoutait la dépense du droit de *boëttes* et d'un repas donné à ses confrères par le nouveau venu. Tous ces frais n'étaient pas très élevés. La ville venait en aide aux maîtres dont les ressources ne suffisaient pas à cette dépense. En 1735, notre bonne municipalité faisait remettre quatre livres dix sols aux prévôt et mayeurs de la confrérie des tailleurs pour la réception à maîtrise d'une pauvre fille en qualité de couturière (1). Ainsi, la corporation était ouverte, par le fait, à tous ceux qui, présentant des garanties de capacité, de religion et de moralité, faisaient espérer qu'ils ne déconsidéreraient pas le métier, ni ses produits. Il y était poussé par le double stimulant de l'honneur et de l'intérêt.

Le diplômé était autorisé, selon les expressions de nos archives, à mettre et tenir sur « rues, en tels lieux

(1) Arch. municip., CC. 633.

« et endroits que bon lui semblait, étaux, ouvroirs et
« boutiques garnis d'ustensiles et autres choses né-
« cessaires pour usages et exercices de son métier ».
Il avait droit de prendre part aux délibérations des
membres dudit métier et y être reçu *garde*.

Ces droits que le maître tenait uniquement de son
travail lui donnaient une haute idée de son état qui ne
lui paraissait pas moins honorable que n'importe
quelle dignité du pays. Ce que l'ordination est au
prêtre, l'accolade au chevalier, le grade de docteur
au savant, la transmission de la maîtrise l'était pour
l'ouvrier. On ne saurait dire combien il était fier et
jaloux de cet honneur qu'il regardait comme une
sorte de noblesse.

L'ouvrier, devenu maître, n'avait besoin pour monter un atelier, que d'une mise de fonds peu considérables, n'étant pas soumis, vu le manque de concurrence locale et de débouchés, à une fabrication en
gros qui lui aurait imposé des frais énormes de local
et d'approvisionnements. Evidemment, les difficultés
d'installation pour un ouvrier maître, avant 1789,
n'étaient pas comparables à celles qui résultent de
l'importance des capitaux exigés aujourd'hui pour
conduire une grande industrie. Installé, autrefois,
moyennant un faible loyer, dans un local plus ou
moins restreint mais suffisant pour les exigences de
son métier, le maître occupait alors peu d'ouvriers,
appelés *compagnons* et encore moins d'*apprentis*.

A côté de ces droits il y avait des devoirs. Le maître
ne pouvait employer toute espèce de matière pour son
métier. Ainsi les cordonniers avaient le droit d'employer, pour la confection des souliers, le *cuir fort
de veau, de moutons, de vaches, de maroquain, de
chèvre*, des peaux de toutes sortes de couleurs; mais il
leur était défendu d'employer le « cuir de cheval qui
était à l'usage exclusif des savetiers ».

L'entrée en apprentissage n'était ouverte qu'à un fort petit nombre de sujets. Les maîtres perruquiers ne pouvaient avoir, d'après leurs statuts, qu'un ou deux apprentis. Les bouchers pouvaient en avoir trois, mais pas davantage. Toutefois dans ce chiffre n'étaient pas compris les enfants du maître qui pouvaient être élevés par leur père dans la pratique de son métier; c'est ainsi que les droits de la famille primaient avec raison le privilège corporatif.

Cette mesure restrictive avait pour mobiles la difficulté de dresser simultanément un trop grand nombre d'apprentis et le danger de la concurrence que le travail pouvait faire au travail lui-même.

En 1542, d'après les statuts et règlements des sayetteurs, le maître ne pouvait avoir que deux apprentis. Il devait résider dans Béthune pour avoir le droit d'exercer ce métier. On ne pouvait acheter chez lui que le lundi et le jeudi (1).

L'apprenti devait avoir un âge raisonnable dont la limite, cependant, n'était indiquée dans aucun des statuts de nos corporations, et être catholique. L'illégitimité de la naissance n'était pas un cas rédhibitoire. Nos archives municipales font mention d'un *enfant trouvé,* nommé Vinchent, qui, en 1522, était « apprentich à la maison Martin Delerue » (2).

Le nom des apprentis devait être inscrit dans le mois de leur arrivée sur un registre conservé dans la maison commune. Cette omission, de la part du maître, était passible, chez les perruquiers, de dix livres d'amende.

La durée de l'apprentissage dans nos corporations de métier était ordinairement de trois ans consécutifs.

La corporation des médecins exigeait, selon l'édit de 1692, un apprentissage de six ans chez un maître,

(1) Arch. municip., AA. 2.
(2) Arch. municip., GG. 220.

ou de quatre ans dans un hôpital. Les médecins avaient presque tous, à Béthune, le grade de *licencié*. Il y avait quelques-uns qui, en 1695, étaient docteurs. Nous citerons en particulier Mʳ Siméon Lebailleul qui était muni de ce grade supérieur.

Il était défendu aux maîtres, sous peine de dix livres d'amende, de prendre des apprentis pour un temps moindre, était-il écrit dans les statuts des perruquiers. Il fallait que l'apprentissage se fît sans interruption chez le même maître. Les maîtres, d'après les statuts des perruquiers, ne pouvaient prendre chez eux les apprentis de leurs confrères, à moins que ceux-ci n'eussent fait trois ans d'apprentissage. « Aucuns maîtres, est-il ajouté dans les mêmes statuts, ne recevaient d'apprentis, à moins que ceux-ci n'eussent averti leur patron quinze jours avant leur sortie. » L'apprenti versait, en entrant dans la corporation, au profit de cette société, une somme qui, chez les charpentiers et menuisiers, était de 3 livres; chez les barbiers, de 6 livres; chez les tailleurs et les cordonniers, de 20 sols. Les fils de maîtres avaient, par privilège, l'avantage de ne rien payer.

Les apprentis étaient expressément tenus de respecter leurs maîtres et de leur obéir tout le temps de l'apprentissage; ils en recevaient, outre l'instruction professionnelle, le logement et la nourriture, mais non l'habillement qui était à la charge des parents ou, à leur défaut, de la ville elle-même. En 1522, nos échevins votaient la somme de 100 sols pour *racoustrer* un pauvre apprenti. Le maître était tenu d'envoyer ses apprentis à l'école dominicale; la municipalité intervenait elle-même pour l'y obliger, lorsque les statuts de la corporation se taisaient à ce sujet. L'instruction religieuse, qui présentement ne fait plus partie de l'enseignement primaire, était regardée autrefois par nos pères, comme l'unique science nécessaire.

Après des années d'études professionnelles, l'apprenti, s'il possédait, dans une mesure suffisante, les connaissances techniques de son état, était admis à vendre son travail. *Esclave* de son collège, dans l'ancienne Rome, sous le despotisme césarien ; *serf* sur le domaine seigneurial à l'époque des invasions des barbares, l'ouvrier prenait, dans la période de la féodalité, sous la protection des corps de métiers et sous la tutelle des règlements, le nom de *compagnon*. Ces trois mots : *esclave, serf, compagnon*, donnent l'histoire des artisans, c'est-à-dire les étapes successives des progrès de leur condition sociale (1). Evidemment, ce dernier progrès était dû tout entier à l'influence du christianisme qui, par son enseignement sur la fraternité chrétienne et la dignité du travail, élevait l'ouvrier au-dessus de sa condition matérielle. Jean-François Bécourt, seigneur du fief et château de Coutan, près d'Avesnes, en Hainaut, ne croyait pas déchoir de son rang, en se faisant, à Béthune, au xviiie siècle, cordonnier-mineur, autrement dit, savetier (2).

Le *compagnon*, quel que fût son idéal, n'avait pas cependant sa liberté pour utiliser, à son profit exclusif, son travail. D'après les règlements des corporations béthunoises, il lui était défendu d'aller en journée chez des particuliers, pour y exercer son métier, s'il n'était pas attaché, comme ouvrier, à la personne d'un maître.

Le 19e article des statuts de nos charpentiers et menuisiers était ainsi conçu : « Nuls compagnons « ne pourront faire aucun ouvrage dans la ville, sous « peine de vingt livres d'amende et de confiscation « de leurs outils et ouvrages ». Selon les statuts des cordonniers, aucun maître ne pouvait faire confectionner aucuns souliers en dehors de sa boutique par

---

(1) *Histoire des Corporations ouvrières*, p. 63.
(2) Arch. municip., GG. 20.

aucuns garçons cordonniers sous peine de six livres d'amende au profit de la chapelle.

Le *compagnon*, d'après la signification même de ce mot, était associé forcément à un maître dont il partageait la vie intime, fréquemment la table, quelquefois le logement.

C'est ainsi que les compagnons et les apprentis, groupés autour d'un maître de leur choix, formaient, sous sa direction, une sorte de famille patriarcale, maintenue par les liens réciproques du patronage, de la clientèle, de la vie commune et du même travail dans le même atelier et dans la même maison.

Cependant le compagnon n'était pas lié au maître par un contrat indissoluble. La séparation de l'un et de l'autre pouvait se faire, mais à certaines conditions énumérées dans l'article 8 de la corporation des charpentiers et des menuisiers : « Nul maître, est-il sti-
« pulé dans cet article, ne pourra prendre chez lui
« aucun ouvrier ou compagnon qui seront sortis de
« chez un confrère, à moins que le dit compagnon
« n'ait prévenu le maître qu'il veut quitter au moins
« quinze jours avant sa sortie, ou que le dit maître
« lui ait donné une permission par écrit, à peine de
« dix livres d'amende contre celui des maîtres qui
« prendra les dits ouvriers ».

Le règlement des cordonniers portait qu'aucun maître ne pourrait « *débaucher* aucun compagnon
« d'une autre boutique, soit avant ou après la quin-
« zaine des nataux, comme Pâques, Pentecôte, Tous-
« saint, Noël, à moins que les maîtres de cette partie
« se soient parlé ensemble; sous peine de six livres
« d'amende, au profit de la chapelle. »

IV

Mais quelle était la situation matérielle des ouvriers à Béthune? La solution de cette question est d'autant plus difficile, qu'elle devait varier suivant les époques et la nature du travail. Le système des travaux à la tâche ne fut mis en pratique dans Béthune qu'au xive siècle. C'est donc seulement à partir de cette époque qu'on peut plus facilement apprécier le salaire des ouvriers. En 1310, le prix de la journée était généralement pour un charpentier de 18 à 20 deniers; pour un couvreur et un scieur d'*ais* et leur *valet*, comme on disait alors, de 18 deniers à 2 sols; pour un garçon boulanger, 5 deniers; pour le valet d'un maréchal-ferrant, 4 deniers, avec nourriture. Mais la valeur du salaire n'est appréciable qu'en la mettant en rapport avec celle des objets nécessaires à la vie de l'ouvrier et à celle de sa famille. Or les renseignements sur ces différents objets nous sont fournis par nos archives municipales et par les pièces que possède le trésor des chartes d'Artois. En 1445, une paire de souliers vaut 2 gros; un mouton 4 gros; un journalier par semaine gagne 6 à 8 gros. En 1323, une paire de souliers coûtait 1 sol 7 deniers; toile blanche 9 deniers l'aune; toile verte 12 deniers; drap 9 sols l'aune. En 1310, à Béthune, on payait une poule 8 deniers. A ce prix, les ouvriers de cette ville, qui gagnaient de 12 à 18 et quelquefois 24 deniers, pouvaient mettre la poule au pot le dimanche. Un mouton, à cette époque, se vendait en moyenne de 5 à 10 sols; le porc 15 à 20 sols; les chapons 12 à 15 deniers. En 1327, 240 lapins sont vendus au prix de 12 deniers. En 1334, on paie une perdrix 10 deniers. On paie le mille de harengs, qui était une base importante de l'alimentation au moyen âge, 40 sols en 1322, 38 sols en

1325, 45 sols en 1327. Quatre mille harengs achetés dans cette ville en 1298, furent payés 12 livres 4 sols. Une morue coûtait 14 sols; cent écrevisses, 2 sols. Le riz coûtait 4 deniers la livre en 1315; 5 deniers en 1318; 8 deniers en 1328.

Au xvi⁰ siècle, le vin ne coûtait que 4 deniers le litre. A Béthune, on cultivait la vigne, et le vin ou plutôt le *verjus*, qu'on en tirait, était consommé sur place. Aussi était-il de prix minime. Toutes les facilités étaient données à l'artisan et au compagnon pour qu'il pût en acheter au détail. Les bourgeois, qui étaient propriétaires de vignes, le faisaient vendre par *lot*, par *canne*, à *pot*. La bière, dont le prix était également minime, servait aussi de boisson à l'ouvrier. Le pain, qui toujours fut la base de l'alimentation des Béthunois, n'était pas non plus d'un prix très élevé.

Le taux des salaires de l'ouvrier augmentait proportionnellement avec la progression du prix des denrées. Pour cette raison, un maçon gagnait deux sols par jour en 1437; en 1522, cinq sols et son manœuvre deux sols; en 1559, quinze patards. Lorsque le pain enchérissait, comme il arriva dans la grande famine de 1694, où la livre avait valu jusqu'à 7 ou 8 sols, un charpentier gagnait une livre par jour; un maître-maçon était payé au même prix. Au xviii⁰ siècle, le prix moyen variait entre un sol et un sol et demi. Si nous consultons les prisées des grains faites par les mesureurs assermentés de la ville sur les marchés, nous trouvons dans le dernier siècle, les chiffres suivants : pour la *rasière* de blé 1ʳᵉ qualité, 2 janvier 1742, 9 livres; 1747, 6 livres 4 sols; 1752, 12 livres; 1757, 9 livres; 1762, 8 livres 16 sols; 1767, 9 livres 10 sols; 1772, 14 livres 10 sols; 1777, 9 livres; 1782, 8 livres 5 sols; 1786, 11 livres; 28 décembre 1789, 14 livres 10 sols.

En décembre 1788, d'après les ordonnances du magistrat de cette ville, le prix de la viande était ainsi fixé : viande de bœuf, vache, veau ou mouton de première qualité, 7 sols la livre de 14 onces. Au reste, l'ouvrier, à Béthune, consommait moins de viande autrefois qu'aujourd'hui; mais le défaut de qualité des aliments était compensé chez l'ouvrier par la quantité qu'il en prenait; il faisait quatre repas par jour, le déjeûner qui avait lieu vers huit heures, le dîner vers onze heures, le goûter qu'on appelait aussi *archiner* vers quatre heures et demie, enfin le souper, selon la saison, mais d'ordinaire à 8 heures..... En résumé, l'ouvrier de Béthune ne jouissait pas anciennement d'un bien-être matériel égal à celui de nos ouvriers actuels; mais il ne restait pas toute sa vie, comme celui-ci, dans une situation précaire; presque toujours il s'élevait dans sa profession même à une condition supérieure. S'il venait à mourir après avoir obtenu son diplôme de maître, sa *veuve* pouvait continuer à exercer sa profession, mais à la condition de ne pas convoler à de nouvelles noces.

Le règlement sur la collation des maîtrises fut modifié, au temps de Colbert et de Louis XIV, dans un intérêt fiscal appuyé sur le despotisme. En 1692, au moment où la guerre, devenue désastreuse, appauvrissait le trésor public, Louis XIV, écrasant l'industrie et le travail sous ses règlements et ses impôts, constitua, par une substitution de sa volonté à la liberté, les offices des barbiers, perruquiers, baigneurs et étuvistes en charges héréditaires, moyennant une redevance au profit du trésor. En 1695, il créa à Béthune, six de ces charges en faveur de Louis Lecocq, Martin Finot, Gille Finot, Barthélemy Finot, Antoine Lecocq, Philippe Finot qui payèrent individuellement leur charge 110 livres. Philippe Bodant, barbier, à cette époque, réclama contre ces nominations. Sa réclamation fut déclarée nulle par l'intendant Bignon. Le 19 février

1710, Jacques Lemaire fut nommé barbier à Béthune. Cette nomination fut faite avec dispense du temps légal d'apprentissage, de l'examen, du chef-d'œuvre et des frais de réception, mais non pas du droit de 110 livres envers le roi (1).

La corporation fit une protestation contre cette nomination. Jacques Lemaire présenta sa requête pour être maintenu dans cet office. En marge de sa requête l'autorité compétente inscrivit cette note :

« Vue la dite requête, nous ordonnons que le suppliant sera reçu audit Etat et office, conformément aux édits, déclaration et arrêts du conseil et à sa quittance de finances. Fait à Arras le 2 avril 1710. Signé : DEBERNAGE. »

Nous avons un autre exemple de création royale de maîtres à Béthune. Au mois de novembre 1722, Louis XV créa quatre maîtrises de tailleurs d'habits. Une de ces maîtrises fut donnée à Charles Normand, moyennant la somme de cinq cent cinquante livres.

En 1692, Louis XIV créa à Béthune l'office de conseiller médecin ordinaire du roi et l'office de deux chirurgiens-jurés. Il fut permis à la communauté des médecins de prendre, pour son compte, l'office qui le concernait et qu'elle paya six cent soixante livres. En mai 1693, Ignace Lesaux achetait une des deux charges, nouvellement créées de chirurgiens-jurés qu'il paya 280 livres. Aux chirurgiens-jurés appartenait la connaissance des cas de chirurgie judiciaire. En janvier 1694, Ignace Lesaux, pour éviter un procès dont le menaçait la communauté des chirurgiens, céda, pour la somme qu'il avait payée, aux prévôt, mayeur et confrères les susdits chirurgiens de Béthune l'office qu'il avait précédemment acquis. Ont signé à ce contrat : Ignace Delesaux, Gallopuis. Louis Gillede, Béraude, Boyaval, Dufossé, Delassus, Charles Lespillet, Delautel.

(1) Renseignements et pièces justificatives, VII.

En 1665, Louis XIV avait vendu le droit d'exister à la corporation des mesureurs de grains. Il avait érigé leurs offices en charges héréditaires, moyennant finances. La ville de Béthune, pour conserver l'ordre de choses, établi jusqu'alors, paya 2,500 livres. Peu de temps après, elle fut forcée d'aliéner ces offices pour quarante ans. Il est vraisemblable qu'après ce laps de temps, elle les aliéna de nouveau. Nous voyons, en effet, dans un compte de l'église St-Vaast en 1788, que celle-ci possédait des charges de porteurs au sac, de mesureurs de grains et d'avaleurs de vins qu'elle louait à des particuliers.

Toutefois, malgré toutes ces atteintes graves portées à leurs statuts et règlements, les corporations continuèrent de jouir de leurs privilèges. L'esprit de monopole qui présida à la confection de leurs statuts y resta tout entier sans la moindre altération. Les extraits que nous allons en faire jettent la plus grande lumière sur cet esprit de monopole qui animait toutes les corporations de cette ville; voici ce que nous trouvons dans les statuts des charpentiers et des menuisiers, qui ne sont que la reproduction de ceux des autres corporations :

Art. 6. — Nuls ne pourront travailler en charpente ou menuiserie en cette ville à son profit qu'ils n'aient été reçus maîtres de la dite confrérie à peine de confiscation de tous les outils et ouvrages qui seront trouvés lui appartenir et de cinquante livres d'amende et d'être déchus de toute espérance d'être reçus, après la contravention, à la maîtrise.

Art. 9. — Aucun marchand demeurant en cette ville ou banlieue ou étranger ne pourra vendre aucuns meubles de menuiserie et de charpenterie qui n'auront pas été faits par les maîtres de la dite confrérie à peine de confiscation des dites marchandises et de cinquante livres d'amende à chaque contravention.

Art. 12. — Tous les ouvriers sculpteurs, scieurs de long ou à hours et charrons de cette ville et banlieue seront tenus de se faire recevoir maîtres de la dite confrérie en payant les droits et frais ordinaires à moins qu'ils ne veuillent payer six livres annuellement jusqu'à ce qu'ils soient reçus maîtres, et cela sous peine de confiscation de leurs outils à chaque contravention.

Art. 13. — Les maîtres, sous peine de 50 livres d'amende dont un tiers au profit du dénonciateur et les deux autres tiers pour la confrérie, ne devront faire que ce qui est de leur état, sans empiéter sur l'autre état.

Les articles 15 et 16 désignent longuement les ouvrages qui doivent être faits séparément par les charpentiers et par les menuisiers.

Art. 17. — Le prévôt et les mayeurs feront des visites chez les maîtres pour voir s'ils ne font pas d'autres ouvrages que ceux de leur état. En cas de contravention, les ouvrages seront enlevés, et il y aura procès-verbal.

La confrérie des cordonniers demandait qu'on accordât à son prévôt, à son mayeur et même à chaque confrère l'autorisation d'arrêter, sans être assisté d'un échevin, les cordonniers étrangers qui introduiraient des souliers dans la ville.

Les statuts des perruquiers, barbiers, baigneurs et étuvistes modifiaient ainsi l'article précédent : « Les « maîtres pourront visiter leurs collègues pour s'assu- « rer des contraventions dont ils se seraient rendus « coupables. Mais ils n'entreront chez les bourgeois « particuliers qu'avec les maire et échevins ». Cette dernière modification était exigée par les privilèges mêmes de la ville.

Art. 18. — Aucun maître *du dehors* ne pourra travailler de son état dans la ville à moins de payer cent livres pour chaque entreprise et cela au profit de la confrérie, sous peine de confiscation de leur ouvrage et cent livres d'amende.

Les statuts des perruquiers s'exprimaient, à ce sujet, dans les termes suivants : « Défense aux étrangers de « vendre dans la ville perruque, etc., sous peine de « trente livres d'amende; mais avec la permission du « doyen ou du syndic, ils devront vendre aux maîtres

« dans les vingt-quatre heures de leur arrivée dans la
« ville. »

Art. 20. — Nuls bourgeois et habitants de la ville et banlieue ne pourront commander aucun ouvrage à ceux qui ne sont pas maîtres, sous peine de confiscation d'ouvrages et de cinquante livres au profit du corps.

Dans les statuts des perruquiers, on lit : « Trente
« livres d'amende sont imposées à ceux qui sou-
« tiennent aucun *chambrelant* », ouvrier qui travaille
en chambre.

Dans les statuts des barbiers il était dit : « Leur
« boutique sera peinte en bleu, fermée de châssis à
« grands carreaux de verre sans aucune ressemblance
« aux montres des maîtres-chirurgiens ; ils auront
« des bassins blancs tandis que les chirurgiens ont
« des bassins jaunes ; ils mettront sur leur enseigne
« cette inscription : Céans, on fait le poil, et on tient
« bassin et étuve.

« Les chirurgiens n'ont pas le droit de faire pein-
« dre leur boutique en bleu, ni d'avoir des châssis
« semblables à ceux des barbiers, sous peine de vingt
« livres d'amende ».

Le 4 octobre 1767, il y avait à Béthune neuf maîtres perruquiers.

L'association professionnelle était donc l'âme de l'industrie dans cette ville. Elle l'enveloppait d'un réseau qui retenait et soutenait en même temps ceux qu'il entourait de ses mailles. Il est vrai que le régime sous lequel vivaient les corporations n'était pas celui de la liberté. Tout y était soumis au principe du monopole. L'ouvrier avait ses jours et ses heures de travail, ses jours et ses heures de repos qui lui étaient imposés par les ordonnances échevinales. D'après le ban des échevins promulgué vers le milieu du xive siècle, le travail *ostensible* commençait au moment où l'on sonnait la *messe du jour*, 5 h. 1/2 en été, 6 h. en hiver; il finissait lorsque la cloche des pardons sonnait à l'église St-Barthélemy. En dehors de ces heures, les *fèvres* et maréchaux pouvaient travailler, mais à condition qu'ils eussent leur maison close. Cette règle, prise dans l'intérêt des ouvriers, s'appliquait également aux maîtres.

En outre, les corporations faisaient chômer tous leurs membres les dimanches et fêtes religieuses, dans lesquelles était comprise celle du patron. Les veilles de ces fêtes et le samedi de chaque semaine, les maîtres, compagnons et apprentis cessaient leur travail au troisième coup des vêpres. L'église, commençant la célébration de ses solennités dès la veille par le chant des vêpres ou des complies, les corporations se conformaient à cet exemple et le prenaient pour règle. Chacun pouvait ainsi se préparer, par la réception du Sacrement de pénitence, à la communion eucharistique du lendemain.

La limitation du travail et le repos du dimanche et des fêtes, ces deux choses qui, de nos jours, préoccupent tant les esprits et les consciences, étaient donc réglées, il y a plusieurs siècles, à Béthune. Ce règlement, tel que nous venons de le mettre en lumière, est de nature à être étudié par nos économistes et nos législateurs modernes dont les efforts doivent tendre à concilier les intérêts des patrons et des ouvriers, en sauvegardant les droits de la religion et de la société.

Sans doute, une telle discipline empêchait les maîtres de réaliser de grandes fortunes; mais elle était profitable et au consommateur et à l'ouvrier, puisque, d'un côté, elle garantissait une fabrication loyale et que, de l'autre, elle maintenait, dans la production, une part prépondérante, sinon au capital, du moins au travail.

L'intérêt des consommateurs était encore plus particulièrement sauvegardé par l'institution des *gardes*, appelés anciennement à Béthune *eswards* (1).

Ces fonctionnaires étaient élus par l'ensemble des maîtres et institués, à Béthune, par le magistrat. Ils étaient chargés de la police, ils visitaient les ateliers et les boutiques, apposaient sur les objets fabriqués une marque spéciale, saisissaient les produits défectueux et constataient les contraventions.

De tout ce qui précède découle cet enseignement dont on ne saurait méconnaître la portée tout à la fois religieuse et sociale; rien n'était plus sage que l'organisation des corporations professionnelles. Pour l'ouvrier dont les rapports avec son maître étaient clairs et parfaitement définis, c'était le travail, le bien-être, l'indépendance, la dignité sauvegardés par la liberté de bien faire et la résistance aux suggestions du mal; pour le consommateur, c'était la sécurité garantie par une réglementation minutieuse. Par son contrôle, la corporation donnait toute assurance de la bonne qualité des produits Il régnait, dans tous les corps de métier, une probité industrielle qu'on trouve rarement de nos jours. L'ouvrage était fait par des mains loyales et avec goût. L'artisan, qui n'avait d'autre ambition que celle de bien faire, faisait bien. Cependant une bonne organisation sociale doit se concilier avec la liberté; or la liberté faisait défaut dans le régime de nos corporations qui, se cantonnant dans leurs privilèges, opposaient des barrières à ceux qui voulaient entrer dans leur sein. En même temps, elles étaient divisées entre elles, confirmant ainsi la parole de La Bruyère, qui affirmait qu'on n'avait jamais vu et qu'on ne verrait jamais sous le ciel une petite ville sans division.

En effet, que de contestations, que de procès entre

(1) *Eswards*, gardeurs; *warder*, garder, surveiller, en allemand *warten*, observer garantir, d'où *warrant*, mot anglais signifiant prise de corps.

les corporations et les habitants de cette ville! Procès civil, en 1697, entre la confrérie des merciers de Béthune, érigée sous le titre de Ste-Marie-Madeleine d'une part, et les sieurs Philippe Mannessier, Jean Barbier, Pierre du Rietz et François Lotbitte, vraisemblablement Labitte, marchands, auxquels il est fait défense de vendre des marchandises telles que celles indiquées dans le procès-verbal de saisie et autres de mercerie sèche « à la réserve néantmoins des
« tirtaines, des messelaines et autres marchandises
« et estoffes faites et tissus de fil de lin et laine gros-
« ses, des mouchoirs, fichus et steinquerque faites et
« tissus de fil de lin avec du coton ou de la laine seu-
« lement, et non lorsqu'il y a de la sayette ou de la
« soye ».

Peu de temps après, la même corporation intentait un procès presqu'identique à d'autres marchands (1). En 1695, il y a aussi procès entre les confrères chirurgiens de Béthune et André Cauvet, chirurgien de Beuvry, auquel il est « fait deffense d'exercer dors en
« avant estat de chirurgien en ceste ville et banlieux,
« sinon en présence de l'un des maistres chirurgiens
« de la ville, ou icelluy deulment appelé, comme
« aussy de lever aucun appareil qu'un maistre chi-
« rurgien aura mis, sinon en présence dudit maistre
« ou icelluy appelé, à peine, en cas de contravention,
« de 10 livres d'amende, applicable au profit de qui
« il appartiendra; permettant néantmoins audit dé-
« fendeur de venir en consultation avec les deman-
« deurs lorsqu'il y sera appellé, et de mettre le pre-
« mier appareil aux accidents ou blessures imprévues
« qui pourront arriver la nuit aux faubourgs, les
« portes estant serrées, sans pouvoir néantmoins con-
« tinuer à penser sans la présence d'un maistre chi-
« rurgien de la ville ou icelluy appelé à chaque fois

(1) Arch. municip., FF. 55.

« à peine de pareil amende de 10 livres » (1). Autre procès entre les confrères échoppiers de Ste-Marie-Madeleine, d'une part, et Etienne de Pernes, ancien échevin, et sa femme, d'autre part : « Une cartelette de « savon noir, saisie dans la boutique des défendeurs, « est confisquée au profit desdits confrères ».

On remarquera que toutes ces sentences furent rendues au siège échevinal de la ville.

La plupart de ces corporations avaient des armoiries particulières qui les distinguaient les unes des autres, quoiqu'elles ne fussent pas, comme on le dit en héraldique, des armoiries parlantes. Les anciens armoriaux détaillent, dans leurs moindres particularités, onze armoiries différentes, appartenant aux corps d'état de Béthune, et les indiquent d'une manière spéciale. Déjà sous le règne de Louis XIV, de 1696 à 1710, l'*Armorial général,* le seul qui eût un caractère officiel et qui se composait de trente-quatre volumes ou registres in-folio, concernant la France tout entière, divisée par généralités et intendances, les désigne par leur nom.

Dans cet ouvrage resté manuscrit jusqu'en 1856, où il fut publié par M. Borel d'Hauterive, nous relevons les armoiries que nos corporations intéressées avaient fait enregistrer en payant un droit de finance. Nous désignerons, en faisant la description, les couleurs par le nom qu'on leur attribue dans la noble science du blason. Toutefois, il est bon de savoir que *gueules* voudra dire rouge ; *sinople,* vert ; *sable,* noir.

Corporation des :

1° Maîtres bouchers : *d'argent à une bande de sable, chargée d'une macle d'or.*

2° Tanneurs, bodoniers (boutonniers) et corroyeurs : *de sable à une fasce d'or, chargée d'une merlette de sinople.*

(1) Arch. municip., FF. 37.

PORTE D'ARRAS

3° Marchands de drap : *de gueules, à une croix échiquetée d'or et d'azur.*

4° Porteurs au sac : *d'or, à une barre de gueules, chargée d'un annelet d'argent.*

5° Tailleurs d'habits : *de gueules, à une barre pallée d'or et d'azur de six pièces.*

6° Chirurgiens : *d'argent à un pal de sinople, chargé d'une merlette d'or.*

7° Avaleurs (metteurs en cave) de vin et jaugeurs de foin : *d'or, à un chevron de gueules, chargé de deux billettes d'argent.*

8° Savetiers : *d'or, à un pal de gueules, chargé d'un annelet d'argent.*

9° Tisserands : *d'argent, à une fasce de sable, chargée d'une macle d'or.*

10° Serruriers et maréchaux : *d'azur, à un pal d'or, chargé de trois billettes de gueules.*

11° Cordiers et charpentiers : *d'argent, à un chef de sinople, chargé d'une merlette d'or.*

Les corporations avaient aussi leurs bannières qui, toutes, avaient leur signification. Sur leur écusson, rouge, bleu, vert, or, argent, on voyait se détacher la figure du patron de la confrérie, ainsi que les armes de la ville. De cette façon, lorsque les cortèges s'avançaient au travers de la cité, pendant les jours de fête et de liesse, on pouvait facilement reconnaître les groupes, au fur et à mesure qu'ils défilaient sous les yeux de la population.

L'extrême division des corporations de cette ville et l'impossibilité en aucun cas d'empiéter sur le domaine des corporations similaires et rivales avaient suscité, avec le temps, comme nous l'avons dit, des difficultés et même des procès. C'est pourquoi, vers la fin du siècle dernier, on formula contre les corporations en général, ce grief, qu'elles mettaient une entrave à la liberté du travail. Elles auraient eu besoin d'être refondues, imprégnées d'un esprit moins étroit, privées, en partie, de leurs privilèges, ramenées au droit commun, mises au niveau des exigences, d'ailleurs convenables, du temps. Mais sans tenir aucun compte de leurs bons côtés, on trouva qu'ayant violé la liberté, cette idole du xviiie siècle, elles devaient disparaître. Conservation des traditions du métier; union et assistance entre les hommes de même profession; secours assurés aux vieillards et aux infirmes; maintien des droits de la veuve; dignité du travail sous le patronage d'un saint; responsabilité et solidarité de l'industrie et du commerce, légalement constituées en face des clients; garanties en faveur des acheteurs contre la fraude et la mauvaise qualité des marchandises; on ne vit rien de tout cela. Exclusif dans ses points de vue, Turgot provoqua le fameux édit de février 1776 qui supprima toutes les corporations, à l'exception de celles des barbiers, perruquiers, étuvistes, baigneurs et des tailleurs, dont les charges, créées à Béthune en titre d'office, avaient été payées à l'Etat. L'assemblée constituante proclamant imprescriptible le droit de travailler et voulant en assurer le libre exercice dans la France entière, déclara abolies toutes les corporations.

Actuellement, les travailleurs, désolés de la triste situation que leur a faite l'isolement dans lequel ils se trouvent, ont réclamé et obtenu des chambres syndicales. Est-ce là une preuve de leurs aspirations vers le retour aux anciennes pratiques du travail? Et peut-on y voir un acheminement, quoique sous un nom différent et une forme plus différente encore, vers les corporations d'autrefois? A l'heure présente, rien, à Béthune, ne fait pressentir une pareille restauration.

CHAPITRE VII

Commerce et Industrie

Prospérité agricole de Béthune au x⁰ siècle. — Plantes cultivées dans les faubourgs. — Développement de l'industrie. — Fabriques de draps. — Teintureries. — Sayetteries. — Importance du marché aux grains. — Réglementation du commerce des grains. — Halle aux draps. — Halle de la tannerie. — Fabrication de fromages. — Poissonnerie. — Boucherie. — Poids public. — Établissement d'un *Lombart* ou mont-de-piété. — Marchés et foires.

I. — AGRICULTURE

Nos recherches sur les produits agricoles, sur l'état de l'industrie et du commerce dans cette ville et ses faubourgs, aux différentes époques de son existence, nous permettent d'enrichir cette histoire de quelques faits intéressants. L'agriculture, favorisée par les déboisements et les défrichements qui, dès le x⁰ siècle, se faisaient immenses, dans cette contrée, sous l'action habile de nos pères, commençait à donner des résultats qu'on envierait aujourd'hui. Béthune, d'après les plus anciens chroniqueurs de la Flandre, était alors considérée, pour le blé, comme le grenier, comme la grange du pays d'Artois, *annonœ frumentareœ horreum*. Donnant à cette appréciation une plus grande extension, Jeanne de Harcourt, comtesse de Namur, dame de Béthune, s'exprimait ainsi dans une charte en date de 1440 : *Béthune, ville qui est anchienne et où il y a estaple de grains.* Plus tard, au xvii⁰ siècle, la culture du blé fut un peu négligée. Sous ce rapport, Hesdin et Bapaume commencèrent à être plus renommés que Béthune (1).

(1) Arch. municip., BB., 18.

Dans nos faubourgs, on cultivait :

Le *lin;* « nul, était-il écrit dans le ban des échevins « qui date du xiv° siècle, ne pourra esteingher ni lin, « ni chanvre à la lumière qu'en cellier voûté de « pierres. Le lin ne pourra être chauffé qu'en bonne « cheminée ».

Le *colza;* les tiges de cette plante étaient désignées, à cette époque, dans cette ville, par le mot : *navetas.* Les marchands, à cette date, devaient indiquer aux acheteurs quelle espèce d'huile, de colza ou de lin, ils lui vendaient.

La *vigne;* on ne saurait contester qu'on cultivait la vigne, à Béthune, dans ces temps anciens. On lit dans le ban des échevins déjà cité : « Il ne pourra être mis « d'eau dans le verjus. Le verjus ne pourra être battu « en la saison que sur le marché ou en un lieu indi- « qué à cet effet. Il devra être suffisamment salé au « bloc. Il est défendu d'insulter les batteurs ».

La *garance;* plante de la famille des rubiacées, qu'on cultivait à Béthune anciennement à cause de la belle couleur rouge que fournissait sa racine pour teindre le drap. D'après le ban des échevins, on devait la *mesurer à la mesure de la ville.*

Le *waide* ou la *guède,* ou encore *pastel;* plante crucifère dont les feuilles donnent un bleu qui remplace l'indigo. Sa culture en était fort importante, au moyen-âge, dans cette contrée. On employait ici cette plante, comme il est dit dans le ban du 10 juin 1571, pour la teinture des petits draps et des étoffes de soie.

Les *légumes;* Béthune était renommée pour ses légumes qu'on cultivait avec un soin tout particulier dans les faubourgs, notamment dans ceux de Catorive, du Rivage, et plus tard vers la fin du xviie siècle, dans celui de St-Pry où de nombreux jardins remplacèrent les maisons que fit démolir Louis XIV dans l'intérêt de la défense de la ville.

Les *rosiers;* la rue des Rosiers fut ainsi appelée parce qu'elle aboutissait à un jardin où l'on cultivait tout particulièrement les roses.

Une foule de vaches se nourrissaient de l'herbage de nos marais où l'on extrayait plus tard la tourbe dans des proportions considérables.

Nos pères connaissaient l'utilité des engrais pour féconder la terre. Nous trouvons dans le *ban des échevins* cet article que nos codes modernes ont reproduit : « Les terres louées devront être amendées par les « locataires ».

Ainsi la terre, au moyen âge, fournissait, chez nos pères, les céréales et la chair des bêtes à cornes, pour la nourriture de l'homme, les fourrages pour celle des animaux, le lin, le colza, la laine, les peaux d'animaux, le suif, la garance, la guède; enfin, maints objets destinés à la consommation, à l'industrie et au commerce, lesquels procuraient du travail à une foule de cultivateurs, d'artisans et d'ouvriers.

II. — INDUSTRIE

L'industrie à Béthune, il y a trois, quatre et même cinq siècles, était plus développée que de nos jours; elle se distinguait, en outre, par la qualité et le sérieux des produits.

Depuis le xiv° siècle jusqu'en 1788, cette ville eut, sans interruption, des fabriques de draps et autres étoffes de laine. Les matières textiles, employées par ses manufactures de draperie, comprenaient trois principales catégories ainsi désignées dans nos archives municipales : 1° les *laines* proprement dites; 2° les *aignelins* ou laines d'agneaux; 3° les *filles pelis*, laines préparées pour tissus pelus ou velus, autrement dits à longs poils (1).

(1) Arch. municp., AA., 2 et 3.

Nos fabricants de draps étaient soumis à une foule de règlements qui fixaient la qualité de la laine, le procédé de la teinture, de même que la longueur, la largeur et le poids de chaque pièce. Pour les draps de pelis, il fallait faire entrer dans chaque pièce cinquante livres au moins de laine de pelis. Cette laine ne pouvait être mélangée avec aucune autre, sous peine d'une amende de trente sols et de l'expulsion du métier, *à la discrétion des échevins*. Pour être teinte, chaque pièce devait avoir au moins cinquante livres de moindre laine (1). Le fabricant ne pouvait vendre aucune pièce de ses draps qui ne fût marquée de plombs, différentiels selon leur qualité. Ces ordonnances datent de 1402. Un peu plus tard, en 1430, les *eswards* ou *esgards* — ces deux mots sont synonimes — examinaient la pièce et la faisaient mesurer. Quand elle remplissait toutes les conditions voulues, elle était marquée du sceau communal; celles qui pesaient quatorze livres et au-dessus étaient munies du grand scel, et les autres du petit scel. Les fraudes étaient sévèrement punies. Le fabricant, convaincu d'avoir mis ou seulement gardé chez lui de faux sceaux, était condamné à une amende de soixante sols; et, en outre, on lui appliquait avec un fer rouge sur le visage la marque falsifiée.

La fabrication des draps qui, anciennement, était ici fort importante, entra, vers le milieu du XVIIe siècle, dans un ère de décadence et finit par disparaître en 1788. Le dernier manufacturier se nommait Dubar.

Anciennement, pour les besoins de la draperie, il y avait à Béthune des teintureries qui, pour la plupart, étaient établies sur les bords de la Lawe entre la porte St-Pry et le Pont-de-Pierre. On peut croire, d'après la teneur de certaines ordonnances échevinales, en date de 1402 et de 1571, que les draps, dans cette

(1) Arch. municip., AA., 2.

ville, étaient teints non en laine, ni en fil, c'est-à-dire avant la filature, mais en pièces. Quoique la teinture en pièces soit regardée comme la moins parfaite, parce que d'ordinaire elle ne pénètre pas complètement l'étoffe, cependant, autrefois par des procédés artistiques sur les interstices du tissu, on arrivait à obtenir sa pénétration complète, ce qui toutefois n'avait pas lieu lorsqu'on employait le *waide*. Aussi cette teinture n'était permise que pour les draps qui ne valaient pas plus que *vingt-six sols blancs*. Le sceau dont ils étaient marqués portait ces mots *faulse teinture*.

Une fabrique de *sayette*, petite étoffe de laine dont il est encore fait usage présentement dans notre région, fut établie à Béthune, sous Charles, archiduc d'Autriche, seigneur de cette ville. Cette industrie prit immédiatement de grands accroissements et devint une source de travaux rémunérateurs pour les laborieux habitants (1).

Avant 1789, Béthune possédait, en outre, une fabrique de pipes, située sur le Marché-au-Fil; une manufacture de bas, établie sur le Marché-au-Poisson par Jean de Croix qui recevait de la ville, en 1684, pour encouragement, une subvention annuelle de cent francs; trois fabriques de poterie dont les produits commencèrent à s'étaler, en 1694, les jours de marché, sur la Grand'Place, entre la rue St-Vaast et celle du Rivage; des blanchisseries pour toile qui étaient très-renommées dans le pays; des salines au nombre de six, dont deux dans la rue St-Pry.

Avions-nous autrefois dans cette ville une fabrique de *hautelisse?* Bien que les documents précis nous manquent à ce sujet, nous serions presque tenté de répondre affirmativement, nous appuyant sur ce fait qu'au xive siècle, il y avait à Béthune des ouvriers désignés par le nom de *hautelisseurs*. Anciennement

(1) Arch. municip., AA., 2.

nous avions dans les faubourgs de nombreux moulins à vent pour les graines oléagineuses ; on n'en compte plus qu'un ou deux. Ces industries, autrefois très florissantes, ont toutes disparu, à l'exception des salines dont le nombre a beaucoup diminué. Le manque de débouchés amenait jadis notre pays à se suffire à peu près à lui-même et à posséder, dans une mesure proportionnelle aux besoins de la consommation, presque tous les genres d'industrie. Les industriels, ne travaillant que pour le pays, n'avaient nul besoin de machines ni de forces motrices puissantes pour leurs productions. Mais s'ils faisaient moins grand qu'aujourd'hui, en revanche ils faisaient mieux. — Au commencement de ce siècle, l'industrie sucrière fut introduite dans Béthune par un de ses enfants, M. Dollisse-Crespel. Elle fut longtemps prospère ; aujourd'hui elle s'affaisse, délaissée par la république.

III. — COMMERCE

Le commerce qui trouvait dans ces industries locales les objets susceptibles d'échange, c'est-à-dire d'achat et de vente, fut également et toujours très florissant à Béthune. Cette prospérité s'explique par sa belle situation topographique au centre de la province d'Artois, sur les limites de la Flandre dont les richesses, dans tous les temps, ont été pour ainsi dire proverbiales. Elle trouva primitivement dans la Lawe et plus tard, dans un canal une voie navigable de transport pour ses marchandises, et toujours vit affluer sur ses marchés une foule considérable d'étrangers.

Béthune tenait beaucoup et avec raison à ses droits sur la navigation de la Lawe. Aussi était-elle parfaitement disposée à s'unir, en 1527, à la ville de Lille pour intenter un procès aux habitants d'Armentières qui avaient commencé à creuser un canal pour recevoir les blés de l'Artois sans passer par les deux villes intéressées, Béthune et Lille (1).

Le commerce de grains de Béthune a toujours été particulièrement renommé. L'immense plaine qui entoure cette cité fut considérée, dans tous les temps, comme la plus productive de l'Artois.

A la date du 22 octobre 1500, les membres de la confrérie des porteurs au sac rappelaient, dans une pétition qu'ils présentèrent aux échevins, l'importance et l'ancienneté de leur corporation. A cette époque, on y comptait plus de cent vingt charges de portefaix. Des lettres-patentes de Marguerite, dame de Béthune, confirmaient, en 1372, la perception, au profit de la ville, d'un impôt sur le mesurage des grains.

Le 31 août 1699, fut publiée une déclaration du roi portant règlement pour le commerce de grains, et le 24 novembre suivant, l'intendant Bignon défendait : 1° à toute personne de faire le commerce de grains, sans la permission des échevins de Béthune ; 2° et aux officiers de la gouvernance, de s'immiscer en cette affaire.

Lesdits marchands, admis au serment, ne paieront que 30 sols et au greffier 20 sols. — Il leur était interdit d'acheter sur terre le blé vert (2).

Le commerce de draps était également considérable à Béthune. Il y avait une halle aux draps dont la construction attenant à celle du beffroi, était presque de même date que celle de ce monument. Une ordonnance échevinale, en 1347, porte que les draps devront être en halle avant dix heures les jours de marché ; que, durant ce temps, les marchands ne pourront rien vendre ni auner chez eux ; qu'aucun étranger ne pourra mesurer les draps ni en la ville ni en la banlieue, et qu'à cet effet des commis rétribués par les vendeurs seront nommés par le seigneur et par

(1) *Conducteur des étrangers de Lille*, 1826.
(2) Renseignements et pièces justificatives, VIII.

la ville. Une autre ordonnance échevinale, en date de 1430, exigeait que le drap, avant d'être mis en vente, fût apporté en la halle pour être soumis à la visite des esgards qui, après inspection, apposaient un petit scel de plomb. En vertu d'une autre ordonnance du même siècle, les draps étrangers pouvaient entrer et être vendus dans la ville, pourvu qu'ils fussent trouvés de bonne qualité par les esgards.

S'autorisant de cette ordonnance nos échevins, trop peu soucieux des intérêts commerciaux de leurs concitoyens, décidaient, le 1er mars 1503, que Gilles Lombart et Pierre Dussart se rendraient à Ypres pour y acheter le drap nécessaire au renouvellement des robes de messieurs du magistrat.

La halle aux draps dont il vient d'être fait mention et que le roi Philippe II concéda, le 13 août 1567, à la ville de Béthune, à titre d'arrentement au prix annuel de douze livres, fut démolie en 1664 pour cause de vétusté. Elle a fait place aux maisons qui entourent, en partie, le beffroi. Le sol que couvrait cet édifice fut donné en arrentement moyennant un canon de douze sols par chaque pied de terrain.

Il y avait, dans la rue du Four, près de la grande boucherie, une autre halle dite, *de la tannerie*, pour laquelle la ville faisait exécuter, en 1487, des travaux de réparation qui exigèrent une dépense de 73 livres 3 sols 6 deniers obole. Le commerce du cuir avait donc alors une certaine importance dans cette localité.

Les fruits et les légumes récoltés dans les faubourgs et dans les villages voisins de Béthune étaient abondants et de bonne qualité. Le marché aux herbes où ces denrées alimentaires étaient vendues se tenait depuis le *Bar de Mer* jusqu'à la rue du Rivage. A partir du 7 septembre 1694, il fut placé près du puits de la Grand'Place, avoisinant la rue des Jésuites et s'étendit jusqu'au cabaret du *Cigne*. Le terrain, depuis ce cabaret jusqu'à l'entrée de la rue Grosse-Tête, était réservé au faubourg St-Pry pour tous ses produits, quels qu'ils fussent.

Le marché au lin était très important. Placé primitivement au faubourg du Rivage il fut transféré, au xviiie siècle sur la petite place qui en prit alors le nom. La ville nommait un peseur de lin qui, en 1786, s'appelait Maximilien Creuchet.

Anciennement, Béthune était très renommée pour ses fromages. Ce fut par allusion à ce produit béthunois que le combat livré sur le territoire d'Hinges, le 25 juillet 1487, entre les Français et les Bourguignons, fut appelé la *journée aux fromages*. Pourtant, le fromage était, selon un vieux dicton du pays, la nourriture des fous : « Jamais — homme sage — ne « mangera fromage » (1). Est-ce à cause de ce proverbe que Pierre Dutau, fou du comte Robert II, portait un fromage gravé sur son scel, et donnait une quittance ainsi conçue trouvée dans les comptes de la comtesse Mahaut, dame de Béthune : « En quel té- « moignage, — je qui ne suis pas sage, — ai scellée « cette page — de mon scel a fourmage ». Quoiqu'il en soit, on ne sait plus aujourd'hui ce que fromage veut dire dans Béthune, ni comme production, ni comme objet d'un grand commerce.

Le marché aux poissons de mer et d'eau douce était, autrefois, abondamment fourni à Béthune. Pour arriver à ce résultat, la ville n'hésitait pas à accorder une prime annuelle de « cent livres aux trois chasse- « marée qui avaient apporté sur ce marché le plus de « sommes de poissons de mer pendant une année (2).

En favorisant ainsi la vente du poisson de mer à Béthune, nos échevins s'efforçaient de pourvoir à l'alimentation de leurs administrés qui, suivant exacte-

---

(1) LEGRAND D'AUSSY. *Vie privée des Français*, II, 61.
(2) Arch. municip., CC., 729.

ment les préceptes de l'église, se nourrissaient, les trois septièmes de l'année, de légumes et de poissons. Aussi ne faut-il pas s'étonner que la place de poissonnier et celle de minqueur à Béthune fussent estimées un haut prix.

Charles-Quint, par une ordonnance donnée à Gand, le 22 décembre 1522, établit douze étaux pour douze poissonniers jurés et un clerc du mincq.

« Les poissonniers achèteront au mync tout le
« poisson qui sera amené en la dite ville et puis le
« revendront à ceux qui acheter le vouldront en la
« sorte et manière que se fait en notre ville d'Arras.
« A la mort d'un poissonnier juré, la ville pourra
« vendre son *étal* ».

Le poisson devait être vendu en dehors du carême jusqu'à midi, et en temps de carême jusqu'à une heure après midi.

Les étaux devaient être assez espacés pour que l'on pût circuler entre eux.

Les cabaretiers et cuisiniers ne pouvaient acheter le poisson frais que jusques une heure après prime.

Le poisson de mer ne devait se vendre qu'à la livre et à la demi livre.

Le poisson non vendu pourrait l'être le lendemain. Il devait y avoir un *varlet de poisson*.

Le 25 janvier 1523, furent vendus les estaux de poissonniers, sur la mise à prix de trente livres (1).

« Nul cabaretiers, chavetiers, couvreurs, barbiers,
« feronniers, candeliers, maréchaux et ferblantiers,
« pouvaient être admis à exercer ces offices. »

En 1595, la poissonnerie ayant été donnée à ferme, chaque poissonnier dont le nombre était toujours de douze, payait dix-huit livres par an à la ville; le minqueur payait annuellement deux cent cinquante-six livres. En 1696, la place de minqueur donnée en

---

(1) Renseignements et pièces justificatives, IX.

adjudication pour vingt ans fut payée quinze cents florins; et celle de chaque poissonnier, soumise aux mêmes conditions, fut achetée quatre cent quarante livres. L'échevinage nommait un esgard de marée qui faisait décharger les paniers devant lui, et jugeait de la qualité de leur contenu.

En dehors des jours d'abstinence, la viande de bœuf, de veau, de mouton, de porc constituait autrefois, comme aujourd'hui, une grande part de l'alimentation. Depuis un temps immémorial, on trouvait, sur la place actuelle de la mairie, un grand bâtiment en bois, nommé la grande boucherie où l'on comptait douze étaux de bouchers. Il y avait en outre, en 1491, douze autres étaux de bouchers situés, hors de ce vaste bâtiment, dans les rues avoisinant les remparts et qui étaient loués par la ville au prix de 45 livres, 16 sols 6 deniers. Il était interdit de manger de la viande pendant le carême; l'autorité civile prêtait la main à l'exécution de cette défense.

Pour venir en aide aux malades, aux vieillards, aux personnes d'un tempérament faible, il y avait à Béthune des bouchers qu'on appelait *bouchers de carême*. Ces places, anciennement, étaient données par tirage au sort en assemblée générale de la confrérie des bouchers. Le 15 janvier 1768, il fut décidé par les échevins qu'elles seraient acquises par adjudication (1).

Le 13 septembre 1773, les échevins accordèrent à tous les habitants la permission d'être bouchers, c'est-à-dire d'étaler et de vendre les animaux

Le 25 avril 1825, eut lieu l'inauguration d'un abattoir public, autorisé par ordonnance royale du 3 septembre 1823. Cet abattoir fut établi sur l'âtre St-Barthélemy, n° 23. En 1837, on fit disparaître la grande boucherie. L'administration municipale en avait racheté les étaux en 1834.

(1) Arch. municip., BB. 24.

Nos échevins, pour réglementer autant que possible, le commerce, établirent, en 1279, le poids public, situé primitivement à l'extrémité inférieure de la rue actuelle du Tir, plus tard au xviᵉ siècle, à l'entrée du marché aux poissons, enfin présentement depuis quelques années, à l'hôtel de ville. A partir de l'année 1347, tous les poids furent marqués à *l'enseigne de la ville*. Les mesures devaient être « justes sous peine « d'amende et sous celle d'être arsées », c'est-à-dire brisées. On comprend ce contrôle exercé sur les poids et mesures, dont l'unité, quoique réclamée à Béthune dès le xviᵉ siècle, ne fut décrétée qu'après 1789.

L'institution des postes créée en 1464, par Louis XI, mais qui ne fonctionna que vers le xviiiᵉ siècle à Béthune, est une des causes efficientes du progrès du commerce moderne dans cette ville.

Ce qui contribua tout particulièrement à donner également un certain essor au commerce de cette cité, ce fut l'établissement d'un comptoir où l'on prêta de l'argent en échange d'un gage. Le 23 novembre 1548, Bartholomé Salomon, natif d'Atsh en Piémont, présenta à nos échevins des lettres de Charles-le-Quint qui l'autorisaient à établir pour douze ans, en la ville de Béthune une table de prêt appelé *lombart* ou mont-de-piété. Le magistrat, redoutant les effets de cette nouvelle institution, demanda et obtint l'avis favorable de plusieurs chanoines et notables habitants(1). Par lettres du 12 mars 1574, Philippe, roi d'Espagne, accorda à Scipion Bois l'autorisation de tenir table de prêt à Béthune, pendant dix ans, à partir du 4 avril suivant, à la condition, toutefois, de ne prélever au plus qu'un intérêt de *trois liards par chaque livre de gros la semaine* (2). La ville fut autorisée, en 1584, à prendre cet établissement à son compte, et, en 1604,

(1) Arch. municip., BB., 8.
(2) Arch. municip., BB., 10.

à en affecter le produit à une pension qu'elle fit à deux soldats estropiés.

Nos échevins, toujours disposés à favoriser le commerce, portaient fréquemment des ordonnances sur la tenue et la police des marchés.

En 1564, « il est défendu aux vendeurs ou vende-
« resses et autres, d'acheter au marché pour revendre
« *bure* en pièche, œufs et aultres menus victuailles
« dont les bourgeois ne peuvent se pascer pour leur
« nourriture et entretiennement; à peine de confisca-
« tion de la valeur de ce qu'ils auront acheté et de
« dix sols d'amende pour chaque fois ». Jadis les marchés qui, de tout temps, ont eu de l'importance, avaient lieu, comme aujourd'hui, le lundi de chaque semaine. Il y avait en outre deux franches foires qui se tenaient, ainsi que nous l'avons dit, l'une le lendemain de la Chandeleur et l'autre le lendemain de St-Barthélemy. En 1530, comme nous l'avons dit également, on tenta de changer l'époque de la foire de St-Barthélemy, mais peu de temps après elle fut rétablie. Un arrêt du conseil d'Artois, en date du 10 février 1705, avait accordé l'établissement d'un franc-marché pour les bestiaux, le dernier vendredi de chaque mois; il fut transféré plus tard au dernier lundi de chaque mois.

Mais un des grands obstacles au développement du commerce dans Béthune, sous l'ancien régime, c'était le mauvais état des chemins qui aboutissaient à cette ville. Ceux qui s'ouvraient vers St-Venant, Merville et Estaires étaient affreusement boueux par suite, a-t-on dit, de l'opposition de l'administration du génie militaire qui y trouvait tout un système de défense. Le chemin d'Arras traversait plusieurs forêts où séjournaient, comme il est dit dans les comptes du procès de Jehan Baconel en 1515, des grandes eauwes fleuwans par le *desgel* et *pleuves*.

Le chemin de St-Omer, dans le même siècle, traversait des marais dont l'accès en hiver, était presqu'impraticable. Celui de Lille se dirigeait sur Essars, passant ensuite par les marais de Beuvry, de Cambrin, de Festubert, de Cuinchy qui formaient un lac d'une grande étendue et que coupait la chaussée. En 1721, on fit passer ce chemin par Nœux, puis, en 1732, par Cambrin.

CHAPITRE VIII

L'eau et le feu

I. — *L'eau.* — La situation de Béthune oblige les habitants à recourir à l'eau de rivière ou à creuser des puits profonds. — Nombre et situation des puits. — Glacière militaire. — Établissements de bains.

II. — *Le feu.* — Le bois, d'abord seul combustible en usage. — Charbon de bois. — Tourbes. — Fréquence des incendies au moyen âge. — Leurs désastres. — Mesures prises pour les combattre. — Acquisition de matériel et ordre à certains corps de métiers de prête. — Assistance. — Indemnités aux victimes. — Acquisition de pompes et organisation de la compagnie de sapeurs-pompiers.

I

La ville de Béthune étant bâtie sur un roc, ce n'est qu'en le brisant et à la profondeur d'environ trente mètres que la sonde du fontenier atteint la couche aquifère. La nappe liquide ascendante traverse un terrain calcaire et forcément en a la nature et les propriétés. L'eau de nos fontaines n'a pas une force ascensionnelle suffisante pour atteindre la surface du sol. Anciennement, on ne trouvait dans cette ville que l'eau de rivière et de puits. Les habitants buvaient l'eau de la *Blanche*, et la garnison, avant la construction des casernes où l'on creusa des puits, devait recourir à l'eau des fossés du château dans lesquels, au moyen d'un aqueduc passant derrière l'hôpital, on avait conduit la *Blanche*. Avant le XVIIIe siècle, on comptait onze puits dans Béthune; en 1715, on en creusa deux autres, l'un à l'angle des rues des Grands et des Petits-Becquereaux, l'autre dans la rue de l'Ermitage. Les onze puits creusés précédemment étaient situés sur les places et dans les rues : il y en avait un à chacun des quatre angles de la Grand'Place; le cinquième, rue des Fers, en face de la ruelle des Dames; le sixième, rue St-Pry, vis-à-vis la caserne de ce nom; le septième, rue des Capucins, près de celle des Annonciades; le huitième, rue du Carnier, près de la porte; le neuvième, rue de la Vigne, près de la porte; le dixième, rue des Treilles, près de la grande boucherie; le onzième, sur le Marché-au-Fil; ce dernier fut foré en 1588. Ces puits, avec leur margelle sculptée, leurs montants, leurs fleurons, leurs épis en fer soigneusement forgés, leur tableau artistement peint, offraient un ornement pittoresque. En 1465, Jehan Chevalier, Henequin Vasseur, Jacquemart, Regnault et Hacquinet Segoin, maçons, sous la direction de Jehan Dupire, maître des œuvres, réparaient les sièges placés autour du puits de St-Pry, aussi bien que la *montée*, le bac et le goulot. Sur le tableau qui surmontait les *pippes rendans eaue*, Michel Le Thieulier, peintre très habile, avait mis en 1505, dans un champ, les armes du roi de Castille. En 1492, Gilles Dubois, féronnier, y plaçait un bassin de fer à queue attaché à une chaîne et servant de coupe. La ville entretenait avec soin et à ses frais ses treize puits, les préservait de toute souillure par des couvertures en bois. Leur entretien coûtait 35 livres en 1753. Chaque caserne avait deux puits. Chacun des faubourgs en avait un. Celui du faubourg St-Pry était creusé dans le cimetière de cette paroisse. Celui du faubourg de la Porte-Neuve fournissait un jet d'eau. L'école latine et celle des pauvres avaient également pour leur usage un puits particulier. Le grand nombre de puits qui existaient à Béthune au moyen âge prouve que l'eau n'a jamais été mesurée avec parcimonie à nos pères.

En 1126, le couvent des Chartreux ou des Dominicains à Lillers possédait un puits foré qui fut nommé plus tard « puits artésien », parce que l'art de forer la terre pour faire arriver à la surface les nappes d'eau inférieures était, pour ainsi dire, le domaine exclusif des habitants de l'Artois.

En 1749, Béthune érige une fontaine sur l'esplanade en face du château. En 1780, elle en fait établir une autre sur le Marché-au-Fil. C'est à un échevin de cette ville, M. Détrieux, que revient l'honneur de l'avoir établie. C'est lui qui, après en avoir conçu le projet, avait dirigé, avec habileté et succès, cette belle et difficile opération. L'administration municipale fit élever, à ce sujet, un monument commémoratif. Sur un mabre noir, incrusté dans la muraille faisant face à cette fontaine, elle fit graver en lettres d'or, au-dessous des armes du roi, le quatrain suivant :

> Les eaux de la fontaine font ici fortune,
> Réjouissez-vous, guerriers et peuple de Béthune ;
> Rendez grâces à Dieu d'avoir inspiré au Sénat
> Une entreprise si utile pour le bien de l'État.

« Toutes personnes intelligentes qui lisent ces vers « sur les lieux, dit le P. Ignace dans ses mémoires, « sont surprises que le magistrat de Béthune ait pré- « féré cette production à tant d'autres pièces meilleu- » res, telles que celles que l'on trouve, pour le même « objet, dans Marmontel (1) et ailleurs, chez d'autres « écrivains ».

Au reste, cette inscription avait pour auteur un échevin de Béthune qui, jaloux du mérite de son collègue, auquel revenait l'honneur d'avoir enrichi la ville d'une source saine et abondante, avait cru le ridiculiser par ces vers de très mauvais goût.

En 1780, la municipalité fit forer une fontaine jaillissante au fond du puits qui se trouvait près de l'hôtel de ville. En 1830, la même transformation très pro-

(1) Renseignements et pièces justificatives, X.

fitable à la chose publique, fut accomplie pour le puits placé près de la rue St-Vaast. La fontaine de l'esplanade, située en face de la rue du Château, près d'un ancien corps de garde, est celle qui procurait à la ville la meilleure eau. Placée au-dessous du sol, on y arrivait par un double escalier ayant chacun dix marches. Plus tard, sa force ascensionnelle fut suffisante pour atteindre la surface du sol.

En 1783, M. de Bellonnet, capitaine en 1er du génie et ingénieur en chef, fit combler un puits creusé devant sa demeure sur l'esplanade ; il prétendit avoir reçu, pour cette suppression, une autorisation royale contre laquelle la ville réclama vivement mais vainement. Sous l'administration de M. Dellisse, elle fit construire un château d'eau qui alimente toutes les fontaines et plusieurs maisons.

Si notre ancienne administration municipale s'occupait, sous ce rapport, du nécessaire, elle ne négligeait pas le superflu. L'usage de faire rafraîchir les boissons avec de la glace était très répandue en Artois au milieu du xviie siècle. La ville de Béthune eut, un peu plus tard, sa glacière, qui fut établie au bastion St-Ignace, pour conserver, pendant l'été, la neige et la glace qu'on recueillait l'hiver. En 1727, elle mettait en adjudication au rabais l'entreprise *de ce remplissage* qui fut acceptée pour le prix de 50 livres. En 1752, elle payait 234 livres 3 sols 4 deniers pour réparation à cette glacière. Elle supportait donc tous les frais de cet établissement qui, purement militaire, fournissait des glaces au gouverneur ainsi qu'aux autorités supérieures de la garnison.

Les bourgeois et le peuple se souciaient fort peu de cette glacière qui, du reste, n'était pas à leur usage. Aussi ne trouve-t-on de leur part aucune demande auprès de l'administration militaire pour obtenir des glaces. Ce qu'ils ont recherché dans tous les temps, c'étaient les bains. Les barbiers-perruquiers étaient tous, en vertu de leurs statuts, baigneurs-étuvistes ; quoique les bains ne fussent que l'accessoire de leur profession, on était sûr cependant de trouver chez eux des baignoires dans une salle parfaitement appropriée. En outre, nos pères se baignaient volontiers dans la rivière de la Blanche et dans celle de la Brette. Pour ne pas trop s'éloigner de la ville, plusieurs d'entre eux se baignaient sous les remparts dans les eaux des fortifications. C'était une indécence contre laquelle nos échevins réclamèrent. En 1592, ils défendirent absolument de se baigner dans les fossés de la ville (1). Nous avons présentement, à Béthune, boulevard Thiers, une école de natation.

II

Après avoir parlé de l'eau, nous avons à parler du feu, pour ne pas faire mentir le proverbe, que les extrêmes se touchent et que les contraires s'appellent. Pendant longtemps, le bois fut, pour ainsi dire, le seul combustible en usage dans Béthune, les produits de cette nature répandus sur cette partie de l'Artois fournissant au delà de toutes les nécessités. Les habitants de cette ville s'approvisionnaient dans les villages voisins et même dans les bois dépendant du domaine seigneurial. Sous Charles-le-Téméraire, ils payaient onze sols six deniers pour cent fagots, et six sols pour le transport. Le jeudi de chaque semaine, on ne payait qu'un denier pour chaque fagot, mais chaque individu ne pouvait en prendre qu'un. Sous Charles-Quint, le prix était de dix-sept sols six deniers pour chaque cent de fagots, et d'un denier maille pour chaque fagot *porté à tête*. On ne pouvait s'approvisionner ailleurs, jusqu'à ce que le bois de Béthune fût entièrement vendu et distribué. Au XVIIe siècle, cent faisceaux

(1) Arch. municip., BB. 18.

de bois coûtaient seize livres. En 1783, nous trouvons dans les archives municipales les renseignements suivants donnés sur cet objet par nos échevins à l'intendant de la province : « Trois manufactures de poterie « et une de pipes, établies à Béthune, y consomment « annuellement soixante-quinze mille fagots. Dans « l'année 1782, il est entré dans la ville quatre mille « six cents cordes de bois à brûler venant des villages « voisins (la corde est de 40 faisceaux de 33 pouces). « Ce bois coûtait 40 livres la corde, le cent de fagots « douze livres; dix mille faisceaux de bois sont entrés « dans Béthune venant de la forêt de Nieppe ». Anciennement, la ville offrait, chaque année, au gouverneur, pour bûche de Noël, quatre-vingts faisceaux de bois; les comptes portent invariablement cette note : *ainsi que cela s'est toujours pratiqué.*

Nos pères se servaient aussi, pour combustible, du charbon végétal, vulgairement appelé charbon de bois qui est le résultat de la combustion incomplète des matières ligneuses. Dans le ban des échevins qui date du xive siècle on trouve cet article : « A chaque voiture « de charbon il n'y aura que quatre porteurs. Le sac « de gros charbon contiendra cinq quartiers. Si l'a- « cheteur veut le faire mesurer, il le pourra. Nul mar- « chand du dehors ne pourra en vendre hors du mar- « ché ». On distinguait avec raison le charbon de la *braise*; celle-ci ayant une puissance calorifique beaucoup moins considérable que le charbon. Dans les comptes de 1626, on lit : « Pour la provision de « charbons, braises nécessaires au corps de garde ». En 1742, le charbon coûtait quarante sols la rasière.

Outre ces deux combustibles, les marais de Béthune offraient d'immenses dépôts de débris de matières végétales à demi carbonisées, connus sous le nom de *tourbes,* dont la combustion, qui s'établissait difficilement en commençant, finissait, une fois bien allumée, par jeter beaucoup de flammes et par donner une température à la fois douce et égale. On en faisait anciennement à Béthune un usage considérable. La ville, qui exploitait elle-même, à son profit, ses marais, avait établi un double dépôt de tourbes, l'un sur le marché aux poissons, l'autre rue des Fers, dans l'ancienne chapelle de St-Eloi.

Par une diction vicieuse, on appelait également *tourbe* le résidu des tanneries dont on se servait aussi pour combustible. On lit dans les comptes de 1732-1733 : « Quarante-six mille de tourbes de tanneur « pour le corps de garde, 20 livres ».

Depuis le commencement de ce siècle, nous n'avons guère d'autre combustible que la houille.

Au moyen âge, les incendies étaient fréquents et terribles à Béthune. Quels désastres ne devaient-ils pas produire et n'ont-ils pas produits sur des maisons pressées les unes contre les autres et construites presque toutes en bois! En 1137, un incendie détruit une grande partie de la ville ainsi que la halle échevinale. En 1151, un autre incendie ravage tout un quartier. En 1176, la ville devient la proie des flammes et disparaît presqu'entièrement ; les archives de la halle échevinale et celles du chapitre de St-Barthélemy sont brûlées. En 1447, un nouvel incendie éclate qui brûle la halle échevinale ainsi qu'une grande partie de la ville. En 1545, la ville, dévorée par un feu terrible, est de nouveau presque réduite en cendres. Le 3 septembre 1726, vingt maisons du faubourg du Rivage sont dévorées par le feu. Contre cet agent destructeur, le magistrat prit, dans tous les temps, des mesures de précaution. Le 5 juin 1556, nos échevins ordonnaient de faire couvrir de tuiles les maisons et édifices de la ville qui étaient couverts *d'estrain*, de paille. Cette sage mesure ne fut mise à exécution qu'en 1571. Chaque année, les veilles des foires de St-Barthélemy et de la

Chandeleur, les échevins se partageaient la ville pour visiter les fours et cheminées des habitants. En 1655, la dépense s'élevait, pour ces *visitacions*, à 7 livres. En 1580, les cheminées se font en pierres, et le *ballot* ou *buhot*, c'est-à-dire, la partie extérieure, était en briques. En 1510, le ramoneur nommé dans cette région de l'Artois le *housseux*, demande 18 deniers pour le balayage d'une cheminée. Le 1ᵉʳ février 1424, nos échevins portaient le règlement suivant : « En cas de
« feu, les maçons, les charpentiers et autres gens de
« métier devront s'y porter sous peine d'être punis à
« la volonté du seigneur et de la ville; tous les habi-
« tants indistinctement devront veiller dans leur quar-
« tier, et cela sous les mêmes peines; et s'il arrive
« que dans un incendie quelqu'un y soit blessé, la
« commune lui accordera des secours ».

A l'occasion d'un incendie qui consuma entièrement, le 4 octobre 1546, la rue de la Vigne, il fut décidé que chaque confrérie fournirait dix hommes qui, sous le commandement d'un chanoine, d'un gentilhomme et d'un échevin, veilleraient trois jours et trois nuits près des celliers de l'hôtellerie du *Cerf* où le feu s'était déclaré d'abord et qui fumait encore. En même temps, pour prévenir le retour de pareils désastres, on fit l'acquisition des objets les plus efficaces pour combattre les incendies à leur début : « Deux dou-
« zaines de graves, est-il écrit dans un règlement de
« cette date, seront faits aux dépens de la ville; la
« moitié se mettra à l'atelier de la ville, et l'autre aux
« maisons et coins de rues le plus convenable. On en
« fera une douzaine à la légère pour les faubourgs;
« on fera ensuite des échelles, on fera faire 50 seaux
« de cuir et 50 seaux d'osier ». En 1549, on refait les *ponchelets* qui soutiennent les *havets qui sont à la halle servans au feu.*

En 1571, il est défendu de faire des *moyes* ou

meules dans l'intérieur de la ville. On prescrit aux habitants d'être fourni de tout ce qui est nécessaire pour éteindre les incendies ; il leur est ordonné de se transporter au premier appel dans leur quartier ou dixaine. En 1715, la ville achète 100 seaux de cuir pour servir au *feu de méchef* ; elle en fait raccommoder 55. On ne recevait aucun bourgeois ou habitant, s'il ne fournissait deux seaux de cuir pour les incendies. Le 14 avril 1766, le maire et les échevins se partageaient la ville pour y *visiter les fours, cheminées et obvier ainsi au danger d'incendie*. A cette date, les portefaix devaient se trouver aux incendies, sous peine de trente sols d'amende. Les cordonniers, au premier coup de la cloche d'alarme, devaient se rendre auprès du puits le plus proche de leur habitation. Les brouteurs de bière et les brouteurs d'eau étaient tenus également de se transporter sur la Grand'Place avec leurs deux charrettes et leurs tonneaux, préalablement remplis d'eau, sous peine de douze livres d'amende. Les cabaretiers et aubergistes, propriétaires de chevaux, devaient se rendre personnellement ou se faire représenter par leurs domestiques sur la Grand'Place, avec *un cheval harnaché d'un collier et deux boustraits*, pour traîner les charrettes et les pompes. Toute absence de leur part était punie de huit livres d'amende. Cette dernière ordonnance date de 1767. Si la ville punissait les absences, en revanche elle récompensait les présences. Une gratification de sept livres dix sols était accordée à celui des brouteurs et de cinq livres à celui des cabaretiers qui arrivait le premier sur le lieu du sinistre.

Nos échevins, dont nous venons de constater les efforts pour combattre les incendies, encourageaient, par des courtoisies, le travail de ceux qui aidaient à les éteindre et en indemnisaient, dans une certaine mesure, les victimes. Nous lisons dans les comptes de

la ville : « A trois cabaretiers pour 150 lots de bière
« livrés aux massons, serruriers, charpentiers, cou-
« vreurs, porteurs au sac et brouteurs d'eau quy ont
« travaillé au feu, arrivé le 18 febvrier 1691, dans la
« cave des filles d'André Le Roux, sur le Marché-au-
« Fil, 64 sols. A Gilles Houzeau, pour le récompenser
« de ce qu'il a eu la jambe hors du lieu dans cet in-
« cendie, 6 livres. A Jacques Dancopres, valet de
« Mosnier, pour la récompense de ce qu'il at eu la
« jambe estorte au susdit feu, 9 livres. Distribution
« faite aux particuliers qui ont eu le malheur d'estre
« brûlé au fauxbourg du Rivage, au mois de septem-
« bre dernier 1726, tant en grains comme autrement,
« pour les ayder à resemer, 300 livres. Pain distribué
« aux incendiés du fauxbourg du Rivage, 25 livres
« 4 sols ». Présentement, on cherche à se garantir
soi-même contre les risques des incendies par un
traité avec une des nombreuses sociétés d'assurances
établies, depuis 1786, pour toute la France.

Cette étude nous prouve que les progrès dont nous
nous glorifions en cette matière étaient, sinon complètement réalisés, du moins soigneusement préparés
par les âges antérieurs.

Toutes ces mesures, quoique fréquemment renouvelées, ne suffisaient pas à arrêter les progrès du feu,
une fois qu'il était déclaré. Avant le xviiie siècle, on ne
disposait, pour lancer l'eau sur le brasier enflammé,
que d'instruments d'un calibre plus ou moins grand,
mais n'ayant qu'une faible puissance de projection, de
telle sorte que l'insuffisance du liquide qu'ils lançaient ne faisait souvent qu'attiser l'incendie au lieu
de l'éteindre. Ces instruments qu'on appelait *pompes*
à Béthune auraient dû porter le nom de *seringues*.

Cependant, si l'on en juge par le prix élevé que
chacune d'elles coûtait, on peut supposer qu'elles
étaient d'un calibre considérable et d'un mécanisme

compliqué. En 1715, la ville achetait à Antoine Muisard, marchand chaudronnier à Lille, pour la somme de 800 livres, une de ces pompes servant au feu.

Lors de l'incendie du 3 septembre 1726, au faubourg du Rivage, on fit *sortir les pompes*, est-il dit dans les archives municipales. Il y en avait donc plusieurs à cette époque. Ce fut seulement en 1787 que l'on remplaça ces *seringues* à incendie par une véritable pompe qui fut achetée aux frais de la ville, le 27 octobre 1787, à M. Bérenger, directeur de la fonderie de Douai, pour la somme de onze cents livres. Cette pompe amena la création d'une compagnie de pompiers qui en tirèrent leur nom. Avant 1815, il y avait huit gardiens qui, sous un chef, étaient chargés de « servir cette pompe et de la faire jouer ». Ils étaient rétribués par la ville. Pendant les cent jours, dans la crainte d'un siège, le commandant de la place porta le nombre des pompiers à quarante et leur donna deux chefs. Dissoute le 15 juillet de la même année, par ordre supérieur, cette compagnie fut réorganisée le même jour ; l'effectif en fut porté à 44 hommes, commandés par un lieutenant et un sous-lieutenant. En 1823, la ville, ayant acheté une seconde pompe, éleva le nombre des pompiers à soixante-dix ainsi composés : Un capitaine, un lieutenant, un sous-lieutenant, un sergent-major, deux sergents, un sergent-fourrier, huit caporaux, quatre sapeurs, deux tambours et quarante-neuf pompiers. En 1842, la compagnie était de cent hommes ; en 1862, elle comptait 160 hommes ayant deux capitaines, deux lieutenants et deux sous-lieutenants. Béthune possède six pompes à incendie dont deux aspirantes et foulantes, achetées en 1863. Les pompiers ne sont pas salariés ; cependant la ville, qui se charge, en partie du moins, des frais de leur habillement, vote en leur faveur, une subvention annuelle de 1450 francs.

CHAPITRE IX

Les Fêtes

I. — La Flandre terre bénie des fêtes. — Fête de la Pentecôte, populaire entre toutes. — Elle était d'ordre municipal et d'ordre religieux. — Procession. — Règlements pour le maintien de l'ordre et pour la décoration des maisons. — Ordre de la marche. — Procession du 28 mai 1562, représentation de trente-deux mystères. — La procession de la Fête-Dieu, non moins pompeuse que celle de la Pentecôte. — Frais à la charge de la ville.
II. — Compagnies de Liesse. — Acteurs figurant dans les jeux de personnage. — Écoliers et régents sur la scène. — Excursions et voyages des compagnies de Liesse. — Subsides et récompenses.
III. — Division des mystères en trois classes : les mystères proprement dits, les moralités et les sotties ou farces. — Lieux de représentation. — Surveillance des spectacles. — Cessation des représentations données par les bourgeois. — Spectacles donnés par des saltimbanques. — Théâtre du collège. — Construction d'une salle de spectacle.
IV. — Autres divertissements et exercices du corps. — Tir à l'arc et à l'arquebuse. — Jeux de boules. — Joûtes. — Jeux d'épées. — Combats de coqs. — Combats de pinsons. — Feux de joie. — Feu de St-Jean.
V. — *Fêtes officielles*. — Entrées des seigneurs, — des évêques, — des gouverneurs généraux, — des gouverneurs de la ville. — Amour des harangues. — Réjouissances à l'occasion des victoires. — Des traités de paix.

I

L'ancienne Flandre wallonne, dont la ville de Béthune faisait partie, était, pour ainsi dire, la terre bénie des fêtes publiques. Elles y surgissaient comme une moisson incessante dans l'épanouissement d'une prospérité agricole et commerciale, presque ininterrompue. Nos pères les aimaient et les recherchaient passionnément, y trouvant l'occasion d'échapper à la monotonie des récréations qu'ils avaient coutume de prendre en famille dans l'intérieur de leurs maisons respectives.

De toutes les fêtes publiques qui se sont célébrées à Béthune, la plus populaire et la plus brillante a toujours été celle de la Pentecôte. Instituée d'abord à l'occasion de l'élection des échevins faite le vendredi précédent; plus tard, au seizième siècle, en commémoration de l'érection de la confrérie du St-Sacrement dans la nouvelle église St-Vaast, elle était tout à la fois d'ordre municipal et d'ordre religieux. Ce double caractère lui donnait un irrésistible attrait qui s'explique logiquement par le vif attachement des Béthunois à la religion et à leurs libertés communales.

Cette fête, appelée dans le patois du pays la *ducasse*, s'ouvrait, le lundi de la Pentecôte, par la procession du St-Sacrement qui attirait une foule innombrable d'étrangers. Plusieurs mois à l'avance, le magistrat portait une ordonnance ayant pour but de prévenir les accidents qui pouvaient résulter d'une grande affluence de monde. Avant l'installation de la confrérie du St-Sacrement dans la nouvelle église St-Vaast, c'étaient les échevins qui faisaient les invitations et réglaient l'ordre de cette religieuse cérémonie. A partir du jour où fut érigée, dans cette église, cette pieuse confrérie, les dignitaires, par délégation de l'évêque d'Arras et avec le consentement de l'autorité civile, furent substitués aux magistrats pour édicter ces divers règlements. D'après une ordonnance de police, renouvelée tous les ans, chaque particulier devait, avant la procession, balayer la devanture de sa maison, en enlever les immondices, sous peine d'une amende qui, en 1562, était fixée à dix sols. Tous les habitants devaient, en outre, faire poser devant leurs maisons des tapisseries ou, pour le moins, de larges bandes de toile qu'il fallait tendre horizontalement à la naissance du premier étage. Les rues étaient jonchées de fleurs et de feuillages. Après la grand'messe qui précédait la procession, tous les chanoines de St-Barthélemy prenaient part, dans la sacristie, à un déjeuner offert par les marguilliers de l'église St-Vaast, préparé et servi par un maître-d'hôtel de la ville; il fut payé, en 1778, 18 livres. La procession, en 1695, se mettait en marche dans l'ordre suivant :

Devant le baldaquin :

Les quatre recteurs de la confrérie du St-Sacrement avec bannières, flambeau à la main, petites banderolles qui étaient les insignes de cette association religieuse ;

Accolytes et autres officiers ecclésiastiques en costume ;

Les chanoines de la collégiale St-Barthélemy ;

Le clergé séculier ;

Les religieux ;

Les confréries avec leurs bannières ;

Derrière le baldaquin :

Le gouverneur ;

Le grand bailli ;

Les autres officiers du roi en la gouvernance de la ville ;

Les maire et échevins ;

Les fidèles.

Toutes les compagnies de la milice bourgeoise, archers, arbalétriers, canonniers, ayant leur drapeau respectif, formaient la haie et fermaient la marche.

Le baldaquin appartenait à la ville. C'était pour les échevins, en 1766, un honneur et un droit de le porter et d'en tenir les cordons. En 1647, les magistrats et leurs officiers, au nombre de trente-deux, portaient aussi des flambeaux. En 1498, le prévôt, les deux mayeurs et les Cordeliers tenaient des torches ornées des armes de la ville. Les habitants se regardaient comme honorés en voyant leurs représentants les plus autorisés servir d'escorte au Saint-Sacrement. Quoique l'ordre dans cette cérémonie fut déterminé d'une manière précise, les questions de préséance soulevaient, quelquefois, des querelles que tranchait l'évêque d'Arras. En 1695, les chanoines de St-Barthélemy prétendaient se faire précéder de leurs syndics ayant leurs masses comme ornementation. Les recteurs de la confrérie du St-Sacrement s'y opposèrent et obtinrent gain de cause auprès de l'autorité épiscopale. Ces difficultés auxquelles on attachait une grande importance témoignent de l'impérieux désir que l'on avait de figurer avec éclat dans cette procession. La société tout entière de l'époque s'y trouvait avec ses corporations, ses droits et ses privilèges, attestant ainsi par une manifestation publique et solennelle sa foi en Jésus-Christ et son respect pour ses ministres. La procession qui eut lieu le 28 mai 1562 fut très remarquable. La plupart des corporations rivalisèrent de zèle, pour augmenter son éclat ordinaire par la splendeur de plusieurs spectacles destinés à satisfaire la pieuse curiosité d'une innombrable foule d'étrangers qui, dès la veille, remplissaient toute la ville. Il était expressément défendu de s'arrêter par groupes et même isolément dans les rues; au premier coup de cloche de l'église St-Barthélemy, chacun devait prendre sa place à la suite du clergé, des magistrats et de la milice bourgeoise. La foule fut telle que les derniers assistants commençaient à pénétrer dans la rue du Marais, lorsque, après plusieurs heures de marche et de stations, le premier rang arrivait à l'église St-Vaast. Trente-deux mystères, ayant chacun deux scènes, furent représentés sur des *hourds* (1), (échafauds), devant lesquels défila cette célèbre procession. En voici le programme que nous transcrivons textuellement du registre municipal :

1ᵉʳ HOURD. Devant et près la maison de M. de la Houillon. Mystère, l'*Annonciation*. Acteurs : les cuvéliers. 1ʳᵉ figure : Eve et le

(1) Actuellement les ouvriers de Béthune disent encore *hourdage* pour échafaudage.

Serpent; 2º figure : Gédéon armé à genoux devant un ange vêtu de
« blanc linge et de la peau d'un agneau, frémissant ».

2º hourd. A la porte de derrière de la maison de François Fasson.
Mystère, la *Nativité*. Acteurs : les sayeteurs. 1º figure : Dieu au
buisson ardent, Moïse en berger déposant ses souliers au milieu
des brebis; 2º figure : la verge d'Aaron fleurnée sur un autel entre
plusieurs autres non fleurnées; Moïse et Aaron aux deux bouts de
l'autel, et doit Aaron quelquefois prendre un encensoir des mains
de Moïse et encenser l'autel.

3º hourd. Devant la maison de la veuve de Pierre Monpetit.
Mystère, la *Circoncision*. Acteurs : cuisiniers et cabaretiers; 1º figure : la circoncision d'Isaac par Abraham; 2º figure : circoncision d'Eliézer, second fils de Moïse, par la femme de Moïse nommée
Séphora, Moïse momentanément costumé en pèlerin à un des angles
du hourd, tenant devant lui une épée nue, comme veillant sur Séphora momentanément assise, tenant son enfant nu sur son giron
et ayant à la main une pierre aiguisée.

4º hourd. L'*Adoration des trois rois*. Acteurs : les cordonniers.
1º figure : le couronnement de David; 2º figure : la reine de Saba.

5º hourd. La *Purification*. Acteurs : les cordonniers, devant la
maison de M. de la Tieulloie. 1º figure : l'oblation de Samuel, petit
enfant, au temple, au prêtre Héli; 2º figure : la reconduction de
l'arche, en la maison d'Obédédom. L'arche sur un chariot mené
par deux vaches. David devant, vêtu de linge blanc, jouant de la
harpe avec plusieurs autres joueurs d'instruments.

6º hourd. La *fuite de Jésus-Christ en Egypte*. Acteurs : les couturiers en la rue de l'Hermitage. 1º figure : David en face d'une
horde de soldats armés frappant à la porte; 2º figure : La fuite de
Jacob en Mésopotamie pour la fureur d'Esaü.

7º hourd. Les *Innocents*. La première figure qui servira aussi de
seconde à cause de sa grandeur. Acteurs : les selliers, gorliers et
brasseurs, en la rue des Rosiers, près la maison de M. Filluez; la
nativité de Moïse avec l'immersion des petits Hébreux en Egypte.

8º hourd. La *dispute au temple*. Acteurs : les chavetiers, à la
porte de M. de Cohen. 1º figure : le retour de Jacob avec ses jeunes
enfants de Mésopotamie; 2º figure : le jugement de Salomon.

9º hourd. La *conversion de la Magdeleine*. Acteurs : les poissionniers devant l'auberge du Cerf. 1re figure : la conversion de David par Nathan ; 2e figure : la conversion de Ninive par Jonas.

10e HOURD. La *suscitation de Lazarre.* Acteurs : les pèlerins de St-Jacques à la porte du Carnier. 1re figure : la suscitation de l'enfant par Hélie; 2e figure : la suscitation du mort jeté au sépulcre du prophète Elisée.

11e HOURD. L'*entrée du Messie en Jérusalem.* Acteurs : les marchands de grains à la porte de M. de Longastre. 1re figure : l'assiégeance de la tour de Jérusalem par Abimelech, des capitaines et des soldats armés tenant chacun une branche de mai ; 2e figure : entrée de David après la victoire de Goliath.

12e HOURD. L'*expulsion des marchands du temple.* Acteurs : les drapiers devant la ruelle de St-Vaast. 1re figure : l'expulsion de tous les aveugles et boiteux hors du temple par ordonnance de David ; 2e figure : la flagellation d'Héliodore qui butinait le temple, par un ange tout armé de verges et deux autres sont vêtus de blanc et ont chacun un fouet en la main.

13e HOURD. La *vendition de Jésus-Christ.* Acteurs : les fourniers devant la maison de Nicolas Brogniart. 1re figure : la vendition de Joseph par ses frères ; 2e figure : la trahison de Samson par Dalila.

14e HOURD. La *cène.* Acteurs : les maçons devant la rue de Bourgogne. 1re figure : le sacrifice de Melchisedech pour la victoire d'Abraham ; 2e figure : la manne du ciel.

15e HOURD. L'*oraison de notre Seigneur au jardin des oliviers.* Acteurs : les porteurs au sac devant le Bar-de-Mer. 1re figure : la prière de Moïse en la montagne les bras étendus soutenus par deux anges en appelant d'autres se badinant au pied du mont Sinaï; 2e figure : la prière du prophète Elie au mont Horeb priant Dieu de le mettre en terre contre la tyrannie de Jezabel.

16e HOURD. La *prinse de Jésus.* Acteurs : les porteurs au sac devant les Pastureaux. 1re figure : Le meurtre d'Amasa par Joab avec un baiser ; 2e figure : le meurtre de Miphiboseth.

La même figure : la mise en chambre de Michel Brongniart et de Jehan de Béthune pour faire voler la nuée en laquelle il y aura un homme qui, en ange, apportera un chapeau de fleurs au vénérable St-Sacrement passant en ce lieu. Ce fut Mahieu Meurisse qui fit cette nuée.

17ᵉ HOURD. *Jésus mené devant Anne.* Acteurs : les cordiers, carliers et fromegiers devant la Vignette. 1ʳᵉ figure : Noë mocquié de son fils Cham ; 2ᵉ figure : Elisée mocquié par les petits enfants mangés par les lions et les ours.

18ᵉ HOURD. *Jésus mené devant Caïphe, buffeté et crachié.* Acteurs : les barbiers devant le Constantin. 1ʳᵉ figure : Caïphe et sa paillarde qui le soufflètent, lui ôtant et remettant sa couronne ; 2ᵉ figure : Michée soufflété en la présence de Josaphat et d'Achab.

Judas pendu.

Pour figurer le pendu, les couvreurs de thieules feront une belle image ou remontrance.

19ᵉ HOURD. *Jésus devant Pilate.* Acteurs : les bouchers devant la maison de la veuve Delefosse. 1ʳᵉ figure : accusation de Joseph par sa maîtresse devant le roi Pharaon. Joseph est déclaré innocent ; 2ᵉ figure : Comment Jonathas s'y prend pour délivrer David des mains de son père Saül.

20ᵉ HOURD. *Jésus devant Hérode, despité et mocquié.* Acteurs : les bouchers devant la porte de la Vigne. Figure : Hanon, le fils du roi Naas, se moquiant des serviteurs de David, lequel les lui avait envoyés pour le consoler de la mort de Naas, son père. Il leur fit raser la barbe et couper les robes jusqu'aux fesses.

21ᵉ HOURD. *Jésus à l'estaque, bastu de verges et couronné.* Acteurs : les ferronniers, caudreliers, orfèvres, estagniers, marissals, taillandiers et armoyeurs, en la rue des Trois-Prés-St-Jean. 1ʳᵉ figure : les Machabées battus par Antiochus avec des nerfs de bœuf. 2ᵉ figure : la reine de Saba couronne Salomon.

22ᵉ HOURD. *Ecce homo.* Auteurs : les ferronniers près St-Nicolas fermant la rue des Fers. 1ʳᵉ figure : les frères de Joseph le montrant au doigt, disant : voici le songeur ; 2ᵉ figure : le prophète Jérémie assis et enchaîné par les bras et les jambes, et un juif le montrant au doigt par dérision.

23ᵉ HOURD. *La femme de Pilate, le lavement des mains, le porteur de la croix.* Acteurs : les Merchiers fermant la rue des Bordeliers. 1ʳᵉ figure : Isaac portant son bois. 2ᵉ figure : la figure et ressemblance d'Isaac par deux pièces de bois ; ce que feront les porteurs de thuiles entre les porteurs de la croix et le crucifiement.

Le commandement de Dieu touchant le crucifiement de Jésus-Christ, en la rue Poterne.

24ᵉ HOURD. *Le crucifiement.* Acteurs : les calendreurs et les marchands de satin, devant la maison de Jehan Jullude. 1ʳᵉ figure : immolation d'Isaac ; 2ᵉ figure : le serpent d'airain.

25ᵉ HOURD. *Le Limbe.* Acteurs: les taverniers, derrière la maison Petitpas. 1ʳᵉ figure: Samson emportant les portes de Gaza. 2ᵉ figure: Joseph soutenu par les songes de sa prison.

26ᵉ HOURD. *La descente de la croix.* Acteurs : les hugiers formant le marché aux poissons. Figure : la descente du corps de Saül par ses sujets, avec son fils Jonathas et la femme de David.

27ᵉ HOURD. *Le Sépulcre.* Acteurs : les fourniers et les manniers, devant la maison de Baudelet. 1ʳᵉ figure : Jonas mis en la baleine ; 2ᵉ figure : Joseph jeté au puits à marne.

28ᵉ HOURD. *La résurrection.* Acteurs : les foullons de draps, les tisserands et les peigneurs de laine, devant la grande étoile. 1ʳᵉ figure : l'exaltation de Joseph en Egypte ; 2ᵉ figure : Jonas hors de la baleine.

29ᵉ HOURD. *Les pèlerins d'Emmaüs avec la Madeleine.* Acteurs: Jehan Chatelain, maçon, Meurisse et autres, leurs consorts, pèlerins de St-Jacques. Béthune, devant le chœur du chapitre.

30ᵉ HOURD. *L'ascension.* Acteurs : les marchands de bois, les charpentiers et les hugiers, devant la maison de Robert Bougie. 1ʳᵉ figure : Hénoch par une nuée de par Dieu élevé au ciel ; 2ᵉ figure : Elie enlevé en un chariot de feu en l'air ; Elisée prend par un bout son manteau.

31ᵉ *Le Saint-Esprit.* Acteurs : les eswards de satin devant la maison de Mᵐᵉ de Keserque. Figure : la dation de la loi de Moïse sur la montagne, avec le feu et tonnerre, le peuple se prosternant à genoux et les mains jointes.

32ᵉ HOURD. *Le jugement.* Acteurs : les wantiers fermant la ruelle St-Vaast, près de Mᵐᵉ Antoine Lepetit. 1ʳᵉ figure : le roi compte avec ses serviteurs ; 2ᵉ figure : le banquet éternel après la mort, composé de choses incompréhensibles (1).

Les acteurs qui figurèrent dans la représentation de ces mystères étaient tous des bourgeois de Béthune. C'est ce que nos archives municipales ont eu soin de faire remarquer. Il nous est donc impossible d'admet-

(1) Arch. municip., BB. 10.

tre, avec M. de La Fons-Mélicocq, que la confrérie de Notre-Dame Pannetière d'Aire (1), ait figuré sur le iv⁰ et v⁰ hourds.

Dans la description de ces mystères et dans la désignation des acteurs, M. Lequien (2), a commis plusieurs erreurs que nous avons corrigés en nous conformant au texte des archives.

Ce document officiel n'indique pas le nombre de ceux qui figurèrent comme agents dramatiques dans ces représentations. Toutefois, le renseignement puisé aux mêmes sources touchant la fête célébrée en 1549 nous éclaire à ce sujet. Il est dit dans le registre de cette dernière année, que les membres des corporations qui figurèrent dans la représentation des mystères s'éleva à 260 environ.

La procession de la Fête-Dieu, comme celle du lundi de la Pentecôte, eut toujours lieu avec une pompe exceptionnelle, à laquelle concouraient également les autorités locales par leur présence non moins que par leurs ordonnances. On accourait de tous les villages voisins pour en admirer les splendeurs. On y représentait également, dans toute leur variété, les mystères, ces spectacles si populaires autrefois à Béthune. Ces manifestations religieuses devinrent, au xvi⁰ siècle, plus éclatantes que jamais, dirigées qu'elles étaient alors contre le protestantisme qui niait le dogme de la transsubstantiation eucharistique. La vie active de la cité était comme suspendue pendant ces processions qui duraient plusieurs heures, et déroulaient aux yeux des spectateurs des tableaux édifiants et singulièrement pathétiques, dont les merveilles remuaient profondément les âmes et y laissaient d'impérissables souvenirs. En 1544, les habitants de la rue de la Croix représentaient quatre articles de la passion. En

---
(1) *Les artistes et les ouvriers du Nord de la France*, 243.
(2) *Notice sur Béthune*, 21 et suiv.

1546, on voit apparaître sur la scène, l'ange de l'Annonciation saluant Marie dans son oratoire; les trois Maries dans leur costume de deuil au pied de la Croix; Judas se livrant en désespéré à la mort des *pendus*; *Yaude forgeant les clous Dieu*, selon les expressions de nos archives. En 1547, on représente le divin Sauveur, assis, à l'âge de douze ans, dans le temple au milieu des docteurs; sa présence et son premier miracle aux noces de Cana, la résurrection de Lazare; le roi David, dans le rayonnement de sa gloire, au milieu de son armée victorieuse. En 1548, c'est la cène; c'est la maison d'Anne le Pontife; c'est le calvaire; c'est la descente de la Croix; c'est le sépulcre; c'est Judas rapportant ses douze deniers aux prêtres juifs; ce sont les pèlerins d'Emmaüs qui successivement sont représentés. En 1549, les décors sont plus somptueux, la mise en scène plus soignée, les tableaux mieux choisis, les acteurs plus nombreux. Les renseignements fournis, à ce sujet, par nos archives sont d'un tel intérêt que nous nous faisons un devoir de les reproduire intégralement.

Aux lingiers l'*Annonciation*, deux acteurs; — aux vessiers, la *Visitation*, deux acteurs; — aux tanneurs et cordonniers, la *Nativité*, cinq acteurs; — les *rois-mages*, six acteurs; — aux savetiers, le *massacre des innocents*, douze acteurs; — aux parmentiers, la *Purification*, sept acteurs; — aux marchands et croqueteurs de grès, la *tentation*, six acteurs; — aux marchands de blé, l'*entrée triomphale de Jésus à Jérusalem*, seize personnes; — Aux drapiers, la *résurrection de Lazare*, huit acteurs; — Aux membres de la confrérie de St-Jacques, la *cène*, treize acteurs; aux porteurs au sac, la *prise de Jésus*, trente acteurs, le *portement de la Croix*, vingt acteurs; — aux cordiers et cailliez, *la présence de Jésus* devant Anne, cinq acteurs; — aux déchargeurs, la *trahison de Judas pour trente deniers*, cinq acteurs; — Aux bouchers, le *suicide de Judas*, l'interrogation de Jésus au tribunal de Caïphe et devant Hérode, seize acteurs; — aux féronniers, caudreliers, maricaulx, estamiers et orfèvres, la *flallégolation de Jésus à l'estac*, douze acteurs; — Les deux histoires sur un hourt; — aux taverniers et brasseurs, *Ecce homo, Pilate se lavant les mains*, douze acteurs; — aux merciers et joalliers, le *crucifiement* de Jésus, dix-huit acteurs; — aux teinturiers et marchands satiniers, la *suite du crucifiement*, plusieurs acteurs sans en fixer le nombre; — aux habitants de la rue Poterne, le *limbe*, sept acteurs; — aux poissonniers, la *descente de la Croix*, huit acteurs; — aux hugiers et marchands de bois et aux cuvéliers, le *sépulcre* où Jésus fut mis après sa mort, huit acteurs; — aux foullons et tistrans de draps et aux pareurs de laine, la *résurrection de Jésus*, cinq acteurs; — aux fourniers, la *présence des trois Maries et d'un ange assis* au sépulcre de Jésus, sous le costume d'un jardinier, quatre acteurs; — aux compagnons du pourpoin, *la remonstrance des patouriaux*, sept acteurs; — aux toppiers de velours et tisserands de toile, l'*incrédulité de St-Thomas*, douze acteurs; — aux peintres, la représentation des quatre évangélistes et de St-Jérome; — aux wantiers et marchands de laine, le *jugement dernier*, plusieurs acteurs.

La ville prenait à sa charge une grande partie des dépenses occasionnées par ces processions. Elle décorait d'un riche pavillon la halle échevinale; en face de ce monument, elle faisait élever un magnifique reposoir auquel était adossée une chaire portative, *hourdich*, à l'usage du prédicateur qui, pour son sermon, recevait, en 1406, trois lots de vin; en 1523, une *cane* de vin; en 1525, deux *canes* de vin; en 1547, six lots de vin à huit deniers le lot, pris à l'auberge du *Bel-Imaige*. La ville fournissait également, à ses frais, les costumes scéniques aux acteurs et les gratifiait, en outre, de courtoisies dont nous ne citerons que celles mentionnées dans les comptes de l'année 1549; « à l'ange emportant l'âme du bon larron quatre cannes de vin ; au diable s'emparant de l'âme du mauvais larron trois cannes de vin; à l'ange qui apporta, dedans une nuée, *ung cappeau* de fleurs sur le St-Sacrement, deux cannes de vin; à Dieu pendu en la croix, deux cannes de vin de trois lots. » Les charpentiers et menuisiers qui avaient fait les échafauds, *hourds*, recevaient aussi des courtoisies. « A ceux ayans fait le hourd de la descente de Dieu en croix, lesquels estaient en grant nombre et en grant hourdaige sept cannes de vin. »

II

Les membres des corporations Béthunoises ne sont pas les seuls qui aient figuré dans ces sortes de représentations. Aux xv⁰ et xvi⁰ siècles, il y avait dans cette ville de nombreuses compagnies de liesse qui, les jours de fêtes, passaient leur temps à récréer la foule par leur *jeu de personnage*, leurs *ébattements*, leurs *alumées et joyeusetés*. Le matin de la fête, ils représentaient des *mystères*; après le dîner, des *moralités*; après le souper, une *farce*.

Ces joyeuses sociétés se donnaient, séparément, un chef. Les titres de ces divers dignitaires sont assez curieux. En voici la liste telle que nous la trouvons dans les archives communales :

L'évêque des fous; — l'évêque des innocents; — l'abbé des sots; — l'abbé de Sens-Léger ou de Saint-Léger ; — l'abbé de St-Bétrémieux (St-Barthélemy); — l'abbé de St-Vaast; — l'abbé de Rousse Amule; — le prince de jeunesse; — le prince de l'arrière, ainsi appelé parce qu'en l'absence ou au refus du prince de jeunesse, il était forcé de le remplacer ; — le prince de sourcrois, ainsi nommé parceque ses compagnons demeuraient dans la rue de la *Croix St-Barthélemy;* — le prince des lours, c'est-à-dire les *bouchers;* — le prince des gayans de St-Pry ou compagnons du faubourg St-Pry ; — le prince de l'estrille ; — le prince de plaisance ; — le prince de folie ; — le prince de St-Jacques ; — le prince Dupuich ; — le prince des peu profitants ou mal épargne, c'est-à-dire les *porteurs au sac;* — le prince de frère maçon et briseur de pierre ; — le prince d'estain, *compagnons demeurant dans la rue d'Etain.* Parmi les acteurs figuraient également ceux de la rue St-Pry, nommée *princesse des cœurs falis;* de celle du Rivage ; de celle de *Lengalerie* (Grosse-Tête) ; du Perroy ; de la Louche ; de la Vigne. Les habitants du *marché,* Grand'Place, paraissaient aussi dans ces représentations.

Le clergé régulier et séculier prenait une part sérieuse à ces scènes récréatives et les annonçait au prône. En 1439, Pierrequin du Mont-Saint-Eloi, chanoine de St-Bétrémieu *Barthélemi,* représentait *l'évêque des innocents.* En 1528, Guillaume Aucquier, chapelain de la halle, prenait le titre d'abbé de *Sens-Léger.* En 1535, sire Adrien Pamer, figurant comme abbé de Saint-Léger, joua dans une pièce, assisté de plusieurs notables chanoines et vicaires de St-Bétrémieu. Il paraît que les *abbés de St-Léger* étaient choisis, d'ordinaire, parmi le clergé de St-Bétrémieu et celui de St-Vaast. En 1534, les vicaires de St-Bétremieu entraient en scène, accompagnés de deux des chantres de la régente. En 1459, les frères de St-François jouèrent des mystères, sur le passage de la procession. A cette même date et pour la même solennité, Jehan Willot, sot de la comtesse de Bourgogne, Gallois des poncheaux, le sot de la ville, Le Bailly, *sot du gouverneur,* faisaient leur personnage.

Les écoliers de Béthune et leurs régents apparaissaient aussi, quelquefois, sur la scène. En 1441, la ville de Bruges les invitait à prendre part aux *jeus de rhétorique* pour lesquels elle offrait de fort beaux prix. En 1525, Pierre de Manchicourt, maître de la grande école latine, faisait, ainsi que ses élèves, *jeux et ébattements*, devant la halle échevinale, pour fêter le dimanche gras. En 1546, les élèves de l'école de l'église de St-Bétremieu, sous la conduite de leur régent, ainsi que les élèves de la grande école de St-Vaast, sous la direction de leur maître et régent, sire Michel Gambon, faisaient, pour récréer le peuple et *enseigner les jeunes enfants*, plusieurs jeux de moralité avec farce joyeuse. En 1548, il est question de la moralité et de la farce qui furent jouées par Pierre Tiretaine, régent de l'école de St-Vaast. En 1555, les élèves de la grande école de St-Barthélemy jouaient, pendant le carême, devant la halle échevinale, deux tragédies. En 1568, Maître Laurent, leur professeur, représentait en langue latine une histoire avec farce. En 1571, ses élèves célébraient le 1er jour d'avril par la représentation en *langue latine*, d'une histoire également accompagnée d'une farce.

Les plus jeunes enfants intervenaient, parfois, comme acteurs dans ces jeux scéniques. En 1515, *de jones enffans jouèrent jeux de personnaige*.

Les chefs des compagnies de liesse que nous venons de nommer se plaisaient à parodier dans leurs costumes aussi bien que dans leurs faits et gestes les personnages dont ils usurpaient ironiquement les titres et les droits. Sur l'étendart du prince de la jeunesse était représentée l'image d'un prince à cheval, ainsi que les armes du roi très catholique et de la ville. Sur sa cotte d'armes, faite de taffetas et de *talich bleu*, ornée de franges de sayette, étaient également peintes les armes du roi et celles de Béthune.

En outre, ces princes, voulant attester leur autorité passagère, frappaient de prétendues monnaies de plomb qu'ils jetaient à la foule lors de leur avènement. Parmi ces monnaies, classées au nombre des pièces de plaisir, on en trouve une qui représente à l'avers un âne tourné à droite, et qui semble aller à reculons; sur le revers s'étale une fleur à cinq feuilles dans un cercle.

Les membres de nos compagnies de liesse étaient nombreux. En 1511, le prince de la jeunesse se rendait au *princhaige de Tournai*, escorté de cinquante joyeux compagnons à cheval. En 1500, le prince de Larrière se rendait à Arras, pour la fête de l'abbé de Liesse, escorté de vingt compagnons à cheval, *tous habillés de robbes blanches et d'autres ornements de parure.*

La ville leur allouait des indemnités pour subvenir aux dépenses occasionnées par ces voyages. En 1511, on offrait au prince de la jeunesse *huit quesnes de vin*, pour le dédommager des frais qu'il avait pris à sa charge dans son voyage avec ses compagnons à Tournai.

Nos magistrats avaient des attentions toutes particulières pour le prince de la jeunesse. En 1500, Eloi du Crocq, prince de cette compagnie demande quelque subside pour l'aider à supporter les frais de sa fête; on lui accorde seize livres. On l'exempte en même temps de l'assise du vin qu'il doit distribuer à ses compagnons. En 1539, on lui délivre, le jour de sa fête, trois *escrameles* de seize deniers; une douzaine de doubles tranchoirs de douze deniers; deux doubles louches de douze deniers. — Le jour des Cendres, pour le récompenser des jeux, ébattements et joyeusetés du dimanche gras, il reçoit « cinq écuelles, une douzaine de tranchoirs, six tailloirs ronds et sept louches de pot », payés quatre sols trois deniers.

En 1494, les confrères de St-Jacques recevaient quarante sols pour les aider à supporter les frais exigés pour la représentation de la vie de leur saint patron.

Parmi les acteurs qui n'étaient pas précisément attachés à ces compagnies de liesse, nous signalerons tout particulièrement Jean le Tardieu, Jean Bordel, Pierre Lemaire, Guillaume Racheler, Colart Petit, Etienne Héreng, Louis Brogniart, Enguerrand des Molins, Louis Leclercq, Claude de Calonne, qui, dans la représentation des mystères « par jeux et personnaiges, s'imposaient de grandes dépenses pour habillements et ornementations des hourds, etc. »

III

Les mystères représentés à Béthune se divisent en trois classes. Les mystères proprement dits : 1° Le *mystère de la rédemption*, commençant à la naissance du sauveur et finissant au jugement dernier. D'ordinaire on ne prenait qu'une partie de ce grand drame, la passion de notre Seigneur, par exemple, qui, jouée en 1503, par des bourgeois de cette ville, dura trois jours; 2° les *mystères de Notre-Dame*, son trépas, qui, joué en 1504, « par dix-huit à vingt personnaiges, » dura un jour entier; 3° les *mystères des saints*, entre autres, la vie de St-Roch, jouée en 1500; celle de St-Nicolas, en 1506; celle de St-Léger, trois jours durant; celle de St-Eloi, en 1545, la légende de la Ste-Chandelle de ce grand saint. Ce sont les habitants de la rue des Fers et de celle de la Vigne qui jouèrent la vie de St-Eloi en 1545. Ce sont encore ceux de la rue de la Vigne qui représentèrent, en 1562, « en grand nombre, comment la Ste-Chandelle « et charité de Dieu et de Monseigneur St-Eloy fut « élevée, tant à ceste ville qu'à Beuvry »; 3° les drames

qui roulent sur des sujets profanes, tels que « l'his-
« toire romaine, intitulée du roy de Gascoigne »,
jouée en 1509 par sire Jean des Ewiers, prêtre, et
dix à douze compagnons de la rue du Perroy; « la
« grant bonté et beaulté de la maison de Bourgongne »,
jouée par les prêtres de St-Bétremieu et les habitants
des rues St-Pry et du Rivage; « la destruction de
« Liège, remonstrée et jouée par Georges de Brelles,
« évêque des fols; le jugement du roi d'Aragon,
« joué en 1526; jeu de la fortune que olt le roy de
« Castille et la royne sur la mer, joué en 1506 ».

Après les mystères venaient les *moralités*, sorte de compositions dramatiques qui tenaient lieu de ce que nous appelons aujourd'hui *tragédies et comédies*. Leurs représentations étaient fréquentes à Béthune et se rapprochaient beaucoup de celles des mystères. Les sujets en étaient, pour la plupart, allégoriques. On y mettait en honneur la morale et la vertu triomphant de leurs persécuteurs et recevant les récompenses qui leur étaient dues. En 1526, le dimanche de la passion, les vicaires de St-Vaast représentaient une moralité intitulée : l'*Homme humain*. On y voyait intervenir Dieu, les anges, les démons avec leur cortège habituel, la charité, la justice, la miséricorde. Les anges étaient vêtus de robes blanches; l'accoutrement des diables était de *bougran noir et tasné*.

Les moralités n'étaient pas toutes cachées sous le voile de l'allégorie. Ainsi nous avons l'histoire de l'*Enfant prodigue* qui fut jouée en 1563 par les compagnons du serment de St-Michel. Le prince des sots jouait des *soties* ou farces correspondant à notre vaudeville.

Fréquemment ces jeux et *ébattements* se faisaient sur des chars. En 1509, Jean Tardieu, Pierre Brioul, Galien Griffon et autres bourgeois et manans, après avoir représenté une moralité, *traitant du fait de jus-*

tice, firent jeux et ébattements sur *cars.* En 1511, Jean Pamer et autres prêtres et vicaires de St-Barthélemy jouèrent *jus sur car.*

Plusieurs de ces jeux scéniques se faisaient d'une façon mimique. En 1459, les frères franciscains jouèrent, par « seigne, aucuns mystères, en passant et re-« passant la pourchession ». En 1482, pour célébrer la joyeuse entrée à Béthune de Marguerite, fiancée au dauphin de France, il y eut des jeux de personnaiges exécutés par *seignes.*

C'était, ou sur le *marché,* devant la halle échevinale, ou dans les rues, ou même dans le cimetière de St-Barthélemy que ces mystères et moralités étaient représentés.

Le jour de la fête de la jeunesse, on suspendait à l'entrée de la halle un drap rouge de vingt-et-une aunes sur lequel étaient fixés *cinq écus* de drap blanc aux armes de la ville. L'estrade que l'on y érigeait était destinée à recevoir les tables du *princhaige.* On peut noter que les acteurs n'opéraient jamais sans s'être munis d'une table qu'ils plaçaient devant eux.

Chaque pièce scénique était *conduite* — c'est le mot de nos archives — par un surveillant qui venait en aide, s'il le fallait, à la mémoire des acteurs. En 1549, c'était Jean de Besnes, qui, après avoir peint les croix, après avoir fait les « barbes et les perruques, « conduisait les histoires des hourds ».

En 1562, Antoine Fretin se tenait au pied du *hourd* du crucifiement pour y conduire l'histoire d'*icellui hourd.*

La ville faisait des gratifications à ceux des acteurs qui s'étaient distingués par leur belle diction. Le 2 août 1459, seize sols étaient alloués à Tassart de Bellesaises, de la rue du Carnier, pour *le meilleur dittée.*

Béthune, ainsi que nous l'avons dit, avait son fou

comme les princes. Mahaut, comtesse d'Artois et dame de Béthune, avait également son fou qu'elle appelait son *folet*. Au xvi⁰ siècle, le sot de Béthune, nommé Ansselot Dupuich, portait un *paltot, bigarré et bordé* (brodé). Sur la manche de ce paletot étaient tracées des *lettres de broudure*; et, chose singulière, cette livrée était celle que portaient les vrais aliénés. En 1508, nos échevins accordaient 50 sols au fou de la ville pour se faire confectionner un vêtement de cette forme. On voyait encore, à Béthune, en 1829, le *sot des porteurs*, parcourir toutes les rues de la ville, dans la semaine du dernier samedi gras, agitant ses grelots et se faisaient précéder d'un tambour.

Ces joyeusetés exubérantes cessèrent, presque toutes, à Béthune, à partir du xviii⁰ siècle. Les bourgeois de cette ville qui, jusque-là, avaient joué pour se délasser en faisant rire ou pleurer leurs concitoyens, ne parurent plus devant le public. Ce furent des saltimbanques d'abord, des comédiens ensuite qui, dressant leurs tentes sur la Grand'Place, ou se construisant des théâtres, firent payer le spectacle qu'ils offraient avec l'autorisation de nos magistrats. En 1730, un joueur de marionnettes adressait une requête à la Municipalité pour l'établissement d'un théâtre sur la place. En 1700, le magistrat autorisait Joseph de la Fortune, opérateur chimiste, à construire un petit théâtre dans la ville pour y exercer son industrie. A la suite de cet opérateur, s'introduisirent dans cette cité des saltimbanques nomades, des charlatans doublés d'histrions ou de faiseurs de tours.

Au xviii⁰ siècle et déjà au siècle précédent, le goût du théâtre était fort vif à Béthune. On jouait la tragédie et la comédie dans le collège des Jésuites où se trouvait une salle de spectacle, « la plus vaste et la plus belle de la province de cet institut ». L'illusion scénique y était remarquable et l'on y disposait de décors magnifiques et de machines manœuvrant admirablement. En 1725, la ville s'engageait à allouer annuellement soixante livres aux élèves de ce collège qui accepteraient de jouer la tragédie. Pour donner une idée des pièces qui se jouaient dans cet établissement, nous citerons le passage suivant que nous trouvons dans les archives : « Trébellius, roi de Bulgarie, « se montrera sur le théâtre par les écoliers de la « compagnie de Jésus à Béthune, le 15 septembre « 1637, sur les deux heures après midi, à la vue et « sous les favorables auspices de Monseigneur Guil- « laume de Le Val, prélat de Chocques ». En 1724, on y jouait la tragédie de *St-Remi*.

En 1787, Béthune eut sa salle de spectacle. Le 27 janvier de cette année, le sieur Penin, charpentier, qui avait trouvé un emplacement convenable « pour y « construire un théâtre et salle de comédie avec balcon « autour de ladite salle », obtenait des échevins le privilège pour trois ans d'avoir dans sa salle tous les spectacles, sous quelque dénomination que ce fût, qui se donneraient à Béthune. On commença d'y jouer la comédie, le drame, le vaudeville et même l'opéra-comique. La police y était faite par les échevins. On prélevait 3 livres par chaque représentation pour les pauvres. Pour jouir de ces spectacles il fallait payer, tandis qu'au temps des mystères, des moralités et des farces qui se jouaient sur les places et dans les rues, la population tout entière y assistait sans entrave et gratuitement.

IV

Au moyen âge, notre chère ville natale avait encore d'autres spectacles et de tous genres. Sous Charles-Quint, Jean du Bois ornait, pendant une fête publique, la rue du Carnier « d'une fontaine et de plusieurs remontrances ».

Pour augmenter la pompe de ces fêtes, divers joueurs d'instruments *chantaient de musique* dans les rues. En 1554, Jean Danezin et son fils *jouaient de la trompette et du fiffre;* Charles Marquasin jouait de *haulty soens,* du hautbois. En 1619, Pierre Catiel jouait *lobat,* le jour de St-Jean-Baptiste. Lors de la trêve, en 1555, les vicaires de St-Bétremieu, après avoir chanté le *Te Deum* dans l'église de la collégiale se transportèrent le soir, à la lueur des torches, les uns sur le clocher de leur église, les autres sur le beffroi, et y chantèrent alternativement, « en se répo ant l'ung à l'autre », les versets de cet admirable cantique.

Lors de l'élection de Charles-Quint comme roi des Romains, le prince et ses compagnies de la rue de la Louche, plaçaient de nombreuses lanternes autour des rosettes et au-dessus du dragon du beffroi, jetant, du haut de cet édifice, des oublies qui coûtèrent sept sols six deniers.

Nos échevins autorisaient et récompensaient les *joueurs d'appertige,* c'est-à-dire les danseurs et voltigeurs de cordes. En 1441, un bateleur descendait « entre deux cordes, le chief desoulx, du beffroy au marchié » et recevait pour ce *jeu de souplesse* 32 sols.

En 1482, pour fêter l'entrée de Marguerite, fiancée au Dauphin, la ville fit venir du dehors *deux chevaucheurs de bos* (bois).

Les exercices du corps furent toujours en grand honneur à Béthune. On s'y livrait, tous les dimanches, au tir à l'arc et à l'arquebuse. Le jeu de boules était aussi très aimé de nos bons aïeux. Au bas de la vue de la ville de Béthune en 1574, Braun montre un double jeu de ce genre. Les joueurs sont représentés dans une attitude intéressante. On voit le *marqueur* avec son bâton de commandement et son chapeau orné d'un beau plumet. Sous les remparts étaient installés les berceaux du tir à l'arbalète.

Au commencement du xvie siècle, à la fête de *St-Adrien*, les gentilshommes de la compagnie de Monseigneur de Wallain, en garnison à Béthune, se livraient entre eux à des joûtes, devant le château. Les lices construites par Eloi Rose et Jean Galot avaient 64 pieds de longueur ; elles étaient à claire voie et garnies de corde. Il y eut des gardes de lices.

En 1629, des bateliers et des rameurs se livrèrent à des joûtes sur la rivière de la Lawe. Le magistrat leur alloua dix livres.

Les joueurs d'épées à *deux mains* se faisaient également gloire de parader sur des hourds élégants élevés devant la halle. C'est ainsi qu'en 1530, Michel d'Arras, *maître joueur d'épées*, vint à Béthune avec plusieurs de ses écoliers pour y procéder, par des exercices publics de toutes sortes d'armes, à la réception, comme maître, de « Jehennet Jamot, josne fils à marier. » En 1571, Béthune avait deux maîtres d'escrime qui se nommaient Noël Godin et Jean d'Arras. Les joueurs d'épées étaient des jeunes gens qui faisaient partie de la confrérie dite du *serment de St-Michel*. On les vit figurer en grand nombre dans les rues et sur les places, en 1563.

Les dimanches et les fêtes, il y avait aussi à Béthune des combats d'animaux, au faubourg des Fers, dans une vaste taverne nommée la *Gloriette*, où se faisaient alors toutes les publications du magistrat. Les combats de coqs étaient des plus émouvants et très en vogue. La scène se passait l'été, en plein air dans la cour, l'hiver, dans une salle réservée à cet usage. Dans une lice d'environ deux mètres de large fermée par des planches et qu'entourait le public monté sur des bancs, sur des tables, attendant les péripéties du drame, apparaissaient deux coqs, de l'espèce dite de combat. Ils étaient armés de pointes d'acier très aiguës et très longues. On nommait deux juges pour faire observer les lois du combat. Les spectateurs se racontaient les prouesses passées de ces champions; on disait leur généalogie, et les paris s'engageaient et se continuaient durant la lutte, selon les alternatives de chances favorables ou défavorables.

Les coqueleux se plaçaient l'un en face de l'autre, aux angles opposés de la lice.

Les conditions du combat étaient annoncées à haute voix; elles se résumaient généralement ainsi : Le coq qui, blessé ou non, restera couché pendant cinq minutes, sera déclaré vaincu. Voici la rapide et émouvante description du combat :

Les deux coqs sont lâchés; d'ordinaire, ils paraissent ne pas se voir, se tenant à distance comme s'ils voulaient apprécier le fort et le faible de l'attaque et de la défense; ils se mesurent, ne s'élancent l'un vers l'autre qu'avec une certaine prudence, ayant soin de s'éviter par une passe rapide. Bientôt cependant ils reviennent à l'attaque, les plumes hérissées et frappant de l'éperon. Leurs ailes s'enlacent, les pointes d'acier s'enfoncent dans les chairs; leur acharnement est implacable, il s'agit, entre eux, d'un combat à mort. S'ils s'affaissent, harassés, blessés, brisés, c'est pour recommencer presqu'à l'instant le combat avec une rage, une fureur plus grandes, de telle sorte qu'à la fin de cette lutte atroce, le vainqueur et le vaincu tombent successivement inanimés sur un même sol sanglant.

Parfois cependant il arrive qu'un des combattants parvient, du premier élan, par son adresse et sa valeur, à frapper de ses deux dards la tête, la gorge ou le cœur de son adversaire. C'est instantanément fini. Alors, d'une voix retentissante il chante sa victoire, prêt à défier d'autres rivaux.

Le combat de pinsons était encore un des amusements favoris de nos pères. Quoique la lice ici ne soit pas ensanglantée, le combat n'est pas moins repoussant par les circonstances barbares dont il est précédé. Avant de faire chanter les pinsons dans un concours ou pour parler plus correctement, de les faire *poser*, on leur brûle les yeux. On allègue, pour justifier cette barbarie, que le sens de la vue causerait, chez eux, dans les concours, des distractions nuisibles au sens de l'ouïe et dont ils sont préservés dans la cécité. Hélas! Que devient-il, après cette cruelle opération, cet oiseau dont la joyeuse vivacité a créé cette épithète: *Gai comme un pinson?* Triste et abattu dans sa cage qui ne ressemble pas mal, par sa structure, à un cercueil, il y reste presqu'immobile. Le concours, commencé d'ordinaire, en été, vers six heures du matin, dure environ cinquante minutes. Des marqueurs jurés se placent en face de chacune des cages pour compter le nombre de chants. Tout chant mauvais ne doit pas être marqué, et le chant double sans répétition ne doit l'être que pour un simple. Souvent, avant l'expiration du temps fixé pour la durée de cet assaut, le vainqueur lui-même tombe exténué par les efforts qu'il a dû faire pour dominer ceux de ses voisins et les forcer à se taire.

A ces plaisirs et ces jeux il faut ajouter les feux de joie auxquels succédèrent les feux d'artifices et qui, de tout temps, ont été la grande récréation des gouverneurs de Béthune et du peuple Béthunois. Dans les différents comptes de plusieurs des argentiers de la ville, nous lisons cette mention : *Feux de joie donnés pour la récréation du gouverneur.*

Ces feux de joie étaient réglementés; le cérémonial en était déterminé. Le droit de les allumer, considéré comme un honneur, était réservé au gouverneur, ou au prévôt et plus tard au maire. Toutefois, la dépense en était supportée par la ville. Ils avaient lieu sur la Grand-Place, en face de l'hôtel échevinal. Des charpentiers y plantaient un mât très élevé, autour duquel ils groupaient des matières inflammables, notamment de vieux tonneaux remplis de goudron. On y ajoutait une quantité plus ou moins considérable, selon l'importance de la fête, de cires, de suifs, de térébinthes, pour former des lampions et obtenir d'éclatantes illuminations. On se procurait ainsi, sans aucun risque de dommages, le spectacle d'un incendie. D'ordinaire, ces feux étaient allumés pour célébrer les victoires, les traités de paix et la naissance des princes. En 1624, c'est par un feu de joie qu'on célèbre la naissance de l'infante d'Espagne, et en 1662, la naissance du Dauphin. Le 24 juin 1625, procession et feu de joie pour la reddition de la ville de Bréda. Dix tonneaux alimentèrent ce feu de joie. En 1714, sur l'ordre des magistrats des Provinces-Unies et *pour la victoire remportée en Espagne*, flambe un magnifique feu de joie, dont le coût est de 298 livres 7 sols. En 1534, on célèbre par un feu de joie la victoire de Guastella et la prise de Philisbourg. Cette récréation coûte 226 livres 14 sols. En 1676, on avait également célébré par un feu de joie la victoire de Turenne, sur les Allemands. Celui-ci n'avait coûté que 55 livres. En 1745, les conquêtes du roi donnent lieu à des fêtes splendides dont le programme portait un feu de joie qui coûta 153 livres 10 sols. Pendant la guerre de la succession d'Autriche, alors que les victoires et les prises de villes étaient fréquentes, on en alluma dix à douze dans une seule année. Ces fêtes se prolongeaient quelquefois pendant de longues soirées où bûchers, illuminations, pétards et fusées s'enflammaient sur la Grand'Place.

Il y avait aussi le feu de la St-Jean auquel les autorités de la ville ne manquaient pas d'assister pour lui imprimer un caractère officiel. C'était, dans toute la ville, une acclamation enthousiaste quand le feu s'enflammait. Cependant la dépense faite pour le feu de la St-Jean était moindre que celle exigée pour les feux de joie. En 1673, la ville ne payait que 18 livres pour le feu de la St-Jean. En 1752, la dépense, un peu plus considérable, n'était encore que de 50 livres.

IV

De toutes les fêtes célébrées par nos pères, les plus brillantes étaient celles qui avaient lieu, à l'occasion des premières entrées solennelles des seigneurs. Cette entrée était pour eux une véritable prise de possession. Ils juraient de maintenir les droits, franchises, libertés de la commune; les bourgeois et échevins s'engageaient, par serment, vis-à-vis d'eux, à leur être fidèles, s'efforçant, en même temps, de rehausser cet hommage par l'accueil empressé et par les dons magnifiques qu'ils leur faisaient.

Lorsque les seigneurs de Béthune devinrent des souverains, leur entrée prit les proportions d'une marche triomphale. C'est ainsi que Charles-Quint, seigneur de Béthune, fut acclamé par toute la population béthunoise, lors de son premier passage dans nos murs. Mais ce fut surtout à l'entrée des rois de France, devenus plus tard seigneurs de Béthune, que ces manifestations populaires devinrent plus éclatantes. Le peuple ne manqua jamais cette occasion pour manifester à ses princes l'attachement profond, le culte pour ainsi dire, qu'il avait pour eux. Les cris de *vive le roi!* furent si chaleureux à l'entrée de Louis XV, que le roi y répondit en criant : *Vive Béthune la Française!*

Dans la première partie de cette histoire, nous avons donné la description du cérémonial suivi dans ces fêtes, nous ne voulons pas nous répéter; nous tenons seulement à faire remarquer que, lors de l'entrée des princes, la ville devait racheter les objets, tels que les clefs, qu'elle leur présentait en hommage à cette occasion. En 1499, Philippe-le-Beau faisait remettre aux échevins la moitié du prix des clefs qu'ils lui avaient offertes. Au moment où les princes, après avoir été harangués aux portes de la cité par un orateur attitré, pénétraient dans les rues, les cloches des églises, des monastères et du beffroi sonnaient à toute volée, les canons tonnaient sur les remparts. De chaque côté des rues, la milice faisait la haie; les pavés étaient recouverts d'une couche de sable qui en dissimulait les aspérités, et les maisons étaient tendues, comme au jour de la Fête-Dieu, de tapisseries ou de bandes de toiles. De distance en distance s'élevaient des arcs de triomphe artistement décorés. La marche triomphale de nos rois se terminait à l'église St-Barthélemy. Le prévôt, entouré des membres de cette collégiale, les recevait sur le parvis, et après les avoir respectueusement complimentés, les conduisait dans le chœur, où un riche prie-Dieu leur était préparé. Après le *Te Deum* solennellement chanté, les princes montaient au rempart pour y inspecter les fortifications, et se rendaient ensuite au logement qui leur était destiné, dans les temps anciens, au château, résidence du gouverneur, plus récemment, à l'hôtel St-Floris, chez le prince de Ghystelle dont les vastes et splendides appartements étaient appropriés pour les royales réceptions.

Le séjour des princes était une occasion pour nos autorités locales de leur faire connaître les besoins de la ville et d'obtenir des privilèges. C'est ce que firent nos échevins, lors du passage à Béthune de Charles-Quint auquel ils adressèrent une requête à l'effet d'obtenir un dégrèvement d'impôts.

Les passages des princes entraînaient des dépenses qui, du reste, étaient beaucoup moins considérables qu'on ne le suppose. Elles ne montèrent, en 1549, qu'à 610 liv. 17 sols 1 denier, pour l'entrée à Béthune de Charles-Quint et de Philippe, son fils, prince d'Espagne.

L'attachement que les Béthunois portaient au roi de France éclatait surtout dans les fêtes qu'on célébrait à l'occasion de la naissance de l'héritier présomptif de la couronne. Elles dépassaient en magnificence celles que l'on donnait pour le sacre et le mariage du monarque lui-même. On saluait l'avenir plus encore que le présent. La naissance du dauphin de France, en 1662, fut célébrée de la manière la plus splendide. Cortèges de toutes les corporations, feu de joie, tout y fut prodigué.

Les entrées dans Béthune des princes du sang, des gouverneurs de la province d'Artois, des évêques, des intendants, des gouverneurs de la ville et d'autres personnages de distinction, donnaient lieu à des cérémonies du même genre, mais proportionnées au rang du personnage.

En 1501, Nicolas le Ruistre, visite Béthune. Les magistrats en robe vont à sa rencontre, et lui offrent douze cannes de vin.

Le 13 mars 1564, François Richardot, évêque d'Arras, fit sa première et solennelle entrée à Béthune. Le prélat fut reçu près de la chapelle de N.-D. du Perroy par le gouverneur, les officiers du roi, les échevins, mayeurs et prévôt, le chapitre de St-Barthélemy, le clergé de la paroisse, les membres des communautés. Il se revêtit, dans la chapelle du Perroy, de ses ornements pontificaux, traversa la ville processionnellement, au milieu d'une foule immense, pieusement agenouillée sous sa bénédiction. Il se rendit à l'église St-Barthélemy où l'on chanta le *Te Deum*.

Le 17 mars 1579, Mathieu Moulard, évêque d'Arras, fit sa première et solennelle entrée à Béthune où il reçut les honneurs dus à sa dignité.

Le 24 avril 1606, Jean Richardot, évêque d'Arras, faisait sa première visite épiscopale à Béthune, où les honneurs dûs à sa dignité lui furent également rendus.

Le 22 juillet 1619, Herman Ottemberg, évêque d'Arras, faisait sa première visite épiscopale, à Béthune, où il présidait, ce jour-là, une procession faite en actions de grâces de la cessation d'une épidémie qui ravageait la ville depuis le commencement de cette année.

Le 2 janvier 1628, Paul Boudot, évêque d'Arras, visita pour la première fois cette ville. Les échevins, se rendirent en costume officiel au prieuré du Perroy où Sa Grandeur était descendue, la veille. Le greffier Hanotte lui adressa un discours ; le prévôt du chapitre le harangua en latin ; l'évêque répondit également en latin; la procession se mit en marche dans l'ordre suivant : les PP. capucins, les cordeliers, les curés et vicaires de St-Vaast et de St-Pry, les vicaires-chapelains et chanoines de St-Barthélemy en chape noire et d'or qu'ils ont coutume de porter en pareille cérémonie. Il y eut *Veni creator* et bénédiction du très Saint-Sacrement. L'évêque donna la confirmation et reçut une pièce de vin.

Le 14 octobre 1730, François Baglion de la Salle, évêque d'Arras, fit sa première entrée à Béthune où il fut reçu selon le cérémonial accoutumé. Un détachement de dragons alla à sa rencontre jusqu'aux limites de la banlieue et l'escorta, au milieu d'une foule immense, jusqu'à la maison du prévôt de la collégiale St-Barthélemy où il descendit. Les autorités vinrent l'y complimenter. Les magistrats lui présentèrent les vins d'honneur. Il fut ensuite conduit processionnellement à l'église St-Barthélemy où fut chanté le *Te Deum*.

Le 4 mai 1774, Louis de Conzié, évêque d'Arras, fit sa visite pastorale à Béthune où il présida les prières publiques que lui-même venait d'ordonner pour la guérison du roi dangereusement malade.

Au mois d'avril 1803, Mgr de la Tour d'Auvergne, visitait pour la première fois la paroisse de Béthune, au milieu d'un immense concours de peuple dont les sentiments religieux se manifestèrent avec un grand éclat et de la manière la plus touchante.

Le 24 janvier 1852, Mgr Parisis, évêque d'Arras, fit son entrée solennelle à Béthune où il fut accueilli avec la plus grande vénération par toutes les autorités et par la population tout entière.

Les entrées des gouverneurs dans Béthune donnaient également lieu à de magnifiques cérémonies. Tentures de tapisseries, dais et arcs de triomphe, salves d'artillerie par les miliciens, harangues par les autorités, gratifications de vins de courtoisie ou d'honneurs, banquet à la halle échevinale, tel était le précis ordinaire du programme suivi dans ces réceptions.

Le 30 juillet 1571, Ferdinand de Lannoy, comte de Laroche, gouverneur général de l'Artois, fit sa joyeuse entrée à Béthune.

En décembre 1584, Alexandre Farnèse, gouverneur général des Pays-Bas, passa par Béthune où il fut harangué par Wallerand Monpetit, échevin et conseiller pensionnaire de la ville.

Le 22 novembre 1594, don Gaston Spinola, fit son entrée solennelle dans Béthune, en qualité de gouverneur de cette ville. La réception fut glaciale de la part des bourgeois qui, tous, réclamèrent contre la nomination de cet espagnol faite en dehors des présentations des Etats d'Artois. Pour donner à leur réclamation un caractère plus irritant, Messieurs du Magistrat offrirent, le jour de cette entrée, une coupe d'argent à M. de Bonnières pour le remercier de ses bons services comme gouverneur intérimaire. Aucune courtoisie ne fut votée par les échevins en faveur de Spinola.

Le 24 mars 1600, Florent de Berlaimont, gouverneur de la province d'Artois, fit solennellement sa première entrée à Béthune. On lui offrit un banquet à la halle échevinale, et les échevins avant de se mettre à table, lui firent don d'une coupe en vermeil.

Le 9 octobre 1604, le comte Frédéric de Berghes, gouverneur général de l'Artois, faisait, en cette qualité, sa première entrée à Béthune.

Le 17 septembre 1607, le comte de Boussu faisait, en qualité de gouverneur de Béthune, son entrée solennelle dans cette ville. Les échevins lui offrirent une coupe en vermeil et une autre de même valeur à sa noble épouse. Pendant le banquet qui fut donné en son honneur dans une des salles de la halle échevinale, les enfants de la maîtrise de la collégiale St-Barthélemy chantèrent plusieurs morceaux d'harmonie; ils reçurent de la ville une gratification de 60 sols.

Le 6 août 1624, le comte de Hoochstraete, gouverneur général du pays d'Artois, fit sa première entrée à Béthune. Elle fut très solennelle. Les jeunes gens, âgés de vingt ans, au nombre de trois cent cinquante, commandés par un des leurs, nommé Hugues Pollart, les arquebusiers, les archers, les canonniers, sous le commandement de leurs connétables respectifs, les porteurs au sac dirigés par les quatre hommes de leur confrérie, suivis des échevins, prévôt, mayeurs en robe, des officiers, des chapelains, du maître des ouvrages, des messagers de l'échevinage, tous à cheval, allèrent à la rencontre du gouverneur, jusqu'aux limites de la banlieue proche de la fontaine de St-Eloi. Ils étaient précédés de deux trompettes. Jean Hannotte, greffier de la ville, harangua le gouverneur en ces termes :

« Hault et puissant seigneur, Monseigneur,
« Echevins, prévost et mayeurs de la ville de Béthune,
« tous respectueusement présents et en corps de loy
« ayant été avertis de la visite de Votre Excellence pour

« cejourd'huy faire sa première entrée en la ville com-
« me gouverneur et capitaine général de cette province
« d'Artois, luy sont venus faire la révérence pour et
« au nom de toutte la communauté des bourgeois, ma-
« nants et habitants, et présentent à Votre Excellence
« leurs bien humbles services, la suppliant de la même
« humilité d'avoir toujours la ville, bourgeoisie et
« communauté en favorable recommandation. »

« Sur quoy, est-il écrit dans nos archives, Son Excellence aurait fet quelque response de remerciement avecq offre de semployer au service de la ville le cas s'offrant. Il y eut alors des salves d'arquebusade par les josnes gens et porteurs au sacq estant rangés et en ordre, en certains champs au sus endroit de St-Eloi. » Arrivé à la porte des fers, le gouverneur général fut salué par une salve de dix pièces de canons placés sur la plate-forme de cette porte et sur le rempart, près du mont des Récollets. Le Père vicaire des Cordeliers attendait en chape, entouré de ses religieux, dans la rue des Fers, à l'entrée de la ruelle qui conduisait à son église, le gouverneur-général auquel il présenta « certaine croix pour la faire baiser par Son Excellence. » L'affluence était énorme dans la rue des Fers et dans celle de l'Enganerie. Sur la Grand'Place où la population presque tout entière était massée, les arquebusiers furent divisés, pour leur tir, en trois sections; la première, composée de dix hommes, fut placée près de l'hôtellerie du *Cigne*; la deuxième, composée de vingt-deux hommes, prit position près de la maison du Constantin; la troisième, composée de vingt-quatre hommes, près de la maison de la gouvernance. Les jeunes gens, les porteurs au sac et les membres des *confréries* rangés et mis en ordre autour de la Grand'Place, faisaient, en même temps, leur salve d'arquebusades à croc. De cet océan de têtes partait une immense clameur. C'était une explosion d'enthousiasme, d'applaudissements, de joie délirante, effrénée. La vie municipale pleine de force et d'éclat se déployait avec une pompe indescriptible.

La manifestation était imposante. Le gouverneur général se rendit alors au château où il résida pendant son séjour dans cette ville. A son arrivée dans cette splendide demeure, il fut honoré d'une nouvelle salve d'arquebusades. Quelques instants après, Messieurs du Magistrat en robes échevinales et suivis de leurs officiers lui rendaient leurs respectueux hommages M. Hannotte, leur greffier, fut de nouveau chargé de le complimenter. Ce qu'il fit en ces termes :

« Hault et puissant seigneur, Monseigneur,
« Echevins, prévôt et mayeurs de cette ville de
« Béthune, tous ici en corps de loy très joyeux de
« l'arrivée de Votre Excellence en ladite ville luy sont
« de nouveau venus faire la révérence et présenter
« leurs très humbles services, la suppliant d'avoir
« toujours ladite ville, bourgeois et habitants en fa-
« vorable recommandation, et de vouloir prendre en
« gré le petit banquet préparé pour ce soir en l'hostel
« de ville ». Ce que Son Excellence accepta de bonne grâce, faisant en même temps plusieurs « offres de
« s'employer au service de la ville et de messieurs du
« magistrat tant en général qu'en particulier, les oc-
« casions s'offrantes ». « Et à l'instant, pour citer toujours les archives, Son Excellence accompagnée de tous les gentilshommes l'ayant assisté à son entrée, sont sortis du château et venus en halle échevinale à pied, suivie aussy de Messieurs du Magistrat et de leurs officiers; et avant se mestre à table luy fust offert respectueusement par lesdits sieurs du Magistrat une coupe d'argent doré pesante quarante-neuf onces douze escalins, achetée en la ville de Lille au prix de quatre florins quinze sols l'once. » Sur le couvercle de cette coupe étaient gravées les armes de la ville. Elle

fut présentée à Son Excellence par Maximilien de Gennevières, officier et premier échevin, qui lui fit une petite harangue sur ce présent. Au banquet furent invités les gentilshommes de la ville, les curés de St-Barthélemy et de St-Vaast, le prévôt du chapitre de St-Barthélemy, les deux prieurs de St-Pry « présentement régnant », l'un d'eux étant parent de Son Excellence ; les capitaines des trois confréries, le connétable des jeunes gens et porteurs au sac, les deux commis aux œuvres extraordinaires, le maître de la grande école latine, celui de la table générale des pauvres, en un mot les convives étaient en si grand nombre qu'il fallut quatre tables pour les placer commodément. Pendant ce souper, plusieurs musiciens de la ville firent entendre sur divers instruments les plus beaux morceaux de leur répertoire.

Cette fête parut si attrayante que nos échevins décidèrent de la continuer le lendemain par un autre banquet semblable qui eut lieu à midi, dans la même salle de l'hôtel de ville. Le soir de ce beau jour, un chanoine de St-Barthélemy, nommé Lucien Stephano, invita Son Excellence le gouverneur général à souper chez lui. Le lendemain, à 9 h. du matin, Messieurs du Magistrat assemblés en corps de loy se rendirent au château pour y présenter leurs salutations au comte de Hoochstraete qui allait partir pour Lillers où il était attendu. Ce fut encore leur greffier qui porta la parole en leur nom :

« Hault et puissant seigneur, Monseigneur,

« Echevins, prévost et maieurs de cette ville de
« Béthune, tous icy en corps de loy, sont de rechief
« venus baiser les mains à vostre Excellence, et pré-
« sentant le très bien humble service, la remerciant
« de sa bonne visite et suppliant d'avoir toujours la-
« dite ville, bourgeois et habitants en favorable re-
« commandation ; voulant au surplus assurer votre

« Excellence qu'ils sont et sont à jamais très humbles
« et obéissants serviteurs et sujets à Sa Majesté, et
« que pour son service, ils exposeront corps et
« biens. » de quoy ce haut dignitaire « en aurait
fait le remerciement auprès du Magistrat avec semblables offres comme cy devant et dict. » Il fut accompagné, à son départ, par les jeunes gens et les trois confréries jusqu'au « vent de bise, où lui fut donnée par chaque compagnie une salve d'arquebousade. »

La ville donna en courtoisie aux *jeunes gens* dix-huit cannes de vin. Mais s'appuyant, en même temps, sur une ordonnance échevinale, elle exigeait de chacun des absents le paiement d'une amende de soixante sols. Les canonniers reçurent la même quantité de vin. Les archers, les arbalétriers et les porteurs au sac ne furent gratifiés séparément que de douze cannes de vin. Aucune courtoisie ne fut faite aux gentilshommes, la ville préférant les inviter à un souper, *selon la coutume ordinaire*, comme il est dit dans les archives (1).

Le 18 mai 1627, le comte de Ste-Aldegonde, gouverneur général du comté d'Artois, faisait, avec le même cérémonial, sa première entrée à Béthune. La coupe qui lui fut offerte par la ville fut également achetée à Lille. Le prix n'en est pas indiqué dans nos archives. Les convives, au repas donné par la ville, furent un peu moins nombreux. Il ne fallut que trois tables pour tous les invités ; deux furent dressées dans la grande chambre ouverte sur la boucherie, et l'autre dans celle du Conseil (2).

Les entrées des gouverneurs de la ville étaient un peu moins brillantes. Le 22 décembre 1625, M. de Gomicourt faisait, en cette qualité, sa première entrée à Béthune, il fut reçu par les échevins à la porte

---

(1) Arch. municip., BB, 17.
(2) Arch. municip., BB, 17.

des Fers ; il était en carosse. Il mit pied à terre pour entendre la harangue de Jean Hannotte, greffier de la ville.

« Monseigneur,
« Echevins, prévost et maieurs de cette ville de
« Béthune, tous icy présents représentants le corps,
« et communauté de ladite ville, ayant été advertis
« que vostre seigneurie estoit en chemin pour cejour-
« d'huy y faire sa première et joyeuse entrée en qua-
« lité de gouverneur des ville et château dudit Bé-
« thune dont il a plu à Sa Majesté la pourvoir, très
« joieux de sa venue, luy sont venus au-devant faire
« la révérence, et baiser humblement les mains, pré-
« senter à vostre seigneurie leur humble service et la
« supplier d'avoir toujours la ville, bourgeois et ha-
« bitants en favorable recommandation ».

Dans la visite que lui firent les échevins, il leur fit lire les lettres patentes par lesquelles il était investi, comme gouverneur, « de plein pouvoir, autorité, et
« mandement spécial de doresnavant tenir, exercer et
« desservir les Estats ; d'y garder nostre prééminence
« du roi, les règles et droits, de faire administrer
« justice à tous ceux qui le requéreront, de soigneu-
« sement garder nostre ville du roi et chastel d'y faire
« et faire faire bon ghuet et garde jour et nuit selon les
« exigences du temps, de contraindre à ce tous ceux
« qu'il appartient ; et éguallement faire bien touttes
« et singulières les choses que bon et leal gouverneur
« bailly et capitaine faire peult et doist faire, et
« qu'aussy estat compétent et appartenent ; aux gages,
« droicts, honneurs, prérogatives, prééminences, li-
« bertés, franchises, proufflits et émoluments accoutu-
« més et y appartenant tant qu'il nous plaira ; et de
« son bien, et duement acquitter en l'exercice de cet
« état...... ».

Au souper qui eut lieu, le soir, à la halle échevinale,

PORTE DU RIVAGE

se trouvaient le prévôt des chanoines de St-Barthélemy, le chanoine Stéphano, les curés de Ste-Croix et celui de St-Vaast, le prieur de St-Pry et celui de Lannoy, les commis aux ouvrages extraordinaires des fortifications, le P. Boucher, recteur du collège des Jésuites, et un de ses confrères, le régent de la grande école latine, le receveur général des pauvres. Le premier échevin offrit au gouverneur, avant le repas, une coupe d'argent doré pesant soixante onces ; le prévôt de la ville en offrit une autre également en vermeil, pesant trente-huit onces treize estaleins, à Madame la gouvernante; l'une et l'autre avaient été achetées à Lille chez Jean Descamps, orfèvre, au prix de quatre florins dix-sept sols six deniers l'once; c'est-à-dire quatre cent quarante-six florins.

Nos magistrats tenaient, pardessus tout, dans ces entrées solennelles, à complimenter leurs nobles visiteurs. Les discours paraissaient être la partie principale du cérémonial qu'ils adoptaient dans ces circonstances.

Nos archives en font ingénuement l'aveu. Nous en citerons le passage suivant qui se rapporte à l'entrée du duc d'Elbœuf, gouverneur général de la province d'Artois.

Le 3 octobre 1696, ce haut dignitaire « estant ar-
« rivé au faubourg de cette ville et prenant un rafrai-
« chissement, Messieurs du Magistrat sont allés en
« corps avec dix cannes de vin pour luy faire compli-
« ment et lui offrir les vins de la ville et estans mes
« dits sieurs arrivés à la maison de Barois où il avait
« mis pied à terre, M. le gouverneur vint déclarer à
« la porte que ledit seigneur ne voulait point de
« compliment sur quoy ils sont retournés en l'hostel
« de ville ; et quelques jours après estant ledit sei-
« gneur de retour et ayant pris rafraîchissement au
« chasteau, M. le major vint dire à Messieurs qu'il ne

« voulait de compliment, pourquoy on n'est point
« allé le saluer ».

Les intendants, à leur entrée, n'avaient pas droit aux honneurs décernés aux gouverneurs. Nos magistrats se bornaient, vis-à-vis de ces hauts fonctionnaires, à une simple visite faite en costume officiel. C'est ce qui eut lieu, le 18 mai 1694, lors de la première entrée dans cette ville de l'intendant Bignon.

Les victoires, les prises de places fortes étaient également célébrées, à Béthune, d'une manière officielle et avec une grande pompe. Il y avait procession, *Te Deum*, feu de joie. Nos pères, qui, par caractère, aimaient les choses de la guerre, étaient heureux de trouver, dans ces cérémonies à la fois religieuses et civiques, l'occasion d'attester leur reconnaissance envers le Dieu des armées et leurs sentiments d'admiration pour nos illustres généraux et nos vaillants soldats. Ces réjouissances eurent lieu, notamment le 31 août 1702, pour la victoire remportée en Italie sur les troupes de l'empereur; le 10 juillet 1703, en mémoire de la victoire remportée sur les Hollandais près d'Anvers; le 13 septembre 1703, pour la prise de Brisach en Allemagne; le 2 octobre 1703, à l'occasion d'une victoire remportée en Allemagne; le 29 novembre 1703, pour une victoire remportée près de la ville de Landau en Allemagne; le 2 janvier 1704, en mémoire de la prise d'Augsbourg en Allemagne; le 20 juin 1704, pour la prise de Suse en Savoie; le 3 août 1704, pour la prise de Verceil; le 10 décembre 1704, en mémoire de la prise d'Ivrée-en-Piémont; le 21 avril 1705, en mémoire de la prise de Veine en Italie; le 29 août 1705, pour une autre victoire remportée en Italie; le 17 janvier 1706, en mémoire de la prise du château de Nice et de la ville de Montmélian; le 6 mai 1706, pour une victoire remportée en Italie; le 10 mai 1707, à l'occasion de la victoire d'Almansa ; le 26 novembre 1707, à l'occasion de la prise de Lérida en Espagne ; le 26 juillet 1708 pour la prise de la ville de Tortosa en Catalogne (1). La fréquence de ces heureux évènements, à cette époque, et leur peu d'importance finit par ne plus autant allécher la curiosité publique.

Si la population acclamait les victoires, elle célébrait les traités de paix avec le plus vif enthousiasme, y trouvant l'espérance de la diminution des impôts et de la prospérité publique. Dans ces circonstances, la pompe municipale se déployait avec toute sa splendeur, et toutes les classes de la société, unies dans un même sentiment patriotique, jetaient à tous les échos de la cité, le cri mille et mille fois répété de : Vive le roi ! les archives le disent expressément, dans le récit de la fête qui eut lieu en février 1631, pour la paix d'Angleterre. Nos lecteurs auront une idée de ces fêtes par la description de celle qui fut célébrée les 11 et 12 décembre 1697, à l'occasion de la paix conclue entre les rois de France, d'Espagne et d'Angleterre et les Etats de Hollande.

Le 10 décembre 1697, les échevins accédaient à la demande du grand bailli et du lieutenant-général de la gouvernance de Béthune, touchant la sonnerie de la grosse cloche du beffroi, pendant la publication de la paix à la bretèque de l'hôtel de ville.

« Le 11, le carillon et la grosse cloche du beffroy
« ont commencé à sonner depuis dix heures du matin
« — entremeslé entre temps du son des timbales et
« trompettes du régiment de cavalerie de Roquepinne
« lors en garnison de cette ville que lon a fait monter
« audit beffroy — ensuitte tous les violons, aubois et
« joueurs d'instrument que lon at placé dans la galerie
« au dessus de lhostel de ville ont fait plusieurs con-
« certs jusques à onze heures que lors grosses clo-

(1) Arch. municip., BB. 18.

« ches des saints Barthélemi, St-Vaast, Saint-Eloy et
« des couvents de cette ville ont commenché à sonner
« à la volée avec les carillons grosse cloche du bef-
« froy timbales trompettes et instruments jusques à
« onze heures et demie sonnante et lors tout aiant à
« l'instant cessé la ditte paix fut publiée à haute voix
« par le greffier de cette ville, présents Messieurs les
« maire échevins prevost, assesseurs mayeurs revestus
« de leurs robbes échevinales et d'un très grand nom-
« bre de peuple assemblé dans le marché et dans les
« chambres de plusieurs bourgeois entourant ledit
« marché, et la lecture estant achevée, toutes les clo-
« ches, carillons, timbales, trompettes, violons et
« autres instruments ont recommenché à sonner jus-
« ques à douze heures et demy sestant cessé, plusieurs
« baguettes et feux d'artifices du beffroy. »

Le soir, à sept heures, la municipalité donnait un banquet aux autorités. *A la baille du vin*, on but à la santé du roi, tandis que violons, hautbois placés dans la salle du festin, timbales, trompettes au beffroi, tambours devant l'hôtel de ville faisaient entendre des airs d'allégresse ; le carillon et la grosse cloche du beffroi mêlaient leurs voix à ce magnifique concert. L'hôtel de ville était illuminé par de nombreuses lanternes. La population tout entière resta debout une *bonne partie de la nuit* s'associant à cette superbe manifestation.

Le dimanche suivant, 15 décembre, fut chanté solennellement le *Te Deum* dans l'église de St-Barthélemy, où les magistrats en grand costume se rendirent, précédés de leurs massiers, accompagnés des tambours, des arbalétriers, archers et porteurs au sac marchant à leur suite avec leurs drapeaux respectifs. Le *Te Deum* fut chanté à quatre parties, *quatre chœurs*, disent les archives : « Le premier composé de la musique, —
« vocale sans doute ; — le second, de hautbois et au-

« tres instruments; le troisième de trompettes et tim-
« bales; et le quatrième de tambours; le tout posé
« dans les galeries de l'église qui fut ornée extraor-
« dinairement et illuminée de grand nombre de chan-
« delles ». Le feu de joie officiel fut allumé, après cet hymne d'actions de grâces, au bruit du canon, au son des tambours, des trompettes et des violons. Les *drapeaux* ou guidons des arbalétriers, des archers et des porteurs au sac flottaient à la galerie de l'hôtel de ville. La municipalité fit, le soir, dans la grande salle de cet hôtel, un banquet auquel assistèrent les officiers de la gouvernance, les curés de St-Barthélemy et de St-Vaast, les échevins sortis de charge l'année précédente et plusieurs notables de la cité.

Le *Te Deum* fut également chanté le lendemain lundi dans l'église St-Vaast, le mardi dans l'église des Récollets. Les magistrats y assistèrent en robe échevinale et avec leurs flambeaux, selon le cérémonial qu'ils avaient suivi dans l'église St-Barthélemy, le dimanche précédent.

Le traité de paix d'Utrecht fut, pour cette ville, l'occasion d'une fête aussi splendide. La cérémonie religieuse eut pour couronnement une procession des plus magnifiques. La paix de Cambrai, en 1529, avait été célébrée avec non moins d'éclat (1).

Les autres traités de paix que nous croyons devoir rappeler, ne donnèrent lieu qu'à un *Te Deum* officiel, et à un feu de joie : traités de Péronne en 1199; de Pont-à-Vendin en 1211; d'Athies en 1305; de Senlis en 1493; de Cambrai en 1508; d'Arras en 1579; des Pyrénées en 1659; de Nimègue en 1679; de Versailles en 1697.

Il nous semble inutile de nous occuper ici des fêtes révolutionnaires ou politiques, ordonnées par les divers gouvernements qui, depuis un siècle, se sont

(1) *Hist. de Béthune*, t. I, 173.

succédé en France. Il aurait fallu entrer dans des détails que le cadre de cet article ne comporte pas. Du reste, l'essentiel de ce qui concerne ces fêtes a été dit dans la première partie de cette histoire.

CHAPITRE X

Les écoles primaires

I. — De tout temps les lettres et les arts furent en honneur à Béthune et l'enseignement y fut favorisé. — Ecoles des chanoines de St-Barthélemy au XII° siècle. — Aux XVI° siècle les écoles se multiplient dans la ville et dans les faubourgs : Ecole de St-Pry. — Fondation d'Antoine Le Petit. — Ecole de l'Hermitage. — Ouverture de l'école des pauvres dite de l'Ave Maria. — Son règlement. — Sa fermeture. — Autre école. — Délibération de 1772 pour demander des frères de la doctrine chrétienne. — L'Institut des frères ne peut accéder à la demande. — Secours accordés aux recteurs des petites écoles gratuites, de l'école pour les pauvres. — Ecole dominicale, sa fondation, ses ressources, sa direction.

II. — Instruction des filles. — Ecoles tenues par les Conceptionnistes, les Annonciades, les Dames de la paix. — Les sœurs de St-Joseph. — Les institutrices laïques. — Degré de l'instruction de la population. — Libraires. — Imprimeur. — Abandon des écoles de filles après l'expulsion des religieuses en 1791. — Vains efforts des instituteurs laïques. — Réouverture de l'école par une ancienne sœur de la Providence. — Installation de ces sœurs rue des Petits-Becquereaux. — Fondation de M. l'abbé Wourm. — Continuation de son œuvre par M. l'abbé Marin. — Pensionnat laïque. — Pensionnat des sœurs de la Providence. — Pensionnat des Ursulines. — Ecole des Orphelins. — Salle d'asile.

III. — Donation de M. l'abbé Wourm pour l'ouverture d'une école de garçons. — Installation des frères de la doctrine chrétienne. — Agrandissement de l'établissement par M. l'abbé Marin. — Subvention de la commune et de l'Etat. — Bénédiction solennelle du nouveau bâtiment. — Reconnaissance de la ville envers M. l'abbé Wourm. — Expulsion des frères. — Ouverture d'une école libre.

1

De tout temps, les études et les exercices littéraires furent en grand honneur dans cette ville. Au XII° siècle, Guillaume II, seigneur de Béthune, et son frère *Conon* ou *Quesnes*, consacraient leurs loisirs aux romans de chevalerie ou à de légères et gracieuses chansons. Un peu plus tard, Everard de Béthune, se rendait également fameux par ses poésies et par une grammaire grecque qu'il avait composée en vers latins. La poésie latine et française brillait donc à Béthune du plus vif éclat dans ces temps reculés. L'on ne peut contester aux seigneurs de cette ville la gloire de leur fécond patronage en faveur de cette double littérature.

Les arts, mieux appréciés encore que la poésie, leur sœur, étaient généralement et fort bien cultivés dans cette ville. Nos ouvriers du moyen-âge avaient des notions exactes et très étendues sur l'ornementation architectonique; ils imprimaient un caractère artistique sur des ouvrages qui ne paraissaient guère susceptibles d'en recevoir, sur les fortifications de la ville par exemple, se proposant ainsi de montrer, par ces œuvres, créées à l'aide de leurs instruments de travail, ce qu'ils sauraient faire, les armes à la main, en cas d'attaque de la part des ennemis de la France.

Mais ce n'est pas seulement par le talent de ses écrivains et de ses artistes que cette cité s'est rendue très recommandable; toujours, une de ses plus vives préoccupations fut de favoriser le progrès et la diffusion de l'enseignement à tous ses degrés. Nous ne prétendons pas que toutefois l'instruction primaire fut très répandue à Béthune avant l'invention de l'imprimerie. Antérieurement à cette belle découverte, il fallait s'en tenir, pour apprendre à lire et à écrire, aux manuscrits qui, étant fort rares, n'étaient mis qu'entre les mains des hommes de métier, tels que les clercs, les juges, les tabellions.

Cependant, dès le xiie siècle, plus anciennement peut-être, il y avait des écoles à Béthune. En 1207, à l'occasion d'un différend survenu entre plusieurs membres de la collégiale de St-Barthélemy, le cardinal Raoul de Neuville, évêque d'Arras, porta cette sentence arbitrale : « La donation d'écoles faites au cha-
« pitre regarde les vieux chanoines et non les jeunes.
« *donatio scholarum spectat solummodo ad veteres ca-*

« *nonicos, itaque novi canonici nihil prorsus habent* ». Evidemment il s'agit d'écoles déjà établies et non de celles qui le seraient plus tard. En 1216, le grand-chantre de St-Barthélemy était chargé de diriger et de surveiller ces écoles, *qui scholas regit*.

Dès les premières années du xiii° siècle, Béthune avait donc des maîtres enseignant aux enfants la lecture, l'écriture et un peu de calcul.

Les écoles enveloppaient alors, comme un immense réseau, tout le pays. Il y en avait à Lens, à Merville, à Hazebrouck, à Cassel (1).

Les nobles, pas plus que les non nobles, n'étaient hostiles aux lettres. Ils se sont associés d'une manière brillante au mouvement poétique du Nord : témoin *Guillaume et Quênes de Béthune*.... Quant aux prétendus actes qu'ils n'auraient pas signés, sous prétexte que leur qualité les dispensait d'apprendre à écrire, nous n'en avons trouvé aucun de cette nature dans toutes nos archives municipales. Au contraire, tous les documents où sont intervenus les nobles du pays portent leur signature.

A partir de cette époque, le mouvement vers l'instruction va se développant, sans s'arrêter.

En 1432, plusieurs enfants de « l'escole de St-Bar-« thélemi, tout grans comme petis », au nombre de vingt à trente, avaient cueilli, « outre le gré de la « ville, certains fars d'erbes et plusieurs harcelles ». Plaintes furent portées, à ce sujet, contre *maistre* Baude Lanstais, chantre et *canoine* de l'église *St-Bétrémieu*, sire Pierre de Castel, sire Bertran Le Long, M° Gille de Villoing, sire Willaume Fernagn, sire Pierre Blancquensains, tous prêtres et *portans abit* en ladite église, Jacques Blancquesmains, curé dudit Sainct-Brétrémieu.

Le maître de cette école n'était rien moins qu'illet-

(1) Partage des biens de Robert de Béthune 1319.

tré. En 1438, ce maître, nommé Baude de Lanstais, qui était en même temps *tabellion apostolique* et chanoine, recevait douze sols pour avoir traduit du latin en français, « des écritures et mémores » touchant madame la comtesse de Namur, dame de la ville de Béthune et les chanoines contre Jean Bordaine.

Au XVI° siècle, lorsque l'écriture, grâce à l'imprimerie, devint accessible à tous, on vit naître et se développer un plus grand nombre de petites écoles érigées par des particuliers et d'écoles paroissiales destinées à l'instruction des enfants, riches et pauvres. Cet enseignement, suscité par le clergé, se répandit plus que jamais, non-seulement dans l'intérieur de la ville, mais encore dans les faubourgs.

En 1598, une école primaire fut construite dans le faubourg St-Pry sur le cimetière adjacent à l'église qui était paroissiale. Le chapelain de cette église était chargé, en vertu de son titre, de remplir, dans cette école, les fonctions d'instituteur. Il se nommait, en 1598, Maximilien Lefebvre; en 1610, Adrien Bracquarre; en 1629, Antoine Penant. Le bâtiment n'était pas splendide. Il était couvert d'*estrain*. En 1622, Jean Leschoppier recevait cinq sous pour avoir « re« plaquié les paillens de lescolle sur la cimetière ». La cour avait, pour étendue, *trois verges et trois carts*.

Nous lisons, en outre, dans les comptes de 1598, des archives de cette église : Payé à Jean Tondiez, marchand de bois, pour avoir livré les bois pour faire ladite *écolle*, 28 livres 6 deniers. — Payé à Antoine Chavatte pour douze queneaux pour faire *lescolle*, 36 sols....

En 1560, Antoine Le Petit, premier échevin et prévôt de Béthune, léguait à la ville, par un testament et un codicille, la somme de 2.100 florins, de 40 gros, monnaie de Flandres, pour traitement d'un maître d'école dont les élèves pouvaient être pensionnaires ou externes.

Les échevins, dans une de leurs séances, prirent, à ce sujet, la délibération suivante que nous croyons bon de transcrire : « Considérant que le grand prous-
« fit et utilité qu'il polroit succéder tant en cette ville
« de Béthune que en ceux voisins s'il y avait promis-
« sion de nourriture pour l'entretenement d'un bon
« et suffisant précepteur descolle affin de érudir, ins-
« truire et enseigner en bonnes mœurs et lire les jos-
« nes enffants et aussy pour sollager cette ville... »

Bientôt après, le recteur de cette école fut nommé acceptant les charges contenues en la fondation faite par Antoine Le Petit et aux gages annuels de 200 florins.

L'autorité ecclésiastique locale resta néanmoins investie du droit d'approuver cette nomination et de surveiller la nouvelle école.

Le 15 octobre 1570, les échevins, sur l'avis favorable du grand chantre de la collégiale de St-Barthélemy, autorisent Mathieu Frédevacque à ouvrir une école sous la *maison de l'hermitage*.

Le 4 juillet 1579, les échevins « désirant pourvoir à
« l'instruction des enfants pauvres qu'ils voulaient sé-
« parer de ceux qui étaient de condition plus aisée, non
« pour favoriser la superbe des riches, mais pour que
« ceux-ci ne fussent pas exposés au contact des vermines
« des pauvres », firent l'acquisition d'une maison située dans la rue de la Calendre, adjacente à la rue Poterne, pour en faire, à cet effet, une école. L'instituteur devait recevoir les enfants pauvres des deux sexes, le nombre ne pouvait être limité que par l'étendue du local. S'il lui restait de la place, il pouvait prendre comme pensionnaires, moyennant rétribution, vingt autres enfants, ainsi que le faisaient les autres maîtres d'école. Il lui fallait cependant pour cela le consentement du Magistrat, des superintendants et des commis aux pauvres. Apprendre à ces enfants la lec-

ture, l'écriture, l'orthographe, les premières règles de l'arithmétique, les articles de foi, les pratiques de la religion, des bonnes mœurs, de la civilité, tel était le programme d'enseignement qui lui était imposé. Il devait tout particulièrement porter ses élèves à respecter, à honorer les gens d'église, les commis aux pauvres, les vieillards qu'ils trouveraient sur leur chemin. C'était pour eux une leçon pratique et journalière d'honnêteté et de politesse.

En outre, cet instituteur devait conduire les enfants à l'église, les dimanches et les fêtes et la veille de ces jours. Le jeudi de chaque semaine, ses élèves étaient tenus d'assister, sous sa surveillance, à deux saluts du St-Sacrement dont l'un était célébré à l'église St-Vaast, et l'autre à celle de St-Barthélemy. Avant de sortir pour assister à ces offices, ils devaient chanter le *Veni Creator*; à leur rentrée, c'étaient l'antienne *da pacem* suivie de l'oraison *Deus à quo sancto*, et le psaume *De profundis* avec l'oraison *fidelium* qu'ils devaient réciter pour leurs bienfaiteurs.

Chaque dimanche après les vêpres, cet instituteur comparaissait devant les administrateurs pour leur rendre compte de la situation de son école, des mœurs, de la conduite et de la santé de ses élèves.

Ces enfants portaient un habit de drap sur lequel se voyait la marque de la ville.

Ils assistaient, lorsqu'on demandait leur présence, aux services funèbres, et prenaient part aux pains et aux dons qu'on distribuait à cette occasion. Pendant cette distribution, le maître qui avait droit, comme eux, à un pain, les faisait chanter le *De profundis* suivi de l'oraison des *défunts*, pour celui ou celle qui était décédé. Cette pratique était très touchante.

Ils portaient aussi, dans les services, lorsqu'on leur en faisait la demande, des cierges ou des *brious*, rapportant ensuite le drap ou l'argent qu'ils recevaient et qu'ils devaient, par l'intermédiaire du maître, rendre, le dimanche suivant aux administrateurs de la *pauvreté*.

Les enfants malades étaient transportés à l'hôpital St-Jean. La nourriture que les pensionnaires recevaient dans cette école était saine et abondante. Ils avaient, à leur déjeuner, du pain et du beurre ; à leur dîner, un potage, de la chair salée, du lard ou du bœuf frais ; au rechiner (goûter), du pain et du fromage ; au souper du pain et du beurre ou ce que le maître trouvait bon. Les jours maigres, on leur donnait des œufs et du poisson. Au dîner et au souper ils avaient, chaque jour, de la bière ; aux heures extraordinaires, c'était de la bouillie.

Il était ordonné aux maîtres d'envoyer leurs apprentis à cette école qui, pour eux, durait deux heures par jour, de neuf heures à onze heures. Pour les autres enfants la classe commençait, le matin, à 8 h. et se terminait à 11 h.; l'après-midi, elle s'ouvrait à une heure et demie et se fermait à cinq heures.

Le maître d'école avait un logement gratuit pour lui et sa famille, et recevait pour traitement annuel, payé en quatre termes « du fermier du vin deux renchers portant chacun 26 livres parisis faisant 58 florins, 10 sols tournois; du fermier de la bière, au lieu d'un rencher de 10 livres parisis, la somme de 11 florins, 5 sols; et du fermier des grains, au lieu d'un rencher de quatre sols, la somme de 80 florins, 19 sols. »

En outre, il recevait, de l'administration, chaque semaine et pour chaque enfant, la somme de 10 sols pour leur nourriture, le feu, le blanchissage et tous autres entretiens de propreté.

On lui fournissait les lits, le linge pour chaque enfant.

Il avait droit à 200 fagots provenant des bois de Béthune et qui devaient lui être fournis au prix ordinaire, avant les maisons religieuses et les bourgeois.

Il était exempté du guet et de la garde, ainsi que de l'assise de la bière destinée à son ménage et à ses écoliers.

Cette école, dite de l'*Ave Maria*, eut pour premier instituteur Ferry Legrand qui, le 4 juillet 1579, prêta son serment professionnel entre les mains du Magistrat.

Après deux siècles environ d'une existence à peu près irréprochable, il arriva que cette école fut si mal tenue que, par lettres-patentes, on ordonna sa suppression.

La ville avait encore une école communale primaire dont elle avait acheté le local, en 1678, au prix de 300 livres, à Guillain Faulbain, chanoine, et qui était situé près de l'église St-Barthélemy. Cette école, à son début, était dirigée par Olivarius, professeur à Douai.

Ces établissements scolaires, si florissants qu'ils fussent, étaient loin de suffire aux besoins de la population enfantine. Nos échevins le comprirent. Aussi le 13 novembre 1772, prenaient-ils, de concert avec le maire, la délibération suivante dont nous donnons intégralement le texte : « Pour aviser aux moyens les plus
« propres pour donner une éducation convenable à
« la jeunesse de cette ville dont la plus grande partie
« croupit dans l'ignorance la plus crasse, faute de
« faculté dans la plupart des pères et mères, ont ré-
« solu et délibéré de former en cette ville un établis-
« sement aussi nécessaire qu'avantageux pour l'ins-
« truction de la jeunesse et à cet effet de convenir
« avec les frères de la doctrine chrétienne de la ville
« de Rouen pour en avoir en cette ville quatre ou
« cinq et pour leur demeure de demander à sa Ma-
« jesté les terrein, emplacement et bâtiment du col-
« lège, auquel effet ont prié M. de Bardoul, maire de
« cette ville, de se transporter incessamment en la
« ville d'Arras, pour conjointement avec les sieurs

« Amas et Baubrey, échevins de cette ville et députés
« à l'assemblée générale des Etats, supplier Monsei-
« gneur l'évêque d'Arras de prêter ses bons offices
« et employer son crédit pour l'obtention dudit col-
« lège et l'établissement desdits frères. Ont signé de
« Bardoul, Boidin, de Bailliencourt dit Courcol,
« Mongy ».

Déjà, en 1774, ils avaient pris la délibération suivante : « Les trois compagnies bourgeoises assermen-
« tées étant supprimées, il était avantageux à la
« commune de pouvoir disposer de leurs maisons et
« terreins pour les vendre et de leur produit établir
« une école gratuite qui serait dirigée par les frères
« de la doctrine chrétienne de Rouen ».

A cette époque, le programme de l'enseignement
des frères des écoles chrétiennes, ne dépassait pas un
certain niveau. Mais ce programme, limité à la lecture, à l'écriture, à l'arithmétique, à la langue française, avait cet avantage d'être appliqué par des maîtres soigneusement préparés, dans leur Institut, à
l'enseignement de ces matières, et qui, par la régularité de leur vie commune non moins que par leurs
études professionnelles, offraient aux familles et aux
magistrats des garanties qu'on ne trouvait pas toujours
chez les maîtres laïques.

Malheureusement, l'Institut des frères dont le personnel enseignant était encore très restreint en 1772,
ne put pas accéder à la demande, si pressante et si
appuyée qu'elle fût, de nos échevins.

Cependant, il fallut fermer l'école de l'*Ave Maria*.
Le 16 juillet 1773, le magistrat rappelle, dans une
séance échevinale, qu'en vertu de lettres-patentes
cette école était supprimée. Le maître laïc fut renvoyé.
On alloua une rente viagère de cent francs à la femme
de service, nommée Catherine Mazingarbe.

Au lieu de fermer cette école qui, jadis, avait eu

son utilité, n'eût-il pas été préférable de reviser, pour l'améliorer, son règlement d'administration. C'est en effet ce que décidèrent nos échevins, revenant ainsi sur leurs précédentes délibérations.

Le curé de Sainte-Croix, nommé administrateur de cette école, eut, seul, la gestion des comptes appartenant à cet établissement. C'est en cette qualité que, le 12 décembre 1791, sur un ordre de la municipalité en date du 1er de ce mois, M. Delétoille, curé de cette paroisse, rendit ses comptes.

En 1788, les administrateurs de cette école avaient été autorisés à la reconstruire sur le même emplacement, *rue de la Poterne*.

Nos échevins, toujours soucieux de la diffusion de l'instruction, venaient en aide aux recteurs des petites écoles. En 1755, ils allouaient 50 livres à Gilbert, maître d'école « pour six mois de son logement « à lui accordés pour avoir enseignés six pauvres en- « fants gratis ». En même temps, « ils allouaient « 4 livres à Philippe Malbrancq, pour achat d'une « paire de souliers en faveur d'un enfant pauvre qui « fréquentait l'école de l'*Ave Maria*; une livre dix « sols pour raccommodage d'une grande marmite ap- « partenant à cette école; 14 livres pour livraison « d'une marmite à l'usage de cet établissement; 12 « livres pour la nourriture d'un petit enfant pendant « trois mois ».

Parmi les maîtres des petites écoles, il y en eut un dont la classe fut fréquentée journellement, dans certaines années par 96 élèves. Si le nombre de ses écoliers eût dépassé la centaine, il aurait eu droit à une subvention municipale pour obtenir un sous-maître.

Les écoles n'étaient tout à fait gratuites que pour les pauvres. L'école qui, leur était spécialement affectée, était à la charge de l'administration des biens de la pauvreté de cette ville. On lit dans les comptes des

Bois dérodés, année 1652-1653, dépenses : à Antoine de Sevelenghes, échevin et receveur général des biens de la pauvreté de Béthune « pour estre employez à la « réfection de l'escolle desdits pauvres » 80 livres.

Plusieurs de ces enfants étaient logés, nourris et habillés dans cette école. On lit dans les muniments des comptes des bois dérodés, 1706 : « Enfants en-« tretenus à l'école des pauvres pendant le mois « d'août 1706, 8 garçons et 6 filles, à raison de « 3 sols 4 deniers par jour ».

Béthune possédait, en outre, une école dominicale ouverte, comme son nom l'indique, chaque dimanche, à tous les enfants. Cette école fut fondée au XVe siècle par différentes personnes qui, successivement, léguèrent divers biens pour son maintien. En 1687, les revenus annuels des biens lui appartenant s'élevaient à 1,903 livres 3 sols. Le but de cette institution était de donner l'instruction religieuse à tous les enfants mais notamment aux pauvres. Les images, distribuées à ceux qui, régulièrement, assistaient à ces catéchismes, exigeaient une dépense d'environ 18 livres par an. On distribuait également chaque année, mais uniquement aux pauvres qui s'étaient fait remarquer par leur assiduité, des bas, des souliers, des chemises, des vêtements. Avant l'arrivée des Capucins à Béthune, c'est-à-dire avant l'année 1595, c'était un des membres du clergé de St-Barthélemy, qui remplissait l'importante mission de catéchiste dans la chapelle de St-Eloi. Les Capucins, dès leur arrivée, furent chargés des catéchismes qui, toujours, eurent lieu dans la même chapelle, rue des Fers ou d'Arras. Ils recevaient, chaque année, une allocation qui, en 1718, fut fixée à 24 livres, selon le mandat délivré, pour cet objet, au P. Jean-Baptiste, capucin. La dépense, dans la même année, pour les souliers aux enfants pauvres qui avaient fréquenté le catéchisme, s'éleva à 59 livres 5 sols. Les livres distribués à ces enfants ne coûtèrent que 8 sols.

Le catéchiste, prêtre séculier ou régulier, fut assisté dans tous les temps, pour la surveillance, de trois maîtres laïques et de deux maîtresses également laïques. En 1687, ces maîtres, qui se nommaient Aubin, Stanena et Grubee, reçurent, chacun, pour leur assistance annuelle, 10 livres. Les maîtresses, qui s'appelaient alors Isabiau Floris et Marie Dubrule reçurent, séparément, 7 livres 10 sols.

En 1593, les échevins rendirent une ordonnance par laquelle il était enjoint aux enfants de fréquenter exactement cette école dominicale. Une amende de 3 deniers était infligée à leurs parents par chaque absence.

Les enfants qui fréquentaient cette école dominicale se rendaient également, chaque jour, aux autres écoles pour y apprendre *à lire, à écrire et à compter.* S'ils étaient pauvres, on les initiait au tissage du lin, de telle sorte que, pour eux, l'école était réellement professionnelle.

II

L'instruction des filles n'était pas plus négligée que celle des garçons. En 1323, les Conceptionnistes dont l'établissement principal était situé près de la porte St-Pry, sur l'emplacement actuel de l'hospice, tenaient dans leur vaste couvent un pensionnat auquel elles avaient annexé, sous leur direction, une école pour les enfants pauvres.

Les Annonciades, établies à Béthune en 1515, avaient pareillement, rue de la Délivrance, un fort beau pensionnat où elles recevaient un grand nombre d'Anglaises catholiques. Elles avaient ouvert une classe gratuite pour les enfants pauvres.

Les Bénédictines réformées dites *Dames de la paix*

du St-Esprit, arrivées à Béthune en 1624, ouvrirent immédiatement un pensionnat pour les riches, et des classes gratuites pour les filles pauvres.

Ces congrégations religieuses venaient ainsi successivement apporter aux jeunes filles les bienfaits de l'instruction et surtout ceux de l'enseignement catholique. Animées du double amour de Dieu et du prochain, elles apprenaient à leurs élèves à mieux connaître leur religion, à lire et comprendre les prières contenues dans les livres, à acquérir les éléments de l'écriture et de l'arithmétique, la bonne tenue dans leur maintien, la modestie jointe à un sage abandon dans leurs paroles et leurs actions.

En 1689, trois sœurs de St-Joseph arrivaient à Béthune pour y diriger une école dite de St-Joseph, fondée par Marie-Claire de Morenval, veuve du seigneur de Vallero, et située dans la rue des Petits-Becquereaux. Ces religieuses furent remplacées en 1764 par les sœurs de la Providence de Rouen. L'instruction qu'elles y donnèrent aux filles des deux paroisses de Béthune, était tout à la fois religieuse et *scholastique*, comme on disait alors. Leur école, qui était gratuite, eut un succès que ne purent obtenir les instituteurs laïques des garçons. C'est qu'à Béthune, à cette époque, le caractère religieux était jugé nécessaire pour relever la maîtresse d'école, l'entourer de respect et la protéger.

Pourtant, il y avait dans cette ville plusieurs institutrices laïques et leurs établissements méritaient la bonne renommée dont ils jouissaient dans tout le pays. On nous pardonnera de citer de préférence, celle de Melle Deretz, où notre excellente mère, originaire de Cuinchy-lez-Labassée, commença son éducation pour la finir dans un des grands couvents de la ville.

Chacune de ces écoles, tout en conservant son cachet particulier, imprimait dans les âmes de ses élèves ce caractère commun de simplicité, de dignité, qui les formait si bien à la vie d'épouses et de mères, quand elles n'avaient pas de vocation pour le cloître, et qui les rendait tout à la fois si vénérables et si aimables au foyer domestique.

Au reste, pour se rendre compte de la diffusion de l'instruction à Béthune, il suffit de consulter les archives de la paroisse de St-Pry et les registres paroissiaux de St-Vaast et de Ste-Croix. En 1502 et dans toutes les années suivantes, les marguilliers et les autres fidèles de St-Pry dont les noms figurent sur les registres de l'église de ce faubourg savaient tous signer. A partir du mois de septembre 1677, les parrains et marraines dans les autres paroisses, apposaient, sauf de rares exceptions, leurs signatures au bas des actes de baptême. Si nous ne remontons pas plus haut c'est que, dans les temps antérieurs, on n'exigeait pas que ces actes fussent signés par les parrains et marraines.

En 1694, les principaux bourgeois, appelés à délibérer sur une demande de 910 *septiers de blé*, faite au nom du roi par l'intendant Chauvelin, se réunissent et signent tous de *leurs noms* la décision prise par eux. Les signatures qui, toutes sont très bien faites, annoncent de la part de leurs auteurs une instruction réelle (1).

Nos pères, dans les âges les plus reculés, s'intéressaient au culte des lettres; ils aimaient les livres et se plaisaient à les lire. Au xvi° siècle, il y avait une librairie à Béthune. Le 15 mars 1569, une visite était faite, en vertu d'ordres du duc d'Albe, chez Robert Levesque, libraire dans cette ville, pour saisir les livres contraires à la religion catholique qui pourraient se trouver chez lui. En 1629, le receveur de l'église St-Pry payait 55 sols à Antoine Lefebvre pour

(1) Renseignements et pièces justificatives n° XI.

avoir relié deux missels appartenant à ladite église. En 1734, les échevins allouaient 100 livres à Joseph Deleau, *en considération de son établissement* de libraire.

On lit dans les archives du Nord de la France que dans le xvi° siècle il existait une imprimerie à Béthune. Il y est dit que Jean Leclercq, dit *Clérici*, confesseur des sœurs de l'Annonciation de Béthune, a composé l'*Instruction des petits enfants*, imprimée à Béthune, par Pierre Dupuis. Ce livre était un de ceux qui, après le catéchisme, tenaient la première place dans nos écoles primaires.

On donnait des tables aux enfants qui apprenaient à écrire ; les autres n'avaient que des bancs.

A partir de 1791, les écoles primaires de filles, privées de leurs maîtresses congréganistes qui, pour s'être refusées à prêter le serment constitutionnel, avaient été violemment expulsées de la ville, furent presqu'abandonnées par leurs anciennes élèves.

Le 7 novembre 1791, Catherine Duclermortier, d'Auchy-lez-Labassée, Thérèse Coquerelle de Gouy-Servins, Elisabeth Duclermortier, d'Auchy-lez-Labassée, furent nommées institutrices, en remplacement des sœurs de la Providence. Leur école resta déserte.

Louis-Joseph Coquerelle, de Gouy-Servins, fut nommé instituteur de l'école des pauvres. Un second instituteur fut placé par les officiers municipaux dans une autre école. Le nombre des élèves, dans chacune de ces deux écoles de pauvres, ne s'éleva pas au-dessus de vingt. C'est-à-dire que l'enseignement primaire, conservé, pour la forme, en droit, était, en fait, presque supprimé. Quant à l'éducation religieuse ou simplement morale, elle avait complètement disparu de ces écoles.

Le conseil d'arrondissement de Béthune exprimait, à ce sujet, en l'an ix (1801), sa profonde désolation

dans les termes suivants : « On ne peut voir sans gé-
« mir la nullité absolue dans laquelle est tombée la
« partie si intéressante de l'éducation morale des en-
« fants depuis la Révolution ».

Cependant l'orage qui avait tout détruit à Béthune,
s'était apaisé. Les écoles qui, avant la Révolution,
avaient été l'objet constant de la sollicitude de nos
assemblées municipales, se rouvrirent avec une nouvelle organisation. Les écoles des garçons restèrent
sous la direction d'instituteurs laïques parmi lesquels
nous citerons M. Dubois, chantre à l'église St-Vaast.

En 1802, une ancienne sœur de la Providence,
sœur Guilbert, originaire de Béthune, ouvrit une
école, non dans le local occupé par ses compagnes
avant la Révolution, mais dans une maison en location
près du *marché au beurre de pot.*

Au mois de septembre 1806, la supérieure générale de la congrégation des sœurs de la Providence
de Rouen, qui en 1804, fut légalement rétablie,
envoya à Béthune, pour aider sœur Guilbert, une
seconde sœur nommée Fromont.

Le 2 octobre 1806, leur école s'ouvrit dans ces conditions.

La Municipalité leur procura, dans la rue des Petits-
Becquereaux, un logement convenable qu'elle loua
300 fr. et dont elles prirent possession au commencement de novembre 1807. La ville exigea pour toute
condition que ces bonnes sœurs instruiraient gratuitement trente jeunes filles pauvres. Leur école, à cette
date, était fréquentée par cent enfants distribuées par
moitié en deux classes.

En 1824, l'administration municipale installa ces
excellentes institutrices dans une maison donnée à la
ville par M. l'abbé Wourm, vicaire de la paroisse
St-Vaast, pour être mise à usage d'école gratuite et
religieuse en faveur des filles. Les classes de ce nouvel

établissement d'éducation furent ouvertes le 1ᵉʳ octobre 1824.

En 1842, M. Marin, vicaire de la paroisse St-Vaast, continuateur admirable des œuvres de l'admirable M. Wourm, fit rebâtir à ses frais, la maison des sœurs de la Providence, instituée pour être dirigée par ces institutrices congréganistes. Cette reconstruction nécessita une dépense de vingt-cinq mille francs.

La bénédiction de ce magnifique établissement et de la chapelle fut faite solennellement le 7 avril 1842, par son Eminence Mᵍʳ de la Tour d'Auvergne, cardinal, l'Evêque d'Arras, en présence de MM. de Bellonnet, maire de Béthune, Maës, curé grand-doyen de Béthune, et Dissaux, chanoine d'Arras, originaire de Béthune.

Cette école, parfaitement dirigée, reçoit gratuitement toutes les filles de la cité.

Indépendamment de cette école communale, la ville, depuis la Révolution, compta, dans ses murs, plusieurs pensionnats de jeunes filles dont les directrices furent successivement Mᵉˡˡᵉ Outrebon, Mᵉˡˡᵉ Griselle, Mᵉˡˡᵉˢ Boulanger. Toutes, ont rempli leur mission à la satisfaction générale des familles. A Mᵉˡˡᵉˢ Boulanger a succédé dernièrement Mᵉˡˡᵉ Dégez.

Le 18 octobre 1858, les sœurs de la Providence de Rouen ouvrirent un pensionnat, rue des Treilles, dans la maison abandonnée, le 23 juin précédent, par les sœurs de St-Vincent de Paul.

En 1869, les religieuses Ursulines dont la Maison-mère est à Arras, ouvrirent également un fort beau pensionnat au faubourg du Perroy, sur l'emplacement de l'ancien prieuré qui, autrefois, desservait la chapelle de Notre-Dame du Perroy.

Les filles de la Charité avaient, dans leur maison, depuis leur arrivée à Béthune, une école uniquement ouverte aux jeunes orphelines. Ces bonnes sœurs, qui reçoivent dans leur noviciat une sorte d'éducation professionnelle, présentaient les meilleures garanties d'instruction. Leur école, jugée bonne par l'inspecteur primaire, fut fermée, en 1882, malgré ce témoignage officiel, par la Municipalité qui, par cette mesure, voulait donner satisfaction au désir de M. le préfet du Pas-de-Calais.

En 1836, une salle d'asile, appelée aujourd'hui école enfantine, fut établie, rue du Collège, par l'administration municipale. La surveillance en fut confiée à des femmes laïques auxquelles succédèrent les sœurs de la Providence de Rouen qui, elles-mêmes, depuis le mois d'octobre 1888, ont été remplacées par des laïques. Cet établissement, d'après le régime légalement obligatoire de la neutralité, ne donne plus aux petits enfants qui le fréquentent la moindre notion de la religion et ne les initie à aucune pratique religieuse. Toutes les familles en sont désolées, et la plupart des anciennes dames patronnesses de cette institution, se sont retirées, après avoir adressé, pour cette raison, leur démission à la Municipalité.

III

Les écoles de filles, multipliées, depuis le commencement de ce siècle, dans les mêmes proportions qu'avant la Révolution, réalisaient le progrès désiré et entrevu par M. l'abbé Wourm et M. l'abbé Marin. Ces deux honorables ecclésiastiques poursuivirent, dans des conditions identiques, les mêmes progrès en faveur des écoles de garçons. M. l'abbé Wourm, qui comprenait que la question la plus importante pour l'avenir de cette ville, était celle de l'éducation de l'enfance, consacra les derniers restes de sa fortune, déjà consumée presque toute entière en œuvres pies, à la création d'une école chrétienne de garçons. Le

10 mars 1818, il fit donation à la ville de Béthune 1° d'une somme de 4,000 francs; 2° de trois maisons contiguës, sises rue du Marais, à la charge, entr'autres conditions, « d'y établir des classes pour une
« école destinée à l'instruction de la jeunesse de cette
« ville, et dirigée par trois frères de la doctrine chré-
« tienne, et un logement desdits frères; de donner
« aux trois frères sur ladite somme de 4,000 francs,
« celle de 3.600 francs pour leurs frais de voyage et
« d'installation; et d'employer les 400 fr. restant à
« l'acquisition du mobilier des classes ». Par un second acte, en date du 24 janvier 1821, il fit de nouveau à la ville de Béthune, pour être mis à l'usage des frères des écoles chrétiennes, donation d'un jardin et des constructions qu'il s'obligeait à y faire pour l'augmentation des classes et du logement des frères; y mettant pour condition que la ville allouerait un traitement annuel à un quatrième frère.

Par cette donation, M. l'abbé Wourm cédait la maison même qu'il occupait depuis dix-huit ans à titre de propriétaire. Il avait alors 72 ans. Il s'imposa, dans ces conditions, la triste nécessité de se réfugier à l'hôpital de cette ville comme le plus pauvre, le plus dénué de ses concitoyens, et d'y finir ses jours. Y a-t-il rien, dans l'histoire de Béthune, de plus touchant que cette détermination et cette démarche d'un vieillard qui, pour aider à la fondation d'une école communale, sacrifiait ses aises, ses habitudes, ses goûts, et allait s'ensevelir à toujours dans une salle d'hospice?

Le 20 novembre 1819, les frères des écoles chrétiennes prenaient possession, en qualité d'instituteurs communaux, de la maison de ce saint ecclésiastique transformée, avec modification et addition de constructions, en établissement scolaire. Leurs classes furent immédiatement remplies par les nombreux enfants de la ville.

Cette maison d'éducation bientôt eut besoin d'être agrandie et mieux appropriée à son usage. M. l'abbé Marin, associé depuis des années, aux œuvres et, sans le rechercher aucunement, à la gloire de M. l'abbé Wourm, offrit à la ville, en 1842, une somme de plus de dix mille francs pour la reconstruction de l'école. La commune ainsi que l'Etat contribuèrent, par des subventions simultanées, aux dépenses exigées pour la réédification de ce bâtiment, selon le plan exigé par les besoins de l'époque mais, en même temps, conformément aux intentions exprimées par le fondateur dans son acte de donation, de telle sorte que les subsides offerts par M. Marin, par la commune et par l'Etat furent employés pour consolider l'œuvre essentiellement chrétienne de M. Wourm, sans qu'il fût permis, dans aucun temps, d'en faire distraction au profit de la ville ou de l'Etat. Le 17 avril 1843, M. Lequien, sous-préfet de Béthune, posait la première pierre de ce nouveau bâtiment scolaire sur l'emplacement de l'ancien. Le 29 octobre 1844, son Eminence le cardinal de la Tour d'Auvergne, évêque d'Arras, en fit la bénédiction solennelle. Toutes les autorités de la ville, le Conseil municipal, assistèrent à cette belle cérémonie. Dans le procès-verbal, dressé à cette occasion et signé par le cardinal, MM. Lequien, sous-préfet, Bailly, vicaire-général, de Bellonnet, maire, Maës, grand-doyen, Raparlier et Durteste, adjoints, on lit cette phrase : « Cette pieuse cérémonie
« laissera dans tous les cœurs un ineffaçable souvenir,
« cérémonie pendant laquelle tous les assistants con-
« fondaient dans un sentiment de profonde reconnais-
« sance et l'illustre prélat qui dirige avec tant de sa-
« gesse ce vaste et beau diocèse, et l'humble prêtre,
« fondateur de l'école des frères de Béthune, M.
« l'abbé Wourm qui, ami véritable des enfants, afin
« de leur assurer une éducation religieuse et chré-

« tienne, quitta dans ses vieux jours sa maison qu'il
« avait si longtemps habitée ».

Sous l'impression de cet inaltérable sentiment de reconnaissance à l'égard de ce vénéré ecclésiastique, le Conseil municipal prenait, le 28 novembre 1845, la délibération suivante : « Pour perpétuer le souve-
« nir de M. Wourm, ancien vicaire de la paroisse,
« fondateur des écoles chrétiennes de cette ville, il
« sera élevé dans le nouveau cimetière un monument
« en marbre à la mémoire de ce digne prêtre, décédé
« le 13 août 1826, et son corps inhumé dans l'an-
« cien cimetière en sera exhumé et transporté dans
« ce monument. Le Conseil municipal fait la con-
« cession gratuite et à perpétuité du terrain nécessaire
« pour l'établir ».

Cependant le 2 juillet 1880, sur la demande de la Municipalité et l'avis favorable du Conseil municipal, les frères, en vertu d'un arrêté de M. le Préfet du Pas-de-Calais, furent expulsés violemment de leur maison et de leur école. La ville entière protesta, le jour même, contre une pareille mesure, regardée par la population comme un brandon de discorde, comme une torche incendiaire destinée à ne jamais s'éteindre.

Il y eut, dans tout le peuple dont le tempérament est pourtant si paisible, une véritable émeute, telle qu'on ne trouve trace d'aucune semblable dans les annales de cette ville. Toutes les places publiques, toutes les rues, toutes les ruelles retentissaient de ces cris mille et mille fois répétés : « *Vivent les Frères! Vive M. Wourm!* »

Tandis que l'orage populaire grondait dans toute la cité, la justice, saisie, dès la veille, de cette affaire par un des héritiers de M. Wourm, prononçait, par l'organe du juge des référés, contradictoirement aux conclusions de M. le Maire, la réintégration immédiate des Frères dans leur maison. Ce premier jugement, mis à néant, fut bientôt suivi de deux autres, l'un en première instance devant le tribunal de Béthune; l'autre en appel devant la Cour de Douai. La ville, devant ces nouveaux juges, perdit également son procès à l'encontre des héritiers, petits-neveux et petites-nièces de M. Wourm. La Municipalité, sur l'avis du Conseil municipal, en a appelé, en 1883, à la Cour de cassation qui, présentement à la fin de 1891, n'a pas encore statué sur cette affaire. En attendant la décision de la Cour suprême, la ville, malgré les jugements du tribunal de Béthune et de la Cour de Douai maintient, depuis l'année 1880, les instituteurs laïcs en possession de l'ancienne école des Frères.

Devant une telle situation dont il doit y avoir eu peu de précédents dans les fastes judiciaires de la France, M. Herreng qui, toute sa vie, a été l'ami du bien, le bienfaiteur insigne de toutes les bonnes œuvres, mit à la disposition des Frères, le jour même de leur expulsion, une de ses maisons pour être transformée en école chrétienne en faveur des enfants de la ville.

Toutefois, l'ouverture d'une école libre par ces instituteurs congréganistes souffrit des difficultés, la Municipalité ayant fait remarquer à l'autorité compétente qu'une école primaire libre à établir dans un local situé à 95 mètres de distance de l'école communale, lui paraissait être une atteinte à la morale publique [1]. Cette opposition n'eut pas l'effet que l'autorité municipale en attendait. Les Frères ouvrirent dans la maison offerte par M. Herreng une école libre ou, selon le mot légal, *privée* qui fut, aussitôt, remplie d'élèves.

Elle subsiste, ayant, chaque année, les succès les plus remarquables. Des bienfaiteurs généreux et de plus en plus nombreux lui viennent constamment en aide.

[1] Extrait du jugement du tribunal de Béthune en date du 31 mars 1881.

CHAPITRE XI

Instruction secondaire

I. — Ouverture d'une maîtrise sous Daniel ; de la grande école latine de St-Barthélemy, de l'école latine de St-Vaast. — Encouragements donnés par les échevins aux régents et aux élèves. — Ouverture du collège des Jésuites; sa rapide prospérité. — Exercices littéraires des élèves. — Proscription des Jésuites ; fermeture du collège. — Réclamation des échevins aux États d'Artois. — Délibération de l'échevinage. — Édit royal donnant à tous les collèges indépendants une administration uniforme. — Suppression du collège; son remplacement par une pédagogie. — Abandon des études. — Réclamations de la ville appuyées par les États d'Artois.
II. — Rétablissement du collège. — Sa direction par les Pères de l'Oratoire. — Affluence d'élèves. - Science des maîtres. — Leurs succès. — Expulsion des Oratoriens. — Fermeture du collège. — Situation de l'enseignement avant la Révolution.
III. — Un décret impérial rétablit le collège. — Le traitement des professeurs est voté par le conseil municipal. — Le collège ne retrouve pas son ancienne splendeur malgré les dépenses. — Hautes capacités des anciens directeurs. — Fondation d'un collège libre.
IV. — Ouverture d'une école de musique, — d'une école de dessin.

I

L'instruction secondaire ne fut pas plus négligée à Béthune, que l'instruction primaire. En 1219, lorsque Daniel, seigneur de cette ville, eut doté le chapitre de St-Barthélemy de dix livres de rente pour l'institution d'un chantre, les chanoines ouvrirent, au n° 1 actuel de la rue de la Délivrance, une maîtrise où furent admis gratuitement de nombreux enfants auxquels on enseignait le chant, la musique et le *latin*.

Presque dans le même temps, fut établie, comme il est dit dans les archives communales, la grande école latine de St-Barthélemy. Les chanoines fournirent le local. La ville se chargea de pourvoir, à ses frais, aux réparations de la maison et aux traitements des régents. En 1578, elle payait 4,274 livres 10 sols 10 deniers obole pour travaux de *maçonnerie, de charpente* et autres exécutés à la grande école latine ; 328 livres en 1722, pour acquisition de 20,500 briques employées à la consolidation de cette école. Les gages des régents variaient, selon les temps, de 100 à 120 livres.

On les choisissait indifféremment parmi les ecclésiastiques et les laïcs. En 1452, le chanoine Baude de Lanstais était le régent de cette école qui eut pour maîtres, en 1525, Pierre de Manchicourt; en 1547, Jehan Malpar; en 1571, Laurent; en 1574, Vespasien Clément ; en 1600, Jean Théret, prêtre; en 1650, Frédéric Leroy; en 1665, Julien Obry, prêtre; en 1667, Julien Colbry.

Il y avait, en outre, depuis la construction de la nouvelle église St-Vaast dans l'intérieur de la ville, une seconde école latine qui était sous le patronage et la surveillance du curé de cette paroisse. En 1546, le régent de cette grande école St-Vaast se nommait Michel Cambon, prêtre ; en 1548, Pierre Tiretaine. Leurs gages étaient les mêmes que ceux de leurs collègues de St-Barthélemy. C'était le curé de St-Vaast qui, seul, pourvoyait à toutes les dépenses de son école.

Ces écoles, particulièrement destinées aux enfants de Béthune, recevaient cependant des élèves étrangers. En 1565, on y trouvait Adrien d'Oigny, *estudiant* de feu monseigneur le marquis de Renty.

Les élèves de ces deux écoles prenaient part, dès le xvie siècle, aux représentations des mystères qui, fréquemment, à cette époque, avaient lieu sur les places publiques et dans les rues de cette ville. Nos échevins encourageaient ces représentations. En 1525, Pierre de Manchicourt, maître de la grande école de St-Bar-

thélemy recevait une gratification de douze sols; « pour
« certains jus et esbatements par lui et ses escoliers
« faits au-devant de halle, le jour du dimanche gras,
« xi de février ».

En 1546, quatre cannes de vins récompensaient le
régent pour avoir fait jouer par ses élèves une moralité
faisant mention de l'Annonciation de la Vierge Marie.
Michel Gambon, régent et maître de la grande école
de St-Vaast ne recevait que deux cannes de vins pour
avoir fait jouer par ses élèves « un jus moral avecque
« la farce joieuse ».

Si la ville, dans des circonstances mémorables, faisait des gratifications aux régents et maîtres des deux grandes écoles latines, elle se plaisait également à encourager, par ses récompenses, les élèves fréquentant les classes supérieures de ces écoles. En 1459, elle allouait vingt sols aux élèves de l'école St-Barthélemy pour avoir joué « jus de rhétorique ». Le 18 août 1529, à l'occasion de la paix qui, ce jour-là même, avait été conclue à Cambrai, entre le souverain pontife, l'empereur, les rois de France, de Hongrie et d'Angleterre, MM. de l'échevinage ouvrirent un concours entre les rhétoriciens, leur proposant pour sujets de composition auxquels des prix étaient attachés 1° une ballade sur ce refrain :

Par paix est joint l'aigle à la fleur de Lys

Un écu d'argent empreint d'une aigle de sable liée par un nœud d'amour à un lys devait être la récompense du vainqueur.....

2° une petite ballade sur ce refrain :

Seiges dames sont à prisier

Le vainqueur recevrait un écu d'argent de la valeur d'un tiers d'once sur lequel seront gravées deux femmes tenant l'emblème de la paix....

3° un rondeau sur ce refrain :

A l'empereur soyons fidèles

Le vainqueur devait recevoir un écu d'argent à l'effigie de l'empereur.

4° Une moralité touchant la paix. Ceux qui la joueront le mieux devaient recevoir un écu d'argent représentant un beffroi et les armes de la ville.

5° La plus belle compagnie qui viendra en ville recevra un cheval d'argent.

Nos échevins, voulant encourager de toutes manières les études supérieures des enfants de Béthune, plaçaient, en 1603, trois d'entre eux, les plus méritants, au collège d'Anchin ; et y payaient leur pension ; ils faisaient une gratification de quarante livres à Jean Lesur, originaire de Béthune, étudiant en l'université de Douai, pour leur avoir dédié sa thèse de philosophie qu'il avait développée et soutenue avec succès au collège d'Anchin devant les professeurs de ladite université.

En vertu d'une fondation d'Antoine Lesur, grand chantre et chanoine de l'église de la collégiale de St-Amé à Douai, trois enfants de Béthune étaient admis à faire gratuitement leurs cours de théologie à Douai.

La ville payait également, avec les ressources de la caisse municipale, la pension du fils de Jean Reculé, élève en théologie.

En 1606, les Jésuites arrivaient à Béthune avec l'intention d'y établir un collège. Dans ce but, pour s'attirer l'affection des Béthunois, ils se firent catéchistes, prédicateurs, confesseurs, professeurs à la grande école latine (1). Ils assistaient, dès leur arrivée, aux examens subis par notre jeune Béthunois, Jean Lesur cité plus haut.

A cette occasion, la ville leur donna six florins « pour

---

(1) Arch. municip., BB. 18. — Lettres de l'archiduc Albert adressées, en 1611 à M. de Bossu, gouverneur de Béthune.

eux récréer. » C'était une sorte de don de bienvenue qui devait les encourager dans la poursuite de leur projet. En 1616, ils ouvrirent leur collège dans une maison que leur donna Jean de Looy, abbé de Chocques, et qui était située dans la *Froide-Rue*, appelée aujourd'hui rue de l'Université. Un établissement, quelqu'il fût, n'étant pas censé fondé jusqu'à ce qu'il eût été suffisamment doté pour assurer sa subsistance, les cours d'humanités qu'ils commencèrent alors n'étaient que provisoirement tolérés. Leur position, grâce à certaines âmes généreuses qui assurèrent des revenus considérables à cette maison d'éducation, fut régularisée en 1622 par lettres-patentes de Philippe IV, roi d'Espagne, dont la domination souveraine s'exerçait sur l'Artois.

Ce collège était placé sous la protection du seigneur de Labeuvrière. Il répondait trop aux vœux de toutes les familles de la région pour n'être pas unanimement accueilli avec une grande joie. A cette époque, les moyens de communication n'étant point faciles, les pauvres et même les riches aspiraient au moment où ils pourraient garder, sans trop de frais, leurs enfants pour les faire instruire auprès d'eux. Les deux grandes écoles latines, qui ne s'ouvraient qu'à un nombre restreint d'élèves, ne présentaient pas aux parents les mêmes garanties de capacité et de régularité que celles des Jésuites. Il y eut donc tout de suite un entraînement général de la population qui se porta vers le collège de ces religieux. La ville leur octroya, en 1622, une rente annuelle de 500 francs; et fit reconstruire, en 1627, à ses frais, les sept classes de l'établissement. Quatorze Jésuites dirigèrent ce collège devenu bientôt un centre où toute la jeunesse studieuse de la ville et des environs fut heureuse de venir converger ; sa prospérité fut telle qu'on y compta jusqu'à trois cents élèves.

Encouragés par de tels succès, les Jésuites commencèrent, en 1692, à bâtir une église pour leur collège. L'abbé de Chocques, le duc de Melun, le prince de Ghistelle, le marquis d'Houchain-Longastre, le comte de Diéval contribuèrent de leurs deniers à l'achèvement et à la décoration de cet édifice religieux. Les magistrats de Béthune donnèrent deux mille livres pour cette œuvre.

Cette église, qui était de style grec, avait soixante-six mètres environ de longueur et trente-trois de largeur. Elle n'avait qu'une seule nef. Le jour y pénétrait par des fenêtres pratiquées à une grande hauteur au-dessus de l'entablement.

Le 30 juillet 1724, elle fut bénie par Me Gonduin, doyen de chrétienté et chanoine de St-Barthélemy. Les échevins assistèrent à la cérémonie ainsi qu'à la procession qui se fit autour des quatre puits de la Grand'Place ; on célébra ensuite une messe très solennelle « au son des tymbales, trompettes, basses, vio-
« lons et autres instruments et voix ».

Les élèves donnaient, à certaines époques de l'année, des exercices littéraires auxquels le maire et les échevins se plaisaient à assister. Ils débitaient des colloques, des dialogues, des disputes, des pastorales, et même des tragédies. Ces exercices avaient le mérite, selon l'appréciation des maîtres, d'apprendre aux jeunes gens à former leur maintien et à parler avec assurance en public. Les élèves qui représentaient des tragédies prenaient le titre de *confrères de rhétorique*. Mais ces exercices dont on abusait ne développèrent-ils pas ce goût de la déclamation et de cette affectation d'éloquence qui se déployèrent à l'aise dans les discours emphatiques des orateurs de notre société populaire pendant la Révolution? Quoiqu'il en soit, nos échevins, aux xviie et xviiie siècles, se faisaient un honneur de récompenser les élèves des Jésuites qui

jouaient la tragédie. Le théâtre de leur collège, construit aux frais de la ville, était le plus vaste et le plus beau de la province Wallonne. Les comptes de la ville 1701-1702 portent pour cette dépense les chiffres suivants : « A Henri Biscop, maître peintre, demeurant à
« St-Omer et à sa fille, pour peindre les décorations
« du théâtre de la grande salle des écoles des Jésuites
« 150 livres; aux charpentiers, 1.000 livres ; au me-
« nuisier, 500 livres ; aux maçons, 480 livres 12 sols;
« au serrurier, 100 livres; au vitrier, 100 livres;
« fourniture d'étoffes pour le théâtre de la grande
« salle, 104 livres 10 sous ». Dans un autre compte, 1724-1725, se trouve la mention suivante : « Prix
« des livres et images acceptés et distribués à la tragé-
« die de St-Remi que les RR. pères Jésuites ont dédiée
« à MM. du Magistrat et autres frais, 230 livres ».
Dans la même année 1724, la ville accorda 60 livres aux élèves des Jésuites qui, depuis un an, avaient joué la tragédie. Cette allocation continua d'être votée, chaque année, par l'échevinage.

Parmi les préfets des études qui, tous, firent honneur à ce collège, nous citerons volontiers le P. Florent Vaillant. Né dans cette ville, en 1591, il remplit cette charge, depuis 1645 jusqu'en 1652, date de sa mort.

L'instruction était plus prospère que jamais dans le collège de Béthune, lorsque la proscription des Jésuites, comme instituteurs, suscitée par les hostilités des philosophes auxquelles leur ordre était en butte, en amena la fermeture, en vertu d'un édit du 1er avril 1762. Nos échevins le regrettèrent vivement. Deux mémoires furent adressés aux trois ordres des Etats d'Artois, établissant que les arrêts rendus contre les Jésuites et relatifs à la suppression de leur collège de cette ville ne devaient pas être considérés comme valables en Artois, par cette raison que cette province possédait une juridiction souveraine, exclusive de toute autre, en matière criminelle et de police. Il n'est pas besoin d'ajouter que cet argument et les conclusions qu'il comportait furent impitoyablement repoussés.

Cependant la ville, désolée du vide amené par l'expulsion des Jésuites, chercha, sans retard, sinon à le combler, du moins à le rendre moins profond. L'échevinage prit, à ce sujet, le 24 août 1762, une délibération importante (1), dont les conséquences ne furent pas de longue durée.

Au mois de février 1763, un édit parut qui donnait à tous les collèges indépendants de l'Université une administration uniforme. D'après l'article V de cet édit, chaque collège devait être dirigé, non plus par les échevins, mais par un bureau qui, selon les prescriptions particulières pour Béthune, fut composé de cinq membres nommés par l'échevinage, du conseiller-pensionnaire et du procureur du roi, syndic. Les cinq échevins, élus en séance, le 5 septembre 1763, par leurs collègues, furent messieurs Dellisse, Saint-Léger, Lebas, Rose et Dubus, *premier échevin*. « Dubus et
« Saint-Léger — dit la délibération — administreront
« pendant leur vie et même après qu'ils auront cessé
« d'avoir fonctionné audit échevinage, et les trois au-
« tres susnommés échevins administreront pendant
« leur exercice à l'hôtel de ville seulement et à leur
« portée de l'échevinage, seront successivement rem-
« placés par d'autres officiers en exercice de la ville
« qui seront choisis et nommés par le corps de ville
« à la pluralité des voix. Dans ce bureau prendront
« place le conseiller-pensionnaire et le procureur du
« roy syndic, officier permanent et perpétuel de la
« ville ; et auquel bureau assistera le principal du
« collège qui sera nommé par ledit bureau pour y re-

(1) Renseignements et pièces justificatives n° XII.

« présenter ce qu'il trouvera convenable pour l'avan-
« tage du collège et la manutention de la police et
« discipline, sans qu'il puisse néanmoins y avoir voix
« délibérative. »

Suivent 14 articles réglant les attributions de ce bureau. Elles ne différaient guère de celles dont jouissait précédemment le corps de ville.

La science pratique de la gestion et du gouvernement de ce collège manquait à ces administrateurs ; leur zèle, pour cette raison, ne fut pas fructueux. Les plaintes ne tardèrent pas à être formulées contre l'insuffisance de l'enseignement donné par les nouveaux régents. Quelques-uns d'entre eux, pour ce motif, furent renvoyés. En 1766, le personnel enseignant se composait de :

Carlevant, principal et régent de rhétorique;

Guerin, régent de poésie ou de seconde;

Morel, régent de syntaxe ou de troisième;

Mannier, régent de grammaire ou de quatrième;

Delangle, régent de figure ou de cinquième et de sixième.

Leur enseignement fut également trouvé insuffisant, et leur discipline défectueuse.

Cette situation, qui tous les jours ne faisait que s'aggraver était devenue presqu'intolérable, lorsque, par un édit de l'année 1768, le collège de Béthune fut supprimé. Ses revenus furent donnés à celui d'Arras qui, par ordre du roi, s'engagea à recevoir vingt boursiers *béthunois*. Il ne resta dans notre petite ville qu'une simple pédagogie c'est-à-dire quelques classes inférieures de latinité. Trois P. Récollets furent chargés de ce professorat. Ce petit collège fut bientôt presque désert. C'est ce qui détermina l'autorité municipale à l'offrir comme école primaire, en 1772, aux disciples du Bienheureux de la Salle. Nous n'avons pas trouvé cependant dans nos archives communales cette phrase citée, à ce sujet, par M. Deramecourt : « La ville de Béthune, en 1772, se plai« gnait de ses *huit cents* enfants qui privés de toute « instruction, croupissaient dans une vile ignorance ».

II

Néanmoins les réclamations contre cet état de choses étaient vives et réitérées, de la part de la ville, auprès des autorités supérieures. Appuyées comme elles devaient l'être par les Etats d'Artois, elles furent enfin écoutées. Au mois de juin 1777, le roi ordonna le rétablissement du collège de Béthune. La direction, selon le désir unanime des pères de famille qui demandaient pour ce collège des prêtres réguliers, en fut confiée aux Pères de l'Oratoire qui entrèrent en fonctions le 4 novembre suivant. A l'instant même, cet établissement retrouva son ancienne splendeur. Les élèves ne tardèrent pas à y affluer de tous les côtés. Le chiffre de 300 écoliers fut presqu'aussitôt atteint de nouveau. Les professeurs et les élèves étaient placés sous la direction et surveillance de deux pères dont l'un portait le nom de supérieur et l'autre celui de préfet. Le P. Alexis Balland, nommé supérieur en 1777, l'était encore en 1792, date de la fermeture du collège par la Révolution. Philippe Lebas dit, dans son dictionnaire, que cet Oratorien était aussi distingué par ses talents que par sa modestie. Il en était de même de tout le personnel enseignant dans ce collège où les élèves recevaient une première éducation presque complète, de telle sorte qu'après leurs cours de philosophie dans une autre institution, ils étaient capables de devenir, par leurs propres efforts et par leurs seules forces, tout ce que leurs familles et la France voulaient. Les Oratoriens ainsi que les Jésuites, leurs prédécesseurs, enseignaient, dans ce bel établissement, les langues latine, grecque et française. Un professeur spécial, aux gages de cent francs, y faisait un cours d'anatomie. Les mathématiques y avaient leurs chaires. Les expériences célèbres de l'électricité, et la découverte des ballons et la descente d'un de ces aérostats en 1784, à Beuvry, ouvrirent des perspectives nouvelles aux esprits qui se portèrent alors avec un grand élan vers les sciences. L'histoire, la géographie avaient également leur place dans notre collège. Ces connaissances, sans être précisément en relief, s'y donnaient cependant, reliées qu'elles étaient aux autres notions littéraires et scientifiques. Elles étaient, pour ainsi dire, fondues, insinuées et transmises, sous des formes diverses, avec les autres enseignements. Se servant, comme disait M. Joubert, de toutes les cordes musicales, on faisait résonner les touches de toutes les dispositions. On enseignait les sciences utiles; mais on savait qu'il est une science plus utile, c'est celle de l'humanité. On faisait, ses humanités, comme on disait alors.

C'est par l'effet d'une telle éducation, c'est par cette succession ininterrompue de générations, non pas savantes, mais amies du savoir et habituées aux plaisirs de l'esprit, que se sont multipliés en France et notamment à Béthune, par la tournure naturelle de nos pères, ces caractères où rien ne paraissait exceller, mais où tout, dans son obscurité et peut-être même par son absence d'ostentation, était exquis. Cette réunion de qualités où l'on ne trouvait rien de distinct avait un charme qu'on eût vainement cherché dans un assemblage publiquement condensé des mêmes qualités.

Instruits avec quelque lenteur, sans grand déploiement d'efforts, et d'une manière presqu'insensible, les élèves se croyaient peu savants et se conservaient modestes. Leurs études scolaires terminées, ils commençaient ailleurs leur philosophie, avides de science et pleins d'un affectueux respect pour leurs anciens et pour leurs nouveaux maîtres dont ils admiraient le savoir.

La jeunesse de ce temps-là avait des enthousiasmes accompagnés de bonheur. Mais ses enthousiasmes, inspirés tout à la fois par la science et par la religion, ces deux sœurs inséparables, étaient doux, et sous cette double influence, ses félicités étaient paisibles. Les élèves, même ceux dont l'intelligence était le moins douée, goûtaient les délices de l'étude ; ils cultivaient en eux avec une âpreté voluptueuse les semences de bon goût et de morale qu'ils avaient à faire fructifier. Ils entretenaient, par la plus louable opiniâtreté, leur mémoire de ce qui leur avait été enseigné de beau, de grand, de noble, d'émouvant ; ils avaient leur part, si minime qu'elle fût, aux jouissances littéraires. Les professeurs mesuraient la dose de science qu'ils avaient à distribuer à leurs élèves sur la capacité de chacun d'eux ; et personne parmi ces écoliers ne restait absolument illettré et incapable d'admirer. Le surmenage des esprits dont se plaignent aujourd'hui les célébrités universitaires, n'était pas connu à cette époque de vraie sagesse où tout était mesuré, pour être distribué dans les collèges, selon les règles de la sobriété.

« Ces succès à qui les devait-on, s'est demandé
« M. Joubert ? A la méthode, au choix de l'ensei-
« gnement, aux hommes qui enseignaient, s'est-il ré-
« pondu à lui-même. C'est aux corps ecclésiastiques
« enseignants, particulièrement aux Jésuites, aux Ora-
« toriens qu'il faut attribuer la gloire de cette éduca-
« tion littéraire qui a pour but de donner aux esprits
« et aux âmes humaines une teinture de ce que les
« poètes, les orateurs, les historiens et les moralistes
« de l'antiquité ont eu de plus exquis, teinture qui,
« certes, embellissait les mœurs, les manières et la
« vie entière ».

Ces professeurs ecclésiastiques cités par Joubert faisaient leurs délices de ces beautés littéraires et se consacraient avec les mêmes délices à leur enseignement. Le temps de leur professorat était pour eux une succession ininterrompue d'enchantements; et de ce doux état de leur âme naissait en eux une aménité de caractère, de mœurs, de langage, de style, de goûts et de manières qui se communiquait, avec leur savoir, leur lumière, leur zèle, non-seulement à leurs élèves, mais, en même temps, à tout le personnel enseignant, car le bien est de soi communicatif; les modèles ont toujours des imitateurs.

Que n'a-t-on pas dit cependant pour contester et même nier non-seulement les succès de nos anciennes écoles primaires et secondaires, mais leur existence elle-même. Eh! à quoi bon combattre des calomnies, ces conspirations contre la vérité historique dont les auteurs sont les premiers à rire sous leur masque hypocrite, et qui, malgré la bonne envie qu'elles ont d'être méchantes, ne réussissent qu'à être niaises?

Quoiqu'il en soit, le 20 avril 1792, le P. Balland, supérieur de notre collège, rendait les comptes de cet établissement à la Municipalité qui lui en avait fait la demande. Les Oratoriens allaient être chassés; le collège venait d'être fermé. Les revenus de cette institution qui, pour la plupart, étaient prélevés sur des propriétés foncières s'élevaient, d'après un compte-rendu de 1791, à 14,700 livres, ou, *selon les réponses aux questions de l'an IX*, à 18.000 livres. Ces biens étaient, pour la plupart, le résultat des fondations faites, selon les expressions de nos archives, « par des gens d'église ». La bibliothèque n'avait rien perdu de ses ouvrages depuis le récollement fait le 20 juillet 1775, par M. Georges Gille de Labovère, principal du collège d'Arras, commis à cet effet, par les administrateurs du bureau de notre collège, qui s'était fait accompagner de M. Topinot, libraire à Arras. Cette bibliothèque était composée, conformément au premier inventaire dressé en 1768, de 499 volumes in-folio ; 380 in-quarto et 3,599 in-12. Ce qui donne un total de 4,458 volumes. M. Topinot trouva que la qualité ne répondait pas à la quantité.

Le collège, dirigé avec un grand succès par les Oratoriens, fut donc fermé en 1792, après avoir vécu quinze ans sous le règlement suivant :

RÈGLEMENT *du Magistrat de Béthune concernant le Collège, novembre 1777. Heures et durées des classes, des congés et vacances du collège de ladite ville.*

« Art. 1er. — La rentrée des classes se fera chaque année le
« mardy après la St-Remy. Elle sera précédée de la messe du
« St-Esprit.

« Art. 2. — Les écoliers ne pourront être admis dans une classe
« sans présenter à leurs professeurs ou régens une *audiat* du père
« préfet.

« Art. 3. — Les écoliers de seconde, troisième, quatrième, cin-
« quième, sixième et septième entreront en classe le matin à
« 8 h. et 1/4 ; et à 8 h. 1/2 les professeurs et régens entreront avec
« rhétoriciens.

« Art. 4. — A 10 h. 1/2, toutes les classes iront par ordre à la
« messe sous la conduite des professeurs et régens.

« Art. 5. — L'après-midy les écoliers de deuxième, troisième,
« quatrième, cinquième, sixième et septième, entreront en classe à
« une heure trois quarts, et à 2 heures les rhétoriciens entreront
« ainsy que les professeurs et régens.

« Art. 6. — A 4 h., la sortie de toutes les classes.

« Art. 7. — La durée des classes sera toujours de 2 heures, ex-
« cepté dans les grands froids que le P. Préfet pourra, selon sa
« prudence, l'abréger d'un quart d'heure ou d'une demi-heure.

« Art. 8. — Les samedis après midy, à 3 h. 1/2, toutes les
« classes se rendront à l'église dans l'ordre prescrit par l'art. 4 pour
« y chanter les litanies de la St-Vierge.

« Art. 9. — L'association fera dans le même temps les exercices
« de piété qui lui seront particuliers.

« Art. 10. — Il n'y aura qu'un seul congé la semaine qui sera le
« jeudi tout le jour.

« Art. 11. — Lorsque le jeudi il se trouvera une fête, il sera
« congé le mardy après.

« Art. 12. — Si quelqu'autre jour de la semaine il se trouvait
« une fête, il y aura congé le mardi ou le jeudi après midi, au choix
« du P. Préfet.

« Art. 13. — Lorsqu'après deux semaines où il ne sera pas trouvé
« de fêtes et où, par conséquent, il n'y aura eu qu'un seul congé
« chaque semaine, il sera congé le mardi et le jeudi tout le jour.

« Art. 14. — Il y aura en outre congé les veilles de la Toussaint,
« de Noel, du jour de l'An et des grandeurs de Jésus, après midi, à
« moins qu'elles ne tombent le dimanche, il en sera de même la
« veille de la Pentecoste et de la Fête-Dieu.

« Art. 15. — Il sera pareillement congé le lundi et le mardi
« gras, le jour des cendres, celui des morts et le mardi après la
« Pentecoste.

« Art. 16. — Il sera congé encore depuis le Mercredi-Saint in-
« clusivement jusqu'au mercredi de Pâques aussi inclusivement.

« Art. 17. — Les vacances commenceront le lendemain de la dis-
« tribution des prix qui sera par nous fixée avant le 15 août.

« Fait en chambre de l'hôtel commun de la ville de Béthune, le
« 31 octobre 1777. »

A côté de ce collège où les garçons venaient recevoir l'instruction secondaire, des écoles de filles dirigées par les religieuses dont il a été question, dans notre étude sur l'enseignement primaire, faisaient moins de bruit, mais produisaient cependant aussi de fort beaux fruits. La publicité qui est un stimulant utile pour les hommes, n'est bonne qu'à faire sortir la jeune fille de la modestie de son sexe. C'est pourquoi nos pères confiaient de préférence leurs jeunes filles aux Annonciades, aux Dames de la Paix dont la vie, consacrée tout entière, loin des applaudissements du monde, à la prière et à l'enseignement, était faite de vertu et de science, c'est-à-dire de tout ce qui était propre à former, dans leurs élèves, des caractères élevés et des esprits distingués.

Pour préciser davantage notre appréciation sur la situation de l'enseignement à Béthune, avant la Révolu-

tion, ne sommes-nous pas autorisé, par cette étude, à appliquer à cette ville les considérations que faisait, en 1843, à l'égard de toute la France, M. Villemain, dans son rapport au roi sur l'instruction secondaire :
« Avant 1789, l'instruction classique, plus recher-
« chée par le goût et l'habitude des classes riches,
« était en même temps accessible aux classes moyen-
« nes ou pauvres.... tout, dans la tradition et les
« mœurs, secondait l'instruction classique, tout était
« préparé pour elle et la favorisait; le nombre des
« bourses et des secours de toute nature, la fréquen-
« tation gratuite d'un grand nombre d'établissements
« l'extrême modicité des frais dans les autres ».

Cependant la Révolution était venue, prétendant que nos anciennes écoles ne suffisaient pas à la réalisation des destinées nouvelles de la France où la religion, dans un avenir prochain, devait être remplacée, dans tous les établissements scolaires, par la science. Toutes nos écoles auxquelles étaient attachées les fondations des temps meilleurs tombèrent en même temps, et leurs pierres dispersées sur les places et les rues de la cité retracèrent, aux yeux de nos pères, l'image de la ruine et de la désolation de l'antique Jérusalem, soupirées par les lamentations des prophètes.

Toutes les propriétés du collège furent bientôt dissipées comme une poussière emportée à tous les vents. Les livres de sa bibliothèque furent entassés, pêle-mêle, dans un grenier. L'église fut démolie, son emplacement servit plus tard à un champ de foire. Les vandales de la Révolution ne s'étaient pas contentés de chasser les maîtres de la science; ils en avaient dispersé ou détruit les éléments et les œuvres.

III

Cet état de choses était trop préjudiciable à la ville pour se perpétuer. Par un décret du 11 septembre 1805, l'Empereur, faisant droit à une pétition de cette commune, rétablit le collège de Béthune. Le Conseil municipal vota, pour être payée chaque année, une somme de sept mille francs à l'effet d'assurer le traitement des professeurs et la location des bâtiments. Le 4 février 1806, cet établissement fut ouvert, après la célébration de la messe du St-Esprit dans l'église paroissiale. Il fut placé sous la direction de quatre professeurs parmi lesquels se trouvait un directeur ou principal. Leurs traitements annuels furent fixés de la manière suivante par le Conseil municipal : au directeur 1,500 fr.; au second professeur 1,200 fr.; aux deux autres, 1,100 fr.

Le bureau d'administration du collège était ainsi composé : Le Sous-Préfet, le Maire, quatre autres membres nommés, pour la première fois, par le gouvernement, les quatre professeurs.

Voici les noms de ces professeurs :

MM. Hanelle, natif d'Aire, ex-Lazariste, directeur.
  Brige, prêtre, natif de Ruits, ci-devant professeur à Valenciennes.
  Vassasse, natif de Lille, laïque.
  Dupont, ex-Oratorien, remplacé peu de temps après, par M. Leclercq, prêtre.

Au mois d'août 1806, alors que l'année scolaire touchait à sa fin, les administrateurs de cet établissement auxquels, à leurs prières, s'étaient joints M. Coquelet, curé de Béthune, et M. Cuvélier-Delbarre, un des littérateurs les plus remarquables du pays, procédèrent aux examens des élèves, et, sur leurs réponses orales, leurs compositions écrites et autres travaux, réglèrent les places et les prix. Il y eut, en outre, un examen public qui fut, immédiatement, suivi de la distribution des récompenses faite dans la grande salle de l'établissement et présidée par le Sous-Préfet.

Le 28 août 1807, M. Coquelet, curé de Béthune, délégué par l'évêque d'Arras, procéda à la bénédiction d'un oratoire qui fut dédié à St-Vincent de Paul et où Sa Grandeur permit, pour chaque jour, la célébration d'une seule messe, et, plus tard, d'une seconde messe qui devait être dite par M. Brige, et plus tard encore, le chant des vêpres et du salut tous les dimanches mais uniquement pour les élèves.

Ces permissions épiscopales furent précédées d'un décret impérial, en date du 2 juillet 1807, autorisant, sur la « demande du prélat, la célébration de la messe « dans l'oratoire dépendant de l'école secondaire éta- « blie à Béthune ».

Le collège, reconstitué de cette manière, ne retrouva jamais la prospérité dont il avait joui sous les Jésuites et les Oratoriens. L'éducation à Béthune ne s'est jamais bien relevée depuis leur chute. MM. Cayet, père et fils, coopérèrent cependant, plus que tous leurs autres collègues, aux succès relatifs de cet établissement.

Dans sa séance du 25 juin 1841, le Conseil municipal de Béthune autorisa le maire, M. de Bellonnet, à acheter pour le compte de la ville, moyennant la somme de soixante mille francs, les bâtiments de cette institution secondaire occupés, à cette date, par le collège communal et le magasin aux tabacs. Pour couvrir une partie de cette dépense la ville vendait trois petites maisons bâties, vers 1820, sur l'emplacement de l'ancienne prison et dont le produit fut de quatorze mille francs.

Pour donner à son collège le prestige dont il avait besoin, la ville augmenta son personnel enseignant, vota successivement des bourses en faveur des élèves, originaires de Béthune, fit de nouvelles et très coûteuses constructions. Le budget actuel de la commune, au chapitre collège communal, porte le chiffre de 21,200 francs.

Les Jésuites et les Oratoriens qui avaient tout à la fois le souci de la prospérité du collège de Béthune et l'intelligence des conditions auxquelles, cette prospérité est attachée, se préoccupaient tout particulièrement du choix de leur personnel dirigeant et enseignant. Le recteur ou supérieur était toujours un des membres distingués de leur institut. Pour en citer qu'un exemple, le P. Balland, nommé supérieur du collège en 1777, lors de sa réouverture sous les Oratoriens, était aussi distingué par ses talents que par sa modestie (1). Il eut, c'est vrai, ses jours de coupable aberration pendant les années de la tourmente révolutionnaire. Il accepta d'être le vicaire-général de l'évêque Porion, d'autres ajoutent, de Primat, évêque de Cambrai. A Béthune où il résidait il fut un des officiers municipaux de cette ville, on ne saurait toutefois lui reprocher aucun acte de violence criminelle contre les personnes ni les choses de l'ancien régime. C'était un modéré que son excessif amour de la liberté avait aveuglément poussé parmi les odieux sectaires de la Révolution. Le 12 septembre 1793, il fut averti par Broudoux, maire de Béthune, que, malgré son républicanisme avéré, il allait être arrêté comme suspect. Se dérobant à la prison par la fuite, il se rendit à Paris où il vécut ignoré sous la protection de Fouché, son ancien confrère de l'Oratoire. A l'époque du Concordat, Balland fut un des fondateurs du collège de Juilly; il s'y trouvait encore en 1809 à titre de grand préfet des études, quand il fut nommé par l'Empereur, conseiller titulaire de l'U-

(1) Dictionnaire encyclopédique de Philippe Lebas, t. Ier, p. 47.

niversité. Il occupa ce haut emploi jusqu'à sa mort qui arriva en 1814. Cette petite biographie nous donne une idée de sa valeur intellectuelle.

En 1887, un collège ecclésiastique fut construit par les soins de Mgr Dennel, évêque d'Arras. Dirigé par la Société de Saint-Bertin, il est placé sous le haut patronage de Sa Grandeur. Situé presqu'au centre de la ville, dans le quartier le plus sain, au milieu d'un vaste terrain, il reçoit abondamment de tous les côtés la lumière du soleil. L'enseignement littéraire et scientifique y est réparti, par des professeurs qui ont donné des preuves de leur science devant les examinateurs de l'Université, et fait leurs stages dans des établissements exemplaires. Cette institution secondaire n'a que peu d'années d'existence, et déjà les élèves y affluent en grand nombre preuve évidente, qu'elle répond, aux besoins, aux aspirations et aux espérances de cette région. Elle est appelée à des succès certains et sous une direction habile elle verra la splendeur des anciens jours. Une école enfantine pour les garçons lui est annexée; elle est dirigée par les religieuses Augustines dont la Maison-mère est à Arras.

IV

Pour ne rien oublier de ce qui se rapporte à l'enseignement des lettres, des sciences et des beaux arts, nous disons qu'en 1834, fut établie dans Béthune, une école de musique. Précédemment, le 12 juillet 1833, M. Boidin, maire de Béthune, présidait à la formation de la société philharmonique qui, sous la direction de M. Monbrun, artiste très distingué, donna son premier concert, le 7 décembre suivant.

Le 6 juin 1843, un concours de musique militaire eut lieu dans cette ville, sur l'appel et sous le haut patronage de la Municipalité. La musique de la garde nationale de Bailleul y remporta le premier prix.

En 1836, une école gratuite de dessin linéaire fut fondée dans cette ville par la Municipalité. Elle a pour but de former sinon de grands artistes du moins des ouvriers, dont elle développe l'intelligence et l'habileté en les initiant par une culture sage quoique restreinte, aux connaissances techniques de leur métier. Des prix sont décernés, tous les ans au mois d'août, aux élèves les plus studieux, et la distribution s'en fait avec un certain apparat.

Si nous remontons beaucoup plus haut dans l'histoire de cette ville, nous verrons qu'en 1406, il y avait, à Béthune, non-seulement des peintres mais aussi une *peintresse* qui travailla, pour le compte de la ville, à l'ornementation de la halle échevinale (1). En 1447, Nicolas de Besnes peint en *estoffe de fin or* l'image de N.-D., ainsi que le chapiteau et le tabernacle de l'autel de la halle échevinale. En 1480, Berchon Cramet, peintre, recevait vııı livres pour avoir peint de différentes couleurs les armes du roi, de la reine, du dauphin et de la ville sur les portes de cette cité. En 1508, on payait ııı s. « au peintre de St-Pry pour avoir fait quatre blasons des armes de la ville » destinés aux torses du St-Sacrement. Ce qui ferait supposer que le prieuré de St-Pry avait, à cette époque, un peintre attitré. En 1584, nous retrouvons la même annotation pour l'église paroissiale de St-Pry dont le peintre est ainsi désigné : Mre *Jehan*. En 1328, Jean Hane, de Béthune, peint des bannières, panonceaux, selles pour l'ost de Flandre. En 1342, Wagon, de Béthune, avait verni le cloître de Gosnay.

Béthune avait aussi dans ces temps reculés des verriers très habiles. En 1492, Petit Jehan Le Roux plaçait au réfectoire des frères mineurs une verrière

(1) Arch. municip.

sur laquelle était représenté *St-François d'Assise*. En 1551, le verrier Gauthier Wulpert faisait, moyennant xxiii livres, dans le même réfectoire, une verrière sur laquelle était représentée l'histoire des *trois rois Mages*. En 1450, Jean de Besnes orna la chapelle de la halle échevinale de trois verrières sur lesquelles figuraient un crucifix et autres *imaiges* toutes gravées, ainsi que les armes de l'empereur et de l'impératrice. En 1589, nous trouvons parmi les verriers de Béthune Jean Duvivier. En 1343, un verrier de Béthune, nommé Jean As Coquelés, avait exécuté un travail important au château d'Aire; il en avait réparé toutes les verrières, les remettant en leur état primitif, comme elles étaient, *en armoieries et en imaiges*, du temps de la comtesse Mahaut.

Béthune avait aussi, dans le même temps, ses *tailleurs d'images* parmi lesquelles nous citerons Jean Brachepot qui vivait dans le milieu du xve siècle.

CHAPITRE XII

La Misère

Sollicitude pour les pauvres. — Interdiction de la mendicité aux pauvres du dehors, non à ceux nés ou ayant acquis domicile en ville. — Institution des *tables* des pauvres. — Recettes et dépenses. — Reddition des comptes. — Secours donnés aux pauvres. - École des pauvres. — Secours aux enfants trouvés. — Création d'un orphelinat de garçons. — Etablissement des orphelines. — Asile pour les vieillards. — Mesures prises en cas de disette. — Bureau de bienfaisance. — Conférence de St Vincent de Paul.

La ville de Béthune, s'inspirant, en toutes choses, de l'esprit de l'Evangile, a toujours eu pour les pauvres cette sollicitude, pleine d'affection et même de respect, puisée aux sources du christianisme. Cependant sa charité, si grande qu'elle fût, n'allait point anciennement jusqu'à vouloir sustenter les nécessiteux qui lui arrivaient du dehors. Pour se garder de leur invasion, elle avait établi un chasse-pauvres qui, armé d'une hallebarde, les repoussait de ses murs. Ceux d'entre eux qui étaient saisis en flagrant délit de mendicité se voyaient immédiatement dépouillés des aumônes qu'ils avaient recueillies et qu'on remettait au *roi des ribauds*. Ils n'étaient autorisés à mendier qu'aux *quatre nataux*.

Les pauvres, nés ou ayant acquis domicile à Béthune, ne pouvaient pas mendier dans la ville sans y avoir été préalablement autorisés par les échevins qui, pour les désigner et réprimer leurs écarts, faisaient coudre sur leurs habits une croix bleue, aux armes de la ville. A la fin de 1765, la Municipalité fit paraître une liste de vingt-huit pauvres qu'elle autorisait à mendier sous les conditions portées par le règlement de police du 29 novembre 1765. Elle y ajoutait la liste des pauvres invalides auxquels furent faites, en 1767, des distributions de pains, de fagots ou de grains tirés des magasins du roi.

Dès l'année 1275, on voit fonctionner à Béthune les *tables*, comme on disait alors, des trois paroisses de cette ville, St-Barthélemy, St-Vaast et St-Pry. Ce mot *table* est encore usité dans cette ville pour indiquer l'admission d'un pauvre et son inscription sur le registre du bureau de bienfaisance. Le trésorier d'une de ces administrations s'appelait indifféremment, à cette époque, le *prenneur des taules des pauvres, ou le tonlieur ou le tablier*. Les comptes étaient rendus par les *ménistres* de chaque table. Les recettes consistaient en rentes foncières et héritières, locations de terres, rentes en blé et en avoines, droits de relief et seigneuriaux, dons et legs, « pourchatz (quêtes) faitz, « devant l'église les jours de dimenches et festes so- « lempnelles, » déchets de pourceaux, fondations religieuses. Les dépenses consistaient en rentes foncières à la charge de *chacune des tables*, aumônes, droits de relief, entretien de l'école, acquittement de services religieux, frais de red- dition de comptes.

Ces comptes n'étaient rendus, d'ordinaire, que tous les deux ans. Presque toujours avant le xviiie siècle, les dépenses étaient plus élevées que les recettes. A partir du siècle dernier, c'est le contraire qui se présente.

Les secours distribués aux pauvres étaient consciencieusement mesurés sur leurs besoins ; ces distributions, avant 1789, se faisaient en argent, viande, vêtements. En 1636, les secours en argent distribués aux pauvres de St-Vaast, représentent la somme de 2,546 livres. Au xviiie siècle, chaque pauvre recevait environ 3 s. par mois. Les enfants recevaient 30 s. par mois. Suivant une délibération des échevins en date du 28 janvier 1766, les pauvres, au lieu de recevoir de l'argent, devaient trouver des ressources dans le travail auquel ils allaient être obligés de se livrer. L'administration municipale s'engagea à leur fournir du lin qu'ils devaient convertir en fil et en toile. « Le « paiement, ainsi que le porte le procès-verbal de « cette séance, en sera fait sur le pied que les éche- « vins arbitreront ». Dans cette même séance, défense fut faite ou plutôt renouvelée aux étrangers de mendier ou de quêter dans la ville.

On lit dans les archives cette mention relative aux dépenses faites en 1517 pour le compte de la table des pauvres de St-Barthélemy : « A Melcior Cossart, « bouchier, pour l'achat fait de certaine quantité de « char de mouton dont ont été faictes soixante piè- « ches en enssuivant la fondacion deffunct Jehan Gou- « vion, données et distribuées le jour de la Casimode « (Quasimodo) assavoir les soixantes pièches à soixante « poures honnestes personnes maisnagiers de la ville « et banlieue; aux religieux de St-Franchois, trois ; « aux seurs Grises, deux; aux seurs de l'ospital St- « Jehan, deux; par marchid faict, 67 sous; aux des- « susd. soixante poures a esté donné en enssuivant « ladite fondacion, à chacun trois deniers, sont quinze « sous, et aussy ausd. seurs d'En-Bas et de l'ospital « à chacune six deniers, sont seize sous » (1).

Au lieu de pains, on distribuait du blé aux pauvres. En 1562, ils recevaient 38 mencaudées de blé.

On leur faisait, en outre, des distributions de vêtements. Dans les comptes de 1726, on trouve cette mention aux dépenses : « achat d'un chapeau pour un « pauvre, 1 liv. 10 s. ». En 1703, on donne à une pauvre femme un tablier d'indienne qui coûte 36 sous, et des bas de 7 à 20 sous la paire. On distribuait aussi de l'argent. Nous relevons ces renseignements

(1) Arch. municip. GG., 316 bis.

dans nos archives : « Des parents indigents reçoivent
« de 20 à 30 sous par mois pour les aider à élever
« leurs enfants. Nombre des enfants assistés : juillet
« 1716, 9, à raison de 1 livre 11 sous 6 deniers, par
« mois ; juillet 1720, 9 ; mars 1732, 12, à raison
« de 4 sous par jour ».

La table des pauvres venait en aide aux indigents de passage à Béthune. En 1693, « on donne à une dame étrangère, 6 livres pour passer son chemin. »

L'hôpital St-Jean, fondé, comme l'indique son nom, pour donner l'hospitalité aux étrangers et particulièrement aux pèlerins, resta fidèle à sa destination jusqu'à la Révolution. Il y avait une salle affectée aux indigents de passage dans la ville.

La charité, dans ces temps anciens, s'ingéniait à secourir les enfants, les jeunes filles, les orphelins, les orphelines, les vieillards.

Le 23 septembre 1564, nos échevins acceptaient la donation faite à la pauvreté de la paroisse Ste-Croix de Béthune, d'une somme de vingt florins de rente annuelle par dame Antoinette de Willerval, veuve de Frédéric de Melun, ancien capitaine et gouverneur des ville et château de Béthune pour être employée à « entretenement de deux povres josnes fillettes à ma-
« rier, indigentes ne ayant substante corporelle, pour
« apprendre quelque art et mécanisme honorable et
« propre à leur sexe et à la substantion de leur vie,
« nourriture et urgentes nécessités. »

La ville possédait, depuis le XVIe siècle, une école des pauvres qui, d'abord, fut placée dans la rue du Château, et plus tard, — le 7 avril 1767, — fut transférée sur le marché aux poissons. Les enfants pauvres y étaient élevés, nourris, éduqués, aux frais de la table des pauvres, sous la direction de personnes laïques, qui vivaient volontairement sous une sorte de règle religieuse. La dépense en était considérable. On

lit dans les archives : « Nourriture de dix-neuf en-
« fants entretenus à l'école des pauvres pendant le
« mois de juillet 1699, 121 livres 10 sous (1). » En
1767, on payait trois livres par mois pour procurer
l'eau nécessaire à cet établissement. Il y avait un portier dont la pension ne coûtait pas plus que celle d'un
enfant. Le maître était chargé de faire travailler les
enfants qui, tous, apprenaient le métier de tisserand.
La pension de ces enfants, depuis 1724 jusqu'en 1726
exigea une dépense de 2.032 livres 10 sous. Un certain nombre d'enfants pauvres étaient placés chez des
particuliers. En 1754, la ville payait, pour leurs pensions, 419 livres 10 sous.

La ville ne délaissait pas les enfants trouvés. En
1514, elle payait 48 sous pour quatre mois d'entretien d'un enfant trouvé. En 1522, elle faisait une
dépense de 100 sous, « pour racoustrer Vinchent, pou-
« vre enffant trouvé apprentich à la maison Bardin de
« Lerue. » En 1507, elle faisait une gratification de
16 sous à une personne qui s'était chargée d'un enfant
trouvé. Plus tard on les expédia à l'hospice des enfants trouvés de Paris, et plus tard encore, il y eut un
hôpital de la province qui en fut spécialement chargé.
Au temps de St-Vincent de Paul, trois cents enfants
orphelins, de cette ville, furent envoyés à Paris.
Melle Legras se chargea des filles (2).

En 1768, la ville créa un orphelinat de garçons
nommés bleuets qui fut placé au marché aux poissons,
dans une maison, achetée par la commune, et qui,
l'année précédente, avait été mise à usage d'une manufacture de toiles et de serviettes. On y fit les appro-
priations nécessaires. Les gages du maître, nommé
A. Legrand, furent fixés à 10 livres par mois. Il avait
été reçu maître tisserand. Les outils, fournis à ces

(1) Arch. municip., GG. 323.
(1) Mgr Bougaud. Vie de St-Vincent de Paul, t. II, p. 34.

orphelins pour apprendre sous ses ordres le métier de tisserand coûtèrent 260 livres. Les achats de lin furent payés à raison de 34 sous la botte. Les prix accordés aux orphelins, pour les mois de février, mars et avril 1769, exigèrent la somme de 64 livres 10 sous 6 deniers. A. Legrand recevait, par mois, *pour la conduite des ouvrages*, 26 livres (1).

Le 12 décembre 1766, les orphelines furent installées par les échevins dans un local qui n'était que provisoire, et qui devait être définitivement situé sur le marché aux poissons. Nous transcrivons le règlement tracé par les échevins pour cet établissement : « Les
« orphelines seront sous la garde d'une femme qui
« les nourrira et en aura soin aux mêmes rétributions
« que celles données au sieur Fromentel, à l'école
« des pauvres.

« La femme de service aura 200 livres pour trai-
« tement annuel; et, moyennant quatre sous par jour
« pour chaque enfant, leur fournira une bonne soupe
« tous les jours et de la viande trois fois par semaine;
« les autres jours du pain, du beurre et des légumes.
« Elles seront habillées de bure et d'uniforme, qu'il
« sera fourni des chales, linges, draps, paillasses.
« Elles auront des corsets ferme de balcines et de
« toiles grises, à chacunes, une juppe et un corset de
« croisée bleu, et une juppe de mise laine pour
« mettre par dessous, cinq chemises, deux cornettes,
« une paire de bas et de sabots. La maison sera four-
« nie d'une marmite, d'une crémaillère, d'une table,
« de deux douzaines de chaises, des chalis, des pail-
« lasses et des couvertures, et vaisselle en terre, chauf-
« fage en tourbe, quatre paires de drap blanc de
« toile étramée, des paillasses de toiles grise et douze
« torchons selon le nombre des enfants ».

Cette situation, faite aux orphelines, était fort belle;

(1) Arch. municip., GG. 350.

Malheureusement, elle n'eut qu'une forte courte durée. Dirigé par des laïques, cet établissement ne tarda pas à ouvrir ses portes à de nombreux et graves abus contre lesquels réclama toute la ville. L'administration municipale, forcée de revenir aux anciens errements, plaça les jeunes orphelines chez des particuliers, comme on le faisait auparavant. C'était remplacer des inconvénients par d'autres qui, pour être d'une nature différente, n'en étaient pas moins graves.

En 1834, les filles de la Charité, sœurs de St-Vincent de Paul, créèrent, dans leur maison rue des Treilles, un orphelinat pour les filles. Grâce au zèle et au dévoûment de ces bonnes sœurs, cette belle œuvre, dont le pays leur fut aussitôt reconnaissant, ne tarda pas de prospérer. L'administration locale en apprécia l'utilité et s'empressa de confier à ces religieuses, un certain nombre de jeunes filles pauvres et orphelines dont elle paya la pension.

Plus tard, la ville tenta de créer à l'hospice, une œuvre identique, en faveur des orphelins. Cette institution, qui présentement subsiste encore, n'a pas produit, malgré le zèle intelligent des religieuses franciscaines, ses directrices, tout le bien qu'on en espérait.

Les vieillards hommes trouvaient un asile à l'hôpital St-Jean. Les femmes veuves, au nombre de douze, étaient reçues à l'hôpital St-Georges.

Dans les disettes, malheureusement très fréquentes, l'administration municipale de cette ville a toujours su, par ses mesures intelligentes et ses dons, pourvoir aux besoins les plus extrêmes des pauvres. En 1502, alors que le blé était fort rare dans cette région, l'archiduc Philippe-le-Beau, mande, le 20 septembre, à ses sujets qu'il leur défend, sous peine d'amende, de vendre et de faire transporter leur blé hors de ses pays et seigneuries.

Le 26 septembre de la même année, nos échevins défendaient aux marchands qui s'approvisionnaient sur le marché de Béthune d'y faire aucun achat sinon une heure après l'ouverture dudit marché ; ils leur ordonnaient, en outre, de revendre aux habitants, au prix qu'ils l'avaient payé, la moitié du blé dont ils avaient fait l'acquisition.

En 1593, défense était faite aux brasseurs, vu la disette qui sévissait dans le pays, de mettre du blé dans leurs brassins.

En 1608, en prévision d'une disette, Jacques Vaillant, échevin, se transportait à Amiens pour y acheter, sur l'avis de M. de Sallau, 2,536 *menchaulds, tant bled que seille, mesure de Béthune,* au prix de 15,820 livres, 11 sous, 10 deniers, *pour accommoder le public et povre commun en l'arrière saison.*

En 1557, on avait fait, pour la même raison, des achats de blé.

En 1789, le 25 juin, nos échevins avertissaient les députés des Etats d'Artois que la ville était menacée de manquer très prochainement de pain. Pour parer à ces pressants besoins l'administration de l'hospice fit une avance de trois mille livres à la Municipalité. Pendant les mois de juillet, août et septembre, l'administration municipale continua d'adresser des demandes réitérées à Messieurs des Etats pour qu'ils prissent des mesures à l'effet de fournir au marché de cette ville le blé nécessaire à son approvisionnement. Il y avait urgence, l'effervescence populaire étant à son comble. On fit aux pauvres des distributions extraordinaires de blé dont la dépense s'éleva à 5,123 livres.

Au commencement de l'année 1794, la disette était si grande que les boulangers de Béthune venaient déclarer au Conseil de la commune, qu'ils ne trouvaient plus assez de blé pour assurer la subsistance des habitants. Les blés des environs furent mis, par ordre, en réquisition et transportés sur le marché de Béthune.

Le commencement de l'année 1795 s'annonça comme celui de la précédente par la disette. Les charges que devait s'imposer la ville, dans cette détresse, pour venir au secours de ses pauvres, dépassaient ses ressources financières. Elle ne pouvait hélas! recourir aux biens appartenant à la *table des pauvres*, ces biens ayant été réunis, en vertu d'une loi du 3 messidor, an II, au domaine national, se trouvaient placés, pour ce motif, sous séquestre. C'est ce que la municipalité fit valoir auprès du comité des secours publics, lui demandant un subside de quinze mille francs, à l'effet de pourvoir aux besoins de ses nécessiteux.

Au siècle précédent, les ressources du bureau de charité s'étaient trouvées insuffisantes pour couvrir les dépenses qu'avaient occasionnées, en 1766, l'institution des deux orphelinats et celle des sœurs de Saint Vincent de Paul, appelées à diriger l'œuvre des bouillons. Dans ces circonstances, ce bureau avait eu recours, le 14 mars 1770, à une souscription en faveur des pauvres. Les temps en 1795 étaient si désastreux pour tous les habitants qu'il fallut renoncer à une souscription de cette nature.

Avant la Révolution, les biens de l'hospice et du bureau de charité de Béthune produisaient, réunis, un revenu annuel de 20,600 livres.

Dans sa séance du 29 décembre 1795, le conseil municipal déclarait que la disette allait toujours croissante et qu'il était impuissant, par manque de ressources, à subvenir aux besoins des pauvres. Jamais, depuis l'existence de Béthune, une telle situation ne s'était produite.

En 1817, le blé était rare et de mauvaise qualité; il fut payé, sur le marché de Béthune, soixante-quinze francs l'hectolitre. Les efforts de nos administrateurs et des particuliers parvinrent à conjurer les effets de cette espèce de famine; les pauvres furent exceptionnellement assistés et ne souffrirent pas autant qu'on aurait pu le craindre. Toutes les autorités éclairèrent notre population indigente sur ses véritables intérêts; et l'on ne vit plus se renouveler les scènes de désordre qui avaient tant de fois affligé nos pères sous la Révolution dans des temps cependant beaucoup moins durs. Nous ne citerons, à ce sujet, qu'un seul fait, mais qui nous dépeint le trouble des esprits dans cette ville, une année après l'inauguration du règne de la liberté en France. Au mois de mars 1790, M. Palis, garde magasin des vivres aux troupes, faisait expédier des blés sur St-Omer. Des femmes s'ameutèrent et arrêtèrent ce convoi. Cette scène, qui fut suivie, dans le même temps, de beaucoup d'autres semblables, produisit une grande agitation dans Béthune où les hommes d'ordre comprenaient que, sous la menace d'une émeute, la liberté des transactions ne tarderait pas à disparaître.

Quelques esprits dévoyés, ayant brisé le frein de la religion, se plaisaient à croire que la révolte est le plus saint des devoirs.

Nos anciens bureaux de charité avaient été créés par la religion et fonctionnaient sous le regard et l'influence de la religion. Les bureaux de bienfaisance ont un caractère exclusivement philanthropique. La charité, qui est un produit du christianisme, ne préside point à leurs relations avec les pauvres.

La conférence de St-Vincent de Paul, établie à Béthune, en 1854, se règle, à beaucoup d'égards, sur nos anciens bureaux de charité dont elle se rapproche en les perfectionnant. Elle soulage les pauvres dans leurs besoins, leur apprend, dans des visites fréquentes la patience, détruit ainsi cet antagonisme du riche et du pauvre, cette lutte constante, sourde, effrayante de la richesse et de la pauvreté dont les symptômes alarmants sont sous nos yeux. On aura beau faire des aumônes aux pauvres, chanter et danser au profit des indigents, ces secours purement matériels ne réconcilieront pas le pauvre avec le riche; le mal, sous ce rapport, ne s'arrêtera pas. Le mal est dans cet esprit antichrétien qui fait de la fortune une vertu civique, et de la pauvreté une lèpre. Les pauvres, déshérités des biens spirituels du christianisme, y ont perdu la noblesse, la dignité de la pauvreté. L'envie, la haine, la convoitise, le désespoir ont remplacé dans leurs cœurs la patience et la confiance chrétiennes.

Les riches, de leur côté, ayant cessé d'être épris d'un saint amour pour les biens suprêmes de la religion, se laissent corrompre par la richesse et finissent par oublier que la fortune et la misère devraient se rapprocher, comme deux sœurs, soumises l'une et l'autre à des épreuves distinctes, mais également méritoires pour chacune d'elles.

Avant de clore ce chapitre, il est bon, ce semble, de mettre en relief la conduite journalière des personnes riches, au moyen-âge, vis-à-vis des pauvres leurs concitoyens. Le pauvre, avant la Révolution, avait sa part, religieusement conservée, dans tous les repas des grands de la terre. Au musée de Cluny, on voit ces inscriptions gravées sur une salière d'étain du XIIIe siècle. « *Cum sis in mensa, primo de paupere*
« *pensa.* Lorsque tu es à table, d'abord pense au pau-
« vre. *Nam, cum pascis eum, pascis, amice, Deum.*
« Lorsque tu le nourris (le pauvre), ami, tu nourris
« Dieu ». On avait soin, dans ces temps chrétiens, de placer dans quelque coin de la salle ou sur un dressoir, une corbeille à aumône, où l'on disposait délicatement les morceaux destinés aux pauvres et que l'aumônier leur distribuait ensuite; le repas eût été incomplet si l'on eût oublié ceux qui avaient faim.

Lorsque le dîner était accompli, on rendait grâces à *Dieu* et à son *hoste*. Les coulonères (passoires) recevaient alors les débris des pains *tranchoirs*, et l'on versait dans des seaux de cuir les « *brouets, sausses et choses coulans* ». C'était la part du pauvre qui, à son tour, s'associait, dans ces jours de gala, à la joie du riche. Personne, parmi les plus grands seigneurs, n'avait garde de manquer à ce devoir. Nous trouvons dans la vie de la comtesse Mahaut, dame de Béthune, qui vivait au xiiie et au commencement du xive siècle, les renseignements les plus précis et les moins contestables sur ce sujet.

CHAPITRE XIII

Maladies, Enterrements, Cimetières

I. Sollicitude constante pour les malades et les infirmes. — Fondation de l'hôpital St-Jean par les chevaliers hospitaliers. — Indépendance de cet établissement. — Sa direction par les Frères mineurs. — Ceux-ci vont quêter au dehors pour le soutenir. — L'administration passe aux échevins. — Personnel domestique. — Religieuses madelonnettes. — Leur remplacement par des sœurs de St-François d'Assise. — Médecin, chirurgien, apothicaire. — Soins de propreté. — Incorporation des hôpitaux de Gosnay, d'Hesdigneul et de Fouquières. — Expulsion des religieuses en 1792. — Vente de leur couvent. — Son acquisition par le sieur Elipré. — Le couvent des Conceptionnistes transformé en hôpital. — Dotation par l'empereur. — Soins des malades et direction intérieure confiés à des sœurs. — Hôpital St-Georges. — Hôpital militaire. — Hôpital du faubourg St-Pry.
II. — La médecine à Béthune. — Médecin pensionnaire. — Chirurgien pensionnaire; leurs gages. — Examens. — Soins gratuits aux indigents. — Indemnités aux sages-femmes. — Gratifications aux empiriques. — Œuvre des pauvres malades.
III. — La lèpre, ses causes et ses effets. — Adoucissements apportés par le christianisme. — Cérémonial observé pour la séquestration des lépreux; — leur petit nombre. — Établissement d'une léproserie ou maladrerie.
IV. — La peste, — son apparition fréquente, — soins préventifs. — Isolement des pestiférés hors des murs. — Hôpital des pestiférés. — Mesures de police. — Remèdes. — Recours à l'intervention divine : processions; prières publiques.
V. — Ensevelissements et inhumations. — Cimetières : du Petit St-Vaast ou de Catorive; du prieuré St-Pry; de St-Barthélemy; de la paroisse St-Pry; de la paroisse St-Vaast; de l'hôpital St-Jean. — Inhumation dans les églises et chapelles. — Pierres tombales.
VI. — Les charitables de St-Éloi. — Organisation de la confrérie, — costume de ses membres, — sa chapelle, — scission entre ses membres. — Société de Saint-Nicolas chargée de secourir les pauvres et les malades. — Prospérité de cette confrérie. — Considération dont jouissait la confrérie de St-Éloi. — Longue paix suivie de contestations entre les deux confréries. — Dissolution de la confrérie de Saint-Nicolas. — St-Éloi, patron de la ville. — Fêtes et processions en son honneur. — Dissolution de la confrérie de Saint-Éloi, — son rétablissement, — la Sainte-Chandelle.

I

On peut dire de cette ville que sa compassion aux maux des pauvres est née avec elle et ne l'a jamais quittée. Mais ce sont surtout les malades, les infirmes, les invalides qui toujours ont été les privilégiés de son infatigable et inépuisable charité. Anciennement, dans les temps de foi universelle, la religion luttait de front avec tous les maux de la société dont elle était, dans cette ville, la souveraine absolue. A toutes les maladies, à toutes les infirmités, elle opposait tous les adoucissements, que la foi et la piété savaient inspirer aux âmes chrétiennes. La maison hospitalière où les pauvres frappés, soit par la maladie, soit par les infirmités, étaient reçus et soignés, s'appelait à Béthune *hospitale*, quelquefois par abréviation *hostel*, et dans un sens plus restreint, hostel-dieu, hospital de la vraie croix de St-Jean.

Les auteurs ne sont pas d'accord touchant l'époque précise où notre ancien hôpital fut établi. Cependant une charte de 1496, relative à l'établissement, à Béthune, des sœurs de St-François appelées, en 1496, à desservir cette maison, en fait remonter la fondation à l'année 1060, par des chevaliers hospitaliers de l'ordre de St-Lazare revenus récemment de Jérusalem dans cette ville. Cet établissement, créé par la charité chrétienne de ces pieux chevaliers, eut, à son origine, une existence propre, absolument indépendante des administrations civile et religieuse qui, ne l'ayant pas doté, jugèrent convenable de s'abstenir de toute ingérence dans sa gestion financière.

Ce qui peut paraître étrange, c'est que les seigneurs de Béthune, si généreux pour la collégiale de St-Barthélemy et les abbayes voisines, ne se soient honorés d'aucun acte de libéralité en faveur de cet hôpital. Les fondateurs en confièrent la direction à des religieux chargés de s'occuper tout à la fois des soins charitables à donner à leurs hôtes et de la gestion des intérêts matériels de l'établissement. Au XIIIe siècle, les frères mineurs, qui l'administraient et le géraient, ne

PORTE D'AIRE

pouvant plus trouver dans leurs recettes l'équivalent des dépenses, se décidèrent à quêter au dehors. Ils députèrent l'un d'eux, le frère Jean, à l'évêque de Tournay pour en obtenir la double autorisation de prêcher et de quêter dans son diocèse en faveur de « l'hôpital de Béthune qui était en détresse ». Ce prélat, nommé Guillaume, adressa, le 1ᵉʳ août 1253, aux doyens et aux prêtres de son diocèse *une circulaire* par laquelle il les exhortait à recevoir, à l'exclusion de tout autre prédicateur, *omni prædicatore excluso*, Jean, frère de l'hôpital de Béthune dont la détresse est extrême. « Tanta laborat inedia quod ad
« pauperum ibidem confluentium sustentationem pro-
« prie non suppetant facultates ». Et pour toucher les âmes, il accordait à tous les bienfaiteurs de cette bonne œuvre, une indulgence de vingt jours. « Dei
« omnipotentis misericordia et beatissimæ virginis
» Mariæ matris ejus et omnium sanctorum meritis et
« intercessione confisi, omnibus vere pœnitentibus et
« confessis qui dicto hospitali suas transmiserunt
« elecmosinas, viginti dies de injunctis sibi pœniten-
« ciis, quantum in nobis est, misericorditer relaxa-
« mus » (1).

En 1348, les frères mineurs de Béthune étaient encore chargés de la gestion des intérêts matériels de l'hôpital (2).

En 1367, l'administration de cet établissement passe entre les mains des échevins de la ville. Rien ne s'y fait d'important sans leur intervention et même sans la présence de deux ou trois d'entr'eux. On nomme « un ministre et commis au gouvernement de l'hos-
« pital Dieu et monseigneur St-Jehan à Béthune ».

En 1459, le bureau d'administration est composé de deux membres du chapitre de St-Barthélemy et des

(1) Archives de l'hospice de Béthune.
(2) Archives de l'hospice de Béthune.

échevins de la ville. Au bas des actes qui intéressent, d'une manière notable, cet hospice, se trouvent les noms de deux chanoines, de deux échevins, du bailli de cet établissement.

Dans les comptes de 1362, il est fait mention des gages de deux *meskines* ou *servantes* qui étaient chargées de la garde des malades et de la cuisine. En outre on y mentionne les gages du *kiéruwier*, du *porcher*, du *valet* ou (petit valet), du *baudrier*, du *charron*, du *gorlier*, du *cordier*, du *cordonnier*, du *fournier*, du *cuvelier*, du *boucher*.

Dans le compte de 1479, on trouve le détail suivant relatif aux dépenses de bouche par semaine : trois quarts de blé 15 s.; œufs 2 s. 6 d.; *bure* (beurre), 2 s. 6 d.; chair 2 s. 6 d.; candeilles 12 d.; demi-lot d'*olle* (huile), 12 d.; demi-quartier de sel 3 s.; fromage, vinaigre, cerises, fruits...

En 1482, le chapitre de St-Barthélemy et l'échevinage remplacèrent les laïques, *meskines* (servantes), par quatre religieuses madelonnettes. En 1493, on en comptait six, une venue d'Abbeville, une autre de Tournay, deux de Mons, enfin deux autres du couvent de la Madeleine d'Amiens.

Ayant eu à se plaindre de ces religieuses dites repenties, les administrateurs de l'hôpital les remplacèrent, en 1496, par celles de St-François d'Assise qui offraient toutes les garanties désirables pour les fonctions dont elles allaient être chargées. Elles ne formaient qu'une communauté relevant d'elles seules et se recrutant dans le pays. Dès leur entrée à l'hôpital, elles souscrivirent par serment à un règlement qui leur fut présenté par les administrateurs et dont voici les principales dispositions : le nombre des sœurs ne pourra dépasser treize, y compris la maîtresse de la communauté. Les sœurs s'engageront à soigner les pauvres étrangers, quelle que soit leur position, quelle que soit leur maladie, contagieuse ou non. Elles seront tenues d'aller de nuit comme de jour dans la ville et la banlieue pour donner leurs soins aux malades, lorsqu'elles en seront requises; d'ensevelir gratuitement les morts qu'elles auront soignés pendant leur vie. L'hôpital héritera des habillements des défunts.

Cet état de choses dura jusqu'au mois de septembre 1511. Sur les réclamations que les sœurs déposèrent à cette date, entre les mains du prévôt de l'église collégiale et des échevins, il fut stipulé, par une addition au réglement primitif, que le nombre des religieuses serait porté à vingt-six; que, désormais, on leur allouerait annuellement une somme dont le chiffre serait laissé à l'arbitrage des administrateurs; et qu'aucune d'elles ne pourrait être renvoyée sans motif grave. Le frère Jean Silvestre, inspecteur, pour la province de France, des frères mineurs et des franciscaines, confirma ces stipulations, le 13 novembre 1511, par lettres données à Lille dans le couvent de Ste-Claire (1).

Nous reviendrons plus loin sur la situation faite, dans des temps plus récents, à ces bonnes religieuses.

Primitivement, l'hôpital St-Jean, recevait les malades, militaires ou civils, les passants, les vieillards, les orphelins. Trois lits étaient destinés exclusivement à des prêtres (2). Les bourgeois avaient une chambre particulière (3). En 1652, Jean Duvivier posait deux verrières dans la chambre des bourgeois.

Cet hôpital avait son médecin particulier qui, pour être à même de soigner ses malades à toute heure du jour et de la nuit, logeait dans l'établissement. Cette mesure était bonne; on trouva cependant que, sous certains rapports, elle offrait des inconvénients. En 1494, Jehan Paien, sergent, fit un commandement

(1) Archives communales de Béthune.
(2) Arch. municip., GG, 125.
(3) Arch. municip., GG, 152.

par justice, suivant les ordres des administrateurs, au médecin de *desloger* de l'hôpital.

L'établissement avait aussi des chirurgiens. En 1615, on en comptait quatre : Hercules Dubois, Anthoine du Rietz, Franchois Labbe et Anthoine Magniez.

Un apothicaire lui était également attaché. En 1615, il se nommait Eloy Labbe ; il lui était alloué 50 livres pour fournitures de médicaments et de drogues.

A leur entrée, les pauvres et les malades recevaient des soins tout particuliers de propreté. A cet effet, les dortoirs des hommes et les salles des femmes avaient une cuvelle-baignoire et quelquefois deux. Cet hospice n'avait donc pas, comme on l'en a accusé l'*horreur* de l'eau ; et la malpropreté n'y régnait pas en souveraine.

Le 18 juin 1573, l'hôpital de Gosnay qui était destiné à recevoir les *poures femmes en gésine*, fut incorporé, ainsi que ceux d'Hesdigneul et de Fouquières, par ordonnance royale, à celui de St-Jean à Béthune. Cet hospice resta chargé de subvenir aux besoins des femmes pauvres de Gosnay. Nous lisons dans les comptes de ces hôpitaux réunis, 1590-1591. « A la « vefve Omer Lollien, demeurant à Gosnay, poure « femme vefve, chargée de plusieurs petits effans, « pour les aulmosnes à elle distribuées.... Durant sa « maladie, tant en fagots, farine, huille, etc., 4 livres « 13 sous ».

La situation de l'hôpital, telle que nous venons de l'indiquer, resta la même jusqu'en 1789, sans autres faits notables que ceux-ci : En 1501, les administrateurs réclamèrent le droit 1° d'assister à l'examen que subissaient les novices avant leur réception comme religieuses dans la maison. Ils voulaient se rendre compte par eux-mêmes de l'aptitude et des dispositions de ces novices pour l'accomplissement de leurs fonctions ; 2° de désigner les maisons où les religieuses devaient se rendre pour soigner, comme elles y étaient tenues, les pestiférés. Les religieuses réclamèrent contre ces exigences de l'administration; le conseil de l'archiduc Philippe-le-Beau déclara ces exigences mal *fondées* (1).

Le nombre des religieuses, suivant une deuxième modification faite à leur réglement primitif, s'éleva, en 1734 à quarante-huit.

A cette époque, le premier président du Conseil d'Artois présidait, en cette qualité, le bureau d'administration de l'hôpital. A lui revenait le droit d'approuver définitivement les comptes de cet établissement (2).

En 1693, les religieuses obtinrent, malgré les réclamations des habitants, la suppression de la rue Fourche ou Fouache qui traversait l'hôpital. Cette rue ne fut, de nouveau, livrée à la circulation qu'après la sortie des sœurs de leur couvent.

Ce fut le 20 septembre 1792 que ces bonnes religieuses quittèrent l'hôpital. Elles étaient alors au nombre de 31. Elles demandèrent et obtinrent un certificat de résidence dans la ville. Ce certificat, d'après un vote de la Convention, était obligatoire pour les prêtres, les religieux, les religieuses qui voulaient demeurer à Béthune.

Le 20 juillet 1796, le citoyen Elipré, profitant d'une loi de spoliation, fut mis en possession du couvent des religieuses franciscaines qu'il avait soumissionné. Ces religieuses s'appelaient sœurs d'En-Haut pour les distinguer des religieuses Conceptionnistes qui, placées à l'extrémité inférieure de la rue St-Pry, étaient connues sous le nom de sœurs d'En-Bas.

Les bâtiments du couvent des Franciscaines sont encore existants, quoiqu'ayant subi diverses modifica-

(1) Arch. municip. de Béthune.
(2) Mémoires du P. Ignace.

tions. Ils servent d'habitations à des particuliers. L'entrée de cet hôtel-dieu se trouvait dans la rue St-Pry, aux n⁰ˢ 4-6 actuels sur l'emplacement de l'ancienne caserne de gendarmerie. L'église était placée en haut de la rue Neuve, aux n⁰ˢ 9 et 11. Le cimetière était au n° 7.

La Révolution dont le génie s'épuisait à tout détruire, respecta cependant l'ancien couvent des Conceptionnistes qui, faute d'acheteurs, n'avait pu être vendu. Le 19 avril 1802, l'administration de l'hôpital St-Jean devint propriétaire de ce couvent par suite d'un échange, autorisé par l'Etat, de cette maison avec celle dite de l'hôtel-dieu ou l'hôpital St-Jean.

Le couvent des Conceptionnistes, fondé en 1323 par la comtesse Mahaut, dame de Béthune, et qui servait principalement à recevoir les femmes, *débiles d'intelligence*, avait été cédé, en 1792, par le domaine, à l'administration de la guerre qui l'avait transformé en hôpital militaire. Le 28 décembre 1798, le ministre décida que désormais il n'y aurait plus d'hôpital militaire à Béthune et que les soldats malades seraient envoyés à l'hospice civil pour y être soignés par des laïques qui avaient succédé aux sœurs franciscaines. Cette décision mit dans le plus grand embarras la commission administrative de notre hospice civil. Bien que cet hospice, quand il portait le nom d'hôtel-dieu, pût disposer de cinquante lits militaires et de vingt-quatre pour les pauvres de la ville, il se trouvait tellement diminué, depuis la vente en 1796 du couvent des Franciscaines, qu'il n'existait plus, dans cet établissement, que vingt-quatre lits pour tout le personnel malade. Vu cette situation, les administrateurs obtinrent de l'autorité compétente l'autorisation de laisser les malades militaires à l'ancien couvent des Conceptionnistes où leur seraient donnés tous les soins qu'exigeait leur état.

Le 4 janvier 1801, la commission administrative

de l'hospice obtint la jouissance provisoire du couvent des Conceptionnistes et y transporta, avec le siège de l'administration, le mobilier de l'hôtel-dieu ainsi que les malades y résidants.

Enfin, le 19 avril 1802, l'échange de l'hôtel-dieu ou de St-Jean contre l'établissement des anciennes Conceptionnistes fut accepté. A cette date, des travaux d'appropriation furent commencés et se sont continués jusqu'à ce jour. On lit dans les archives de l'église St-Vaast :

« En 1804, on a bati, dans cet hospice, une partie
« des édifices. On y a formé et meublé de belles salles
« de malades. On a aussi construit une chapelle pour
« y dire la messe et créé une aumônerie ou chapelle-
« nie pour un prêtre. Cette chapelle a été bénie le
« 26 décembre 1804 par le curé de Béthune, M. Co-
« quelet, commis à cet effet par Mgr l'évêque d'Arras,
« Charles de la Tour d'Auvergne Lauragais. Elle fut
« mise sous l'invocation de St-Vincent de Paul. L'au-
« mônerie est desservie par deux vicaires de la pa-
« roisse avec rétribution annuelle ».

A cette date, cet hôpital était administré par le maire de la ville et six autres administrateurs nommés ou, du moins, approuvés par le préfet du département. Le service se faisait sous l'œil et la dépense de l'économe par des hommes et des femmes laïques dont le traitement est fixé par l'administration.

Par décret du 7 septembre 1807, l'empereur Napoléon accorde à l'hospice de Béthune diverses propriétés provenant des domaines nationaux en compensation des biens que cet établissement avait perdus pendant la Révolution ; ces biens produisaient onze mille livres de revenus annuels.

Les nouvelles propriétés de l'hospice l'indemnisèrent amplement de la perte des anciennes. Un peu avant l'année 1807, il avait été investi du droit de jouir des revenus de ces biens, le décret de 1807 lui en ayant accordé la propriété, il renonça dès lors à la subvention annuelle de trois mille francs que le Conseil municipal lui faisait, depuis la spoliation de la Révolution.

En vertu des ordres du gouvernement communiqués par le préfet du Pas-de-Calais, le soin des malades et la direction intérieure de cet hôpital devaient être confiés, dès le commencement de l'année 1808, à des religieuses hospitalières. L'installation de ces sœurs n'eut lieu que le 20 août 1808. Elles étaient quatre, dont voici les noms : Nathalie Denissel, Albertine Wattebled, supérieure, Rosalie Wittres, de Saint-Charles Borne, pharmacienne. Elles furent agrégées provisoirement à la congrégation dont le chef-lieu était à l'hôpital St-Jean à Arras. Tout en appartenant au tiers-ordre de St-François, elles formaient cependant une communauté indépendante, devant se recruter dans le pays. Ce recrutement fut lent à se faire. Le 7 août 1810, la petite congrégation ne comptait plus dans son sein que trois membres : sœur Albertine Wattebled, supérieure, sœur Nathalie Denissel, sœur Augustine Capelle, *novice*, qui fit ses vœux de cinq ans le 12 mars 1811. Le 12 mars 1812, Marie-Thérèse Drelon faisait ses vœux entre les mains de M. Coquelet, curé de Béthune, délégué à cet effet par Mgr l'évêque d'Arras. Le maire de Béthune avait reçu préalablement l'engagement de cette novice touchant ses devoirs vis-à-vis des malades.

Dans tous les temps, la communauté se recruta suffisamment pour les besoins de l'hôpital.

En 1856, cette congrégation qui était exclusivement locale fut incorporée à la maison des religieuses franciscaines de Calais. Cette réforme fut diversement appréciée dans Béthune.

Au mois de janvier 1863, les sœurs franciscaines

qui, depuis le 19 mars 1859, étaient venues s'installer à Béthune, rue Poterne, n° 14, pour soigner les malades à domicile, entrèrent à l'hôpital pour y demeurer avec leurs consœurs, se mettant ainsi sous la direction de l'administration de cet établissement qui se charge de les nourrir, de leur donner un traitement fixe, mais qui perçoit, pour son compte, les honoraires attachés à ce service de gardes-malades.

Anciennement l'hôpital St-Jean, si vaste qu'il fût, — au XV° siècle, on l'appelait le *grand hôpital* — ne suffisait pas pour les malades de la ville. Bon de Saveuse, gouverneur de Béthune, en fonda un autre en 1484 pour douze vieilles femmes, *chartrières*, et le mit sous le vocable de St-Georges. Le procureur du roi de la gouvernance, ainsi que les autres officiers de ce siège, en étaient les administrateurs.

Cet établissement était situé dans la rue du Château ou de l'Esplanade, presqu'en face de la caserne St-Yor.

En 1744, on voyait encore sur les vitraux de la chapelle St-Georges, les armoiries de la maison de Saveuse, ainsi que le portrait du fondateur, à genoux, ayant une cotte d'armes avec son écusson.

A cette dernière date, les admissions dans cet hôpital étaient à la nomination du marquis de Brosse, seigneur de Ceren-en-Beauvoisis, héritier de Bon de Saveuse.

Le revenu annuel de cet établissement consistait en 430 livres, payables par le receveur général des domaines en Flandre, sur lequel l'administration fournissait 40 sous par mois à chaque femme pauvre et malade de cette maison. Le reste était employé en vêtements et en nourriture. Cet hôpital était desservi par des sœurs grises, ainsi appelées parcequ'elles étaient vêtues de blanc et de gris.

Ces deux hôpitaux, si nécessaires qu'ils fussent, ont été forcés, plusieurs fois en temps de guerre, de renvoyer leurs pauvres et leurs malades pour recevoir, en place, des hommes d'armes. C'est ce qui arriva pour l'hôpital St-Jean, en 1478, où les « povres, par l'or-« donnance des capitaines, furent mis hors dudit hô-« pital pour y logier des gens d'armes ». Le même fait, pour la même cause, se reproduisit en 1483 où les *povres* chassés de l'hôpital, *furent logiez* dans une grange louée à cet effet et *seans* au Rivage (1). En 1714, les vieilles femmes qui habitaient l'hôpital St-Georges furent forcées d'évacuer cette maison qui fut occupée momentanément par la garnison de la ville (2).

Lorsque les salles de l'hôpital St-Jean étaient encombrées de malades, on transformait alors des maisons particulières en hôpital. C'est ce qui arriva pour une maison occupée, à titre de propriétaire, par le prieur de Notre-Dame du Perroy et qui fut convertie en hôpital, depuis le 14 décembre 1667 jusqu'au 17 avril suivant. Le prieur reçut de la ville une indemnité de 50 florins (3).

Il y avait, en outre, un hôpital militaire situé dans la rue Serrée, derrière la chapelle St-Nicolas, et que la Révolution a détruit de fond en comble.

Le faubourg St-Pry avait son hôpital particulier. Il était administré par deux échevins qui prenaient le nom *d'échevins de St-Pry*. C'est ce qui ressort d'un acte authentique par lequel fut constituée, en décembre 1309, une rente « sur le maison Williaume Le « Clokemont, que il tient li dis hospitaus de Saint-« Pri de Béthune (4) ».

---

(1) Arch. de l'hôpital St-Jean, comptes 1482-1483.
(2) Archives communales, comptes de 1714-1715.
(3) Arch. comm., CC, 717.
(4) Arch. de l'hôpital St-Jean.

II

La municipalité de Béthune se préoccupait beaucoup de la santé de ses administrés.

Elle donnait des gages annuels à un médecin qui, pour cette raison, avait le titre de pensionnaire de la ville. Elle avait également un chirurgien pensionnaire. Le chirurgien était l'aide du médecin; il était, ainsi que l'apothicaire, l'exécuteur de ses ordonnances. Il saignait, il surveillait la cuisine; en 1664, « il faisait le poil aux hommes ». Les barbiers, de leur côté, faisaient métier de chirurgiens. En 1500, en effet, ils recevaient pour honoraires 60 sous pour avoir coupé une jambe à un homme qui se trouvait à l'hôpital. Toutefois, les appointements du chirurgien étaient supérieurs à ceux du médecin qui, fier de son titre de docteur, de sa science et de sa situation sociale, se contentait d'une légère rétribution. En 1725, les gages du médecin pensionnaire de cette ville n'étaient que de onze livres. En 1590, Antoine de Retz, chirurgien pensionné, recevait pour ses gages annuels la somme, relativement élevée à cette époque, de 60 livres. Avant d'être admis à exercer leur art dans Béthune, les chirurgiens devaient passer un examen sérieux auquel assistait l'échevinage; des maîtres leur enseignaient l'anatomie et la chirurgie. En 1528, la ville faisait défense à Nicolas Dubuisson, natif de Villeneuve, d'exercer l'office de chirurgien à Béthune, si préalablement il ne passait pas son examen. Mais les chirurgiens, eussent-ils été admis, après examen, à faire précéder leurs noms du titre de M^e, c'est-à-dire de maître ès-arts, on les vit continuer à demander, poussés par la faim, dans le xviie siècle, l'autorisation d'ouvrir des boutiques comme les barbiers, pour peigner, friser et pommader (1).

(1) Arch. municip.

Quoiqu'il en soit, la municipalité ne dédaignait pas les services des chirurgiens pas plus que ceux des médecins pour les besoins de ses administrés. En 1692, elle créa, suivant un édit du roi, deux charges de chirurgiens-jurés pour la ville et celle d'un médecin-juré pour le baillage. A ce médecin et à ces chirurgiens royaux appartenait la connaissance des cas de médecine et de chirurgie judiciaires. En mai 1694, Ignace Lesaux achetait une des deux charges de chirurgiens qu'il payait deux cent quatre-vingts livres. La communauté des médecins de la ville et des faubourgs de Béthune acheta la charge unique de médecin royal au prix de 600 livres.

Les gages annuels accordés au médecin et au chirurgien pensionnaires de la ville ne l'étaient qu'à la condition que ces praticiens soigneraient gratuitement les pauvres.

La ville ne salariait pas seulement des chirurgiens et des médecins; elle donnait, en outre, des indemnités aux sages-femmes, et à certains spécialistes. « En 1692, elle accordait 18 livres à Marie Vuion, « saige-dame en cette ville pour les peines qu'elle at « pris depuis un an à accoucher les pauvres femmes « de cette ville et faulxbourgs ». En 1716, il y avait à Béthune, deux sages-femmes qui recevaient, de la ville, 36 livres pour leur traitement annuel. Dans les comptes de 1743-1744, nous trouvons aux dépenses l'article suivant : « au sieur Roussin, opérateur de la « pierre et du cataracte.... pour une année de la pen-« sion à luy accordé pour faire les opérations gratis « aux pauvres de cette ville ». Dans des cas graves, la ville n'hésitait pas à réclamer, à ses frais, les soins d'un médecin ou chirurgien étranger. En 1588, Jehan Audeffroy, messager, se rend à Bailleul en Flandre, « querre ung médechien et chirurgien pour par « luy venir veseter une poure enffant malade à l'hô-

« pital. » Dans la même année, M⁰ Bon de Walincourt, chirurgien de la ville d'Arras, vient à Béthune *par le cherge* des échevins et chanoines de Saint-Barthélemy visiter Augustin Wallot, *poure josne fils et aultres* (1). Les pauvres, atteints de maladie cancéreuse, étaient aux frais de la ville, envoyés à Paris pour y recevoir les soins d'un spécialiste (2).

La ville donnait aussi des gratifications à ceux qui, sans être diplômés comme médecins ou chirurgiens, arrivaient, par des remèdes particuliers, à guérir d'une maladie quelconque. C'est ainsi qu'une gratification fut accordée à une femme qui avait guéri un enfant d'un mal d'yeux (3). En 1743, le donneur de répit recevait 60 livres pour son traitement.

Notre municipalité qui, dans tous les temps, s'est préoccupée de la régularité de ses comptes, se faisait présenter, tous les trois mois, par son apothicaire, l'état des médicaments qu'il avait fournis et des personnes auxquelles il les avait distribués.

En 1862, fut établie à Béthune l'œuvre des pauvres malades. Les dames qui en font partie visitent, chaque semaine, et, si c'est utile, plusieurs fois la semaine, les malades indigents, auxquels elles distribuent du pain, de la viande, du bouillon, du charbon, des confitures, et, ce qui vaut infiniment mieux, de bonnes et consolantes paroles qui les disposent à supporter chrétiennement la souffrance et à recevoir les derniers sacrements. C'est ainsi qu'elles honorent les malades par leurs charitables visites, imitant nos échevins qui fréquemment visitaient l'hôpital et ne manquaient pas, le jour de l'an, d'aller offrir leurs vœux et souhaits aux hospitaliers. Cet usage qui, autrefois, était plutôt un acte de charité chrétienne qu'une formule de politesse, a disparu depuis la Révolution.

(1) Arch. municip., GG, 232.
(2) Arch. municip.
(3) Arch. municip.

III

Au moyen-âge, à Béthune comme ailleurs dans toute la France, on donnait indistinctement le nom de *lèpre* à toutes les maladies de la peau caractérisées par des formes hideuses et dégoûtantes et que la médecine jugeait incurables. On lit dans la plupart des chroniques du temps que cette maladie fut importée en Europe et notamment dans cette ville par suite des croisades auxquelles ont pris part quelques uns de nos anciens seigneurs, tels que Robert IV, dit le Gros, Robert V, dit le Roux, Guillaume II. Il est possible que le contact plus fréquent entre les orientaux et les Béthunois ait avivé la contagion ; mais une charte de 1496 nous apprend que les confrères de Saint-Lazare, revenus en 1040 de la Terre-Sainte, établirent dans cette ville un hôpital qui fut chargé de recevoir les malades, sans en excepter ceux qui seraient *infecs de la maladie Saint-Ladre*. On ne peut disconvenir qu'il reste beaucoup d'incertitude et d'obscurité sur le nombre et la nature des causes qui produisirent, à cette époque, cette maladie regardée alors comme contagieuse. Ses premiers symptômes étaient des taches noirâtres qui apparaissaient sur la peau, particulièrement sur les joues ; les parties qui en étaient affectées restaient privées de sensibilité. Bientôt les plaques lépreuses couvraient tout le corps ; alors s'ouvraient des plaies, des écailles épidermiques, principalement aux pieds et aux mains ; les chairs se rongeaient en exhalant une odeur fétide ; l'haleine même des lépreux devenait infecte, au point que l'air en était empoisonné.

A cette misère suprême le christianisme opposa tous les adoucissements d'une charité compatissante et constamment active pour lutter contre tous les maux de la société. Ne pouvant anéantir les déplorables effets matériels de ce mal, la religion sut au moins détruire la réprobation morale qui s'attachait à ses infortunées victimes; elle les revêtit d'une sorte de consécration pieuse. La lèpre eut aux yeux des fidèles quelque chose de sacré : elle devint, par une distinction spéciale, une marque, pour ainsi dire, de la miséricorde de Dieu. Le magistrat de Béthune, inspiré par l'Eglise, s'efforça de concilier la plus tendre sollicitude pour ces malheureux avec les mesures rigoureuses qu'il était forcé de prendre dans l'intérêt de tous pour empêcher la contagion de s'étendre. Peut-être n'y a-t-il rien, dans la liturgie de l'Eglise romaine, de plus touchant ni de plus solennel à la fois que le cérémonial dit *separatio leprosorum*, avec lequel on procédait dans cette ville à la séquestration de celui que Dieu avait frappé de la lèpre, (avant le xiv⁰ siècle), alors qu'il n'y avait pas encore ici d'hospice spécialement consacré aux lépreux. On célébrait en sa présence, dans l'église St-Barthélemy, une messe des morts suivie du *libera*. Puis après avoir béni tous les ustensiles qui devaient lui servir dans sa solitude, et après que chaque assistant lui avait donné son aumône, le clergé, précédé de la croix et accompagné de tous les fidèles, le conduisait à une hutte isolée, bâtie à vingt pieds en dehors de tous chemins. Le prêtre prenant de la terre du cimetière, la lui posait par trois fois sur la tête, en lui disant : « Meurs au monde et renais en Dieu, *sis mortuus mundo, vivens iterum Deo.* » Le prêtre lui adressait ensuite un discours consolateur pour l'engager à la patience par la pensée du ciel et des biens spirituels qui lui viendraient, plus abondants que jamais, de sa communion spirituelle avec l'Eglise. Puis il plantait une croix de bois devant la porte de la hutte, y suspendait un tronc ; et tout le monde s'éloignait. Cet infortuné ne devait plus dès lors s'approcher de personne; il lui était défendu de rien toucher de ce qu'il marchandait, de se tenir au-dessous du vent lorsqu'il parlait à quelqu'un; de sortir du lieu de son domicile sans un congé du magistrat; il était tenu de sonner sa cliquette, quand il demandait l'aumône.

Les ladres n'ont jamais été bien nombreux à Béthune. En 1365, on en comptait 2; en 1403, trois dont deux hommes et une femme; en 1445, deux femmes; en 1455, cinq hommes; en 1460, cinq hommes; en 1502, un seul; en 1504, un; en 1533, une fille; en 1540, une femme; en 1549, on ne trouve plus un seul lépreux à la Maladrerie (1). Il y en avait encore, mais en petit nombre, dans les maisons particulières de la ville. Le 13 mars 1564, sur la plainte faite au magistrat que le sieur Robert Constant, prêtre, disait la messe dans les églises de Béthune, quoiqu'il fût atteint de la lèpre, on lui défendit de continuer à dire la messe, d'avoir des relations et de manger avec qui que ce fût.

Si peu nombreux que fussent les *ladres* et les *ladresses*, comme on les appelait à Béthune, les échevins firent construire pour eux une maladrerie. Cet établissement reçut du peuple les noms les plus doux et les plus consolants. On l'appelait : « Maison-Dieu, maison Saint-Ladre, Bonne-Maison, Maison de ladres bourgeois (2) ». On donnait aux lépreux des noms également doux et consolants. On les appelait : « les malades de Dieu, les chers pauvres de Dieu, les bonnes gens ».

La léproserie était située au faubourg d'Arras, au-delà des Bois-Dérodés, près du petit triangle nommé l'Avouerie. Les bâtiments, jardin et autres terrains affectés à cet hôpital, occupaient une surface de *cinq*

(1) Arch. municip., GG, 205, 206, 209, 215, 217, 222.
(2) Arch. municip., GG, 205.

mesures. Le jardin fut clôturé, en 1515, par un mur de terre ayant 28 pieds de longueur et 6 pieds de hauteur.

Au xive siècle, la léproserie n'était ouverte gratuitement qu'aux seuls bourgeois et il fallait, avant 1493, que le droit de bourgeoisie fût acquis depuis sept ans. Depuis l'année 1493, on n'exigea plus que six ans de bourgeoisie. La léproserie ou maladrerie était administrée p   les chanoines de St-Barthélemy et par les échevins. La ville dotait cet établissement du droit de forage de vin. Cette recette, en 1403, s'élevait à 30 livres 8 sols 8 deniers (1). Les étrangers, atteints de la lèpre, étaient reconduits à l'extrémité de la ville, dans la direction de leur lieu de naissance. Si cependant il n'y avait aucun bourgeois dans l'hôpital et qu'un ladre étranger demandât à y être reçu, il devait y payer sa pension. Si quelqu'un était *suspechonnoit estre entaché du mal de leppre*, est il écrit dans les archives, les échevins et chanoines de St-Barthélemy étaient tenus de le mener aux épreuves aux dépens de la maladrerie. Le jury d'épreuve était composé, en 1451, d'un médecin, M. Baude de Limens, et de deux chirurgiens, MM. Jean et Baudin Level qui *visettèrent* Catherine de Waufflaide ; en 1504, les membres du jury se nommaient Baudin Pecqueur, Jean Frélin, Adam le Petit, Jean Ducemplaire et Jacques Flajolle, Sergent, qui trouvèrent qu'Enguerron Blocquel, était atteint de la lèpre. En 1538, ce sont quatre médecins qui visitent une femme.

Primitivement, ces malades étaient soignés et servis par une *meskine*, — servante, — dont les gages en 1403, étaient de 7 livres. En 1493, une religieuse de la congrégation de Ste-Madeleine vint remplacer auprès des malades ces servantes laïques. En 1496, ce fut une religieuse de l'ordre de St-François d'Assise qui remplaça les madelonnettes.

(1) Arch. municip., BB, 1 et GG, 206.

La maladrerie avait une chapelle dont on réparait deux verrières et dont on pavait le chœur en 1488. C'était le chapelain de Verquin qui y faisait le service religieux. En 1448, il recevait pour ses émoluments 74 sols 4 deniers. Quelques années après, ce fut un franciscain qui fut chargé de dire la messe tous les dimanches dans cet oratoire.

En 1502, chaque lépreux recevait 8 sols et un quartier de blé par semaine, 900 fagots annuellement, du vin lorsqu'il devenait plus souffrant. Il recevait des soins tout particuliers de propreté. On trouvait dans la léproserie des cuvelles-baignoires à l'usage des malades. Dans les comptes de 1418-1419, il est fait mention d'une dépense de « 10 sous pour l'achat « d'une cuvelle-baignoire toute nœuve pour les ladres « pour ce que li autre est mout viese et estoit trop « grande ». Il n'est donc pas vrai qu'à Béthune, dans le moyen-âge, on avait tellement peur de l'eau que la population tout entière croupissait dans la malpropreté.

Quand un ladre mourait, on célébrait ses funérailles avec l'office des *confesseurs non pontifes*. On brûlait alors ses vêtements, son lit, tous les objets dont il s'était servi, à l'exception des ustensiles en étain, plomb ou fer qu'on avait soin de faire étamer à neuf, pour que ces objets ne fussent plus susceptibles d'infection. Les ladres et les ladresses avaient, tous, pour vêtement principal un manteau qui devait durer deux ans et dont le prix, en 1540, était de six livres.

Indépendamment de la maison établie pour les ladres bourgeois de Béthune et qui, dans le testament de Sainte-de-Perne, en date du 28 octobre 1348, est appelée le *grant maladerie*, il y avait d'autres léproseries plus hospitalières ouvertes à ceux appelés, selon les termes dudit testament, *al malades des portes*.

Par un édit de décembre 1692, Louis XIV réunit

aux ordres du Mont-Carmel et de Saint-Lazare toutes les maladreries et léproseries, afin d'en former des commanderies et des pensions pour les vieux officiers et soldats. Cette réunion, trompant l'attente du roi, fut une source de procès, de difficultés et d'ennuis entre les agents de ces ordres et la ville de Béthune. C'est pourquoi Louis XIV, revenant sur sa première décision, sépara, en vertu d'un édit de mars 1693, de l'ordre des ordres de St-Lazare et du Mont-Carmel les biens, les revenus et l'administration des léproseries qui leur avaient été concédés. La lèpre, ayant alors complètement disparu en France, et notamment à Béthune, les biens et les revenus affectés à la léproserie de cette ville furent incorporés au patrimoine de notre hôpital St-Jean. Dans une pensée d'unité, qui dominait, en toutes choses, l'administration de Louis XIV, les revenus des maladreries de Nœux, d'Hersin, et de Beuvry, furent également donnés, au mois de juillet 1698, à l'hôpital Saint-Jean de cette ville, aux charges et conditions imposées à ces établissements si différents, pourtant, les uns des autres.

IV

Nos échevins, dont le zèle se porta constamment sur tout ce qui concernait la santé et le bien-être matériel des habitants, redoublaient d'ardeur et de sollicitude à cet égard, dans les temps d'épidémie, mais surtout lorsque la peste menaçait la ville ou la frappait. Anciennement les maladies pestilentielles apparaissaient à Béthune à des intervalles très rapprochés. Elles y exercèrent de terribles ravages en 1093, 1188 1429, 1522, 1557, 1576, 1603, 1625, 1636, 1682. On ne saurait se faire une idée de la terreur que répandait l'approche et surtout l'explosion de ce fléau dont la présence dans cette ville était encore constatée au milieu du xviie siècle. Aussitôt que la rumeur publique signalait son invasion dans les localités voisines, la municipalité faisait fermer les portes de la ville et garder ses murailles, comme si elle avait eu à se défendre contre un ennemi bardé de fer et armé visiblement de pied en cap. Les étrangers ne pénétraient plus dans la ville sans être munis d'un certificat de *santé*.

En 1626, la peste sévissait à Tournai, Douai, Lille, Aire et Armentières. Pour mettre « ordre et police », comme il est dit dans les archives, « aux dangers et aux « inconvénients qui pourraient subvenir à raison de « cette maladie », les échevins édictèrent une ordonnance défendant, sous peine d'amende, aux marchands, drapiers, lingiers, gantiers, merciers, notamment aux marchands de fil et d'estoupes, d'acheter ou de recevoir aucune marchandise expédiée de ces localités contaminées;

Aux charretiers, messagers, d'introduire dans la ville quoique ce soit venant de ces localités;

Au messager d'Armentières de continuer son service;

Aux hôteliers, cabaretiers, bourgeois, manants et habitants de recevoir et de loger aucun étranger sans en avoir prévenu le magistrat;

A tous les habitants de tenir chez eux des porcs, des lapins, des pigeons, ainsi que des *bêtes à laine*.

Il était, en outre, ordonné aux habitants de nettoyer les devantures de leurs maisons, d'en enlever les immondices.

Lors de la peste de 1557 et 1558, les échevins ordonnèrent l'expulsion des mendiants et gens sans aveu qui, pendant la guerre, s'étaient réfugiés dans la ville et auxquels on attribuait la présence du fléau. Le magistrat défendait aux religieux d'accorder dans leurs couvents l'hospitalité aux étrangers.

Aussitôt que le fléau avait éclaté, on isolait les malheureux qui en étaient atteints; on les conduisait dans un hôpital improvisé en dehors des murs et qu'on appelait le béguinage. Cet hôpital avait été établi au xve siècle dans le faubourg Catorive, un peu plus tard au faubourg du Perroy, enfin, de nouveau, en 1615, au faubourg Catorive, sur deux mesures de terre situées le long de la rivière en aval de ce dernier faubourg. Ce terrain avait été payé 600 florins. Il ne reste aucune trace de cet établissement, si ce n'est le nom de béguinage que l'on donne encore aujourd'hui à son ancien emplacement.

Sur le terrain, destiné à recevoir les pestiférés, on construisit des loges où, selon l'expression de nos archives, des huttes faites de paille et de bois. En 1626, Jehan Lemire, *Calier*, livra douze « chariotz à
« coucher les pauvres pestiférés au béguinage et
« huttes ». Ces malheureux, parqués dans cette enceinte, ne pouvaient communiquer avec qui que ce fût. Ils n'étaient pas cependant dénués de toute espèce de soins. En 1524, ils étaient visités par le « saigneur-
« chirurgien et le médechin commis par les esche-
« vins à solliciter les povres infectés ». C'étaient les sœurs grises de l'hôpital de cette ville qui leur donnaient la « subtencion et nourriture » (1). En 1625-1626, nos archives font mention de « deux pères ca-
« pucins entrés volontairement en la dicte infection
« pour l'administration des Saintz-Sacrementz de
« l'Eglise ». Il y avait également un chirurgien chargé de visiter les pestiférés. En 1625, il se nommait Me Jean du Rietz. En 1626-1627, on l'appelait Me Franchois Labbe. L'apothicaire, appelé Me Antoine Labbe, reçut 27 livres pour avoir livré, en 1626, « plussieurs pillules, tablettes, fin triacque, conserve
« de rose, cataplasme, julleps, ptisames, et aultres
« diverses drogues et médecines ». Les sœurs de l'hô-

(1) Arch. municip., GG, 230.

pital St-Jean qui avaient besoin d'être aidées dans leurs fonctions auprès des pestiférés, prirent à leur service, en 1626, une femme veuve, nommée Jacqueline Croiset qui fut chargée de soigner les femmes et les filles atteintes de la peste (1).

Avant l'établissement de l'hôpital des pestiférés, les malades étaient enfermés dans leurs maisons, marquées au dehors d'une torche de paille, disposées en forme de croix. Les co-habitants de ces malheureux ne pouvaient circuler dans la ville sans être munis d'une baguette blanche. Le 12 juillet 1576, une femme et un enfant étant morts de la peste, il fut ordonné aux habitants de la même maison et au prêtre qui avait administré cette femme de s'abstenir, pendant six semaines, de communiquer avec d'autres personnes et de porter la *blanche veste*. Ce fut dans le même temps que Jehan de Pennes, chirurgien de Bruges, fut appelé pour soigner les personnes atteintes de la maladie contagieuse.

La science médicinale cherchait des remèdes contre ce fléau, si terrifiant que les habitants des communes voisines de Béthune s'abstenaient d'entrer en communication avec les Béthunois pour leur vendre des vivres. En 1545, un savant, docteur en médecine, Guillaume d'Assonville ou Assonville, né et résidant à Béthune, fit imprimer un traité touchant les remèdes à employer contre les maladies pestilentielles (2).

Mais trop souvent, tous les moyens humains étaient impuissants à conjurer le fléau qui, sans relâche, frappait avec une rigueur inexorable. Dieu seul pouvait en arrêter les ravages. C'est ce que comprenait la population toute entière de cette ville qui n'attendait le salut que de l'intervention divine. Les processions sortaient alors de nos églises, les chasses des saints,

(1) Arch. municip., GG, 303.
(2) Arch. du Nord de la France, t. 1, 2ᵉ série, page 158.

notamment celles de St-Eloi, parcouraient toute la ville; des prières incessantes se faisaient dans tous les oratoires, sur nos places, dans nos rues, dans toutes les maisons. C'était un cri unanime de détresse et de supplications qui montait vers le ciel. Pour ne citer qu'un des faits de cette nature, une procession solennelle, à laquelle prit part toute la population, eut lieu, le 3 du mois de mai 1557, afin de faire descendre du ciel un regard de pitié sur les habitants consternés de cette malheureuse ville. C'est sous une impression de même nature que notre municipalité fit placer, pendant la peste de 1480 et celle de 1493, devant la statue de St-Antoine une immense bougie d'égale *grandeur et cyrcuite de la ville*.

Les mêmes faits se produisaient pendant de simples épidémies. Lorsque la suette fit son apparition dans la ville au mois de juillet 1723, messieurs du Magistrat firent chanter deux messes en l'honneur de St-Éloi, patron de Béthune, dans la chapelle de l'hôtel de ville, l'une pour *estre* préservés de cette maladie nouvelle, et l'autre en actions de grâce de ce que la ville *en a esté délivrée en grande partie*.

Depuis cette dernière épidémie, la salubrité et l'hygiène s'améliorèrent beaucoup, et les foyers pestilentiels perdirent considérablement de leur intensité. Il y eut encore cependant des épidémies mais d'une nature différente, et contre lesquelles la science ne cessa jamais de lutter. Toutes les fois qu'elles éclatèrent dans Béthune, notre municipalité s'efforça, aidée des recherches et des découvertes scientifiques, de les combattre et de soulager ceux qui en étaient atteints. C'est ce qui fut constaté lorsque le choléra vint s'abattre à différentes dates sur cette ville. Ce fut en 1832 que cette terrible maladie fit son apparition. Du 7 juin au 13 septembre, on compta 57 personnes qui en furent victimes. En 1849, en 1854, en 1865,

Béthune eut encore beaucoup à souffrir de ce fléau. En 1890, c'est la grippe, nommée l'*influenza*, qui nous visita le premier jour de cette année nouvelle. Elle se montre bénigne.

Nos échevins prenaient également des mesures préventives ou sanitaires contre toute espèce d'épizootie. Le 23 octobre 1770, ils formulaient, à ce sujet, l'ordonnance suivante :

1° Défense d'introduire du dehors aucune bête, sans en avoir avisé le procureur-syndic et sans avoir produit un certificat annonçant le point de départ des bêtes ;

2° Ordre aux bouchers de donner la liste des animaux qu'ils détenaient dans la ville ou la banlieue ;

3° Ordre aux habitants de faire connaître dans les vingt-quatre heures la maladie contagieuse dont seraient frappées leurs bêtes ;

4° Défense d'introduire dans la ville aucune viande de bœuf, de vache, de veau, dépecée, fraîche ou salée, sans l'autorisation préalable du magistrat.

V

Anciennement, la dépouille mortelle des personnages de grande distinction, tels que les seigneurs de Béthune, avait pour suaire une peau de cerf; celle des pauvres et de ceux qui mouraient à l'hôpital était ensevelie dans une « *natte de gluy-de-paille* »; enfin celle des riches était entourée d'une étoffe de lin, et c'est à cet usage qu'il faut faire remonter le mot *linceul*.

Les riches se servaient de cercueils auxquels ils confiaient, pour l'inhumation, la dépouille mortelle de leurs parents. Une boîte commune, s'ouvrant à une de ses extrémités, servait à recevoir les corps des pauvres et des hospitaliers qui étaient enterrés séparément dans des fosses distinctes, mais couverts seulement de leurs suaires faits de paille.

Il y avait autrefois dans la ville plusieurs cimetières : celui du Petit St-Vaast, au faubourg Catorive; celui du prieuré de St-Pry; celui de St-Barthélemy; celui de la paroisse St-Pry; celui de la paroisse St-Vaast, dans l'intérieur de la ville; celui de l'hôpital St-Jean.

On enterrait également dans toutes les églises et chapelles.

Le plus ancien des cimetières de Béthune est celui du Petit St-Vaast au faubourg Catorive. Il date de la prédication de St-Vaast dans cette ville au vi^e siècle. Jusqu'au onzième siècle, c'est le seul champ mortuaire que l'on connaisse pour l'inhumation publique de tous les habitants de cette ville. A partir de cette dernière date, il fut presqu'abandonné. Les Béthunois se firent alors inhumer de préférence dans le cimetière de la collégiale de St-Barthélemy qui, se trouvant au milieu des habitations, pouvait être visité plus facilement par les parents et amis des défunts.

En 1709, la mortalité fut si grande, par suite d'un hiver exceptionnellement rigoureux, qu'il fallut recourir à l'ancien cimetière de Catorive où l'on trouva le terrain nécessaire pour la sépulture des innombrables victimes de cette terrible saison. On profita de cette circonstance pour entourer d'une palissade ce champ de repos.

Lorsque l'épidémie eut cessé ses ravages, on délaissa de nouveau ce cimetière, et l'on revint, pour les enterrements, aux cimetières situés dans l'intérieur de la ville. Cependant Mgr l'évêque d'Arras déclara, par une ordonnance du 3 avril 1779, « le cimetière de
« Ste-Croix insuffisant et ordonna qu'il serait fourni
« un terrain suffisant en dedans trois mois après lequel
« temps le cimetière actuel de ladite paroisse de Ste-
« Croix serait et demeurerait interdit ». Le 16 avril

1779, les marguilliers anciens et nouveaux ainsi que les principaux paroissiens de Ste-Croix demandèrent, par l'entremise de M. Lescuyer, procureur au parlement de Paris, « l'avis de deux jurisconsultes au par« lement de Paris à l'effet de se conformer à son avis ». Cette délibération fut prise en conseil de paroisse par MM. de Genevières de la Vasserie, de Genevières de Cocove, le chevalier de Cocove, de Bardoult, Morel Destieu, Mastel, Vallet, Briois d'Hulluch, Piquart d'Honnebecque, Gottran, Pignon, Bordon, J.-B. de Baillencourt dit Courcol, J. P. Hulleu, Outrebon, Vallage, Vancostenoble, L. Bacon, B. Brasier, Hulleu, Vicogne, Leroy, Jacquemont, Boidin et François Elipré.

Les jurisconsultes du parlement de Paris avisèrent les paroissiens de Ste-Croix que l'ordonnance épiscopale était inattaquable. Conséquemment elle fut mise à exécution, sans autre tentative d'opposition, le 10 juillet 1779, date des inhumations de tous les défunts de nos deux paroisses dans le cimetière de Catorive.

Un des premiers soins des marguilliers de la paroisse St-Vaast, propriétaire de ce cimetière, fut d'assurer aux morts dans cette terre sacrée une demeure religieusement paisible. Ils le firent entourer d'une haie profonde qui fut entretenue soigneusement par Jacques-Philippe Berche, jardinier, auquel on payait, 6 francs 3 sous 7 deniers, pour son travail de l'année. On y érigea un fort beau calvaire et une chapelle dédiée à Notre-Dame de Miséricorde. La superficie de ce cimetière était de sept quartiers. On y arrivait de la ville par un sentier qui s'ouvrait à la sortie de la Porte-Neuve.

L'église Ste-Croix qui n'avait aucun droit de propriété ni d'usage sur ce cimetière accepta de faire avec celle de St-Vaast, pour l'inhumation de ses paroissiens, une convention dont les termes sont rappe-

lés dans la pièce suivante : « Le comptable de l'église
« St-Vaast fait recette sur le sieur Vermon, clercq et
« receveur de la paroisse de Ste-Croix de la somme de
« soixante livres pour deux années échues le 10 juil-
« let 1781 de l'abonnement par acte passé entre MM.
« les marguilliers et notables de la paroisse St-Vaast
« avec ceux de Ste-Croix pour le droit seulement
« d'inhumer les paroissiens de Ste-Croix dans la
« partie du cimetière du Petit St-Vaast au faubourg
« de Catorive à gauche en entrant par la ville audit
« cimetière appartenant à cette église, le côté de la
« droite vis-à-vis la chapelle de Notre-Dame de Misé-
« ricorde étant réservée pour ceux de St-Vaast, à la
« charge aussi de payer tous les frais à faire ci-après
« par moitié entre les deux paroisses pour l'entretien
« dudit cimetière, les arbres avec les ébranchures et
« les herbes des deux côtés étant réservés au profit
« de l'église St-Vaast ».

En 1792, la municipalité s'emparait de ce cimetière, en faisait abattre la croix et démolir la chapelle.

Dans le courant du mois de février 1794, l'ingénieur de la ville prenait une partie considérable de
ce cimetière pour en faire une redoute. La municipalité, oublieuse du respect dû à la cendre des morts,
laissa construire sans la moindre réclamation, cette
redoute sur les tombeaux de nos pères dont l'inviola-
bilité avait été garantie jusqu'alors. Elle décida qu'à
partir du mois de mars de l'année 1794 on enterrait
tous les morts de la ville dans un champ situé derrière le corps de garde extérieur de la porte d'Arras.
— Ce champ est le premier à droite en sortant de la
ville.

Ce cimetière, ouvert de tous les côtés comme une
place publique, apparaissait plus semblable à un
champ de carnage où gisent çà et là des membres
mutilés qu'à ce champ de repos où le chrétien, sor-

tant des fatigues de la vie, entre dans un sommeil un peu plus long que celui de la nuit, mais qui doit être suivi d'un réveil éternel. Le déplorable état d'abandon que présentait ce cimetière se prolongea jusqu'en 1802 où de nouveaux dépositaires de l'autorité civile, chargés par la loi de la surveillance des lieux de sépulture, firent fermer le cimetière du faubourg d'Arras dont la vue déchirait le cœur de tous les habitants, et rouvrir celui du faubourg Catorive. Le 9 juin 1803, M. Coquelet, curé de Béthune, présida, délégué, le 7 mai précédent, par Mgr l'évêque d'Arras, à la cérémonie de la bénédiction du Calvaire, en présence de toutes les autorités locales et d'une foule immense de pieux chrétiens. Il y avait peu de luxe dans cette maison des morts. Chaque tombe n'avait pour ornement qu'une simple croix de bois, s'élevant comme l'espérance sur ces ruines de l'humanité. Les inscriptions qu'on y lisait ne donnaient que de graves et austères leçons auxquelles se mêlaient une pensée de foi et une prière. Voici celle qui d'ordinaire était admise : « Ici repose, dans l'attente de la résurrection « générale, M.   âgé de   et décédé en « l'an   *requiescat in pace* ».

Cependant cette enceinte funèbre devint trop étroite pour une mortalité toujours croissante avec la population, et les rangs des cercueils furent si pressés que, souvent, il fallut en déshériter, avant le temps légal, les premiers possesseurs pour faire place aux nouveaux hôtes que la mort se hâtait d'y précipiter. L'administration municipale reconnut, en 1840, la nécessité d'ouvrir un nouveau cimetière, assez vaste pour contenir tous les morts de cette ville. On y fit les dépenses nécessaires pour protéger religieusement cette terre vénérable par une ceinture de murailles hautes et solides, que domine le signe de la religion. Le 10 septembre 1840, on enterra pour la première fois dans ce nouveau cimetière qui fut béni solennellement, le 18 octobre de la même année, par le Cardinal de la Tour d'Auvergne, évêque d'Arras.

En 1887, un ouragan brisa le calvaire. Il fut renouvelé par les soins et aux frais du curé, et solennellement béni par Mgr Dennel, évêque d'Arras.

Ce cimetière a presque le charme d'un jardin. On y voit les tombeaux environnés de roses au printemps, de fleurs et d'arbustes, tout particulièrement de sapins, en toute saison, soignés, arrosés par les parents du défunt, et, à leurs défauts, par le concierge qui reçoit d'eux annuellement, deux francs pour son travail. De lugubres sépultures sont ainsi changées en une sorte de parterres fleuris; la mort se dépouille de ce qu'elle a de terrifiant, pour que la vie, trompée par cette attrayante illusion, se familiarise facilement avec elle. On trouve aussi dans ce lieu funèbre des tombeaux qui, sous forme de chapelles, sont remarquables par le grandiose et la belle simplicité du style. Il en est d'autres, mais en fort petit nombre, qui, par l'afféterie de leurs ornements et l'étalage prétentieux de leurs épitaphes, rappellent avec emphase des souvenirs de grandeur dans un séjour où tout est abaissé devant la majesté de la mort.

Le prieuré de St-Pry avait son cimetière qui fut béni, en 1188, par l'archevêque de Reims et dans lequel, par privilège de ce couvent, les Charitables avaient le droit d'être enterrés.

Avant 1758, le cimetière de St-Barthélemy était divisé en quatre parties distinctes qui contenaient ensemble 18,858 *pieds du roi quarrés*, sans y comprendre l'emplacement du calvaire, les chemins ni les endroits pavés pour accéder à quelques maisons voisines.

Le 20 octobre 1758, ce cimetière, diminué par l'ouverture d'une rue, la construction d'une vaste maison, le pavage d'un terrain qui devait servir à l'écoulement des eaux, n'était plus composé que de trois parties : la première contenant 3,666 *pieds de roi*, bien fermée de murailles; la deuxième contenant 1,526 *pieds de roi*, également cloturée par une muraille; la troisième contenant 11,000 *pieds de roi*.

En 1776, la partie du cimetière contenant 3,666 pieds de roi devint une place publique; une autre partie de ce cimetière contenant 1,526 pieds de roi fut également convertie en place publique. La troisième partie de ce champ de repos fut aussi diminuée de 1,456 pieds, ayant servi d'emplacement, en 1767, à la construction d'une maison. De telle sorte que le grand cimetière, le seul qui, existait encore, en 1778, date de sa suppression, ne contenait plus que huit mille six cent quatre-vingt-onze pieds *quarrés, pieds du roi*, comme il est dit dans les archives de la ville. Près de la partie de ce cimetière s'ouvrant, par une porte, sur la rue des Capucins, se trouvait une chapelle nommée *Paradis terrestre*; sur un point opposé, proche de la rue du Château, se trouvaient une autre chapelle appelée le *Jardin des olives*, et une croix de grès élevée sur un large massif de pierres. Ces trois monuments religieux étaient l'objet d'un pèlerinage très suivi. L'histoire de la création d'Adam et d'Eve et celle de la rédemption par le divin crucifié y étaient représentées de la manière la plus touchante.

Le cimetière établi dans la ville près de l'église actuelle de St-Vaast pour la paroisse de ce nom n'avait que « douze cent cinquante et un pieds. »

Le cimetière de la paroisse St-Pry contenait deux arpents et demi de terre, sur lesquels avaient été construites l'église paroissiale, la maison presbytérale, celle du chapelain, une école, une chapelle dédiée à Notre-Dame de Consolation, une autre chapelle placée sous le vocable du *Dieu de pitié*. En 1591, les marguilliers de l'église St-Pry payaient à Charles Tellier pour les « quarreaux de quoy on a pavé autour du Dieu de pitié, 7 sous 6 deniers » ; à Alexandre, marchand de bois pour « les lattes du Dieu de pitié, 25 sous » ; au peintre « pour l'ouvrage qu'il a fait au Dieu de pitié, 15 sous » ; à François Gamas, tailleur de blanc, « pour racoutrer et recoler le Dieu de pitié, 18 sous. »

Ce cimetière n'était pas enclavé dans l'enceinte des fortifications de la ville. Il était situé vis-à-vis de la ferme du Prieuré, faisant face à la place St-Pry.

Il y avait encore un autre petit *atre* — cimetière — qui n'était pas éloigné de celui que nous venons de mentionner et qui, peut-être, faisait partie des fortifications et des glacis de la ville.

Ces deux cimetières étaient couverts de noyers dont le produit — noix, — en 1638, était de 36 sous.

L'hôpital St-Jean de Béthune avait son cimetière, assez grand pour qu'on y creusât, en 1539, « cent soixante fosses des povres terminés audit hôpital (1) ».

Toutes les églises et chapelles des communautés religieuses de cette ville offraient de nombreuses sépultures aux habitants de cette cité qui, tous, demandaient avec instance à être inhumés sous le pavé du temple pour toucher de plus près aux reliques des saints et à la propitiation des autels. Ces hommes de foi, dont la vie presqu'entière s'était écoulée dans les parvis du Seigneur, croyaient moins mourir que continuer une vie d'adoration et de prières, en préparant à leur corps un saint repos à l'ombre du tabernacle, au milieu des pompes religieuses, et au bruit des divins cantiques qui feraient tressaillir leurs ossements jusque dans leur sépulcres. De toutes les inhumations innombrables faites dans les églises et chapelles de cette ville nous ne mentionnerons que celles-ci :

Église St-Vaast : le 30 juin 1676, M. l'abbé Dupaix, oncle du prieur du Perroy, fut enterré dans le

(1) Archives de cet hôpital.

chœur de l'église ; le 26 février 1677, Marie-Madeleine Malbrancq, est inhumée dans la grande nef;

Eglise St-Barthélemy : le 22 juin 1740, Pierre-Eusèbe Varlet, curé de Ste-Croix, est inhumé dans l'église devant la chaire;

Eglise des Récollets : le 15 mai 1685, inhumation de M. François de Baillencourt dit Courcol dans cette église; le 9 août 1703, Jean-François de Baillencourt, est enterré dans cette église; le 27 août 1759, inhumation de Marie Jolly de la Vieville, dans cette même église;

Eglise des Capucins : le 14 juin 1704, inhumation de Louis de Nolent; le 10 avril 1731, inhumation du comte de Vauban;

Chapelle du Perroy : le 17 août 1702, inhumation de Gille Duquesne dans cette chapelle;

Chapelle St-Eloi : le 17 janvier 1708, inhumation de Hélène-Françoise de Rochaymon dans cette chapelle;

Chapelle des Dames de la Paix : le 9 septembre 1678, inhumation de Jean-François Galbart, écuyer; le 2 décembre 1774, Marie-Thérèse Degruson, est inhumée dans le chœur de cette chapelle;

Eglise des Annonciades : le 6 juin 1700, Marie-Josephe de Monpetit, est inhumée dans cette église.

L'autorité spirituelle ainsi que le pouvoir civil prenaient garde à ce que les fosses où se faisaient les inhumations fussent profondes. Le 7 février 1746, sur le réquisitoire du procureur du roi, un corps, enterré peu profondément dans l'église St-Barthélemy, en fut exhumé, selon le jugement porté par les marguilliers et notables de la paroisse St-Croix. Les prévôts et chanoines furent mis juridiquement en demeure de trouver dans l'église une autre place où serait creusée une fosse plus profonde pour la dépouille mortelle de ce défunt.

Les pierres sépulcrales ne pouvaient être placées dans les églises et chapelles qu'après autorisation des supérieurs locaux auxquels devait être payée une somme fixée par le tarif de l'époque. L'autorité ecclésiastique du lieu conservait toujours le droit de faire enlever ces monuments funèbres. Le 9 mars 1708, le chapitre de St-Barthélemy ordonna l'enlèvement d'une de ces pierres tombales placée dans la chapelle des Trépassés où devait être posé le nouveau rétable de l'autel de ladite chapelle.

Les corps reposaient sous un marbre ou sous une pierre dont la couleur était tantôt blanche, tantôt bleue, et quelquefois bleue incrustée de blanc.

Les nobles y faisaient graver leurs armoiries, énumérer leurs titres et quelquefois inscrire les noms de leurs enfants. C'est ce qu'on voyait sur la pierre sépulcrale de « M^{ire} Louis-Alexandre, Ch^r baron *Dupire* et d'Hinge », décédé le 18 juin 1755, et inhumé dans le chœur de l'église St-Vaast.

Lorsque les défunts avaient fait de pieuses fondations pendant leur vie pour le repos de leur âme, d'ordinaire ils le faisaient relater sur leurs tombes. C'est ce qu'on lisait sur une grande pierre bleue incrustée de marbre blanc dans la chapelle située derrière le chœur de l'église St-Barthélemy : « Dessous
« ce marbre reposent les corps de monsieur Jacques-
« François Damiens, écuyer...., décédé le 16 octo-
« bre 1738.... et de madame Jeanne-Elisabeth-Sabine
« Dupuich, son épouse, décédée le 15 de mars 1729,
« pour le repos des âmes desquels se célébreront
« pendant trente années quatre obits à la chapelle
« de la paroisse de Ste-Croix avec distribution de
« pains aux pauvres. »

Les épitaphes se terminaient d'ordinaire par ces mots : « Passant prie Dieu pour son âme » ou « pour « leurs âmes. » C'était l'épitaphe inscrite sur la tombe de Mme Marie-Joseph Dupire et de son époux le sieur Damiens, inhumés dans le chœur de l'église St-Vaast. Sous une autre tombe, celle de la famille Hanotel, on lisait : « Ami lecteur, priez Dieu pour leurs âmes. »

Dans l'église des R. P. Récollets, on voyait une magnifique pierre tombale sur laquelle se lisait l'inscription suivante :

« Vous qui voyez cet escrit de cette dame, priez à
« Dieu qu'il lui plaise avoir l'âme de vertueuse et
« chaste demoiselle Jacqueline de Cottrel
« de cette vie mortelle termina
«   l'an 1595 le 25 noobre. »

L'épitaphe était faite parfois en latin. Telle était celle de Me Jean Fonlier, chanoine de la collégiale St-Barthélemy, inhumé dans la chapelle Ste-Elisabeth qui était la première à gauche en entrant par le grand portail :

« Hic jacet exanimis nobilis vir
« Joannes Fonlier, canonicus Bethu-
« niensis, obiit anno 1739 ætatis 81 pie
« lector precare ut quantocius requies
«   cat in pace. »

Le 10 mars 1776 parut un édit royal qui défendait toute inhumation dans les églises et autres lieux clos. On cessa dès lors d'enterrer dans les églises et chapelles de cette ville.

VI

Depuis l'année 1188 jusqu'à ce jour, le transport des corps au lieu de leur repos s'est fait sans interruption par les Charitables, membres de la Confrérie de St-Eloi. Dans la première partie de cette histoire de Béthune, nous avons retracé les circonstances merveilleuses qui présidèrent à l'établissement de cette confrérie. Par ses innombrables et importants services cette corporation à la fois religieuse et charitable tient une place assez distinguée dans les annales de cette ville pour que nous en fassions l'historique.

Dans tous les temps, les membres de cette association chrétienne ont été appelés Charitables ou, comme on disait au moyen-âge, *karitaules*. Les fonctions auxquelles il se sont toujours dévoués et qui consistent à secourir les pauvres et à enterrer gratuitement les morts leur ont mérité ce nom, le plus beau qu'une langue humaine puisse prononcer.

Cette confrérie a ses statuts, ses règlements, ses lettres-patentes, ses usages particuliers et ses fêtes spéciales. Elle se compose d'un prévôt, de quatre mayeurs et de seize confrères, tous choisis parmi les bons bourgeois et renouvelés tous les deux ans. Pour arriver à la dignité de prévôt, il faut avoir exercé pendant deux ans les fonctions de confrère, et deux autres années, celles de mayeur. Ce dignitaire est nommé pour deux ans ; les mayeurs doivent être deux ans simples confrères pour arriver à leur dignité; ils sont renouvelés ainsi que les confrères par moitié, d'année en année. Jusqu'en 1573, les prévôts devaient être choisis parmi les maréchaux-ferrants. Le 19 juin 1573, les chefs de la confrérie, autorisés, à cet effet, par le mayeur et les échevins de Béthune, décidèrent qu'à l'avenir, ce choix pourrait être fait sans exception, en faveur de tous les confrères, quelles que fussent leurs professions. Les maréchaux en appelèrent au conseil provincial d'Artois qui, par une sentence du 29 avril 1574, déclara mal fondées leurs réclamations.

Les élections se font le 25 juin, fête de la translation des reliques de St-Éloi dans la cathédrale de Soissons, en 1157, par le vénérable Samson, archevêque de Reims, sous l'épiscopat de Bauduin.

Anciennement la confrérie avait deux varlets qu'on appelait aussi crieurs ou prieurs pour les morts et qui, en même temps, étaient porteurs des billets funéraires. Ils recevaient une rétribution qui, en 1803, était fixée à 5 ou 10 francs, selon les classes pour services funèbres. Le premier de ces serviteurs de la confrérie portait une robe et un bâton de bédeau. Présentement on lui donne, pour ce motif, le nom de massier. Il est seul pour faire tout le service préparatoire aux enterrements auxquels il assiste revêtu de son costume.

Les Charitables ont le grand costume, le demi-noir et le costume ordinaire, qu'ils portent selon les cas prévus par leurs règlements. Ces trois costumes différents l'un de l'autre sont décrits dans les chapitres 2, 3 et 4 des statuts de la confrérie; nous les reproduisons textuellement :

Chapitre 2, *grand costume* : habit, gilet et pantalon de drap noir, manteau en camelot noir dans la forme usitée, rabat bleu céleste bordé de blanc, cravatte blanche, chapeau français, bas noirs en souliers ou bottes, gants blancs et baguettes aux processions seulement.

Ce costume n'est obligatoire que pour les enterrements de 1re et de 2e classe. Autrefois, il était également porté aux enterrements de 3e classe, lorsque la famille du défunt le demandait. Présentement il est porté, quand on le demande, aux enterrements de 4e classe. En 1803, la rétribution exigée pour ce grand costume était de 10 francs que les Charitables convertissaient en achat de pain pour les pauvres. Aujourd'hui, la rétribution est beaucoup plus élevée, mais elle ne profite qu'aux pauvres.

Chapitre 3, *le demi-noir* : habit de couleur et le reste comme ci-dessus, chapitre 2.

Chapitre 4, *costume ordinaire* : chapeau, manteau, rabat, comme au chapitre 2; et habit ou capote, la veste étant défendue.

Dès le jour où les Charitables furent constitués par l'autorité religieuse en confrérie, ils firent construire une chapelle qui fut dédiée à St-Eloi, leur patron, et dans laquelle ils se réunissaient pour prier et traiter des affaires de la corporation. Le seigneur de Béthune leur avait concédé, pour cette construction, un terrain contenant trente-deux pieds et demi de largeur et vingt-sept pieds et demi de longueur. Cette chapelle était érigée près de la porte des Fers. En 1574, elle menaçait ruine ; comme elle gênait la circulation, elle fut démolie. Sur son emplacement se trouvent actuellement deux maisons portant les n°s 33 et 35.

La merveilleuse origine de la confrérie de St-Eloi, son héroïque dévouement et ses services admirables l'avaient mise tout de suite en si grand honneur que le nombre de ses membres s'était accru d'une manière rapide et considérable. Ce fut hélas! au détriment de l'union et de la concorde. Il fallut recourir, pour empêcher une scission entre les confrères, à la formation d'une seconde société charitable qui, malgré ses attributions particulières, devait cependant rester comme son aînée, sous le patronage commun de St-Eloi.

La section nouvellement créée, ne pouvant pas assister aux offices célébrés dans l'ancienne chapelle de St-Eloi, devenue insuffisante pour la recevoir, fut assez heureuse pour obtenir du seigneur de Béthune la cession de la chapelle dédiée à St-Nicolas et que Robert-le-Gros, seigneur de cette ville, avait fait construire en 1117, dans la rue des Fers, en face de la rue St-Pry, aux n°s 1 et 3 actuels. Cette association secondaire fut uniquement chargée de secourir les pauvres et les malades. Gouvernée, dès 1307, par deux mayeurs, elle avait, comme son illustre aînée, ses coutumes et privilèges dont quelques uns étaient assez étranges. Ainsi la veuve d'un sociétaire devait abandonner à la société le plus bel habit délaissé, à sa mort, par son époux ou la somme représentant sa valeur. En 1686, les femmes furent admises en qualité de consœurs dans cette association. Devaient-elles, à leur mort, abandonner aussi à la société leur plus beau vêtement? L'histoire ne nous le dit pas.

Au reste, quiconque le demandait pouvait faire partie, mais seulement à titre d'associé, de la confrérie de St-Eloi. En 1669, le nombre de ces associés s'élevait au chiffre de cinquante-cinq mille.

La société dite de St-Nicolas trouvait des ressources qui manquaient à celle de St-Eloi. Aussi pouvait-elle facilement restaurer sa chapelle, tandis que celle de St-Eloi tombait insensiblement en ruines. En 1313, les charitables de St-Nicolas, autorisés par les prévôt et chanoines de la collégiale de St-Barthélemy, restauraient, à grands frais, d'une manière remarquable, leur chapelle dont le mobilier était splendide. On y voyait des *dras d'or et de soye* qui, pendant le cours des travaux, furent déposés dans l'église de St-Barthélemy (1).

Cette chapelle de St-Nicolas avait l'apparence d'une église. Le chœur était très vaste. On y accédait par plusieurs marches. Il était réservé aux membres de la confrérie.

Cette belle situation de la corporation de St-Nicolas ne diminuait en rien cependant la grande considération dont jouissait depuis des siècles la confrérie de St-Eloi. En 1545, le jour de la fête de St-Eloi, les habitants de la rue des Fers et de la Vigne jouaient près de la porte des Fers la vie de ce saint. En 1562, ceux de la rue de la Vigne représentaient « en grant
« nombre, comment la sainte chandelle et charité de
« Dieu et de Mgr St-Eloi fut élevée, tant en cette ville

---

(1) Archives départementales, cartulaire de la confrérie des charitables de St-Nicolas de la ville de Béthune.

« qu'à Beuvry ». En 1627, Robert-le-Perre donnait 90 florins pour enrichir la chasse d'argent qui contenait la sainte chandelle de la confrérie. Cette chasse magnifique avait été faite par Nicolas Le Cigne, orfèvre à Lille.

Le 18 mai 1574, les charitables de St-Nicolas, faisant preuve d'une louable confraternité, permettaient à ceux de St-Eloi dont la chapelle menaçait ruine, de venir s'installer dans leur propre chapelle, mais à la condition que ce sanctuaire serait réparé et entretenu à frais communs. Grâce à ce concordat auquel avaient travaillé le magistrat et les notables de cette ville, la bonne intelligence ne cessa de régner entre ces deux associations pendant près de deux siècles. Cependant les contestations se renouvelèrent, surtout à l'occasion des lettres-patentes délivrées par Louis XV, en février 1739, et par lesquelles l'établissement de la confrérie de St-Eloi fut confirmé, sans qu'il y fût fait mention de l'existence de celle de St-Nicolas. Après de fâcheux procès, la dissolution de la confrérie de St-Nicolas et la réunion de ses biens furent prononcées par arrêt du Conseil d'Etat, en date du 12 mai 1747, sous la signature de : M. P. de Voyer d'Argenson.

St-Eloi est le *patron titulaire*, ou, selon le mot de nos archives, le *patron principal* de la ville. La ville tout entière prenait part, autrefois, aux fêtes que la confrérie célébrait, le 25 juin et le 1er décembre, en l'honneur de son illustre et bien-aimé patron. Dès cinq heures du matin, les reliques de St-Eloi et la sainte chandelle étaient exposées, sur un magnifique autel, à la vénération des fidèles qui, de tous les points de la cité, se rendaient en toute hâte à la chapelle de la confrérie ; à la même heure, on élevait un autre autel à l'entrée de la demeure du prévôt de la confrérie où bientôt affluaient tous les chevaux du pays. Le prévôt ainsi que les confrères qu'il déléguait à cet effet formaient, au nom de Dieu et avec l'invocation à St-Eloi, des croix, à l'aide d'un marteau, sur le front et sur la poitrine de ces animaux.

Ce qui pourrait expliquer le patronage de St-Eloi à l'égard des animaux, ce sont ces mots qu'on trouve dans les lettres de Pierre de Nogent, prieur de St-Pry : « St-Eloy a fait moult de fois par le benoiste « candeille, moult des biaux miracles sour gens et « sour *biestes* niües. »

A sept heures, le chapelain de la confrérie entouré des curés de St-Vaast et de Ste-Croix, célébrait la messe à laquelle assistaient tous les confrères.

A neuf heures, tous les Charitables se réunissaient chez le prévôt où se faisait à haute voix la lecture des lettres d'institution de la confrérie. Deux mayeurs se détachaient alors pour aller inviter les chanoines de St-Barthélemy à prendre place dans le cortège qui, près de la chapelle de St-Éloi, n'attendait que leur présence pour se mettre processionnellement en marche.

La procession à laquelle assistaient toutes les autorités de la ville se rendait au prieuré de St-Pry où le prieur célébrait une messe solennelle après laquelle on faisait le tour du cimetière, y priant pour les anciens charitables qui y reposaient. Le premier décembre, la procession défilait en outre autour de la Grand'Place.

Aux deux principales processions dont l'une avait lieu le 1er décembre, fête de St-Eloi, et l'autre le 25 juin, fête de la translation des reliques de St-Eloi, « sept remontrants de la ville assistaient en corps de « loi. En outre dix-huit à vingt hommes de la ville « et des faubourgs assistaient également pour la « messe au prieuré de St-Pry et y portaient la sainte « chandelle. Les remontrants recevaient chaque fois « pour leur présence 36 sols ».

Les échevins, trouvant cette somme insuffisante,

adressèrent, le 3 septembre 1515, au roi une supplique pour une augmentation de salaire.

Le 21 septembre, fête de St-Mathieu, jour anniversaire de l'institution de la confrérie, les charitables faisaient autrefois et font encore la procession à Beuvry dite : procession à *naviaux*. Ce dernier mot, qui appartient au patois du pays, ne serait-il pas une altération, excessive il est vrai, de celui de *Mathieu* (1).

Le 24 juin, on distribuait autrefois, par toute la ville et dans les faubourgs, des méreaux de plomb. Chacun d'eux était payé *six liards* et donnait droit à un pain de *sept onces* qui avait été béni et marqué du marteau et des initiales de St-Eloi. On en distribuait anciennement onze à douze mille. Le nombre de ceux qui, chaque année, sont distribués, s'élève encore à plus de huit mille.

Depuis sa fondation, de magnifiques solennités ont été célébrées par nos pères, à l'occasion de certains faits qui honoraient la confrérie. Le 29 août 1604, les confrères de St-Eloi, partis du prieuré de St-Pry, portaient processionnellement dans toute la ville un riche reliquaire dans lequel était renfermé un bras de leur glorieux patron. M. Ducornet, archidiacre, présidait cette splendide cérémonie.

Le 25 juin 1695, on célébra la fête du *corps d'argent*, c'est-à-dire de la statue d'argent de St-Eloi. Le mémorial de la ville en a décrit toutes les magnificences. Ce fut le curé de St-Vaast, l'abbé Espillet de Monchy qui fit le sermon.

Le 30 août 1704, à l'occasion d'une relique de St-Eloi dont la confrérie venait de s'enrichir, le Magistrat ordonna aux habitants de la ville et des faubourgs de décorer les rues, de fermer leurs boutiques et ateliers et de se réunir pieusement à St-Barthélemy d'où ils se rendraient en procession au prieuré de St-Pry

(1) Arch. municip., AA, 5.

pour y prendre la sainte relique et la porter en grande pompe à la chapelle St Eloi.

Par une protection sept fois séculaire de St-Eloi, aucune maladie contagieuse ou simplement épidémique n'a jamais atteint la confrérie dans aucun de ses membres en exercice, de telle sorte que depuis 1188 jusqu'à 1892, on aurait pu, ce semble appliquer à tous les Charitables ces paroles du prophète : « Le fléau « n'approchera point de vous ni même de vos de- « meures. »

Pendant six cents ans cette bienfaisante confrérie subsista sans entraves jusqu'au 15 fructidor an v (1ᵉʳ septembre 1797). Dissoute alors par nos autorités révolutionnaires, elle n'en continua pas moins, malgré les menaces dont elle était l'objet, ses louables fonctions.

Les Charitables reprirent leurs fonctions le 25 floréal an x (15 mai 1802), avec l'agrément du maire de Béthune. L'année suivante, ils sollicitèrent auprès de Mgr l'évêque d'Arras et du préfet du Pas-de-Calais le rétablissement légal de leur confrérie et l'usage d'un local hors de l'église paroissiale pour leur servir de chapelle. Le 13 juillet 1803, Mgr de la Tour d'Auvergne leur écrivait qu'il avait le regret de ne pouvoir leur accorder aucun local religieux en dehors de l'église St-Vaast.

Le 18 janvier 1804 parut une ordonnance épiscopale rétablissant la confrérie, approuvant le maintien de ses statuts et de ses privilèges.

Le 24 septembre 1853, Mgr Parisis régla, par une ordonnance, tout ce qui concernait les charitables du diocèse d'Arras. La confrérie des charitables de Béthune, n'ayant pas accepté ce qui était prescrit dans cette ordonnance, perdit son titre de confrérie ainsi que ses privilèges spirituels.

Nous ne pouvons terminer cet article sans parler de

la sainte chandelle de cette ancienne confrérie. De tout temps elle fut l'objet de la plus grande vénération. On lui attribue une foule de miracles. Jusqu'en 1565, les prévôts en exercice en furent les gardiens fidèles. Le 12 juillet 1565, elle fut déposée dans l'ancienne chapelle de St-Eloi d'où elle fut transportée, le 24 juin 1574, dans la chapelle de St-Nicolas. Le 29 juillet 1810, on la vit reparaître, divisée en deux parties dont l'une resta à Béthune et l'autre à Beuvry. D'après une tradition qui avait cours au xviie siècle et dont il est fait mention dans un ouvrage d'Arnould Rayssio (1), cette sainte chandelle brûlait à tous les offices religieux de la confrérie sans être aucunement diminuée, *sine ulla sui diminutione accenditur.*

(1) *Hieragazophylacium belgicum*, sive thesaurus sacrarum reliquiarum Belgii aucthore Arnoldo Rayssio, Belga duaceno, ibidemque apus ordem d. petri canonici, (imprimé en 1628).

CHAPITRE XIV

Clergé séculier de Béthune

I. — *Collégiale de St-Barthélemy*, fondée et dotée par Robert-le-Faisseux. — Robert, son fils, établit six chanoines, pourvoit à leur subsistance et fait prononcer l'excommunication contre ceux qui porteraient la main sur ces donations. — Robert III fonde trois nouveaux canonicats. — Création par les chanoines d'une neuvième prébende, puis successivement de quinze autres par divers bienfaiteurs. — Division des chanoines en deux camps : les vieux et les jeunes. — Discorde entre eux. — Sentence arbitrale portée, en 1317, par l'évêque d'Arras. — Le prévôt, seul dignitaire de la collégiale. — Le chantre. — Le sacristain ou *coustre*. — Les prébendes des jeunes sont assimilées à celles des vieux. — Le nombre des chanoines est réduit à treize. — Exigence des chanoines de Saint-Barthélemy. — Composition du chapitre en 1789. — Biens du chapitre. — Chapelle de la collégiale, — sa maîtrise, — ses richesses artistiques, — son trésor sacré, — ses prévôts.

II. — *Paroisse de Sainte-Croix*, d'abord dite de St-Jacques, puis de St-Barthélemy, érigée dans une chapelle proche de la collégiale. — Composition du chapitre de l'église, — ses pouvoirs. — Droits du curé limités par ceux des chanoines. — Difficultés diverses. — On songe à édifier une nouvelle église. — Condescendance du chapitre de la collégiale. — Administration du temporel de la paroisse. — Étendue de la paroisse, — sa population, — ses ressources.

III. — *Paroisse St-Vaast*, eut pendant dix siècles son église au faubourg Catorive. — Charles-Quint ordonne la translation dans l'intérieur de la ville. — Construction de la nouvelle église, — ses dimensions, — sa beauté architecturale, — ses cloches, — ses orgues, — sa chaire. — La prédication. — Revenus de l'église. — Étendue de la paroisse. — Dîmes. — Prébendes. — Le clergé paroissial.

IV. — *Paroisse St-Pry*, indépendante du prieuré de ce nom. — Preuves de cette indépendance. — Situation de l'église St-Pry, — son domaine, — sa démolition. — Annexion des habitants de St-Pry à la paroisse de Fouquières.

V. — *Chapelles*. — Chapelle de la halle échevinale. — Chapelle de la Maladrerie. — Chapelle du Perroy.

I

COLLÉGIALE DE St-BARTHÉLEMY

La ville de Béthune a toujours fait partie du diocèse d'Arras. Nous ne connaissons aucun auteur, ancien ou moderne, qui ait contesté ce fait. Cependant, pour être absolument exact, nous devons dire que d'Anville, dans sa *notice de la Gaule*, au mot *origiacum*, émet un certain doute sur ce point historique. Voici ses expressions : « On prétend néanmoins que Béthune qui est très à portée d'avoir appartenu aux Atrébates comme en effet cette ville est aujourd'hui — 1760 — du diocèse d'Arras, a été en temps sous la juridiction spirituelle de l'évêque de Tournai. » Quoiqu'il en soit de cette assertion présentée, du reste, sous une forme dubitative et qui, en réalité, ne repose sur aucune preuve, il est certain que, vers la fin du x⁰ siècle, Béthune appartenait au diocèse de Cambrai et d'Arras. La notice suivante sur l'histoire de la collégiale de St-Barthélemy le démontre d'une manière péremptoire.

La collégiale de Béthune fut fondée, sous le vocable de St-Barthélemy, en 999, sur les conseils d'Herluin, évêque de Cambrai et d'Arras, par Robert-le-Faisseux, seigneur de Béthune.

L'église que ce grand et pieux seigneur fit construire, à cette date, pour servir aux chanoines, et qui fut consacrée par l'évêque Herluin en l'honneur de Dieu, de la Vierge Marie, et de St-Barthélemy, apôtre était « belle et magnifique », ainsi qu'elle est qualifiée dans le martyrologe de ce chapitre. Robert en affranchit aussitôt non seulement l'autel mais encore toute la partie vulgairement appelée « *boguin* de toutes charges et reconnaissances paroissiales », y mettant toutefois cette formelle condition qu'on y établirait des clercs, autrement dits chanoines, pour célébrer l'office divin. Voici le texte latin du martyrologe : « libéram ab omni redditione personatus fecit..... et « tenare ut ibi clerici constituerentur ». Pour subvenir à l'entretien de ces clercs ou chanoines, il donne à cette église celle du Locon ainsi que plusieurs dîmes à percevoir sur la forêt d'Aslonne (Allouagne), des terres situées à Nœu, une brasserie ; — ce qui prouverait qu'à cette époque la bière était en usage, comme boisson, dans le pays de Béthune. — « Ecclesiæ autem huic dedit ecclesiam de Locon, etc, etc. » Herluin, sur la demande de Robert, fulmina des anathèmes contre quiconque violerait les droits du chapitre sur ces donations.

De tout ce qui précède on peut conclure avec certitude que Robert Ier voulait établir et qu'en effet il a établi, à la fin du dixième siècle, la collégiale de St-Barthélemy. Cependant Ferri de Locre a prétendu que l'église construite en 999 par Robert, premier seigneur de Béthune, était exclusivement « paroissiale, « parochialem sancti Bartholemœi ecclesiam ædifi-« cavit; eamdem ab Herluino episcopo dedicari cura-« vit (1). » Ferri de Locre affirme, en outre, que la construction de l'église des chanoines ne remonte qu'à l'année 1230, sous la seigneurie de Robert III.

Malgré la confiance que nous inspire cet estimable auteur, nous ne pouvons accepter ses assertions que nous trouvons contredites par une foule de documents inattaquables. Mirœus, mieux instruit des anciennes traditions, n'hésite pas à fixer la fondation du chapitre de St-Barthélemy à l'année 999. De Castillon, après avoir examiné successivement Locrius et Mirœus, adopta l'opinion de ce dernier en ces termes : « itaque à Ro-« berto primo ecclesiam clericorum seu canonicorum « conditam cum Mirœo censeo ».

André Duchesne, généalogiste de la maison de Béthune, prouve l'ancienneté de cette illustre maison par celle du chapitre de St-Barthélemy, qui fut fondé, dit-il, en 999, par Robert-le-Faisseux, « chef et prin-« cipal fondateur de la susdite maison ».

Ferri de Locre prétend que l'église des chanoines

(1) *Chronolog. belg.*, t. I, p. 171.

fut fondée en 1230 par Robert III. Mais tout le monde convient que ce seigneur est mort en 1106.

Robert II s'attacha, dès son arrivée au pouvoir, à continuer l'œuvre de son père touchant l'église de St-Barthélemy. Il y établit six chanoines pour y chanter jour et nuit les louanges de Dieu. « Roberto igi-
« tur mortuo, Robertus filius suus in honorem ab
« omnibus receptus patris bonum perfecit votum.
« Sex clericos namque in ecclesia sancti Bartholomei
« locavit qui hymnias laudes referrent diu noctuque
« summo pastori ». Ce texte, que nous trouvons dans le martyrologe de St-Barthélemy (1), n'est-il pas une nouvelle preuve de l'existence de la collégiale de St-Barthélemy en 1137, et de l'église construite en 999? Pour assurer la subsistance de ces six chanoines, Robert leur donna six maisons situées dans l'intérieur de la ville et qui furent affranchies de toutes charges; un moulin établi en son château, un autre à Oblinghem ainsi que la terre et seigneurie du lieu; les terres et les près qu'il possédait à Sailly, le village de Gosnay avec les moulins, les terres, bois, prairies et autres biens en dépendant. Voulant, à l'exemple de son père, protéger ces donations contre les atteintes des usurpateurs, il pria Gérard Ier, successeur d'Herluin, sur le siège de Cambrai et d'Arras, d'excommunier quiconque oserait porter une main usurpatrice sur cette donation et sur celles de son père à l'église St-Barthélemy.

Liébert, qui succéda à Gérard Ier sur le siège d'Arras et de Cambrai, y fut à peine installé que, sur les instances de Robert, il renouvela, pour les mêmes motifs et contre les mêmes tentatives, une excommunication semblable à celle de ses deux prédécesseurs immédiats, en présence de Drogon, évêque de Thé-

---

(1) Cartulaire de St-Barthélemy, désigné sous le nom de *livre rouge* existe dans les archives du Pas-de-Calais.

rouanne, et de Manassès Ier, de Gournay, archevêque de Reims.

Tant de sages précautions de la part de Robert ne le calmèrent pas entièrement. Vers l'an 1054, il se rendit à Rome, accompagné de son fils aîné, et obtint du pape Léon IX un décret d'excommunication qui fut prononcé dans un concile contre ceux qui troubleraient les chanoines de St-Barthélemy dans la possession de leurs biens.

En 1152, le pape Eugène III, confirma, en les rappelant nommément, les donations faites à la collégiale de St-Barthélemy et menaça d'excommunication quiconque voudrait leur porter préjudice. En outre, il ratifia l'immunité accordée primitivement au chapitre par Herluin, sans toutefois l'exempter de la juridiction de l'évêque diocésain. « Libertatem quoque
« seu immunitatem quam Herluinus bonæ memoriæ
« atque alii episcopi vestri de personatûs redditibus
« ecclesiis vestris concessisse noscitur, authoritate
« sedis apostolicæ vobis, nihilominus confirmamus ».

Robert III, non moins généreux que son père et son aïeul à l'égard de la collégiale de St-Barthélemy, donna à cette église la troisième partie de la terre de Rohot pour la fondation de deux nouveaux canonicats, et deux maisons auprès de la susdite église pour l'habitation de ces deux titulaires.

Sous son administration, les huit chanoines existants créèrent une neuvième prébende de pareil revenu que les autres fondées précédemment et en pourvurent un prêtre nommé Asson, doyen, ordonnant qu'à l'avenir elle ne pourrait être concédée qu'à un prêtre qui serait astreint à une continuelle résidence et par sa présence aux offices du chapitre suppléerait aux absences de ses confrères. A ces prescriptions était jointe l'imprécation contenue dans le vers suivant et qui était à l'adresse de l'élu :

Quod bene ni faciat, non longo tempore vivat.
S'il ne le fait bien, qu'il ne vive pas longtemps.

La dixième prébende fut fondée par Robert-le-Roux qui la dota si généreusement que les chanoines résolurent de la rendre commune avec les autres.

Cet illustre seigneur, un des plus renommés de la maison de Béthune, institua aussi la onzième prébende à laquelle il donna les revenus de l'église St-Nicolas ainsi que la dîme de ses bois de Béthune et de Beaumarest. Gualter, chanoine, y ajouta une partie de ses *allodiaux* situés à La Bourse; et Maynard, simple prêtre, y donna les *bouis* qu'il avait à Gosnay.

La douzième prébende fut établie par le chanoine Roger, la dotant de la dîme qui lui était due sur des terres situées à Annezin, en engagement de quarante marcs d'argent. Les autres chanoines y joignirent le don de deux muids d'avoine qui leur venaient de Clémence, mère de Robert.

La treizième prébende fut fondée par Robert et ses deux frères Benoit et Adam de Béthune. Robert la dota de huit muids de froment à prendre sur son bois et quarante *nummatas*.... de huit pains, de huit chapons, d'un muids de brais sur la maison de Simon Sauvaige, d'un muid de bière sur la maison de Robert Buccoriche et de six sols *ad ruellas*.

Benoit, son frère, donna quatre marcs d'argent, une partie de la dîme de Fouquières, une pièce de terre à labour située à Vendin, en outre, sa maison avec tous les bâtiments qui la composaient.

Adam, leur frère, donna un fort beau calice, un graduel, un missel, un antiphonaire et des vêtements sacerdotaux pour la célébration de la sainte messe.

La quatorzième prébende eut pour fondateur Robert de la Fosse et Jean Sénéchal.

Robert-le-Roux fonda la quinzième prébende qu'il dota de quatre sols de rente par semaine, d'une obole sur son tonlieu, d'un muid de froment et de quarante chapons.

Gérard, prêtre à Beuvry, fonda la seizième à laquelle il donna soixante-dix marcs d'argent, la terre de Beaumarets grevée, au profit du seigneur de Béthune, de deux sols de rente par an. Robert-le-Roux augmenta cette donation de vingt-cinq chapons.

Thibault, clerc de Beuvry, donna quarante marcs d'argent pour aider à fonder la dix-septième prébende.

Robert-le-Roux, dont les largesses en faveur de la collégiale n'avaient pas, pour ainsi dire, de bornes, donna, pour établir la dix-huitième prébende, deux sols chaque semaine sur son tonlieu, la dîme à percevoir sur son marais, appelé le marais l'Avoué.

En 1168, Everard, curé de Merville, donna quarante livres pour la fondation de la dix-neuvième prébende.

Pierre du Mont-St-Eloi donna cent marcs de *pagamento* pour la vingtième.

Elbert de Carency établit la vingt-et-unième par un don de dix livres et de vingt-cinq chapons à prendre en la ville de Béthune sur plusieurs de ses maisons.

Enfin le nombre des canonicats pour lesquels on fit des donations dans le même temps s'éleva à vingt-quatre, chiffre qui ne fut jamais dépassé.

A partir du onzième siècle, les chanoines de St-Barthélemy furent divisés, selon l'ancienneté de leurs prébendes, en deux catégories. Les uns s'appelaient les vieux chanoines, les autres étaient connus sous le nom de jeunes chanoines. En 1207, le nombre de ces prébendés était de 24 parmi lesquels on comptait 12 vieux et 12 jeunes. A cette époque et même longtemps auparavant, la discorde était ardente entre les vieux et les jeunes. Les vieux prétendaient que les jeunes n'étaient chanoines qu'à demi, *secundum quid*, et qu'ils n'avaient même pas droit à porter ce nom.

« Veteribus canonicis afferentibus quod novi secun-
« dum quid non simpliciter essent canonici, nec
« etiam dicendi essent ». Les jeunes affirmaient avec
preuves le contraire et réclamaient leur part dans
certaines distributions dont les vieux les avaient privés jusqu'alors. « Novi cum veteribus in multis parti-
« cipium habere intendebant in quibus veteres nullas
« eos permittere volebant cum ipsis communicare ».

Cependant, sur leur supplique, le cardinal Raoul de Neuville, évêque d'Arras, porta, en 1207, une sentence arbitrale dont voici le résumé : « Au nom du Père et du Fils et du St-Esprit, nous disons, selon notre conscience, que tous les clercs prébendés, anciens et nouveaux, de l'église de St-Barthélemy sont *chanoines*, et doivent être appelés de ce nom, aucun d'eux n'ayant plus le droit qu'un autre à cette qualification. Tous indistinctement sont égaux dans leurs stalles en ce qui concerne le spirituel, sauf toutefois les distinctions qui résultent du sacrement de l'ordre, de l'âge, de la dignité.

« Quant au temporel, il en est autrement; tout ce que les anciens chanoines possédaient entre eux avant l'institution des nouvelles prébendes reste et restera à toujours leur propriété exclusive....

« Quant à ce qui regarde les constructions, réparations, ornementations à faire à l'église, tous les projets de cette nature seront discutés en commun par les anciens et nouveaux chanoines.

« Tout ce qui est du ressort, de la compétence de la communauté, doit être traité par les anciens chanoines qui, seuls, jouissent du droit de la régir. « Veteres habent communitatem ». Pour ce motif, c'est à eux qu'il appartient de garder le sceau du chapitre. « Sigillum capituli veteres canonici debent custodire ». Cependant, les nouveaux chanoines doivent avoir le *fac simile* de ce sceau; mais dont ils ne peuvent se ser-

vir que pour les choses qui les regardent spécialement.
« Novi tamen sigilli copiam habere debent ad signan-
« dum pro quâlibet specialitate suâ ». La raison en
est qu'ils n'ont aucun droit de communauté. « Non
aliquam habent communitatem ».

C'est ainsi que s'explique et se justifie l'intervention
exclusive des vieux chanoines dans toutes les affaires
du chapitre. Nous ne citerons qu'un fait à ce sujet :
Les charitables de St-Nicolas ayant élevé un clocher
au-dessus de leur chapelle, les *vieux* chanoines réclamèrent, au nom du chapitre, contre cette construction
qui s'était faite, sans leur autorisation, sur un terrain
soumis à leur juridiction.

Leur réclamation fut trouvée juste par Bon de Saveuse, gouverneur de Béthune, ainsi que par les francs
hommes du château qui déclarèrent que les charitables conserveraient leur clocher, mais à la condition
d'en faire la demande aux vieux chanoines et avec
l'engagement de ne pouvoir le démolir qu'après autorisation desdits chanoines. Cette sentence est du
24 février 1468.

Le chapitre de St-Barthélemy était composé, au
douzième siècle, de vingt-quatre membres qui, tous,
étaient à la nomination des seigneurs de Béthune et,
plus tard, des rois de France, leurs successeurs, par
droit de conquête. C'est ce qui lui valut le titre de
chapitre royal.

Cette collégiale n'avait qu'un seul dignitaire, le
prévôt, qui tenait sa nomination des seigneurs de cette
ville ou du roi. Ce dignitaire, qui avait aussi le titre
de doyen, était le curé né des chanoines, chapelains
et suppôts; il présidait au chœur et aux assemblées
capitulaires; il avait un chapelain dont l'office, fondé
en 1665, par le prévôt Jacques de Broide, était à la
nomination du chapitre. Le chantre, dont l'office a été
institué en 1219, sur l'autorisation de Daniel, sei-

gneur de Béthune, qui lui assigna une rente de dix livres, était élu par le chapitre mais sous la condition qu'il serait au moins sous-diacre, chanoine de cette église. La prébende du chantre n'a jamais été plus forte que celle des autres chanoines. Mais sa part était double dans les distributions manuelles. Il était chargé du soin de la maîtrise dont le local, qui appartenait au chapitre, était situé rue de la Délivrance, n° 1. Le droit de surveillance et d'inspection à l'égard des écoles de la ville, des faubourgs et banlieues de Béthune était exercé au nom du chapitre par un chanoine commissaire appelé écolâtre. L'administration de l'hôpital civil de cette ville, nommé l'hôpital St-Jean, appartenait simultanément au chapitre et aux officiers du baillage et de l'échevinage. Le chapitre avait un sacristain qui, au moyen-âge, était appelé *coustre*. En 1239 des contestations s'étant élevées entre le prévôt et le sacristain, Robert, seigneur de Béthune, fit un réglement au mois de mai de la même année pour les apaiser. D'après les articles de ce règlement, le sacristain était tenu de résider continuellement dans l'église, ne pouvant s'en éloigner que pour une raison grave et urgente. Sa surveillance devait s'exercer jour et nuit; et s'il se mettait en faute sous ce rapport, il assumait dès lors l'obligation de restituer les objets volés ou perdus. Aussi exigeait-on qu'il fournît une caution suffisante. Avant d'entrer en fonction, il jurait sur sa part du paradis de garder les droits, les coutumes, les statuts, les privilèges et les libertés de l'église des chanoines; il s'engageait à ne jamais en laisser amoindrir les bénéfices; et s'il arrivait un dommage quelconque dont le chapitre aurait à souffrir, il promettait de travailler à le réparer. En 1789, le sacristain s'appelait Alexandre Durieu.

Depuis longtemps, des donations successives avaient augmenté les revenus des prébendes de la collégiale

St-Barthélemy. Vers l'année 1730, deux *jeunes* chanoines dotèrent le chapitre de donations et legs très-importants, exprimant, dans ces actes, le désir que les prébendes des *jeunes* fussent assimilées, pour les revenus, à celles des *vieux*, de manière à ce que toutes les prébendes fussent indistinctement égales. Cette demande parfaitement motivée fut favorablement accueillie. Du consentement des titulaires et sur l'avis de l'ordinaire, toutes les prébendes des *vieux* et des *jeunes* furent réunies et placées, pour le temporel aussi bien que pour le spirituel, sur la même ligne. Cependant comme l'ensemble des prébendes n'offrait pas assez de ressources pour l'entretien convenable de vingt-quatre titulaires, le nombre des prébendes fut réduit à dix-sept, ainsi répartis : le prévôt en prélevait deux qui lui étaient attribuées comme une sorte d'hommage rendu à sa dignité, à ses fonctions et à sa juridiction ; la Fabrique en avait une ; et une autre était affectée à la maîtrise des enfants de chœur, de sorte qu'il n'y eut plus alors dans la collégiale de St-Barthélemy que treize chanoines, y compris le prévôt. Cet ordre de choses fut institué par lettres patentes du roi en 1735. Les chanoines prenaient place dans leurs stalles, au chœur, d'après l'ordre de leur installation. Le prévôt occupait, selon sa dignité, la première stalle qu'il ne cédait qu'au roi ou aux princes de la Cour.

Les chanoines de St-Barthélemy étaient d'une exigence extrême pour tout ce qui touchait à leurs droits de préséance dans les cérémonies publiques. Ce fut pour un motif de cette nature qu'ils se refusèrent à assister, le 25 juin 1695, à la procession dite du *corps d'argent* de St-Éloi. Eux-mêmes, du reste, étaient, fréquemment, l'objet des réclamations des autorités locales qui prétendaient avoir certains droits de préséance au détriment de ceux du chapitre. C'est ainsi que les officiers de la gouvernance contestaient mais à tort, au prévôt, le droit de se faire précéder de son chapelain qui était revêtu d'une chape dans les processions (1).

En 1789, le chapitre de Béthune était ainsi composé :
1766 D'Aix de Rœux, licencié en théologie, prévôt.
1767 Amas.
1772 de Magenis de Clinconel, agent 1780.
     Souplet, chantre 1784.
1778 Vollant de Serville, maître de fabrique, 1787.
1780 Legrand.
1781 Courière, écolâtre 1784.
     Hennebert.
1784 O'Brien.
1786 de Lanezan.
1786 Ballard.
1788 Rifflart.
1788 de Gantés.

Chanoines honoraires : Duchastelet, chanoine de l'église collégiale de St-Amé à Douai; de Forcrand de Croisillet, chanoine de l'église d'Arras; de la Motte, bénéficier de l'église collégiale, secrétaire depuis 1756.

La tenue des assemblées capitulaires était fixée aux mardi et samedi de chaque semaine, à l'exception de ceux où se rencontrait une fête chômée.

La recette générale des revenus du chapitre, de la fabrique et des *choraux* était confiée à un laïque. M. Bron, sieur de St-Michel et d'Adinfer, était receveur général depuis 1775. M. Baude, adjoint à la recette depuis 1785.

Biens du chapitre situés sur le territoire de Béthune et vendus pendant la Révolution :

Eglise et cimetière St-Barthélemy;
Maison du prévôt du chapitre, rue du Tir, n° 4, et une autre maison contiguë;

---

(1) Une sentence du parlement de Paris confirma ce droit du prévôt.

Ecole latine et école dominicale ;

Trois maisons situées sur la place St-Barthélemy ;

Maison de l'ancien chanoine Caillerez, curé de Ste-Croix en 1711 ;

Maison occupée par M. de Genevières, place du Marché-aux-Poulets, n°s 4 et 6 ;

Maison occupée par le chanoine Foulers ;

Plusieurs maisons adossées à l'église ;

Une maison rue Poterne et trois autres près de l'arsenal ;

Une maison, contour du beffroi ;

Maison du chanoine Méplaud ;

Maison presbytérale Ste-Croix, maison des vicaires, rue du Tir ;

Maison des enfants de chœur, rue de la Délivrance ;

Maison rue du Marais ;

Quatre-vingt-dix mesures de terre dans les faubourgs (1).

Les prévôts de la collégiale St-Barthélemy avaient une maison de campagne qu'ils avaient fait bâtir en 1728 sur la commune de Fouquières, entre ce village et la ville de Béthune, près de la source appelée *fontaine St-Martin*. Cette maison est appelée vulgairement *château à mouche*.

Il y avait, en outre, dans la collégiale St-Barthélemy vingt-deux chapelles ou chapellenies qui étaient conférées par le chapitre et dont les titulaires étaient soumis à la juridiction capitulaire pour leurs biens ainsi que pour leurs personnes. Cependant ils n'étaient pas tenus, comme les chanoines, à la résidence.

Voici les noms et l'historique abrégé de ces bénéfices en titre :

1° La chapelle fondée sous l'invocation de St-Nicolas en 1214, par Guillaume II, seigneur de Béthune, et Mathilde son épouse.

(1) Terrier de Béthune, aux archives.

2° La chapelle fondée sous l'invocation de Notre Dame de Cuinchy, dans le xiii° siècle, par vénérable homme, Messire Pierre, prévôt du chapitre de Béthune.

3° La chapelle fondée dans le même siècle sous l'invocation de Notre Dame des Vieux-Fonts, par Messire Nicolas de Joy, chanoine de Béthune.

4° La chapelle fondée sous l'invocation de St-Pencrace, en 1265, par Robert, fils aîné du comte de Flandre et Blanche son épouse. Cette chapelle dite de l'*aurore* reçut un accroissement de biens par donations de Joquesnes du Molin Aubert et de Jacquemine Lereverse, en 1495, et de Charles de Bennencourt, écuyer, sieur d'Houchinel, en 1636.

5° La chapelle fondée sous l'invocation de St-Pierre en 1273 par Pierre de Bruxeria ou de La-Buissière, chanoine de Béthune.

6° La chapelle fondée, en 1273, sous l'invocation de Ste-Marie-Madeleine par Gille de Petra ou de la Pierre, chanoine de Béthune. En 1548, Hercules de Lallaing et Jeanne du Mont-Bernanchon, firent également une donation en faveur de cette chapelle.

7° La chapelle fondée, en 1287, par Pierre de Bruxeria sous l'invocation de Ste-Catherine en faveur du maître de musique et des enfants de chœur de la collégiale St-Barthélemy qui en jouirent jusqu'en 1776. A cette époque elle fut réunie aux autres prébendes par une ordonnance de l'évêque d'Arras.

8° La chapelle fondée, en 1450, sous l'invocation de St-Antoine, par Jacque de Boigne, échevin de Béthune, et son épouse Jacquemine Emmande.

9° La chapelle fondée, en 1450, sous l'invocation de St-Jacques dite du *Rivage*, par Jean Baudel et Catherine de Morianne, son épouse.

10° La chapelle fondée, en 1465, sous l'invocation de St-Barthélemy par Bon de Saveuse, gouverneur de

Béthune et Catherine d'Abbeville, dite de Boubers, son épouse.

11° La chapelle fondée, en 1531, sous l'invocation de St-Yor, en exécution du testament d'Ydde de Pernes, veuve de Louis Grandeffroy Graults.

12° La chapelle fondée, au xvi° siècle, sous l'invocation de St-Claude, par Pierre de Dours et Péronne de la Haye, son épouse.

13° La chapelle fondée, en 1525, sous l'invocation de St-Blaise, par Wallerand de Meuricourt et Catherine de Prouville, sa première femme, et Bonne de Nédonchel, sa deuxième femme.

14° La chapelle St-Piat fondée, en 1526, par Antoine Noullet, chanoine et chantre de St-Barthélemy, et la chapelle St-Jacques-le-Mayeur, fondée par Jacques de Gouy, ont été réunies en 1636, et placées sous le double vocable des saints Jacques et Piat.

15° La chapelle St-Jérôme fondée, en 1536, par testaments de Guillaume de Grenez, de Catherine Esmenoult, son épouse, et de Jean Grenez.

16° La chapelle St-Jean-Baptiste fondée, en 1548, par testament de Jean Chavatte, chanoine de Béthune.

17° La chapelle de St-Charles fondée, en 1558, par Isabeau Gronguetz.

18° La chapelle St-Jean l'Evangiliste fondée, en 1569, par Jean Ancquier.

19° La chapelle de la T.-Ste-Trinité et celle de St-Charles fondées, en 1570, par Périne Scachitz, furent réunies, en 1636, sous l'unique vocable de la T.-Ste-Trinité.

20° La chapelle de St-Jacques-le-Mineur fondée, au commencement du xvii° siècle, par Jacques Courtois, chanoine de Béthune.

21° La chapelle de St-Philippe fondée, en 1618, par Philippe Rogier, prêtre titulaire de celle de St-Barthélemy.

22° La chapelle de St-Ignace fondée, en 1626, par Guislaine de Hulleu, veuve de Barthélemy Vaillans, échevin de Béthune.

Les chapelles décrites sous les n°s 2, 3, 5, 7 et 10, obligeaient étroitement à la résidence. Leurs titulaires prenaient le titre de hauts vicaires. Le chapelain du prévôt portait également ce titre. Les autres chapelles n'ayant pas un revenu suffisant pour l'entretien de ceux qui en étaient pourvus, étaient réputées *foraines*.

Les chapelains résidents ou non résidents ne formaient pas un corps séparé de celui des chanoines.

La collégiale avait six chantres-musiciens et trente enfants faisant partie de la maîtrise. Il est facile de se représenter la pompe que ce nombreux personnel donnait à la célébration des saints offices dans l'église St-Barthélemy.

Cette église, composée de trois belles nefs et d'un chœur aux proportions larges et harmonieuses se prêtait parfaitement aux magnificences que les chanoines de St-Barthélemy savaient si bien déployer dans toutes les solennités. On y remarquait un grand nombre de statues artistement sculptées, plusieurs tombeaux, notamment celui de Robert Ier, le fondateur de la collégiale. On y trouvait un fort bel orgue et une tribune, appelée autrefois *jubé*, qui était ornée de bas-reliefs très remarquables. Cet orgue et cette tribune, placés, depuis des siècles dans l'église, furent renouvelés, selon les exigences des progrès de l'art musical, en 1701. On y admirait également le grand portail construit en 1496 et la chaire donnée par le sieur Thoillier, établi le 10 août 1653. Pour faciliter l'entrée de l'église, le chapitre avait établi deux petits portails dont l'un, qui était très ancien, s'ouvrait, à l'ouest, sur le cimetière; et l'autre, construit, par autorisation du magistrat, en date du 18 mai 1787, était situé en face de la rue du Château.

Mais c'est principalement par les richesses de son trésor sacré que cette église était remarquable. On y vénérait le bras droit de St-Barthélemy, apôtre, *la main y comprise jusqu'au coude*; le bras de St-Ananie, prophète, et celui de St-Thadée appelé aussi Judas, apôtre ; une épine de la couronne de Notre divin Sauveur; deux parcelles du bois de la Croix de Notre Seigneur; la tête d'une des Vierges, compagnes martyres de Ste-Ursule; la tête entière et plusieurs ossements de St-Yor, deux éperons et deux étriers qui lui avaient appartenu (1).

Le bras de St-Barthélemy était renfermé dans un buste en argent qui avait quatre pieds et demi de hauteur et figurait cet illustre apôtre. Ce buste reposait par un pied sur quatre consoles en cuivre doré, enrichi de deux médaillons en bas reliefs dont l'un représentait l'illustre patron de la collégiale baptisant le roi Polémon et l'autre, son glorieux martyre.

Cette précieuse relique qui reposait depuis de longues années dans l'église abbatiale de Notre Dame de Foucarmont, de l'ordre de Citeaux au diocèse d'Amiens, fut donnée, le 22 février 1440, au chapitre St-Barthélemy de Béthune par Gilles de Quanvechières, abbé de ce monastère. Plusieurs pièces, et notamment des lettres de l'archevêque de Rouen, accompagnant l'envoi de ce don, constataient l'authenticité de la relique.

Ce bras fut transféré de l'ancienne châsse dans un autre reliquaire le mercredi 25 juillet 1685, par Thomas Marquant, prévôt du chapitre de Béthune, autorisé *ad hoc*, par pouvoir épiscopal en date du 3 juillet 1685. Etaient présents : Jacques Dupuich, Guillaume d'Assonville, Henri de La Haye, Philippe de Lauttre, Adrien Enlart, Nicolas de La Haye, Augustin de La

---

(1) *Hierogazophylacium belgicum, sive thesaurus sacrarum reliquiarum belgii*, auctore Arnoldo Rayssio, belga-duaceno, — en 1628.

Haye, Eloi Menche, Jean-François d'Ornaison, Jean Fouler, Jacques-Philippe de Laben, Joseph Le Roulx, Pierre du Boisrond, Jean Hersin, Guislain Gonduin, Augustin de Laben, chanoines de ladite collégiale, Adrien-Maurice Vallera, prêtre curé de Ste-Croix, Philippe-Charles Espillet, curé de St-Vaast, Pierre-Joseph de Hénin, recteur du collège des jésuites à Béthune, père François-Marie d'Abbeville, gardien des capucins de Boulogne, Jean Fouler, major de la ville de Béthune, Antoine Loyez, prêtre notaire apostolique. Le sermon fut donné par le chanoine Guislain Gonduin.

Les reliques de St-Yor étaient renfermées dans un buste en argent ayant cinq pieds et demi de hauteur et figurant ce saint évêque. Cette statue reposait sur un pied en bois doré rattaché à quatre consoles également dorées. Le chef dudit saint était entier jusqu'à la mâchoire inférieure. Il fut visité, le 14 juillet 1601, par Jean Bauwet, chapelain du roi d'Espagne et vieux chanoine de St-Barthélemy; le 25 août 1689, par Jean-Baptiste Palyart, vicaire-général d'Arras; le 29 avril 1749, par Alexandre-François Descamps, prévôt du chapitre et Henri-Ferdinand-Eustache-François-Joseph de Villers-au-Tertre, prêtre chanoine de la même église, en vertu d'une permission de Mgr François de Baglion de la Salle, évêque d'Arras, en date du 14 avril 1749 [1].

Par cette simple énumération des chapelles, des autels, des statues, des reliques dont cette église était dotée, on peut se faire une idée des éléments de sanctification qu'y trouvait la piété de nos pères. Le sentiment de religieuse vénération qu'éveille l'histoire de cette antique collégiale ne fera que se développer par cette autre histoire des paroisses de Béthune. Mais avant d'aborder ce nouveau sujet historique, nous

---

[1] Arch. d'Arras, registre aux délibérations capitulaires commençant en 1741, fol. 82, v° et suivants.

éprouvons le besoin de vénérer encore une fois le chapitre royal et collégial de St-Barthélemy dans la personne de ses augustes prévôts dont nous avons hâte de dire les noms pour les transmettre à la génération présente.

Voici leurs noms :

MM. Hugo,	1110
Pétrus,	1135
Robertus,	1160
Bernard de Mercula,	1183
Willemus,	1199
Pierron,	1202
Denis de Pallart,	
Jules de Merula,	
Beraldus de Merula,	
Mathieu de Masnière,	
Anieret Beaudoin,	
Nicaise Dupuich,	1420
Guillaume de Cluny,	1460
Henneron Antoine,	1480
Gonnet Jean,	1490
Claude de Berthold,	1526
Hugues de Ruffault,	1530
Hangonard Valérand,	1540
Folcardus,	1567
Broide,	1602
Ducornet,	1619
Mathon Charles,	1638
De Wanquetin,	1667
Fourcroy Jean,	
Marquant Charles,	
Descamps Alexandre,	1734
D'Aix de Rœux,	1766

II

PAROISSE SAINTE-CROIX

Depuis le vi° jusqu'au xii° siècle, Béthune n'eut qu'une seule paroisse fondée au faubourg Catorive par St-Vaast et desservie, selon les prescriptions ordinaires, par un prêtre et un diacre. L'église, dédiée à cette époque, à la Ste-Vierge, prit, en 940, lors de sa reconstruction par Herman, seigneur de Béthune et Eve son épouse, le nom de son fondateur.

En 1117, Robert IV dit le Gros, seigneur de Béthune, fondait une chapelle, sous le vocable de St-Jacques, près de l'église St-Barthélemy. Robert Ier, évêque d'Arras, érigea, dans la même année, une seconde paroisse qui prit le nom de cette chapelle puis celui de St-Barthélemy, enfin celui de Ste-Croix qu'elle conserva jusqu'à son extinction canonique par le concordat de 1801.

Une troisième église paroissiale, dite de St-Pry, fut créée pour le faubourg de ce nom par Lambert de Guines, évêque d'Arras, suivant son ordonnance datée des kalendes d'août 1110. Fouquières en dépendait à titre de chapelle de secours.

En 1117, la paroisse Ste-Croix, comme nous venons de le dire, portait le nom de St-Jacques qui lui avait été donné par Robert Ier, évêque d'Arras. Un des fils de Robert-le-Gros, seigneur de Béthune, fut inhumé dans la chapelle dédiée à St-Jacques et qui servait d'église paroissiale.

En 1207, elle portait le nom de St-Barthélemy; c'est ainsi qu'elle est désignée par Raoult de Neuville, cardinal évêque d'Arras, dans sa sentence arbitrale sous la date de 1207 : « Donatio parochiæ sancti « Bartholomœi spectat solummodo ad veteres cano- « nicos ».

DÉMOLITION DU FRONT NORD-EST

En 1601, le curé de cette paroisse, nommé Legrand, avait le titre et le nom de curé de Ste-Croix, ainsi qu'il est dit dans un acte du 16 janvier 1601, concernant les offrandes faites dans cette église aux fêtes solennelles. Dans une sentence arbitrale de Paul Boudot, évêque d'Arras, en date du 10 janvier 1628, on retrouve ces mots : *curé de Ste-Croix*.

Le Chapitre était, selon les expressions en usage à cette époque, le curé primitif, le patron, le collateur de la cure de Ste-Croix. Il jouissait de beaucoup d'autres droits dont il est fait mention dans le concordat de l'évêque Paul Boudot. Il percevait, à son profit exclusif, toutes les offrandes faites à l'autel de la paroisse; il partageait, par moitié, avec le curé, les cires et offrandes recueillies à l'occasion des services d'enterrement; les droits pour tentures funèbres et inhumations lui appartenaient entièrement; il nommait le clerc de la paroisse et disposait, comme il l'entendait, de son office; c'est en vertu de ce droit, qu'il infligeait, le 22 novembre 1516, une punition à ce clerc; sans la participation et en dehors du curé, il bénissait deux fois l'an les fonts baptismaux; il bénissait solennellement, chaque dimanche, l'eau qu'il distribuait aux fidèles présents et qu'il faisait porter ensuite dans toutes les maisons de la paroisse; c'est lui et lui seul qui faisait les prières publiques, les processions, les offices de l'adoration perpétuelle; c'est lui qui nommait le prédicateur de la dominicale; c'est encore et toujours le Chapitre qui partageait avec le curé de St-Vaast le droit de nommer alternativement le prédicateur de l'avent et du carême. En 1440, l'évêque d'Arras, Fortigaire de Plaisance établit, par une ordonnance spéciale, que la messe de paroisse ne se chanterait pas, mais que, dans le cas où on la chanterait, elle se continuerait à voix basse, si elle n'était finie avant que les chanoines commençassent leur office. Le curé de Ste-Croix n'avait pas le droit de chanter la messe, les dimanches, pour sa paroisse, sinon aux quatre fêtes solennelles de l'année et à celle de Ste-Croix ; et même, dans ces jours privilégiés, devait-il la chanter avec son clerc une heure avant l'office canonial. Pour le même motif, lorsqu'il faisait le prône, il devait prendre garde à ce que son instruction fut terminée avant le chant, par les chanoines, de l'office de prime (1).

Est-il étonnant qu'en présence d'un pareil amoindrissement de la juridiction curiale le gouverneur de la ville, les marguilliers anciens et nouveaux, ainsi que les paroissiens de Ste-Croix, aient demandé en 1557, au Chapitre l'autorisation d'édifier ailleurs une autre église paroissiale ? Est-il surprenant qu'en 1559 l'évêque d'Arras, Antoine Perrenot de Grandvelle, ait accepté, sur la demande des fidèles de St-Croix, la translation de cette paroisse dans la chapelle de St-Nicolas ?

Pourtant, ce projet, quoique fort bien motivé, ne se réalisa pas. Le Chapitre se décida à se montrer plus condescendant à l'égard de la paroisse Sainte-Croix. Le 5 avril 1639, il autorisa le curé et ses paroissiens à placer une cloche *dans le grand clocher* à l'effet de sonner les messes et d'avertir les fidèles pour l'administration des sacrements. Mais le poids de cette cloche ne devait, en aucun temps, dépasser *six vingt livres*. Les frais, à ce sujet, étaient à la charge du curé et des marguilliers. Le 19 avril 1643, le Chapitre, sur la demande de Thoillier, curé de Ste-Croix, lui permit de construire, à ses frais, une sacristie, mais à la condition que ce bâtiment n'intercepterait pas le jour que recevait l'église sur ce point.

Le temporel de la paroisse était administré par le curé, deux marguilliers renouvelés tous les ans. A ces

(1) Sentence arbitrale de l'évêque Boudot 1628.

administrateurs ordinaires venaient se joindre, pour la reddition annuelle des comptes, les députés du Chapitre, les deux anciens marguilliers et les notables, ceux-ci élus par le Chapitre.

Cette paroisse n'était pas riche. Dans une délibération du curé et des marguilliers, en date du 24 novembre 1752, on lit ces mots : « il est à observer que « les revenus de la paroisse Ste-Croix peuvent à peine « fournir pour satisfaire à toutes les charges ». Cette assertion était tellement fondée que, par une délibération en date du 16 novembre 1762, les marguilliers et paroissiens de l'église Ste-Croix décidèrent que pour le paiement de six cents livres dues pour réparation au presbytère, on recourrait à une souscription qui serait faite dans toute la paroisse et eut effectivement lieu dans le courant dudit mois de novembre 1762.

La paroisse Ste-Croix comprenait les rues et places suivantes; nous nous servons des noms employés alors pour cette désignation : tour du beffroi; tour de la place, à l'exception du côté faisant face à l'hôtel de ville; rue du Collège; de la Grosse-Tête; du Pot-d'Etain; des Poulets; des Grands-Becquereaux; de l'Hermitage; des Trois-Vertes-Têtes, précédemment Croix-St-Barthélemy, commençant à la place de la Mairie et finissant au Marché-aux-Poulets; des Treilles; d'Arras; St-Pry; Poterne; du Marais; cimetière St-Barthélemy; du Château; des Petits-Becquereaux; Marché-aux-Poissons; faubourg d'Arras, un seul côté, celui de droite, en partant de Béthune.

En 1789, le nombre des communiants, c'est-à-dire de tous ceux qui avaient atteint l'âge de la première communion, était de quatre mille pour la paroisse Ste-Croix.

Le curé de cette paroisse, qui se nommait, en 1789, J. François Delétoille, n'était pas riche; la dîme, qui se percevait sur les revenus du sol, au faubourg d'Arras où le territoire agricole était singulièrement restreint, ne lui rapportait presque rien. Son église n'avait guère d'autres revenus que ceux qui provenaient du casuel, des legs et des libéralités des fidèles. Aussi n'avait-il pour revenu annuel que douze cents francs. Chacun de ses deux vicaires dont l'un s'appelait Caupin et l'autre Flament ne jouissait que d'un revenu de six cents francs. Mais le curé avait son presbytère qui lui était fourni gratuitement par la paroisse. Il était situé dans le cimetière et aboutissait à la rue du Marais. Les vicaires occupaient sur le cimetière, anciennement rue Neuve, présentement rue du Tir, une maison commune qui leur était gratuitement fournie par la paroisse.

III

PAROISSE SAINT-VAAST

L'église paroissiale de St-Vaast, établie, dès le commencement du sixième siècle, au faubourg Catorive sur l'emplacement de l'ancien cimetière, y fut conservée, sans aucune opposition, pendant plus de mille ans. Le presbytère ainsi que la maison vicariale étaient contigus à l'église.

Charles-Quint, voulant diminuer l'enceinte de la place et la fortifier du côté du faubourg Catorive qui, d'après le plan dressé, en 1524, par Jehan Lefrancq, peintre de Douai, était considéré comme le point le plus faible de la ville, ordonna, sur la demande des bourgeois, par arrêt de son conseil privé sous la date du 23 novembre 1537, la translation de l'église St-Vaast dans l'intérieur de la cité. Le chapitre d'Arras, investi par intérim, le siège étant vacant, de l'autorité diocésaine, consentit à cette translation. L'abbé de St-Bertin, patron et collateur de cette cure, y donna également son approbation. L'é-

glise de Catorive fut aussitôt et complètement rasée. En vertu d'une autre ordonnance impériale, en date du 20 avril 1538, une chapelle fut bâtie dans ce faubourg « avec autel et sacrements selon l'offre des pa-
« roissiens de la ville pour la commodité de ceux des
« faubourgs. Le 29 octobre 1544, l'empereur or-
« donna qu'une messe basse serait célébrée, les di-
« manches et fêtes, à l'heure qui serait la plus conve-
« nable aux habitants des faubourgs ».

Quatre ans avant la démolition de l'église de Catorive, on commença à bâtir une autre église dans l'intérieur de la ville. Elle fut construite aux frais des bourgeois; quelques auteurs prétendent, mais sans aucune preuve à l'appui de leur assertion, que Charles-Quint concourut, pour une certaine somme, à cette construction. Quoiqu'il en soit, dit un écrivain anonyme du dernier siècle, « cette église, la seule que
« Béthune possède aujourd'hui, est regardée comme
« une des plus belles du Pays-Bas ».

C'est un remarquable monument dont le style ogival flamboyant appartient à la troisième période de l'architecture ogivale Ses voûtes, dont les nervures prismatiques sont à compartiment, reposent sur des colonnes si déliées que les yeux s'étonnent d'une telle hardiesse. La longueur totale de cet édifice, compris le porche qui mesure 11 m. 40 c., est de 53 m. 10 c. La largeur totale est de 26 m. 60 c. La largeur de la grande nef — intérieur des murs — est de 10 m. 60 c. — Celle de la petite nef de droite est de 6 m. 40 c. La largeur de la petite nef de gauche est de 6 m. 10. — La largeur de l'enfoncement réservé aux autel, baptistère et confessionnaux à gauche est de 1 m. 30. — Les entre colonnes sont de 6 m. 20. — La hauteur des grandes voûtes est de 15 m. 85. — Celle des voûtes des nefs latérales de 14 m. 55 c. — La hauteur des colonnes, base comprise au tailloir du chapiteau inclus est de 8 m. 85. — Le diamètre des fûts des colonnes est de 0 m. 64 c. Il y en a deux, par exception, qui ont 0 m. 68 c.

Chaque pilier ou colonne portait anciennement l'image d'un apôtre. Barthélemy de Baillencourt, dit Courcol, y fit placer celle de son patron. Roch-Joseph Legrand, curé de cette paroisse, autorisé par Mgr de Conzié, évêque d'Arras, fit enlever un grand nombre de ces statues qui grossissaient les piliers et rétrécissaient le vaisseau du bâtiment. Cet excellent curé ne fut pas aussi bien inspiré, lorsqu'il fit couvrir de plâtre les colonnes et les arcades des voûtes composées entièrement *de grès piqués au fin ciseau*, comme il est dit dans les archives de la paroisse. Ce hideux plâtrage a disparu depuis quelques années seulement, et les colonnes de notre église sont redevenues ce qu'elles sont en effet, sveltes et gracieuses. En 1792, pour dernier acte de mauvais goût, on fit masquer à moitié huit grandes fenêtres pour y placer des tableaux, et le verre blanc remplaça les verrières artistement peintes de notre belle église. Ces ouvrages ont présentement disparu ; toutes les fenêtres sont garnies, dans toute leur hauteur primitive, de magnifiques peintures sur verre fournies au prix de 4.000 francs l'une, par M. Lévêque, de Beauvais.

Cette église, commencée en 1533 et complètement achevée en 1545, fut consacrée, dans l'année, par Paschal de Monpayer, évêque de Salisbury, administateur du diocèse d'Arras pour l'évêque Antoine Pierrenot. Toutefois, les premières voûtes s'étant écroulées ne furent reconstruites qu'en 1653. Le 11 février 1864, vers 5 heures de l'après-midi, une pierre se détachait d'une des nervures de la voûte par suite de l'affaissement du pilier qui fait face au petit portail. Le 2 juin de la même année, une portion de la voûte d'une superficie de 4 mètres s'effondrait. Ce désastre fut réparé sans retard à l'aide d'une souscription faite dans la ville et qui dépassa 90,000 francs.

La tour dont la première pierre fut posée en 1590 par Vast de Grenet, abbé de St-Bertin, ne fut achevée qu'en 1611. Elle a 52 mètres de haut, sa largeur à la base est de 12 m. 50 c. Il fallut récemment la consolider.

La grosse cloche fut donnée par messire Grenet, abbé de St-Bertin. Elle portait le nom de Védastine. Elle avait été fondue par Jean Delcourt et bénite par le donateur.

Le 10 septembre 1759, fut célébré solennellement dans cette église ce qu'on appelle le baptême de deux cloches; l'une fut nommée *Philippine-Louise* par le parrain Philippe, marquis de Ghistelles et la marraine Louise de Melun; l'autre fut nommée Christine-Joseph par le parrain Joseph Le Josne de Contay et la marraine Christine de la Porte de Remaisnil.

Ces trois cloches furent échangées, au mois d'octobre 1792, en vertu d'une ordonnance des officiers du district et de la municipalité, contre les trois cloches de la collégiale de St-Barthélemy. François Corsin, *fondrier* (sic) à Lille, vint à Béthune pour estimer la différence de poids et de valeur qui fut tout à l'avantage des cloches de l'église de St-Barthélemy.

Le 18 octobre 1793, conformément à une délibération du Conseil municipal en date du 18 juillet de la même année, ces six cloches furent transportées à Douai pour y être converties en canons.

Les cloches des couvents, n'ayant qu'une valeur très minime, furent épargnées et éparpillées dans diverses maisons de la ville. Au commencement de l'année 1801, le maire de Béthune les fit rechercher pour être déposées dans un magasin commun. Il s'en trouva dix chez M. Maniez, — ancien hôtel Ducarieul et plusieurs autres chez un nommé Ives Soudan.

Lors du rétablissement de la paroisse St-Vaast, en 1803, trois d'entre elles furent placées dans la tour de cette église. En 1804, on en descendit deux qui servirent, mêlées à un métal de même nature, à la fonte d'une autre pesant 700 kil^{os} 5 hect^{es}. Le fondeur se nommait Gorlier, de Frévent. Cette nouvelle cloche fut bénite le 14 août 1804 par M. Coquelet, curé-doyen de la paroisse. Le parrain fut M. Jean-Baptiste Delalleau, maire de Béthune; la marraine Mme Eléonore-Marie-Jeanne-Bernardine-Charlotte Carpentier, épouse de M. Podevin, sous-préfet de Béthune, qui lui donnèrent le nom de Marie-Joseph.

La petite cloche, qui déjà se trouvait dans la Tour, y fut conservée pour sonner les messes basses.

En 1808, une seconde cloche fut fondue, pesant 545 k. 5 h. — Elle fut bénite, le 22 novembre, par M. Coquelet et reçut les noms de Joséphine-Augustine. Le parrain fut M. Louis-Augustin Joli, receveur particulier de cet arrondissement, et la marraine madame Claire-Ghislaine-Alexandre-Joséphine de Genevières, épouse de M. de Baynast de Sept Fontaines, commandant la garde nationale. Etaient marguilliers: Xavier Gombert, Antoine Capelle, Etienne Carpentier, et Lambert Prou.

Le 17 octobre 1814, une troisième cloche du poids de 910 kil. fut bénite. Elle eut pour parrain M. François-Guillaume Podevin, sous-préfet de l'arrondissement, membre du collège électoral du département, et pour marraine madame Antoinette-Procope de Bassecourt, épouse de M. Philippe-Charles-Joseph de Genevières. — Le nom donné à la cloche est Antoinette-Françoise. Etaient marguilliers : Etienne Carpentier, Henri Brassart et Lambert Prou.

Ces quatre cloches fonctionnent encore et seules aujourd'hui.

En 1588, sous l'administration de Jean Faucqueur,

curé de la paroisse, on posa des orgues dans l'église St-Vaast. Elles y restèrent jusqu'en 1700, époque où M. Espillet, curé, les remplaça par d'autres orgues qui lui coûtèrent 4,300 francs et dont il fit l'inauguration au mois d'octobre. Les anciennes furent vendues 300 francs et placées dans l'église de Richebourg.

Sur la demande du citoyen Carpentier, maire de Béthune, en date du 15 avril 1796, l'administration départementale fit vendre les orgues et le beau buffet qui les renfermait.

En 1821, le Conseil de Fabrique fit replacer dans notre église des orgues dont le facteur demeurait à Lille. Le buffet et la tribune furent aussi construits dans cette dernière ville.

En 1888, des orgues nouvelles dont le facteur fut M. Merklin de Paris, furent placées, dans notre belle église. Le buffet et la tribune sortent des ateliers de M. Pattein, d'Hazebrouck. La bénédiction en fut faite solennellement, le 13 mars 1888, au milieu d'un immense concours de fidèles, par Mgr Dennel, évêque d'Arras.

Anciennement la prédication tenait une place considérable dans les offices religieux. On peut affirmer qu'elle a exercé sur la marche des évènements qui remplissent cette histoire une influence décisive ; elle avait dans les habitudes de la vie de nos pères une part aussi large, aussi prédominante que semblent l'avoir aujourd'hui le journal et le théâtre. Son centre ordinaire était dans le temple, et alors elle se faisait, au xiie siècle, du haut d'une tribune élevée à l'entrée du chœur, appelée le prône ; au xve siècle, dans une chaire de bois placée au milieu de la nef. Ce fut pour se conformer à cet usage que le 16 mai 1621 on posa dans la nouvelle église St-Vaast, une magnifique chaire due au ciseau d'un artiste d'Ypres. Cette chaire, qui était un monument artistique, fut vendue, en 1796, comme un objet vil et déshonorant par l'ignare Carpentier, maire de la ville, dont les ignobles paroles dites à cette occasion, flétrissent, à jamais la mémoire : « Nous vendons cette tribune, disait-il, d'où « sont sortis tant de cris de fanatisme, et cela, afin « que l'espoir de ceux qui voudraient remettre cette « église à leurs saints prêtres soit déçu ».

La chaire actuelle ainsi que les boiseries fixées, à l'intérieur des murailles de l'église et qui ont disparu en 1866, provenaient des Récollets de Béthune et des Chartreux de Gosnay.

Au moyen-âge et dans le temps qui s'en rapproche, l'intérieur de nos églises ne suffisait pas toujours à contenir la masse des fidèles qui se pressait autour du dispensateur de la parole divine. Aussi voyait-on des prédicateurs haranguer la foule sur nos places publiques. On leur élevait ce qu'on appelait, à Béthune, des « hourdichs » d'où ils parlaient au peuple qui les écoutait sans broncher sous les ardeurs d'un soleil en feu comme sous la pluie et l'orage. La municipalité récompensait, dans certaines circonstances, les prédicateurs. Nos registres mentionnent, à ce sujet, 3 *los* de vin offerts, en 1406, à frère Jehan Macquerel, pour avoir prêché sur le marché. Andrien, le guetteur du beffroi, avait fait le *hourdich* de ce prédicateur qui était un frère mineur. Le 6 janvier 1509, à l'occasion de la paix publiée à la bretèque de Béthune, Guillaume Bacheler, franciscain, fit un sermon sur le marché, et reçut pour sa prédication des *vins de courtoisie*. Lors des réjouissances auxquelles donnèrent lieu les victoires remportées par l'empereur sur les Vénitiens, l'échevinage fit hommage de deux *quesnes* de vin à l'éloquent franciscain qui, « ledit jour, pro« nonça ung bel et notable sermon à l'honneur dudit « seigneur empereur ». Le 26 mai 1523, une cane de vin fut présentée au prédicateur qui, sur le marché, avait fait sermon et prière, tant pour l'armée de « *pardecha estant auprès* de Thérouanne que pour le *fructimen* des biens de la terre ». En 1525, deux *cannes* de vin furent offertes au prédicateur qui fit le sermon sur le *marchié*, et exposa les lettres de la paix au peuple. On y assistait debout et, par suite, quelquefois on y dormait debout. Ces inconvénients et d'autres préparèrent la suppression de ces sermons hors du temple. Ne pouvant être suffisamment surveillés par l'autorité compétente, ils furent interdits.

Lorsque notre église actuelle fut achevée, les ornements, les reliques et les joyaux de celle de Catorive y furent transportés. L'échevinage qui n'avait rien donné pour la construction de cette nouvelle église voulut, du moins, contribuer, pour une part assez minime cependant, à l'accroissement de cette ornementation.

En 1549, il faisait don à cette église d'un pal que Claude Gouillard enrichissait de précieuses broderies de *fin or et d'argent de Chypre* et qu'il décorait, en même temps, de quatre autres broderies aux armes de l'empereur, de la ville, etc., et sur lequel était représenté le *vaisseau du vénérable St-Sacrement*.

En 1564, le magistrat accordait vi livres à cette même église pour la fondation du *repositoire*.

En 1789, les marguilliers firent entourer le chœur d'une grille, et les murailles d'une boiserie; le marbre du chœur fut renouvelé.

A cette époque l'église avait environ 7500 livres de revenus annuels. Elle avait en propriété, sur le territoire de Béthune: 1° quatre maisons de bénéficiers, rue des Poulets; 2° deux autres maisons, rue du Rivage; 3° une maison, rue de la Porte-Neuve, appelée le *Cœur joyeux*; 4° une maison habitée par l'organiste, rue du Carnier; 5° l'église du faubourg Catorive et la maison du vicaire contiguë à cette église; 6° trente-huit mesures de terre dans les faubourgs. Les autres revenus consistaient : 1° en rentes foncières, en *échevinage* et mortes rentes; 2° en canons sur diverses propriétés; 3° en arrentements; 4° en places d'avaleurs de vin, de porteurs au sac; 5° en terres situées dans les faubourgs cités plus haut et dans les villages voisins produisant annuellement 3589 liv.; 6° en terres et rentes de la fondation de Ste-Catherine; 7° en lettres de rentes; 8° en un siège de rente de la seigneurie de l'Escline au village de Mazingarbe; 9° en produit de la location de 560 chaises produisant par an 820 liv.; 10° en recettes ordinaires et extraordinaires; 11° en pots de vin.

La situation financière de cette église, lors de sa construction dans la ville, était loin d'approcher de cette prospérité. Le 22 octobre 1541, les paroissiens de St-Vaast, est-il écrit dans nos registres, n'ayant pas les ressources suffisantes pour meubler leur église, prièrent le Chapitre de leur permettre de quêter pendant les offices de la collégiale.

Au reste, les charges qui, en 1789, pesaient sur l'église St-Vaast, ne lui donnaient pas, en réalité, une situation très prospère.

La paroisse St-Vaast comprenait les rues des Rosiers, de la Porte-Neuve, du Carnier, du Rivage, le Marché-au-Fil, une petite partie de la Grand'Place, les faubourgs de Catorive, du Pont-de-Pierres, du Rivage, des Prés-des-Sœurs, de Lille, du Perroy et du faubourg d'Essars.

Le village d'Essars appartenait également à la paroisse St-Vaast. Il est vrai que ce village fut doté d'une église vers la fin de 1545. Mais cette église fut desservie par un simple vicaire ou plutôt par un chapelain amovible dont les pouvoirs spirituels s'exerçaient sous la juridiction du curé de St-Vaast qui, chaque année, se rendait dans cette église vicariale pour y passer l'examen des enfants de la première communion, pour y bénir l'eau des fonts baptismaux la veille de Pâques et celle de la Pentecôte. Les habitants d'Essars étaient tenus de venir à l'église St-Vaast *intra muros* pour y assister à la messe deux fois l'an, savoir : le jour de la principale fête de St-Vaast qui se célèbre *au mois de juillet* (sic) et le jour de la dédicace de l'église (1).

Le faubourg de St-Pry, d'une population de 77 habitants, dépendait, depuis l'année 1648, de la paroisse de Fouquières.

Celui de la Porte-Neuve comptait 171 habitants et dépendait de la paroisse d'Annezin. M. l'abbé Coquelet, ancien curé de Béthune, a prétendu, mais à tort, que la paroisse d'Annezin est un ancien démembrement de celle de St-Vaast.

Une portion du faubourg d'Arras, ayant 77 habitants, faisait partie de la paroisse de Verquin.

Le pouillé du diocèse donne 2600 communiants. D'après un recensement qui date de 1789, cette paroisse avait 3283 habitants.

Les dîmes perçues dans l'étendue de la paroisse de St-Vaast sur les terres des trois faubourgs de Béthune et du village d'Essars étaient louées, en 1703, seize cents livres par an.

Le clergé se composait, en 1789, du curé M. Delebarre dont les revenus, y compris la dîme, s'élevaient à 2600 francs; d'un vicaire pour la ville, M. Westienne, jouissant du revenu paroissial estimé 400 fr.; d'un autre vicaire, résidant au faubourg et nommé Vallage, dont le revenu paroissial est de 600 francs; de M. Capron, bénéficier prébendé de St-Antoine, — prébende de 750 fr., — de M. Delplace, bénéficier prébendé de St-Georges, — prébende de 700 fr.; — de M. Boucher, bénéficier prébendé de St-Philippe, prébende de 329 francs.

(1) Arch. municip., BB, 18.

Ces prébendes, qui, primitivement, étaient au nombre de six et dont les titulaires s'appelaient *hoirstes*, avaient été fondées par Mathieu Segond, M° *ès art*, prêtre chanoine de l'église collégiale de S¹-Barthélemy, par son testament en date du 13 mars 1551. Son legs pour cette fondation, était de cent vingt florins de rente héritière et perpétuelle. Ces *horistes*, selon la signification de ce nom, étaient tenus à *dire et chanter*, solennellement et perpétuellement, chaque jour, les *heures canoniales*. Des plombs de présence leur étaient distribués, selon la régularité qu'ils mettaient à assister aux offices. Primitivement, la valeur de ces plombs était ainsi déterminée : pour matines et primes, les prébendés recevaient un plomb de trois deniers ; pour tierce, messe et sexte, on leur donnait un plomb de deux deniers ; pour none, vêpres et complies, ils avaient droit à un plomb de deux deniers. Les *fautes*, comme il est dit dans ce testament, « seront au profit « de la ditte église pour payer le luminaire. » Ils avaient un clerc dont une des fonctions consistait à sonner une demi-heure avant chacun de ces offices. Ce testament portait, en outre, cette clause : « Je ré- « serve à mes prochains parents la présentation des- « dits chapelains et aux *glisseurs* paroissiens la colla- « tion desdits six chapelains tant seulement pour « par lesdits chapelains le curé et clercq devront à « chacun mois deux sous sans présence moyennant « qu'il ait été reconnu du semanier ».

Le 20 mars 1749, Vaast Segond, parent et héritier de Mathieu Segond, obtenait un jugement par lequel il était défendu aux marguilliers de l'église St-Vaast de « nommer ni conférer la collation desdits six chape- « lains et prébendés et horistes, des plombs, des heu- « res canoniales sans le consentement et présentation « et nomination dudit Vaast Segond, requérant. » Les marguilliers ne s'étant pas conformés à ce jugement, le testament de Mathieu Segond cessa d'avoir son effet. « Un homme, disait Mathieu Segond, dans son « testament, un homme ne pouvant tout fonder, les « paroissiens augmenteront la ditte fondation. » Ce vœu qu'il exprimait fut accompli en 1689 par M. Espillet, curé de St-Vaast, qui fit une donation importante en faveur de deux de ces prébendes.

En 1789, l'église avait pour employés subalternes; un chantre clerc-laïque, nommé Bridelange; un organiste, nommé Blaizy; deux chantres de chœur dont l'un s'appelait François Guison et l'autre Delvallé; un sacristain, un sonneur, un souffleur, un suisse, un bedeau, quatre enfants de chœur et un serveur de messes basses.

En 1792, le clergé constitutionnel se composait de Jean François, né à Richebourg, ancien curé de Famechon, introduit dans la cure de St-Vaast, le 12 juin 1791; de Sébastien-Joseph Dubuis, vicaire intrus pour la ville depuis le 1er avril 1792; de Lefebuvre, vicaire intrus pour le faubourg.

Pendant toute la période révolutionnaire, plusieurs prêtres, restés fidèles à l'Eglise, exercèrent, à Béthune, par un apostolat généreux et caché, la mission que les deux curés de Ste-Croix et de St-Vaast, forcés d'émigrer, ne pouvaient plus remplir. Le frère Dominique Delsaux, récollet prêtre, de l'ancien couvent de son ordre à Béthune, se dévoua, depuis le 5 août 1793 jusqu'au 14 août 1797, à ce périlleux ministère. Le 13 juillet 1797, M Caupin, ancien vicaire de Ste-Croix, s'associait, pour cette mission, au R. P. Delsaux; ce fut à titre de vicaire et de desservant de Ste-Croix qu'il exerça ce ministère jusqu'au 9 août de l'an 1800. Le 25 juin 1799, M. Wourm, prêtre desservant de Thiennes, vient prêter son concours à son vénéré confrère et n'abandonne ce poste de dévoûment qu'au mois d'août 1800, date de l'arrivée dans cette paroisse de M. Masclef, ancien curé de Lattre, chargé d'agir à Béthune en qualité de desservant de St-Vaast et de vicaire de Ste-Croix, mais, en même temps, du consentement préalable de M. Delétoille, desservant de Ste-Croix. Sa mission se continua, sans interruption, jusqu'en janvier 1803, date de l'installation de M. Coquelet, en qualité de curé de Béthune. Cependant, en vertu d'une délégation de Mgr de la Tour d'Auvergne, en date du 15 juillet 1802, MM. Délétoille, Masclef et François, exercèrent simultanément, jusqu'en janvier 1803, le saint ministère, à Béthune, à titre de co-desservants, ou, si l'on veut, de co-détenteurs de la juridiction paroissiale. Pour se conformer à cet état de choses réglé par l'autorité religieuse, M. François, curé constitutionnel, cessa, dans ses actes officiels, de prendre le nom de curé, il se borna à rappeler simplement sa qualité de *prêtre*.

En 1685, la maison presbytérale de St-Vaast était située, rue des Grands-Becquereaux, n° 27. Elle appartenait, en vertu du testament de Melle Anne Jamot, en date du 1er juin 1684, à la *pauvreté* de St-Vaast. En 1749, le refuge de l'abbaye de Chocques, contigu au couvent des Annonciades, fut loué par les marguilliers de l'église St-Vaast pour servir de presbytère au curé.

Lors de son installation qui eut lieu, le 28 janvier 1803, en qualité de curé de Béthune, M. l'abbé Coquelet occupa, rue des Grands-Becquereaux, n° 29, une maison commode et agréable que la ville lui procura conformément à la loi et pour laquelle elle payait, suivant un bail de 9 ans, un loyer annuel de 350 fr.

En 1819, la ville vota les fonds nécessaires à l'acquisition d'une maison située rue des Petits-Becquereaux pour être mise à usage de presbytère. La raison déterminante de cet emplacement c'est que la demeure du maire, M. Delalleau, et celle du curé seraient voisines. Cette maison fut reconstruite, et le curé l'habita vers la fin de 1821.

Les curés de Béthune, avant la Révolution, étaient très populaires; ils n'excitaient point l'envie par leurs revenus qui étaient médiocres, ni la satire par leur oisiveté. Leurs fonctions réclamaient tout leur temps. Ils connaissaient toutes les familles, ayant présidé à tous les actes importants de la vie des individus dont ils étaient, pour ainsi dire, les conseillers et les tuteurs. Administrateurs des bureaux de pauvreté, ils avaient une part à la fois évidente et prépondérante au soulagement de la misère. La paroisse de St-Vaast ou celle de Ste-Croix était respectivement pour ceux qui en faisaient partie la forme sensible de la patrie. Nos pères connaissaient mieux Béthune que la France, et beaucoup mieux leur église que leur hôtel de ville. Leur église où se trouvaient les registres des baptêmes, des mariages et des inhumations ne devait-elle pas servir de mémorial à leur postérité? En venant s'asseoir sur le banc de famille, ainsi que cela se pratiquait dans l'église Ste-Croix, ou sur des chaises, mais dans la même nef et sur une même ligne, selon l'usage établi dans l'église St-Vaast, ne retrouvaient-ils point, par le spectacle qu'ils avaient sous les yeux, leurs propres souvenirs et les traditions de leurs aïeux? Les noms de leurs pères étaient inscrits sur les dalles des tombeaux, quelquefois au bas des tableaux appendus sur les piliers, presque toujours sur les listes des confréries, des corporations, ou bien encore sur les verrières et sous les ex-voto. Le passé revivait sous les vieilles arcades gothiques de Ste-Croix, sous les voûtes moins anciennes mais non moins commémoratives de St-Vaast. L'église paroissiale où chacun des habitants se rendait non seulement tous les dimanches mais presque tous les jours, était donc tout à la fois un édifice religieux et le sanctuaire de la famille, où se perpétuaient les croyances comme le plus précieux des héritages. C'était le lieu de réunion des habitants d'un même quartier; presque toute la ville allait à Ste-Croix; les faubourgs venaient à St-Vaast; c'était ainsi que, par la conformité des mêmes sentiments de religion et des mêmes usages, s'établissaient entre les membres d'une même paroisse des rapprochements sympathiques et des liens de confraternité. Au reste, les catégories sociales disparaissaient complètement dans chacunes de nos deux églises. Le riche bourgeois y coudoyait le pauvre artisan; le seigneur à la cotte armoriée heurtait le dernier des manants; la robe de bure du novice frôlait la robe à longue traine et à plusieurs queues de l'élégante et noble demoiselle. C'était le niveau social qui s'étendait, sous le souffle de l'Evangile, sur cette foule bariolée.

La paroisse St-Vaast avait quatre marguilliers, formant avec le curé le bureau chargé de l'administration des intérêts de l'église et de sa police intérieure. Il en nommait les officiers subalternes, tels que le bedeau et le suisse. Mais il appartenait à l'assemblée générale, qui se composait de tous les paroissiens, de pourvoir à l'élection et à la nomination du grand chantre. Cette assemblée se tenait dans l'église, et l'élection n'avait lieu qu'après la bénédiction du Saint-Sacrement. C'est ce que nous trouvons dans nos registres communaux:
« in locum Lucæ Boutacle, hujus ecclesiæ presbyter
« ac phonascus, successit Alexander Heaunæ omnium
« parochianorum votis pulsu campanæ convocatorum
« post datam benedictionem Venerabilis Sacramenti,
« hac feria quinta ipsi sacra decima septima scilicet,
« junii 1677, electus et admissus » (1).

Au mois de mars 1803, Mgr l'évêque d'Arras, appelé à réorganiser son diocèse, détruit hélas complètement par la Révolution, ordonna que la paroisse de

(1) Arch. municip., GG. 14.

Béthune serait desservie par trois vicaires « qui lui seraient présentés par le curé. » Les marguilliers, conjointement avec le curé, décidèrent, en même temps, de leur côté, qu'il serait établi dans l'église un *grand chantre prêtre*. La même année, le curé, M. Coquelet, nomma deux prêtres *habitués* dont les fonctions étaient d'aider les vicaires à le revêtir avant les offices, d'assister au chœur et d'enterrer les morts.

Au mois d'août 1805, le personnel ecclésiastique et laïque de notre église était composé 1° de Antoine-Joseph Coquelet, curé-doyen de chrétienneté pour tout le district de Béthune ; 2° de François-Joseph Delétoille, vicaire, de Séraphin Wourm, vicaire ; — le troisième vicariat vacant — 3° de Jacques-Mégœuil, prêtre *habitué* et grand-chantre ; d'Eloi Prou, prêtre habitué ; 4° de Liévin Lemoine, prêtre sacristain ; 5° de dix-huit prêtres, assistant au chœur dans leurs stalles respectives pour les offices, les dimanches et fêtes ; 6° de Bridelange, chantre ou clerc laïque ; Dubois, chantre ou clerc laïque ; 7° d'un serpentiste ; (le serpent, instrument à vent, n'était admis, avant la Révolution, que dans l'église St-Barthélemy) ; 8° d'un sonneur ; 9° d'un bedeau ; 10° d'un suisse, nommé Duhamel ; 11° de quatre enfants de chœur qui apprenaient le chant et le latin.

IV

PAROISSE ST-PRY

Le faubourg St-Pry, de Béthune, fut érigé en paroisse en 957, sous l'administration seigneuriale d'Herman, avoué de l'abbaye de St-Vaast, d'Arras (1). Mais cette paroisse était-elle placée sous la juridiction des prieurs de St-Pry, ou bien sous celle d'un prêtre

(1) LOCRIUS, *chronicum belgicum*, p. 159, anno 957. — P. IGNACE, *mém.* t. II, p. 102.

séculier, indépendant de ce prieuré? Tous les auteurs qui ont parlé de l'église paroissiale de St-Pry sont unanimement d'accord pour attribuer au prieuré de ce nom le pouvoir curial sur tous les habitants de ce faubourg. C'est une erreur. Le prieuré de St-Pry avait un *autel* ou cure, nous en convenons. Mais sa juridiction ne pouvait s'exercer que sur ses tenanciers. Le faubourg avait son curé. Dans son testament, en date du mois de mars 1258, reposant aux archives du département du Nord, Mahaut, dame de Béthune, mentionne séparément, dans ses différents legs en faveur des couvents et des paroisses, le *prieur* de St-Pry, le *curé* de St-Pry. Cependant, si nous en croyons M. d'Héricourt, invoquant à ce sujet, le témoignage de Gazet (1), vers l'an 1190, Robert de Béthune donna à l'église St-Pry une rente annuelle de 20 sols sur le tonlieu de Béthune pour célébrer un anniversaire et du surplus en faire une récréation *procurationem* en faveur des *moines*. Mais, nous en demandons pardon à M. d'Héricourt, l'historien qu'il cite, *Gazet*, ne dit pas un seul mot de cela. Le bailli de Béthune, dans un rapport très détaillé, daté du 1er décembre 1323, informe la comtesse Mahaut que sur les conseils de l'abbé de *Cokes*, du *pryeur* de Gosnay, du bailli de *Bovery*, du curé de St-Vaast et du curé de St-Pry, il a fait aux pauvres des distributions de draps et de souliers. En 1552 et dans les années suivantes, le *ministre* et *maglicur* de l'église paroissiale de St-Pry-lez-Béthune rend ses comptes, recettes et dépenses, « au curé dudit lieu « et plusieurs autres paroissiens de la dite église ». Le prieur de St-Pry n'y assistait jamais et en aucun temps, il ne se mêlait de contrôler ces comptes. Dans les comptes de 1598, on remarque que « le prieur de « St-Pry paye 4 s. 6 d., pour une rente que prend « ladite église sur une maison. » En 1552, l'église

(1) *Hist. ecclés.*, p. 204.

paye cinq livres à « M. le doyen d'argent par lui pour « les dépens encourus aux procès que ladite église a « eu contre M. le prieur de St-Pry. » Les curés, dont les noms sont inscrits dans les comptes, n'appartiennent pas au clergé régulier et ne sont soumis, en quoi que ce soit, au prieur de St-Pry ni à ses supérieurs. C'est ce qui résulte de tous les documents historiques qui concernent cette paroisse.

L'église de St-Pry, ainsi que le presbytère et la maison du chapelain, à laquelle était annexée une école, étaient bâties sur le cimetière.

Cette église avait trois nefs, un beffroy, un clocher, quatre cloches, une horloge, des orgues.

Le beffroy qui, depuis longtemps, existait, fut réédifié par Ricebé en 1585.

En 1552, Nicolas Père *candrelier*, demeurant à Arras, recevait le montant de la somme qui lui était due pour livraison de quatre cloches; soit *quarante livres*.

Jean Sinoquet recevait pour la *berlière* de la petite cloche 4 sols; pour la berlière de la grosse cloche 10 sols....

En 1585, « Jacques Walle, recevait six vingt-quatre « florins », dont il avait fait prest à l'église pour paier les fondeurs de cloches, XXIII liv.

Paié à Robert Le Roy, feronnier, en 1610, pour avoir besoigné à l'horloge de la dite église V liv.

Paié en 1613, à Charles Georges, marchand de bois, demeurant en la ville de Béthune, pour avoir livré les ais pour renouveler les abat-vents du clocher la somme de XII liv. XII s.

Paié à l'organiste pour avoir joué aux jours solennels à la messe et aux vêpres durant l'an de ce compte selon l'ordonnance faite par les pasteur, manegliers et autres paroissiens, VI liv.

Paié aux deux clercqs, VI liv.

On voit par tous les comptes et notamment par ceux de 1633 et 1636 que l'église St-Pry avait la seigneurie et *mouvance* non seulement du fonds sur lequel elle était construite, mais encore de presque tous les fonds et héritages situés dans ce faubourg avec droits seigneuriaux et conformément à la coutume de Béthune.

La grande rue qui conduit à St-Pol séparait l'église du prieuré de celle de la paroisse.

Cette église fut démolie en 1648, par ordre de Louis XIV qui fit enclaver dans l'enceinte des fortifications le terrain sur lequel elle avait été construite. Les habitants du faubourg St-Pry devinrent dépendants, par le fait, de l'église de Fouquières. Les cloches de St-Pry furent déposées provisoirement chez Melle Déruyant, rue St-Yor, et plus tard d'une manière définitive dans le clocher de l'église de Fouquières. Au 19 mars 1686, la situation spirituelle des habitants de ce faubourg qui, du reste, ne comptait plus alors que 20 feux environ, fut réglée par un arrêt ainsi conçu : 1° Les deux paroisses de Fouquières et de St-Pry, réunies depuis longtemps par le fait, le sont de droit ; 2° une seule église est regardée comme suffisante pour le service commun des deux paroisses ; 3° cette église sera construite sur le territoire de Fouquières (1).

V

CHAPELLES

Indépendamment de ces trois églises paroissiales, il y avait, dans l'enceinte de la ville, un grand nombre de chapelles. Chaque quartier, chaque faubourg avait la sienne. Les principales étaient celles de l'hôtel de ville autrement dit : de la halle échevinale ; de la maladrerie ; du Perroy, dans le faubourg de ce nom.

(1) Renseignements et pièces justificatives XIII.

1° *Chapelle de la halle échevinale*

Cette chapelle qui présentement encore est debout mais délaissée, est un irrécusable et officiel témoin des sentiments religieux de nos pères.

Dans tous les temps jusqu'à la Révolution, elle fit partie des bâtiments de la halle échevinale. En 1412, la femme Bétrémieu Barbau « taillait et ornuilliet (ourlait les nappes, doubliers et *tousons* » de cette chapelle. Dans la même année, vu toises de double *cachon* (corde) étaient mises au drap courant devant le crucifix de cette chapelle.

En 1447, cette chapelle qui, venait d'être détruite par un incendie dont l'action dévastatrice s'était étendue, sur toute la ville, était reconstruite. En 1668, on y fit des réparations tellement importantes que le clergé trouva nécessaire de la *rebénir*, comme si elle avait été reconstruite à neuf.

Un chapelain nommé Robert Philippe, y disait en 1485, trois messes par semaine; en 1751, deux messes seulement.

2° *Chapelle de la Maladrerie*

Cette chapelle était située au faubourg d'Arras au-delà des bois dérodés, près du petit triangle nommé l'Avouerie. Le chapelain qui desservait cette chapelle en 1448 était celui de Verquin. En 1463, ces fonctions étaient remplies par un franciscain qui célébrait la messe tous les dimanches dans cet oratoire. Cet état de choses se continua jusqu'au mois de juillet 1698, où le personnel de l'établissement de ce nom fut réuni à celui de l'hôpital St-Jean.

3° *Chapelle du Perroy*

Un peu au-delà des anciennes fortifications, entre les routes nationales de Lille et d'Arras, dans un lieu complètement boisé, appelé la cour du Perroy, fut érigée, vers la fin du xie siècle, une chapelle dédiée à la Sainte-Vierge et dont la fête patronale se célébrait le jour de la glorieuse Assomption de la Mère du Divin Sauveur.

Un vœu pieusement fait, au temps des croisades, dans la Terre-Sainte, par un des fils du seigneur de Béthune, telle a été la cause de cette fondation. Le vaillant Robert le Gros, devenu seigneur de cette ville par la mort de son père arrivée le 6 octobre 1101, fit construire cette chapelle en 1110, conformément au vœu dont nous venons de parler et qu'il en avait fait, au siège de Jérusalem, en 1095, sous Godefroy de Bouillon (1). Cette fondation, si glorieuse par ces circonstances, pour Robert le Gros, était rappelée dans un des tableaux qui ornaient cet oratoire. Pour compléter son œuvre, selon l'étendue de son vœu, il demanda, en même temps, à l'abbé du Mont-St-Eloi, nommé Richard de Watrelos, un de ses religieux pour desservir cette chapelle.

En 1136, son fils et héritier, Guillaume Ier, voulant consolider cette œuvre, fit bâtir, entre la chapelle et la chaussée qui mène du faubourg d'Arras à Nœux, un monastère ou prieuré dont il céda la propriété à l'abbaye du Mont-St-Eloi. Cette donation fut suivie d'une foule d'autres qui avaient pour auteurs Guillaume Ier, Camblain d'Odon, Warin de Dourges, Leclercq, Robert, fils du comte de Flandre, et notamment Elbert de Béthune, seigneur de Carency, qui dota cet établissement de la forêt du Perroy. D'anciennes chroniques,

---

(1) Ancienne chronique de Béthune, p. 18.

faisant allusion aux nombreuses libéralités faites à cette chapelle, disent que ce vénéré sanctuaire était d'une *largesse admirable* (1). En 1640, les revenus annuels du prieuré s'élevaient à 968 livres. En 1180, le chapitre de St-Barthélemy voulait s'approprier les offrandes faites à cette chapelle, appuyant son prétendu droit sur cette considération que cet édifice religieux était enclavé dans la paroisse St-Barthélemy. Par une convention conclue à l'amiable entre les parties intéressées, ces offrandes restèrent la propriété du prieuré.

Le prieuré jouissait d'un droit seigneurial sur certaines terres. C'est ce qu'on voit par une quittance du 7 novembre 1772, signée par le prieur Raison.

Ce prieuré avait un refuge acheté, vers l'an 1500, pour le compte de l'abbaye du Mont-St-Eloi, par l'abbé Asson de Coupigny, et qui était situé, rue du Carnier. Cette maison servait à loger les religieux de passage à Béthune et, parfois, les proches parents du prieur admis à y payer leur pension. Le 30 juin 1676, un ancien dignitaire ecclésiastique du diocèse de Cambrai, Arnould du Paix, oncle du prieur, y mourut à l'âge de 80 ans, après y avoir vécu saintement pendant plusieurs années.

La chapelle, placée sous les murs de Béthune, eut beaucoup à souffrir de cette position pendant les différents sièges que la ville eut à soutenir dans le cours des siècles. Victime de ces guerres, trois fois elle fut démolie. Le premier mais complet désastre remonte à l'an 1346, lors du siège mémorable de Béthune par les Flamands qui, après un investissement infructueux de trois semaines, se vengèrent de leur insuccès sur les édifices sans défense, notamment sur la chapelle et le prieuré du Perroy. Ces bâtiments furent relevés presqu'immédiatement, mais dans des proportions si restreintes que cette église ne fut plus desservie que

(1. De Cardevacques, *Notice sur Notre-Dame du Perroy*, p. 21.

par un seul religieux, qui prit le nom de *maistre* ou de *régent*.

Cette situation, déjà si déplorable, s'aggrava en 1406, par la présence en armes des Anglais qui pillèrent le prieuré du Perroy, coupèrent ses bois et ravagèrent ses terres. Le prieur Gislebert de Wignacourt prenait alors le titre de *modérateur* de l'église du Perroy (1).

Au XVIe siècle, des jours plus prospères se levèrent sur ce prieuré. En 1619, les murs et les bâtiments du monastère étaient remis en bon état par ordre de l'abbé du Mont-St-Eloi, nommé Duquesnoy. Neuf ans après, l'abbé Doresmieux faisait ajouter à cette construction celle d'un nouveau bâtiment qui avait 55 pieds de long, aboutissant à la chaussée de Nœux. En 1640, les ouvriers mettaient la dernière main à l'achèvement d'une vaste salle et de chambres contiguës à l'église.

Mais en 1645, tous les maux vinrent fondre sur ce prieuré. Pendant l'attaque d'une armée française contre Béthune, il fut réduit en cendres. La statue de la Sainte-Vierge qui reposait dans la chapelle fut transportée dans la ville et déposée dans le refuge du prieuré. En 1668, sous le gouvernement et par les soins actifs d'Ambroise Lefebvre, prieur, la chapelle fut réédifiée aux frais des fidèles. Le 23 septembre de la même année, après une magnifique procession, la vénérée statue reprenait sa place dans la chapelle.

En 1710, pendant le nouveau siège de Béthune par les armées de Provinces-Unies, la chapelle et le prieuré, ouverts de tous les côtés par des créneaux, étaient convertis en redoute. Leurs murailles, battues en brèche par le canon de la place, s'écroulèrent en partie. Après le traité d'Utrecht qui rendait Béthune à la France, les anciens bâtiments furent reconstruits

(1) De Cardevacques, p. 6.

par les soins du prieur François de Bailleu, les libéralités des bourgeois de Béthune et celles de Kilien de la Cœuillerie, abbé de Mont-Saint-Eloi qui, procéda solennellement à la bénédiction de la cloche. Cependant, comme la chapelle n'offrait pas un abri assez sûr contre les déprédations des hommes de guerre, l'évêque d'Arras, Guy de Sève de Rochecouart ne permit pas que la statue de la Vierge y fût réintégrée. Ce ne fut qu'en 1731, sous l'épiscopat de François Baglion de la Salle que cette réintégration eut lieu.

Cette belle et vaste chapelle fut, pendant des siècles, fréquentée, comme but de pèlerinage, par les habitants de cette ville et de ses environs. Les fidèles s'y rendaient en foule les jours de fêtes consacrées à la très-sainte Vierge pour y implorer sa toute puissante protection. Ce pèlerinage était spécialement fait 1° pour le soulagement des malades; 2° pour la consolation des parents dont les enfants étaient morts sans baptême; 3° pour la délivrance des prisonniers. C'est cette dévotion qui a donné lieu à une médaille de forme ovale, ayant quatre globules extérieurs disposés en croix dont voici la description : la Sainte Vierge, en longue et large robe, tenant sur le bras gauche l'enfant Jésus, vêtu de même; elle porte le sceptre de la main droite.

La statue était en bois artistement sculpté.

Les clefs qui ouvraient la chapelle et le prieuré étaient toutes disposées en croix.

En 1789, cette chapelle, remarquable par son architecture, l'était bien davantage par les prodiges qui, de temps immémorial, ne cessaient de s'y opérer. Aux murailles étaient appendus de nombreuses béquilles et une foule d'autres ex-voto, pieuses offrandes déposées en témoignage de reconnaissance pour des grâces obtenues.

Le portail de cette église faisait face à la ville ; il était précédé d'une longue avenue bordée de magnifiques tilleuls ; ce qui donnait à cet oratoire un caractère de solitude semblable à celui d'un ermitage. A l'entrée de cette sombre et mystérieuse avenue se présentait un calvaire abrité lui-même par une couronne de feuillage. Au pied de ce calvaire, les pèlerins se tenaient prosternés ; c'était une station de pénitence qu'ils faisaient avant de pénétrer dans la chapelle, imitant ainsi les anciens pénitents de l'Eglise qui s'arrêtaient pieusement prosternés aux portes des temples avant de s'approcher de leur sanctuaire.

Cette chapelle tomba, comme tous les autres édifices religieux, sous les coups du vandalisme révolutionnaire. Elle fut dévastée ; ses meubles précieux, parmi lesquels on remarquait un riche reliquaire renfermant un doigt de St-Kilien, furent pillés ou vendus. Un des forcenés de l'époque, G..., dit Bébègue, s'acharna, aussi lâche qu'impie, sur la statue de Notre-Dame. Impuissant à la détruire par la violence, il l'enterra à demi dans un champ, voisin du prieuré, après l'avoir attachée à la tête de son porc.

Une main pieuse s'empressa de l'enlever pour la transporter dans un village limitrophe. Cependant la Très-Sainte Vierge, qui ne voulait pas que son image disparût toute entière de cette ville, permit qu'une des mains de la statue se détachât et fût remise à une famille profondément chrétienne du faubourg d'Arras.

Le prieuré, abandonné le 17 août 1794, fut vendu, à cette date, ainsi que la maison du prieur et seize mesures de terre sises aux faubourgs et appartenant à ce monastère. Les bâtiments de cette communauté furent conservés, restaurés et embellis ; on en a fait une demeure agréable qui est devenue présentement un magnifique pensionnat dépendant du couvent des Ursulines d'Arras.

CHAPITRE XV

Communautés religieuses

I. — *Prieuré St-Pry.* — Herman répare la chapelle et, pour la desservir, fonde une abbaye devenant bientôt un simple prieuré dépendant de l'abbaye de St-Bertin. — Prétentions du prieuré. — Reconstruction en 1720. — Incendie en 1784. — Vente pendant la Révolution.

II. — *Couvent des Frères-Mineurs et des Récollets.* — Installation des Frères-Mineurs dans un couvent hors les murs. — Robert, gouverneur de la ville, en 1330, achète pour eux, une maison rue St-Pry. — Ils construisent leur église. — En 1600, ils sont remplacés par des Récollets.

III. — *Couvent des Capucins.* — Fondé en 1605, rue de la Délivrance. — Construction d'une église. — Fonctions des Capucins. — Leur expulsion en 1791.

IV. — *Couvent des Annonciades.* — Fondé en 1513 par Isabelle de Luxembourg. — La direction spirituelle est confiée aux Récollets. — Expulsion de trois religieuses infestées de jansénisme. — Dispersion en 1791.

V. — *Couvent des Conceptionnistes.* — Fondé en 1325 par Mahaut, comtesse d'Artois, à l'extrémité inférieure de la rue St-Pry, d'où leur nom de Sœurs d'En Bas. Ces religieuses étaient cloîtrées. — Expulsées par la Révolution, leur couvent fut transformé en hôpital militaire, puis en hôpital civil.

VI. — *Couvent de la Paix.* — En 1624, les Bénédictines s'installent dans une maison de la rue du Château, achètent l'hôtel de Verquigneul où elles ne peuvent entrer, puis l'hôtel d'Ourton et font construire une église; chassées par la Révolution, leur couvent fut en partie converti en prison.

VII. — *Couvent des Capucineresses.* — Fondée par testament de Catherine de Croix, cette communauté fut installée dans une maison sise dans la rue dite actuellement du Marais. — Elle est désignée dans les archives sous le nom de communauté *des filles d'Ailly*.

VIII. — *Béguinage du faubourg du Perroy.* — Fondé au commencement du XIVme siècle, par quelques filles pauvres, fut détruit pendant le siège de 1346 et rétabli par les Echevins.

IX. — *Sœurs de la Providence de Rouen.* — En 1704, succèdent aux sœurs de St-Joseph, à l'école de ce nom qu'elles dirigent jusqu'en 1791. — En 1802, sœur Guilbert ouvre une école et s'adjoint une sœur en 1804. — En 1824, les sœurs de la Providence sont installées en qualité d'institutrices communales.

X. — *Sœurs de Charité.* — Appelées en 1704, par le curé de St-Vaast, avec approbation du Magistrat, sont bientôt menacées de renvoi, à la suite d'une réclamation des chirurgiens et apothicaires. Le Roi casse la délibération des échevins. Les sœurs de Charité étaient installées à cette époque dans la rue des Grands-Becquereaux. — Seules, de toutes les religieuses, elles ne quittèrent pas leur maison pendant la Révolution; la Municipalité prit leur défense en 1794 et

1705, nomma la sœur Jeannette, chirurgien des pauvres. — Réinstallation des sœurs de Charité en 1820. — Orphelinat de filles.

XI. — Maisons de refuge des communautés voisines de la ville.

I

PRIEURÉ DE ST-PRY

Le glorieux chrétien invoqué à Lyon sous le nom de St-Priert, appelé St-Priels en Saintonge, St-Prest à Sens, St-Prix en Picardie et à Paris, St-Brix dans la petite ville, non loin d'Auxerre, qui porte son nom, Saint-Prisque, ou Prex, ou Precs, ou Prise, ou Bry, dans une foule d'autres localités, était vénéré à Béthune, bien avant le dixième siècle, sous le nom de St-Pry. En 957, Herman, seigneur de Béthune, fils d'Arnould, comte de Flandre, faisait réparer la chapelle située sous les murs du château et qui, dès sa construction, avait été dédiée à St-Pry. Après avoir enrichi cet oratoire d'une partie insigne des reliques de cet illustre saint, né à Besançon et martyrisé, en 274, près de la voie *Vestrensis*, non loin de la ville d'Auxerre, il fonda, avec l'agrément de Bérengier, évêque d'Arras, pour desservir cette église, un établissement monastique. Occupé primitivement sous le titre d'abbaye par une colonie de religieux du monastère de St-Pry, de St-Quentin, puis, en 1094, par des bénédictins de St-Pierre d'Abbeville, ce couvent fut, à la demande de ces derniers, d'autres disent en punition du supérieur abbé Guirebert, converti en 1110 en simple prieuré par une ordonnance de Lambert de Gutnes, évêque d'Arras, contresignée par l'archidiacre d'Arras et d'Ostrevent. Le souverain-pontife fut-il immédiatement instruit de ce fait? On pourrait en douter, vu la bulle de Paschal II à l'évêque Robert Ier, 4 décembre 1115; celle de Calixte II, au même évêque, sous la date du 22 novembre 1118; deux autres d'Innocent II, en 1135 et 1138 à l'évêque Alvise, où le monastère de St-Pry reste désigné sous le titre d'Abbaye.

Quoiqu'il en soit, dans une charte de Clémence d'Oisy, veuve de Guillaume, seigneur de Béthune, en date de 1145, on lit le nom d'Hubert, *prieur* de St-Pry.

Au xvie siècle, par suite d'un échange de prieurés entre l'abbaye de St-Pierre d'Abbeville et celle de St-Bertin, le prieuré de St-Pry passa à cette dernière abbaye qui y installa un prévôt et un *chapelain*. C'est par ce titre que, dans les comptes de l'église paroissiale de St-Pry, années 1638-1639, Claude Pieumont, religieux du prieuré, est désigné.

Le 31 mars 1521, l'église de ce prieuré, qui était encore la propriété de l'abbaye de St-Pierre d'Abbeville, fut consacrée par Nicolas Turelle, évêque de Sarepta *in partibus*, et suffragant de Tournay.

Le prieur ou plutôt le prévôt, comme on l'appelait alors, aimait et favorisait les arts. Il entretenait, à ses frais, un peintre attitré. Nous lisons dans les comptes de la ville pour l'année 1508 : « *Au peintre de St-Pry* « 3 s. pour avoir fait quatre blasons des armes de la « ville pour mettre au torse du St-Sacrement. »

Ce ne fut que le 22 mars 1546, que le titre de prévôt de ce monastère fut changé en celui de prieur.

Ce prieuré prétendait avoir sur son ténement des droits seigneuriaux sans en excepter ceux de haute, moyenne et basse justice. Les prieurs produisaient en preuves l'extrait d'une lettre, sans date, de Guillaume Ier, seigneur et avoué de Béthune qui, du consentement de Clémence d'Oisy, sa femme, et de son fils Robert dit le Roux, « exemptait de la juridiction ou justice éche- « vinale de cette ville les sujets du ténement de ce « prieuré ». En outre, ils s'appuyaient, pour s'approprier ces droits, sur un acte, en date de 1201, par lequel Jean, fils de Grébert, leur avait vendu la mairie de Nœu, laquelle mairie, en vertu d'un privilège accordé, en 1255, par Robert, fils aîné de Mathilde et de Guy de Dampierre, comte de Flandre, avait la haute moyenne et basse justice sur leurs tenanciers, partout où ils se trouvaient..... Ces prétentions furent contestées par les échevins de Béthune qui ne reconnaissaient au prieuré de St-Pry, qu'un droit de juridiction *foncière*, lui deniant la juridiction *viscontière*. L'affaire fut portée devant le conseil d'Artois qui, le 16 octobre 1697, porta une sentence établissant les droits des échevins de Béthune et condamnant les prétentions des prieurs de St-Pry.

Le 25 mai 1729, le magistrat de Béthune, sur l'invitation de Benoît Petitpas, abbé de St-Bertin, posait la première pierre des nouveaux bâtiments du prieuré sur un terrain plus éloigné des fortifications de la place que ne l'étaient les anciennes constructions détruites en 1648. « L'abbé Petitpas ayant ap-
« pris, dit le P. Ignace, qu'on cherchait à jeter un
« dévolu sur ce bénéfice pour en faire un prieuré
« simple prit des mesures pour conserver en règle ce
« prieuré uni à l'abbaye de St-Bertin. Il avança d'a-
« bord vingt mille francs pour commencer l'ouvrage. »
Il fallut y ajouter soixante mille francs pour l'achever. Les bâtiments furent construits assez spacieux pour recevoir quatre religieux y compris le prieur. Les travaux furent menés avec une grande célérité. Commencés le 9 août 1728, ils étaient terminés le 8 septembre 1729. Le bâtiment avait 100 pieds de long et 25 environ de large.

La chapelle, située à l'aile droite du bâtiment, avait cinq fenêtres, elle était surmontée d'un clocier en bois qui ne contenait qu'une seule cloche. Cet oratoire fut béni, en 1737 par Benoit Petitpas, abbé de St-Bertin. Jusqu'alors la messe avait été célébrée dans un cabinet de l'aile gauche.

Le 10 juin 1784, un incendie se déclara dans ce prieuré; le clocher ainsi que le bâtiment central furent consumés par les flammes; le feu n'arriva pas jusqu'aux deux pavillons attenant à ce bâtiment. Mais ce n'était là qu'une faible partie de l'édifice; elle était insuffisante pour y loger les religieux. Le prieur dom Ferdinand d'Oresmieux se retira chez son frère au château de Fouquières; les trois autres religieux rentrèrent dans leur abbaye.

Le prieuré, ainsi que le refuge de ce couvent et 48 mesures de terre, sises à Béthune et qui lui appartenaient furent vendus pendant la Révolution. Le peu qui reste de ce monastère est compris dans une propriété particulière, servant de ferme et de maison de campagne.

Les armoiries du prieuré St-Pry étaient de *sinople, à une bande écartelée d'or et de sable.* Celles de la maison des jésuites à Béthune étaient absolument identiques.

II

COUVENT DES MINEURS ET DES RÉCOLLETS

L'ordre des Frères-Mineurs venait à peine d'être fondé par St-François d'Assise que des religieux de ce nom et de cette règle s'établissaient à Béthune. En 1257, comme nous l'avons dit plus haut, un de ces Franciscains allait prêcher dans le diocèse de Tournay en faveur de notre hôpital St-Jean. En 1269, mois de juillet, Blanche, fille du roi de Sicile, femme de Robert, fils aîné du comte de Flandre, seigneur de Béthune, donnait par testament une somme d'argent aux Frères-Mineurs de Béthune (1). Leur couvent était établi hors de l'enceinte de cette ville.

(1) Archives de la chambre des comptes, à Lille. Copie ancienne.

Au commencement du xiv⁰ siècle, on ne les désigne plus à Béthune, sous le nom de *Frères-Mineurs*. Ils prennent le nom de *Cordeliers*. Dans les comptes de la comtesse Mahaut, dame de Béthune, on trouve, pour l'année 1304, cette indication : à un cordelier de Béthune qui sermonna l'hostel vu s. (1). Sur le testament de cette comtesse, en date de 1318, figurent également les Cordeliers de Béthune (2).

En 1330, ces religieux franciscains quittèrent leur couvent situé en dehors des fortifications pour venir habiter, dans la rue St-Pry, une maison que Robert, gouverneur de Béthune et Blanche, sa femme, avaient achetée pour eux, sur la demande du bienheureux Pacifique, aux religieux de St-Vaast d'Arras et qui, précédemment servait de refuge aux prévôtés de Gorre et de Labeuvrière.

Au commencement du xvi⁰ siècle, ils construisaient leur église qui fut composée de trois nefs et d'un chœur fermé. Elle était dédiée à Sainte-Agnès, vierge et martyre. Ce chœur fut placé primitivement devant l'autel, plus tard et définitivement derrière l'autel. On y remarquait, dit le P. Ignace, les tombeaux de Jean de Noyelles-sous-Lens, seigneur de Marles, mort le 6 juin 1525, et de sa femme, issue de l'illustre maison de Mailly ; ceux de François de Noyelles, chevalier, gouverneur de Béthune et de Marie de Lannoy, son épouse. On les avait représentés à genoux ; leurs statues étaient de grandeur naturelle. On arrivait à l'église par la rue des Fers ; elle était entourée d'une galerie. Les bâtiments conventuels s'ouvraient du côté de la rue St-Pry. En 1528, l'enceinte de ce monastère fut beaucoup diminuée, notamment sur la partie qui avoisinait la rue des Fers. On y établit un bastion, de sorte que de ce couvent il ne resta que l'église, la sa-

---

(1) Arch. municip., 416.
(2) ALBERT LEMIRE, *Opera diplomatica*, IV, 267.

cristie et une partie du dortoir qu'on utilisa plus tard pour une brasserie (1).

Ces religieux, qui ne vivaient que d'aumônes, se trouvaient parfois dans un besoin extrême. Leur pénurie était telle en 1505 qu'ils prièrent les magistrats d'interdire l'entrée de la ville à des membres de leur règle et de leur nom qui avaient manifesté le désir de venir à Béthune pour y quêter.

En 1608, ils quittaient Béthune, sur un ordre de leurs supérieurs qui abandonnaient toutes leurs maisons des Pays-Bas. Ils furent remplacés dans cette ville par des Récollets.

En 1641, ceux-ci bâtissaient un mur sur le rempart de la ville pour clôturer leur couvent. Nos échevins leur allouaient 100 liv. pour cette construction.

En 1727, la ville leur faisait un autre don de 200 livres pour les aider à reconstruire leur bibliothèque.

En 1750, ils amassaient des matériaux pour la reconstruction de leur couvent.

Le 23 septembre 1791, les PP. Delsons, Martin, Castelyn, Bridoux et Fauvez quittaient forcément leur maison. Les bâtiments, vendus sans retard par mesures révolutionnaires, furent remplacés par des habitations particulières. L'église est aujourd'hui convertie en usine, et, malgré cette destination, elle conserve encore une partie de ses formes primitives.

Ces Franciscains avaient, dans la rue St-Pry, une maison occupée par la mère Sindicque et qui fut également vendue à l'époque de la Révolution.

III

COUVENT DES CAPUCINS

Le couvent des Capucins fut fondé à Béthune, rue

(1) Arch. municip.

de la Délivrance, en 1595, pour des religieux de la province de Paris, par Antoine de la Nave, ancien maire de St-Pol. Par lettres du 4 juillet de la même année, données d'après les avis favorables du clergé et des échevins de la ville, Mathieu Moullart, évêque d'Arras, consentit à cet établissement.

Les travaux de construction de l'église, établis sur l'emplacement de la maison du fondateur, furent commencés en 1602 et achevés en 1606. La ville vint en aide aux Capucins, pour cette construction, par un don de cent mille briques payées 5400 liv. 10 s. La consécration de cette église fut faite, le 26 avril 1606, par Jean Richardot, évêque d'Arras, qui, le 24 du même mois et de la même année, avait fait sa première entrée dans cette ville. Nos magistrats votèrent une somme de 50 livres pour la dédicace de cette église.

Les Récollets et les Capucins de Béthune prêchaient alternativement, chaque année, pendant l'avent et le carême, dans l'église St-Barthélemy et celle de St-Vaast. La ville leur allouait, pour cette prédication, une somme qui, selon la différence des temps, était de 36 livres ou de cent.

Les Capucins étaient chargés des catéchismes et instructions religieuses dans l'école dominicale.

Le 16 août 1791, ces bons religieux recevaient l'ordre de céder leur maison aux Dominicains de St-Omer. Quelques jours après, les PP. Desvillers, Gamot et Lenoir étaient révolutionnairement expulsés de leur couvent qui ne tarda pas à être vendu ainsi que leur église. Il n'en reste présentement aucun vestige.

IV

COUVENT DES ANNONCIADES

A la sollicitation et sur la requête du P. Gabriel-

Maria, confesseur de la princesse Jeanne, le monastère des Annonciades fut fondé, en 1515, à Béthune par Isabelle de Luxembourg, issue de l'illustre maison de Béthune, veuve de Jean de Melun, comte d'Epinoy. Son fils, François de Melun, prince d'Epinoy et connétable de Flandre, en augmenta la dotation, de concert avec Louise de Foix, sa femme, mais à la condition qu'il aurait le droit ainsi que ses héritiers, de présenter pour le noviciat un certain nombre de sujets, d'ailleurs *idoines* et capables. Au commencement du siècle suivant, Philippe de Caverel, abbé de St-Vaast, réserva, pour ces religieuses, une part des innombrables bienfaits qu'il répandait dans toute la province d'Artois.

Ces religieuses, venues de Bruges, étaient au nombre de huit, lors de la fondation du couvent. Sœur Marie Saintière en fut la première supérieure. Quelque temps après, quatre de ces religieuses furent détachées du couvent de Béthune pour aller fonder à Louvain un monastère de leur ordre.

Philippe de Luxembourg, évêque d'Arras, frère de la fondatrice, ainsi que Pierre d'Accolitiis, son successeur immédiat sur le même siège épiscopal, tous deux devenus cardinaux, comblèrent ce couvent d'une foule d'indulgences, grâces et privilèges qu'ils accordèrent en vertu de leurs pouvoirs personnels ou par bulles du souverain pontife.

François de Melun, oncle de la fondatrice, évêque de Thérouanne et précédemment d'Arras, vint à Béthune, le 17 mai 1517, pour y consacrer l'église de ce monastère.

Isabelle de Luxembourg avait conçu une telle affection pour les Annonciades qu'elle fit bâtir un hôtel contigu à leur couvent où, par une porte intérieure de communication, elle venait s'édifier chaque jour au milieu des religieuses et prendre part à leur vie austère. Cet hôtel fut vendu plus tard à l'abbaye de Chocques qui en fit son refuge. Tout d'abord cette maison était appelée l'Abiette; elle fut occupée, au xviiie siècle, quoique restant la propriété de l'abbaye de Chocques, par le curé de la paroisse St-Vaast.

La fondatrice, morte en 1519, fut inhumée dans l'église du côté de l'épitre. Les religieuses annonciades au siècle dernier, étaient au nombre de quarante. En 1790, on en comptait 28 qui avaient pour supérieure Julie Laigle. Primitivement les Pères Cordeliers de l'observance devaient en être les supérieurs et confesseurs. Les Récollets, qui succédèrent, dans cette ville, aux Cordeliers, furent investis des mêmes droits et offices. Ces religieux étaient les adversaires prononcés du jansénisme. Ils ne furent pas cependant assez vigilants pour empêcher les idées de cette secte de pénétrer dans le couvent des Annonciades. Mais la répression ne se fit pas attendre. Trois religieuses, sœur Elisabeth Crémier, sœur de la Conception Boitard, sœur Emmanuel de St-Ignace Dupuich, furent chassées de leur couvent, le 1er février 1727, pour avoir pactisé avec la doctrine ou plutôt la morale des jansénistes.

En 1791, toutes ces religieuses furent chassées de leur couvent par la Révolution. Elles n'avaient, sur Béthune, d'autres propriétés que leur maison et leur église.

Leur monastère, situé dans la rue appelée anciennement rue des Annonciades et aujourd'hui rue de la Délivrance, occupait tout le terrain compris entre les nos 4 et 9 actuels de cette rue.

Les armoiries de ce couvent étaient « d'or à une « fasce d'azur, chargée de trois billettes d'argent ».

Voici quel était le costume des religieuses : drap bleu avec couvre-chef blanc, scapulaire rouge pour les professes; scapulaire blanc pour les novices (1)

---

(1) R. P. Gazet, *mémoriaux du cloître des Annonciades*. — Ferri de Locre, p. 581. — P. Ignace, *recueil*, t. 1er.

V

COUVENT DES CONCEPTIONNISTES

Le couvent des Conceptionnistes, de l'ordre de St-François d'Assise, fut fondé, dans cette ville, en 1323, par Mahaut, comtesse d'Artois et dame de Béthune. Ces religieuses étaient vulgairement connues sous le nom de sœurs Grises, à cause de leur costume, et sous celui de sœurs d'En-Bas, à cause de la situation de leur monastère au bas de la ville, à l'extrémité inférieure de la rue St-Pry. Ces religieuses étaient placées sous la direction des Récollets de la province d'Artois. Elles recevaient comme pensionnaires les femmes et les filles dont l'esprit ou la conduite, dit le P. Ignace, *était dérangé*, ou, selon les expressions de nos échevins, *dont l'esprit était débile*. De là cette boutade grotesque d'un mari mécontent de sa femme avec laquelle il faisait mauvais ménage :

> Vous êtes une cy, vous êtes une ça
> Et c'est pour cela
> Que vous irez aux sœurs d'En-Bas

Cette façon de parler était autrefois usitée dans Béthune, aux heures des tempêtes conjugales, parmi les hommes mariés.

L'église des Conceptionnistes était un monument du quinzième siècle; Philippe le Bon, duc de Bourgogne, avait contribué, par ses largesses, à sa construction (1). On y remarquait le tombeau de Françoise d'Houchain, morte en habit de Conceptionniste le 3 octobre 1562. On l'avait représentée à genoux sur un prie-Dieu, devant une statue de J.-C. tenant sa croix.

En 1709, les religieuses étaient au nombre de six dont voici les noms : sœur Marie-Joseph de St-Hya-

(1) Ferri de Locre, p. 425.

cinthe, abbesse; sœur Marie-Marie Béatrice de la Conception; sœur Marguerite de St-Alexis; sœur Marie-Françoise de la Présentation; sœur Marie-Alexandrine de St-Jacques.

En 1719, elles étaient sept ainsi nommées : sœur de St-Louis de Berghes, mère supérieure; sœur Françoise Petit de la Présentation, vicaire; sœur Marie de St-Alexis Lemaire; sœur Jeanne-Claire-Hermart Faucquette; sœur Marie-Angéline Damiens; sœur Marie-Élisabeth Salmier; sœur Alexandrine de la Houssoye l'Espillet.

En 1792, lors de leur expulsion de leur couvent, elles étaient seize.

Elles étaient cloîtrées. On peut s'en convaincre par la pièce suivante touchant une obligation manuelle de M. de Masinghem.

« Par devant les notaires royaux d'Artois, soussi-
« gnés, sont personnellement comparues à la *grille* de
« leur couvent les révérendes mère supérieure, sœurs
« etc... toutes discrettes représentant la communauté
« du couvent des Conceptionnistes de Béthune ». Le 10 mai 1719...

Ces bonnes religieuses ne faisaient rien d'important, au point de vue de leurs intérêts matériels ou spirituels, « qu'en assemblée capitulaire annoncée par la cloche du couvent ». C'est ce qui résulte de la même pièce.

En 1789, elles n'avaient en propriété que leur couvent et une maison située dans la rue du Carnier. Cette maison fut vendue au profit de la *nation*. Leur couvent fut cédé par le domaine à l'administration de la guerre qui le transforma en hôpital militaire. Le 28 décembre 1798, le ministre décida qu'il n'y aurait plus d'hôpital militaire à Béthune et que les soldats malades seraient soignés à l'hospice civil. Sur les observations de la commission d'administration de l'hospice civil, déclarant n'être pas à même de recevoir dans cet établissement les militaires, ceux-ci continuèrent d'être soignés dans l'ancien couvent des Conceptionistes. Le 4 janvier 1801, la commission obtint la jouissance provisoire de ce couvent et y transporta le siège de l'administration, les malades et le mobilier de l'hôtel-dieu. Enfin le 19 avril 1802, l'échange dudit hôtel-dieu contre le nouvel établissement fut accepté. Des travaux d'appropriation furent alors commencés et se sont continués jusqu'aujourd'hui. Sous l'administration de M. Dellisse-Engrand, il fut résolu de reconstruire entièrement cet hospice, même une taxe spéciale sur le charbon avait été établie pour couvrir les frais de reconstruction et d'agrandissement. Ce projet, combattu plus tard par le maire, M. Dupuich, fut abandonné, mais la taxe ne fut pas moins perçue durant de longues années.

VI

COUVENT DE LA PAIX

En 1624, Antoine de la Ruelle, seigneur de Maincourt, désireux de fonder à Béthune, sa ville natale, un monastère de bénédictines réformées, supplia Mgr Herman Ottenberg, avantageusement connu dans cette cité où, le 22 juillet 1619, il avait présidé une procession, de recommander son projet à la prieure de la Paix de Jésus à Arras. Avant de favoriser ce pieux dessein, le prélat chargea l'abbé d'Huict, chanoine de sa cathédrale, de visiter la maison offerte, pour cet objet, par le sieur de la Ruelle qui l'avait achetée aux héritiers de Melle du Maisnil. En même temps, des démarches étaient faites auprès du gouverneur et du magistrat de Béthune à l'effet d'obtenir leur consentement à cette proposition.

Ces préliminaires n'ayant amené aucune opposition, aucune difficulté, l'évêque Herman autorisa la prieure d'Arras à fonder à Béthune un couvent de son ordre; et pour assurer le succès de cette fondation à laquelle les autorités ecclésiastiques, religieuses et civiles s'intéressaient, il désigna la prieure elle-même, nommée Barbe de Raulin, pour diriger ce couvent, lui donnant pour assistantes deux béthunoises, les mères Jeanne Ankoutel et Marie-Placide Enlart. Le 30 avril 1624, ces religieuses entraient dans la ville, sous la conduite de M. de la Ruelle et de l'abbé d'Huict. Le lendemain eut lieu solennellement leur installation. Le chanoine d'Huict célébra la messe dans leur oratoire ; le sermon fut donné par un père capucin de la maison de Béthune.

Le 6 mai, Jeanne Leclercq, nièce du fondateur, entrait comme novice dans ce couvent.

Ce monastère qui prit le nom de la *Paix du Saint-Esprit*, pour le distinguer de celui de Douai appelé de la *Paix de Notre-Dame*, et de celui d'Arras nommé la *Paix de Jésus*, fut établi d'abord dans une maison de la rue du Château qui lui fut donnée par M. de la Ruelle. Peu de temps après, les religieuses acquirent l'hôtel de Verquigneul qui se trouvait rue des Annonciades, et dont le nom leur rappelait celui de la fondatrice de leur institut. Robert de Malebrancq, abbé d'Hénin-Liétard, Broide, prévôt de St-Barthélemy et Hanotte, greffier de la ville, les aidèrent puissamment dans cette acquisition. M. de la Ruelle fit aux religieuses, pour cet achat, un don de quatre mille livres. Elles ne purent, cependant, s'établir dans cet hôtel, le gouverneur de la ville s'y étant opposé, sous le prétexte qu'en cas de siège il était assez vaste et suffisamment disposé pour loger un régiment de cavalerie. Les religieuses annonciades ainsi que le Magistrat firent également opposition ; les Bénédictines furent donc contraintes de vendre cet hôtel pour acheter celui d'Ourton, et la maison de M. de Fontaine, vastes et magnifiques habitations situées sur le Marché-au-Fil, entre la rue de la Porte-Neuve et la vieille porte du Carnier. Philippe de Cavrel, abbé de St-Vaast, fit un don de quatre mille livres pour cette acquisition. Ces pieuses filles de Florence de Verquigneul ne purent s'établir qu'en 1628 dans leur nouveau couvent où de nombreux travaux d'appropriation avaient dû préparer leur installation. On commença à bâtir leur église en 1633; elle fut consacrée le 14 septembre 1644 par Christophe de France, évêque de Saint-Omer.

En 1722, les religieuses, pour se mettre à couvert en cas de siège, firent construire, avec la permission du roi, des casemates sous les remparts. Elles tenaient à se garder uniquement contre les ennemis du dehors, n'ayant pas lieu de prévoir que leurs pires ennemis se trouveraient, avant la fin du siècle, dans l'intérieur même de la ville, devenue hélas! la proie de quelques insignes malfaiteurs, étrangers du reste, pour la plupart, à cette localité. Leur couvent d'où elles furent chassées par la Révolution fut vendu, ainsi que l'église et sept mesures de terre, comme biens nationaux. En 1793, le couvent était converti en prison. Antoine Leroulx, président du district, substitut de l'agent national, faisant comparaître devant lui, dans l'ancienne prison, d'innocentes victimes qu'il appelait cyniquement du *gibier de guillotine*, leur demandait: « voulez-vous la paix ou la guerre? ». Et comme elles répondaient ingénûment que la paix était l'objet de leurs vœux publics et privés, ce monstre, par une dérision sanglante, les envoyait, sous bonne escorte à l'ancien couvent des dames de la Paix dont on avait fait provisoirement une maison d'arrêt et qui était le vestibule de l'échafaud. Le 3 août 1801, une portion de ce couvent, approprié pour servir définitivement de maison d'arrêt, s'ouvrait pour recevoir les détenus renfermés dans la prison de la ville qui se trouvait alors dans la partie supérieure du Marché-aux-Poissons. Ce qui restait de ce monastère, après cette transformation, a fait place à plusieurs maisons particulières. Les armoiries de ces religieuses étaient « d'argent à un sautoir de gueules, chargé en cœur « d'une croisette d'or ».

Catalogue des prieures de ce monastère :

1. Barbe de Raulin; 2. Marie-Jeanne Ankoutel; 3. Marie-Placide Enlart; 4. Anne Leroux; 5. Agnès de Jésus; 6. Marie-Joseph Dupuich; 7. Marie-Joseph-Ursule de Cardannemie; 8. Marie-Cécile de St-Louis Calliez; 9. Marie-Philippe Delattre; 10. Marie-Joseph Gertrude de l'Adjus; 11. de St-Placide Gonse; 12. de St-Augustin Delerue.

VII

COUVENT DES CAPUCINERESSES

Par un testament auquel souscrivit, vers la fin du seizième siècle, Pierre Nanart, abbé de Marchiennes, Catherine Decroix, veuve d'Armand Rohaut, seigneur d'Ailly et bourgeois de Béthune, déclarait vouloir fonder une communauté qui serait composée de cinq filles pieuses, choisies de préférence parmi ses plus proches parentes et dont la supérieure serait nommée par le curé de Sainte-Croix. En 1623, date de sa mort, ses volontés testamentaires furent exécutées. La communauté qu'elle voulait fonder fut établie dans un local situé près du couvent des Capucins, actuellement rue du Marais, n° 4. Elle est désignée dans nos archives municipales par le nom de communauté *des filles d'Ailly*. Quoiqu'instituée en fait dans l'année 1623, elle ne fut reconnue légalement qu'en 1684. C'est en effet à la date du 8 mars 1684, que ces religieuses payèrent au roi 950 livres 18 sols 6 deniers pour leur établissement à Béthune. En 1700, la supérieure se nommait sœur Louise Simon. Elle eut un procès en 1700 avec les religieuses conceptionnistes dites d'*En-Bas*, au sujet des arrérages d'une rente dont le capital était de 450 livres. Marie-Joseph Lemaire, qui lui succéda, fit reconstruire à neuf, en 1721, la maison qu'elle occupait avec ses quatre compagnes. En 1723, elle obtenait du Magistrat l'exemption de logement pour sa communauté. En 1742, sur sa demande, Marie-Joseph Lemaire, originaire de Béthune, sa nièce, fille d'un échevin et prévôt de cette ville, lui succéda dans la charge de supérieure.

VIII

BÉGUINAGE AU FAUBOURG DU PERROY

Au commencement du quatorzième siècle, quelques filles pauvres, ne pouvant se marier, faute de dot, ni se faire religieuses, faute de vocation, se réunirent dans un chétif bâtiment, situé près de la prévôté du Perroy, pour y prier Dieu, demeurer en chasteté et se sanctifier en commun. Pendant le siège de 1346, si glorieux pour les bourgeois de Béthune, les Flamands qui avaient livré aux flammes le prieuré du Perroy, n'épargnèrent point la demeure de ces pauvres filles. Les échevins, mûs par un profond sentiment de pieuse pitié, résolurent de rétablir ce béguinage et d'y adjoindre, en outre, un terrain limitrophe. Cette acquisition coûta 80 écus d'or sur lesquels la comtesse Marguerite, dame de Béthune, devait prélever huit écus d'or pour ses droits seigneuriaux. Les échevins lui demandèrent d'en faire l'abandon, à la condition qu'elle jouirait d'un revenu actuel sur ce capital et que, pour garantie, ils lui livreraient *homme vivant et mourant*. La comtesse fit droit à leurs demandes par lettres rendues à Arras, le 23 septembre 1370(1). Elle imitait, dans cette circonstance, la comtesse Jeanne Louis de Nevers, qui avait institué en Flandre des maisons de retraites pour les béguines.

IX

ÉTABLISSEMENT DES SOEURS DE LA PROVIDENCE DE ROUEN

En 1689, Marie-Claire de Moranval, veuve du sieur Vallera, fondait à Béthune l'école de St-Joseph, affectant pour cette œuvre une maison, située rue des Petits-Becquereaux, actuellement au n° 12. La donation était sans doute à charge de rentes, cette propriété ayant été amortie par le curé de St-Vaast, Philippe-Charles l'Espillet, né à Béthune, d'une ancienne famille de cette ville. Le prévôt de St-Barthélemy, le curé de Sainte-Croix et deux échevins étaient administrateurs de cette école qui, primitivement, fut dirigée par des sœurs de St-Joseph auxquelles succédèrent, en 1764, deux sœurs de la Providence, nommées sœurs Roussel et Berthe. En 1767, la maison fut dotée d'une troisième religieuse appelée Desgardins.

Le 1er août 1791, les sœurs enseignantes de cette école, nommées sœurs Devos, Binaut et Choquart, déclarent ne pas reconnaître l'autorité spirituelle des prêtres constitutionnels. Elles quittèrent la ville.

En 1802, sœur Guilbert, originaire de Béthune et appartenant, avant la Révolution, à la congrégation de la Providence de Rouen, ouvrit dans cette ville une

---

(1) Arch. municip., AA, 4.

école payante de filles. En 1806, elle s'adjoignit, avec l'agrément de la supérieure-générale, une sœur de sa congrégation, nommée sœur Fromont. La ville leur accorda gratuitement la jouissance d'une maison tenue à bail au loyer de trois cents francs, à la seule condition d'instruire gratuitement trente enfants pauvres. Les deux classes contenaient séparément cinquante enfants. Cette maison était située rue des Petits-Becquereaux.

Ce fut en 1824 que les sœurs de la Providence furent installées, en qualité d'institutrices communales, par la municipalité dans une maison donnée à la ville par M. l'abbé Wourm, vicaire de la paroisse St-Vaast, pour être mise à usage d'école gratuite pour les filles. Cette donation, faite, le 11 mai 1822, par M. Wourm, et légalement autorisée, suivant l'ordonnance royale en date du 30 octobre de la même année, porte, paragraphes 3 et 4, les conditions suivantes imposées au donataire par le donateur : « Cette maison sera spé-
« cialement affectée à l'établissement d'une école pri-
« maire gratuite pour les jeunes filles pauvres de
« cette ville, dirigée par trois sœurs de la Providence,
« de la Charité ou de la Foi dont chacune d'elles aura
« un traitement de cinq cents francs qui leur sera
« payé par la caisse municipale ; ladite maison sera
« appropriée de manière à y avoir trois classes dont
« deux serviront à y enseigner tout ce qui tient à la
« religion, la morale, la lecture, l'écriture et l'arith-
« métique, et la troisième servira à y enseigner les
« ouvrages utiles au sexe féminin ».

L'acte d'acceptation au nom de la ville fut signé le 24 novembre de la même année.

Le 1er octobre 1823, cette maison affectée aux religieuses fut mise à leur disposition. Le 11 du même mois, cette école fut ouverte.

Le 30 septembre 1824, le conseil municipal, présidé par M. Delalleau, maire, réglait l'organisation de cette *école instituée par les actes précités.*

La supérieure se nommait sœur Boudois.

En 1842, M. l'abbé Marin, vicaire de la paroisse St-Vaast, voulant continuer l'œuvre de M. Wourm dont il était le fervent admirateur, fit rebâtir à ses frais, sans que la ville y apportât le moindre secours en argent, la maison des sœurs de la Providence. Cette reconstruction nécessita une dépense de vingt-cinq mille francs.

x

ÉTABLISSEMENT DES FILLES DE LA CHARITÉ SŒURS DE ST-VINCENT DE PAUL

L'institution appelée au moyen âge *la pauvreté* avait existé, de tous temps, dans chacune des paroisses de Béthune. Le but de cette institution paroissiale était de secourir les pauvres. En 1531, Charles-Quint, qui voulait bannir de ses Etats la mendicité et l'oisiveté, ordonna, pour obtenir ce résultat, que des quêtes seraient faites à domicile et dans toutes les églises.

Un bureau de charité fut établi, dans cette ville, pour la direction de cette œuvre. Il était composé de deux échevins, de deux notables, des curés de Saint-Vaast et de Ste-Croix.

En 1680, ces deux curés fondèrent, de concert, un autre bureau de charité qui fut alimenté par les aumônes des particuliers et dont le but était de procurer des secours *à domicile* aux pauvres malades. Les pauvres des deux paroisses étaient également secourus selon leurs besoins respectifs. Le curé de St-Vaast administrait, seul, ce bureau. C'est ce qui ressort des comptes de l'église St-Vaast, en 1782-1783.

En 1764, Roch-Joseph Legrand, curé de cette paroisse, fit un voyage à Paris pour obtenir que trois sœurs de St-Vincent de Paul fussent envoyées à Béthune, à l'effet de diriger cette œuvre de charité. Le Magistrat approuva pleinement cette démarche qui fut, sans retard, couronnée de succès.

Les sœurs de charité étaient à peine installées, remplissant avez zèle et dévoûment leurs fonctions, que les chirurgiens et apothicaires de la ville s'empressèrent de circonvenir les magistrats pour demander leur renvoi, s'appuyant sur ce double motif que leur entretien serait très coûteux et qu'elles ne seraient d'aucune utilité aux pauvres. Le corps échevinal, faisant droit à ces réclamations, ordonna par une délibération du 17 avril 1766, le renvoi des filles de St-Vincent de Paul.

Le curé de St-Vaast, leur protecteur, appela au roi de cette décision. Louis XV ordonna, le 12 septembre 1766, son conseil d'Etat entendu, que la délibération des échevins, en date du 17 avril précédent, serait cassée et annulée : « Veut le roi que le bureau de cha« rité de Béthune soit administré comme il l'était « avant la délibération, et Sa Majesté fait défense aux « maire et échevins de Béthune de s'immiscer en rien « de ce qui concerne l'administration de ce bureau de « charité » (1).

La leçon était dure pour nos édiles. Malheureusement pour eux, elle était méritée. Le ministre, duc de Choiseul, la rendait plus dure encore par une lettre en date du 20 septembre de la même année. Nos échevins, consternés et repentants, décident, le 30 septembre de la même année, « qu'ils écriront au minis« tre pour lui faire connaître qu'il n'ont jamais eu « l'intention de troubler l'exercice des sœurs de cha« rité; qu'ils connaissent leur utilité et les services « qu'elles rendent aux pauvres; qu'il n'y a eu, dans

(1) Renseignements et pièces justificatives XIV.

« leurs réclamations, rien de mauvais contre les sœurs
« mais qu'ils voulaient seulement régulariser, selon
« la loi, cet établissement ». Il faut ajouter, pour
l'honneur de nos anciens magistrats, que, désormais,
ils conformèrent leur conduite à ces sentiments.

Les sœurs de charité habitaient, à cette époque, rue
Gambetta, autrefois Grands-Becquereaux, n°s 25 et 27,
une maison donnée à ce bureau de charité par demoiselle Anne Jamot, suivant son testament du 1er juin
1684, et qui servit plus tard de presbytère jusqu'en
1748.

De toutes les religieuses qui peuplaient les divers
couvents de cette ville, les sœurs de la charité étaient
les seules qui, en 1794, n'avaient pas quitté leur maison. Cependant il fut décidé, le 24 décembre de cette
même année, que leur demeure serait prochainement
vendue. La municipalité se hâta d'écrire au district
pour prier ses administrateurs d'arranger le procès-
verbal d'adjudication dans des termes qui permettraient
aux sœurs de quitter avec le moins d'embarras possible leur habitation : « Attendu, disaient les munici-
« paux, que ces filles sont de la plus grande utilité
« dans cette commune, d'où on ne pourrait les con-
« gédier sans nuire infiniment aux malades indigents
« auxquels elles procurent les plus grands soins. »
L'administration du district était priée en même
temps de trouver dans Béthune un logement convenable pour ces *bonnes sœurs* (sic), en remplacement de
celui qu'elles avaient habité jusqu'à ce moment (1).

L'administration municipale resta si bienveillante
pour les sœurs de la charité qu'en 1796, le 1er février,
elle nommait une de leurs compagnes, sœur Jeannette,
chirurgien des pauvres de cette ville et lui allouait un
traitement annuel de deux cents livres payables en numéraire.

(1) Arch. municp.

En 1829, les sœurs de charité, qui avaient dû quitter Béthune, y furent installées de nouveau pour continuer leurs anciennes œuvres auprès des malades et des pauvres, dans une maison ayant deux portes extérieures dont l'une s'ouvrait sur la rue des Treilles, et l'autre sur le Marché-aux Poissons. M. Marin, vicaire de la paroisse St-Vaast, avait donné treize mille francs à la ville pour servir à l'acquisition de trois demeures destinées à former ce nouvel établissement de charité, qui fut rebâti en 1834. C'est à partir de cette époque qu'on y admit les orphelines.

Le 8 avril 1854, l'administration de l'hospice acceptait la donation à elle faite, le 20 février de la même année, par M. Marin, curé de Béthune, d'une maison bâtie sur une partie de l'ancien couvent des Annonciades et destinée à former une sorte de béguinage pour les vieilles femmes. La réalisation de ce projet ayant rencontré quelques graves difficultés on y renonça. Le 22 juillet 1857, cette maison fut prise à bail par la ville pour quatre-vingt-dix-neuf ans et moyennant un loyer annuel de 200 francs. On y transporta, suivant une des clauses impératives de ce bail, l'établissement des sœurs de la charité, ainsi que l'orphelinat de filles dont elles étaient chargées. La ville ne peut, pendant la durée de ce bail, donner une autre destination à cette maison.

XI

MAISONS DE REFUGE

Outre les établissements religieux dont nous venons de rappeler l'origine et la destination, Béthune avait dans son enceinte plusieurs refuges que les communautés voisines avaient fait construire pour y placer leurs religieux ou religieuses en temps de guerre.

1° Le refuge des chartreux de Gosnay, situé rue St-Vaast, n° 51, et rue Louis Blanc — Petits-Becquereaux — n° 27, était établi dans un beau bâtiment derrière lequel s'étendait un vaste jardin dont les murs, longeant la rue des Petits-Becquereaux ou ruelle St-Vaast, s'adossaient contre la caserne St-Vaast.

2° Les chartreuses de Gosnay avaient leur refuge dans la *cour des Dames* où l'on pénétrait par la rue des Fers ou d'Arras. Cette habitation, complètement isolée, offrait à ces religieuses un asile sûr et tranquille qui leur permettait de continuer leurs exercices religieux. Leur grenier, en temps de paix, était loué à la ville qui en faisait un magasin pour ses grains d'approvisionnement.

3° L'abbaye du Mont-Saint-Eloi avait son refuge dans la rue St-Vaast, n° 8. C'était un magnifique hôtel qui, en temps de paix, servait à recevoir les religieux de cet ordre de passage à Béthune.

4° La prévôté de Labeuvrière avait son refuge, rue Gambetta — Grands-Becquereaux — aux n°s 25 et 27, occupés partiellement par les sœurs de la charité.

5° L'abbaye de Chocques avait son refuge, rue de la Délivrance n° 9. Les paroissiens de St-Vaast payaient depuis 1758, la location de cette maison dont ils avaient fait un presbytère pour leur curé.

6° Dans la rue Poterne, n° 34, se trouvait un refuge pour les sœurs Grises de St-Pol.

CHAPITRE XV

Célébrités béthunoises

Ebrard de Béthune; — Guillaume de Béthune; — Quènes ou Conon de Béthune; — Selvage ou Sauvage de Béthune; — Jean Buridan; — Jean d'Auffay; — L'Adam Nicaise; — Eloi d'Armeval ou d'Amerlant; — Guillaume; — Pierre de Manchecourt; — Guillaume d'Assouville ou d'Assonville; — Jean-François Le Petit; — Antoine de Pouvillon; — Frédéric Jamot; — Jean Surius; — Jean Chrysostôme; — Jean Leclercq dit *Clerici*; — Antoine Deslions; — Antoine-Joseph Dumas; — Marchand de Béthune; — Louis-Constantin Flajolet; — Bail de Béthune; — Honoré-Marie-Joseph Croisier; — Denis-Tiburce-Louis-Joseph Dellisse; — Adolphe-Pierre-Marie de Bellonnet; — François-Joseph Fauvart dit Bastoul; — François-Charles-Joseph de Bailliencourt dit Courcol; — Edouard Cary; — Félix Lequien. Peintres; — Maçons; — Menuisiers; — Charpentiers; — Serruriers-Ferronniers; — Orfèvres.

Le pays de Béthune est une terre admirablement privilégiée pour sa fécondité agricole. Si cette terre a reçu de Dieu un fonds inépuisable qui produit toujours sans s'altérer jamais, on peut ajouter, en même temps, qu'un grand nombre de ses enfants n'ont pas été moins heureusement dotés, sous le double rapport de l'intelligence et du courage. Il est peu de villes qui puissent se glorifier d'avoir donné le jour à de si nombreuses célébrités. Ces glorieux enfants de Béthune ne sont pas morts tout entiers. Pleinement vivants dans la maison de leur éternité, ils nous ont laissé, à leur sortie de ce monde, des œuvres qui perpétueront leur souvenir parmi nous.

Il ne saurait être question ici des personnages dont les exploits sont racontés dans la première partie de cette histoire, mais de ceux qui se sont distingués dans les lettres, les arts, les sciences, l'industrie, ou se sont taillé une renommée sur les champs de bataille.

EBRARD de Béthune

OU EBERHARDUS BETHUNIENSIS

Ebrard de Béthune, surnommé le gréciste, vivait au commencement du douzième siècle. En 1124, il faisait paraître une grammaire grecque, écrite en vers latins sous le titre de *græcismus* ou *græsismus*. C'est ce qu'il faut conclure du distique suivant, tiré du *vaticanum*, ouvrage manuscrit d'*Arnold de Rotterdam*, écrivain du xve siècle :

>Anno millesimo, centeno bis duodeno,
>Condidit Ebrardus græcismum bethuniensis.

Cet ouvrage, retouché par *Conrad de Mure*, en 1259, fut immédiatement traduit dans les écoles d'Allemagne, des Pays-Bas et de France; commenté par *Jean-Vincent Métulin*, professeur à Poitiers, il fut imprimé à Lyon, chez Jean Dupré, en 1483 et 1490, peut-être plus tard à Louvain. Cette grammaire avait pour titre : *Græcismus, de figuris et octo partibus orationis, sive grammaticæ regulæ versibus latinis explicatæ*, in-4°.

On trouve dans les vers de ce grammairien, qui passait pour un des hommes les plus savants de son temps, un enseignement intéressant sur l'état des connaissances de ses contemporains touchant les poëtes de l'antiquité.

Il existe encore de cet écrivain un autre traité imprimé à *Ingolstadt* par le *P. Grotzer*, en 1613, sous le titre de *Antihæresis*. Ce qui prouve que notre savant concitoyen s'appliquait également et avec un talent remarquable à l'étude de la théologie. Cet ouvrage dont le but était de confondre les hérétiques qui, à cette époque, répandaient leurs erreurs dans la Flandre et l'Artois, est composé de vingt-huit chapitres, dont les vingt-quatre premiers sont dirigés contre les Albigeois et les quatre autres contre les Vaudois. Bossuet, dans son *Histoire des variations*, cite cet auteur dans les termes suivants :

DISTINCTION DES DEUX SECTES PAR EBRARD DE BÉTHUNE

Ebrard, natif de Béthune, composa contre les hérétiques de Flandre, un livre intitulé : *Antihérésie*. Ces hérétiques s'appelaient piples ou piphles dans le langage du pays. On les appelait encore poplicains ; c'étaient des Manichéens parfaits. Mais pour ne nous arrêter pas au nom, il n'y a qu'à entendre Ebrard, auteur du pays, quand il nous parle de ces hérétiques. (Laroq, c. 1, 2, 3 et Seq). Le premier trait qu'il leur donne, c'est qu'ils rejetaient la loi et le Dieu qui l'avait donnée; le reste va de même pied et ils méprisaient ensemble le mariage, l'usage des viandes et des sacrements.

Le nom paternel d'Ebrard est resté inconnu. De cette façon, dit Kervyn de Lettenhove, à défaut de nom plus illustre, il portait celui de sa ville natale, dont la gloire dut ainsi quelque chose à l'obscurité même de sa naissance (1).

GUILLAUME de Béthune

Guillaume de Béthune eut pour père Robert dit le Roux, seigneur et avoué de Béthune en 1145. Il succéda, en 1194, à son frère Robert VI, dit le Jeune. Il fut tout à la fois un illustre chevalier et un trouvère très renommé. Les poètes de son temps le consultaient. *Jehan Frémaux*, de Lille, témoigne par une chanson dont nous reproduisons la première strophe, qu'il soumettait ses œuvres de poésie au jugement de cet aristarque :

---

(1) Paquot, t. III, p. 41 et 42. — Arthur Dinaux, *Les Trouvères artésiens*, p. 216 et 381. — Piers, *Puits artésiens*, p. 313. — Bossuet, *Histoire des variations*, liv. XI, n° 82. — Kervyn de Lettenhove, liv. IX, page 209.

> Avoés de Béthune suis,
> Jehan Fremaux, au jugement,
> De vous s'est mis
> Sans contredis ;
> Se cil doit estre recueillis
> Qui tot jors sert entièrement.

Il nous reste peu de chansons de ce seigneur-poëte. La bibliothèque du Vatican en possède deux qui sont fort jolies. La première, selon Dinaux, commence par ce vers :

> On me reprens d'amour.

Et la seconde par cette strophe :

> Puis que jou sui de l'amoureuse loi
> Que Jhesucris vaut croistre et essaucier,
> Quant par amours fist de son corps envoi
> Pour nous sauver, moi voel eslecchier.

Cette chanson est composée de 55 vers.

On trouve sous le n° 389 de la bibliothèque publique de Berne, une autre chansonnette de cet illustre trouvère dont les premières strophes sont notées en musique. Nous en transcrivons la première strophe qui est un monument curieux de l'histoire littéraire et de la science musicale au XIIe siècle.

> Kant li boscage retentist
> Dou chant des oisillons en mai
> Et la rose el vergier florist,
> En icel tems joious et gai,
> Lors chanterai de cuer verai,
> Car quant li maus d'amer me prist,
> El plus haut lieu del mont me mist.

Cette chanson est composée de trente-cinq vers [1]

---

[1] Dinaux, *Trouvères III*, 210. — Aug. Scheler, *Trouvères belges*, p. 35 à 40.

QUÈNES ou CONON de Béthune

Quènes ou *Conon* de Béthune est ainsi appelé suivant que son prénom est le sujet ou le régime d'un verbe. Ainsi parle Dinaux. Quènes, dit Aug. Scheler, est la forme nominative de *Conon*. Quoiqu'il en soit, Quènes ou Conon de Béthune était frère puîné de Guillaume dont nous venons de parler.

Ce chevalier, nommé en 1212, proto-camérier de Rome, et qui devait donner à la France le grand Sully, est un des plus illustres trouvères de l'Artois, s'il n'en est pas le premier. On trouve dans sa poésie de la concision, de l'énergie, même lorsqu'il ne traite que de sujets fort légers. Il est satirique, mordant, sans cesser d'être fin, fleuri et délicat, toujours clair, limpide, pur, qualités rares et qu'on ne saurait trop admirer dans un trouvère de la fin du douzième siècle.

Il apprit l'art de versifier, dès son enfance, auprès de Hugues d'Oisy, châtelain de Cambrai, son bisaïeul, aïeul de Clémence d'Oisy et trouvère renommé qui eut sur son arrière-petit-fils et élève l'autorité de la parenté, de l'âge et de la position. Selon Dinaux, Quènes rend hommage dans les quatre vers suivants, 5ᵉ chanson, aux leçons de son illustre maître et parent :

> Or vos ai dit des barons ma semblance ;
> Se lor en poise de ceu que je le di,
> Si s'en preignent à mon maistre d'Oisi,
> Qui m'a appris à chanter dès enfance (1).

L'appréciation d'Aug. Scheler diffère absolument de celle de Dinaux. Il croit que l'auteur, dans ce couplet final de sa cinquième chanson, lance un trait mordant au chevalier Hugues d'Oisy, avec lequel il ne paraît pas avoir vécu dans d'excellents termes et qui,

---
(1) Ou *très m'enfance.*

dans une satire, se raillait du triste résultat de la croisade si ardemment recommandée dans sa première chanson par notre trouvère.

Quoiqu'il en soit, il composait, selon A. Dinaux, les vers et la musique de ses chansons, ainsi que semblent le témoigner les vers suivants :

> Bien me deüsse targier
> De chançons faire et de mots et de chants.

Cette preuve, cependant, dit Aug. Schefer, ne me paraît pas péremptoire : *chançon, mot, chant*, ne sont que synonymes.

L'Artois, paraissant à notre compatriote un théâtre trop petit pour y produire sa poésie et y chanter ses œuvres, il se rendit à la Cour de France sous Philippe-Auguste, vers l'an 1180. Il y débuta par une chanson qui est pleine de modestie et dont nous donnons le premier couplet. (Chanson 6me).

> Chançon légière à entendre (1)
> Ferai, que bien m'est mestier
> Que chacuns la puist apprendre,
> Et con la chant volontiers ;
> Ne par autres messagiers
> N'y est jà ma douleur monstrée,
> A la millor qui soit née.

Quelques-uns de ses vers, ayant une tournure un peu béthunoise, sonnèrent mal aux oreilles des raffinés de la Cour qui se permirent, à cette occasion, quelques sourires moqueurs. Notre compatriote, dont la susceptibilité de poëte et d'enfant noble de Béthune fut doublement blessée, se vengea de cet affront par une chanson mordante dans laquelle, rendant satire pour moquerie, il fit allusion aux deux proverbes suivants et déjà connus à cette époque : les *ânes de Pon-*

---

(1) C'est aussi le début d'une chanson de Raoul de Soissons.

toise; venir de Pontoise. On en jugera par la strophe que nous allons mettre sous les yeux de nos lecteurs et qui révèle la grande indignation de l'auteur. *Facit indignatio versum* :

> La roïne n'a pas fait que courtoise (1),
> Qui me reprist elle et ses fins li rois,
> Encor ne soit ma parole françoise,
> Si la poet on bien entendre en françois,
> Ne cil ne sont bien appris, ne courtois
> Qui m'ont reprist se j'ai dit mot d'Artois.
> Car je ne fui pas norris à Pontoise.

Mécontent de la Cour de France où il éprouva d'autres déceptions non moins mortifiantes, il exhale sa douleur dans deux chansons où l'on trouve les vers suivants :

> Tant ai aimé c'or me convient haïr,
> Et si ne quier mais aimer,
> S'en tel leu non c'on ne sache mentir,
> Ne decevoir ne fausser.
>
> (*Chanson 13ᵉ, première strophe*).

> Fous est et gars qui à dame se torne,
> . . . .
> . . . .
> Pour ce di je qu'amors ne vaut nïent
> De nïent vient et à nïent retorne.
>
> (*Chanson 7ᵉ, dernière strophe*).

Ces couplets furent un véritable scandale. Notre Béthunois, menacé d'être mis au ban de la galanterie, fit sans retard d'autres chansons pour excuser ses dires précédents. Nous citerons, à ce sujet, la onzième dont la première strophe commence par ces mots :

---

(1) La reine Alix de Champagne, veuve de Louis VII.

> Se rage et derverie,
> Et destrece d'amer,
> M'a fet dire folie....

Cependant la renommée avait apporté à Béthune la nouvelle des mésaventures de Quènes à la Cour. Des esprits envieux en avaient exagéré la portée. Les Béthunois, très attachés à la France et à ses rois, étaient désolés d'un pareil incident. Quènes qui, personnellement, tenait beaucoup à l'estime de ses concitoyens, s'empressa de se justifier dans une chanson fort spirituelle et pleine de sens.

> L'autrier, un jor après la Saint-Denise,
> Fui à Betunes — où j'ai esté sovent.
> Là me souvint des gens de male guise
> Qui m'ont mis sus mensonge à escient,
> Ke j'ai chanté des dames laidement.
> Mais il n'ont pas ma chanson bien aprise.
> Kains n'en chantai fors d'une seulement,
> Qui tant forfist que vengeance en fu prise.
>
>   Il n'est pas droit que l'on me desconfise,
> Si vos dirai bien la raison comment.
> S'on prend, par droit, d'un larron la justice,
> Doit-on desplaire as loial de néant ?
> Néant, par Dieu, qui raison entend ;
> Mais la raison est si arière mise
> Ke ce qu'on doit loer blasme la gent,
> Et loïer ce que li saiges desprise.
>
>   Dame, louctems ai fait vostre servise,
> La merci Dieu ; or n'en ai mais talent ;
> Si m'est au cors une autre amors emprise,
> Qui me requiert, et allume, et esprent ;
> Et me semont d'amer si haltement,
> Que j'el ferai, ne puet estre autrement,
> En li n'y a ni orgueil ne faintise,
> Si me mettrai deltout à son comment.
>
>   En la millor du royaume de France,
> Voire delmont, mettrai tout mon pensée.
> . . . .

On le voit par ces derniers vers, ce noble chevalier

avait, alors, de vaillantes et saintes aspirations. Il songeait aux croisades. Peu de temps après, il prenait la croix à la suite de Philippe-Auguste et de Richard, *Cœur de Lion.* Il composa, à cette occasion, en 1190, une fort belle pièce qui paraît avoir joui, au moyen-âge, d'une grande réputation. On en jugera par les strophes suivantes :

> Por li m'en vois sospirant en surie,
>   Que je ne dois faillir mon créatour,
>   Qui li faudra à cest, besoin d'aïe
> Sachiez que il li faudra à graignour (1).
>   Et sachent bien li grant et li menour.
>   Que là doit-on faire chevalerie,
>   Où on conquiert paradis et honour,
>   Et los et pris et l'amor de sa mie.
>
>   Louctens avons esté preu par oiscuse,
>   Or i parra i à certes iert preus,
>   K'il voist vengier la honte doloreuse,
>   Dont tous li mons est iriés et honteus,
>   Quant à nos tens est perdus li sains leus
>   Où Deus por nos soffri mort angoisseuse;
>   Or ne nos doit retenir nulle honeurs,
>   D'aller vengier ceste perde honteuse.
>
>   Deus est assis en son saint héritage,
>   Or i parra com cil le secorront,
>   Cui il gita de la prison ombrage,
>   Quant il fu mis en la crois keturcont.
>   Certes tuit cil sont honni qui n'i vont,
>   S'il n'ont poverte ou vieillesse ou malage,
>   Et cil qui sain, et joëne et riche sont,
>   Ne poevent pas demourer sans hontage.
>
>   Tous li clergiés et li home d'eage,
>   Qui en aumosne et en bienfais mainront,
>   Partiron tout à cest pélérinage,
>   Et les dames qui chastement vivront,
>   Se loiauté font à ceus qui iront.
>   Et s'eles font par mal conseil, volage,
>   A lasches gens et mauvais le feront,
>   Quar tuit li bon iront en cest voyage.

(1) A chose plus importante.

La croisade se fit, mais Philippe-Auguste, malade, inquiet, ne tarda pas à désirer revoir sa belle France. Les chevaliers français quittèrent, sous son commandement, les Lieux-Saints. Quènes revint à Béthune, attendant une nouvelle croisade. Il se croisa à Bruges, en 1200, avec son frère Guillaume de Béthune. Son action fut remarquable dans cette expédition qui eut des résultats étonnants. Villehardouin dont il fut le compagnon et l'ami, le signale comme un chevalier vaillant et « bien emparlé ». C'était par son organe à la fois éloquent et fier que les croisés s'adressaient d'ordinaire à leurs ennemis ou à leurs alliés dans toutes les affaires un peu difficiles. Il exerça plusieurs fois le commandement dans la ville de Constantinople. Il eut le gouvernement de celle d'Andrinople qu'il défendit en 1207 avec une vaillance et une opiniâtreté dignes des plus grands éloges. Il fut nommé, en l'absence des empereurs francs, régent de l'empire et mourut en Orient vers l'année 1224.

Philippe Mouskes, poète historien et évêque de Tournai, pleura sa mort par les deux vers suivants :

<blockquote>
La terre fust pis en cest an,
Car li vieus Quènes estait mors.
</blockquote>

Quel bel éloge funèbre que ce distique où le poète évêque célèbre cette mort comme une calamité publique de l'époque ! Charles Nodier a dit de notre illustre compatriote. « C'est un poète, un vrai et charmant
« poète, empreint de tout ce qu'il y a de plus spécial
« dans le caractère et le génie de la nation ; et qui-
« conque ne l'aurait pas goûté est à jamais indigne
« d'adresser son culte aux muses françaises ».

Nous avons de Quènes quatorze pièces (1).

---

(1) Dinaux III, 407. — Biographie nationale belge. — Voir la première partie de notre histoire de Béthune.

SELVAGE ou SAUVAGE de Béthune

Selvage ou Sauvage de Béthune vivait au xiiie siècle. Ce poète béthunois écrivait *dialogues et chansons* en vers français. On le regarde comme un de nos excellents trouvères français. On en jugera par les citations suivantes :

1re Chanson — 1er Couplet

Quant voi paroir la foille ou la ramée,
Que li dous tans d'esté est esclarcis,
Que cist oisel et soir et matinée,
Chantent si cler par ces vergers fo"llis,
Trop volontiers pensaisse à leurs dous cris ;
Mais je suis si d'autre chose entrepris,
Car une amours durement me travaille,
Si n'ai repos nuit et jour ne m'assaille.

2e Chanson

Sous forme de dialogue entre Sauvage et Robert de Béthune, touchant leur mariage respectif.

Robert de Béthune, entendez,
Dites que vous en est avis;
Dites, se vous amenderez,
De ce dont estes enrichis.
Grant terre et bele dame avez,
Mais d'une riens suis effrées,
Quar l'on voit souvent empirier,
D'enrichir et d'avoir moiller (femme).

Sauvages, un peu me soufrés,
De respondre sui esbahis ;
Puisque li home est mariés,
N'est pas del tout à son devis ;
Par vous meismes le savez,
Et d'une riens sui à pensés,
Par quoi je redoute l'empirier,
Ma feme li et le tournoier (1).

(1) *Trouvères artésiens*, 436.

Jean BURIDAN

En 1298, naquit à Béthune, Jean Buridan. Comme il montra, dès sa plus tendre enfance, les dispositions les plus heureuses, ses parents l'envoyèrent à l'Université de Paris pour y faire ses études. Il s'y distingua dans toutes les branches de l'enseignement. Son esprit observateur se portait, cependant, plus particulièrement vers la philosophie. Ses succès dans cette branche de l'instruction furent si rapides et si remarquables qu'on lui confia une chaire de philosophie, presqu'à sa sortie des bancs de l'école. Ce professorat lui fit une telle renommée que bientôt il devint successivement procureur de la nation de Picardie et recteur de l'université de Paris qui le députa, en 1345, au roi Philippe de Valois, et quelque temps après à Rome. Disciple d'Ockam, il adopta et appuya de ses écrits l'hypothèse exclusivement *nominaliste* de son maître. On cite, parmi les ouvrages qu'il fit paraître, à cette occasion, des mémoires sur la physique, la morale et la politique d'Aristote. Ce qui lui attira une sorte de persécution de la part des *réalistes*. Aventin qui rapporte cette querelle ajoute qu'ayant été proscrit pour ses opinions, Buridan se réfugia à Vienne en Autriche où il ouvrit une école qui devint le fondement de l'université de cette ville. Ce fait est admis par différents auteurs dans leurs notices sur la ville de Vienne. Il paraît cependant qu'il y a erreur dans la plupart de ces assertions, le nominalisme n'ayant été proscrit que dans l'année 1414, longtemps après la mort de Buridan, et l'université de Vienne remontant à l'année 1237, longtemps avant la naissance de cet écrivain béthunois. Ce qu'il y a de certain, c'est que Buridan habitait Paris en 1358, époque où il figure dans un contrat de donation. C'est à lui que se rapportent les traditions de la tour de Nesle, et la chronique assure que, parmi les écoliers qu'on faisait entrer dans cette demeure, il fut le seul qui put échapper à la mort pour dévoiler les terribles mystères de cette forteresse.

Ce fameux dialecticien se rendit moins célèbre par cet incident de sa vie et même par tous ses ouvrages que par son argument de l'âne. C'est à Béthune que la première pensée lui vint de formuler cet argument. A l'époque où il était recteur de l'université de Paris, on construisait à Béthune le beffroi qui fut commencé en 1346. Chaque année, pendant ses vacances, Buridan venait se reposer dans sa ville natale qu'il affectionnait beaucoup. Or un jour il avisa un âne qu'on employait au transport des matériaux pour la construction de notre beau monument municipal, et qui, brisé de fatigue sous le poids de sa charge, se tenait immobile entre un sac d'avoine et un sceau d'eau, ne touchant ni à l'un ni à l'autre, malgré le double tourment de la faim et de la soif dont il était dévoré. De là son argutie de deux choses l'une : ou cet âne continuera de rester immobile et se laissera mourir, ou bien il se décidera, par un pur effet de caprice, de volonté indépendante de toute raison, à boire ou à manger d'abord; donc il a le libre arbitre. Cet âne sollicité par ces deux tendances se porta d'abord, dit-on, vers le sceau d'eau. Et ce fut le sujet d'une enseigne de maison dans la rue *Grosse-Tête*. Quoiqu'il en soit, par cet argument, Buridan prouvait, selon les uns, le libre arbitre et l'indépendance de la volonté en présence des causes occasionnelles; et selon d'autres, il forgeait de ce même argument une arme pour le scepticisme.

Jean d'AUFFAY

Jean d'Auffay ou d'Au Fay ou Defay, seigneur d'Arquenbrone et de Croisnac, naquit à Béthune, vers le milieu du xv᷊ siècle. S'étant rendu très habile dans les questions de jurisprudence et d'affaires, il devint successivement conseiller de Philippe-le-Hardi, de la princesse Marie de Bourgogne, de Maximilien et enfin de Philippe d'Autriche. En 1480, il fit paraître un traité sur les provinces de Flandre et d'Artois contenant un relevé explicatif de succession à ce dernier comté; ce traité est suivi de notices sur Boulogne et Béthune. Ce qui regarde cette dernière ville a pour titre : *Avouerie de Béthune*. L'auteur y montre comment cette avouerie fut unie aux autres villes d'Artois depuis qu'elle fut possédée par Daniel, seigneur de Béthune sous le règne de Louis VIII, roi de France. Un autre de ses ouvrages traite du comté de Ponthieu; un autre porte ce titre : *comté d'Ostrevent*. — A la sollicitation de l'empereur Maximilien, il adressa à Louis XI un mémoire par lequel il prétendait démontrer les droits de Marie de Bourgogne au comté d'Artois. Voici le titre de cet opuscule manuscrit : « *Discours des actions et querelles* d'entre Marie de Bourgogne, fille de Philippe-le-Hardi, femme de l'empereur Maximilien, d'une part; et de Louis XI, roy de France, d'autre part. Fait par Jehan d'Aufay, natif de Béthune, conseiller de la dite dame Marie ». man. in-fol.

Cet écrivain est honorablement cité par Locres, Foppens et le P. Lelong. Il mourut vers l'an 1510(1).

---

(1) *Puits artésiens*, 1837, p. 313. — Pacquot, t. ii, p. 488.

L'Adam NICAISE

L'Adam Nicaise, naquit à Béthune, en 1465, dans l'année où le comte de Charolais hérita des vastes domaines de son père Philippe-le-Bon.

Roi d'armes de l'empereur Maximilien et plus tard de Charles-Quint, notre compatriote est l'auteur d'une chronique sur les règnes de ces deux princes. Il mourut à Arras, le 28 septembre 1547 (1).

Eloi d'ARMEVAL

En 1507, Eloi d'Armeval, ou d'Armenal, ou d'Amerlant, ou Averlant, maître des enfants de chœur de St-Barthélemy à Béthune, publiait un recueil de diableries tracées d'après l'ordre des mystères et sotties adoptés à cette époque. Ce poème rappelle souvent le fabliau ; il a pour titre :

« S'ensuit la *grant diablerie* qui traiste comment
« Satan faict démontrance à Lucifer de tous les maulx
« que les mondains font selon leurs estats, vocations,
« mestiers et marchandises et comment il les tire
« damnation par infinies cautelles, contenant plu-
« sieurs chapitres, comme il appert par la table sé-
« quente, imprimée à Paris nouvellement (par la
« veufve Jehan Trepperel, come il est marqué à la fin
« de la table des chapitres), in-4°, sans date, gothique ».

De Bure, dans sa bibliographie instructive, volume des *Sciences et Arts*, n° 1414, annonce une autre édition de cet ouvrage sous le titre suivant : *Le livre de la diablerie*, par maître Eloi d'Amerval, Paris Lenoir, 1508, in-fol. got. Il ajoute que cet ouvrage est rare, qu'il est écrit en rimes françaises, et que les exemplaires en sont recherchés par les amateurs.

(1) Arch. du Nord de la France, 2ᵉ série, t. III, p. 46.

Brunet donne également, à ce sujet, quelques détails intéressants, dans son *manuel*, et indique plusieurs variantes du titre. L'édition de 1531 porte ce titre :

« Le *Livre de la diablerie*, en rimes et par person-
« nages où l'on rapporte tout au long et sans rien dé-
« guiser, les abus, facultés et péchiez que les hommes
« commettent journellement ».

On ne sait rien concernant Eloi d'Armeval si ce n'est qu'il était originaire de Béthune, maître de musique et prêtre. Ce qu'il nous apprend lui-même dès le prologue de son livre (1).

> Eloy des enfants de Béthune,
> Subjet à Dieu et à fortune,
> Vivotant le moins mal qu'il peut,
> Selon que Dieu disposer veut,
> Des humains à son appétit ;
> Disciple voire bien petit
> Des chantres et musiciens
> Et clerc de rhétoriciens
> Prêtre indigne et poure pécheur
> Des lois divines transgresseur,
> . . . .

L'ouvrage contient 216 chapitres. C'est un dialogue entre Lucifer et Satan. Les discours des deux démons sont enrichis de passages tirés tant de l'Ecriture Sainte que des anciens poètes.

L'auteur nous apprend, au chapitre II° l'origine et la cause déterminante de son ouvrage :

> Moy couché en mon lit jadis
> Il y a des ans plus de dix,
> . . . .
> . . . .
> Bâtissant maisons et champaigne
> Et mille châteaux en Espaigne,

(1) Arch. du Nord de la France, t. 4, p. 190.

> Me prins à penser à ce lieu,
> Aux beaux faits et œuvres de Dieu ;
> Comment tant excellentement,
> Il lui plut au commencement,
> De créer le ciel et la terre
> Et comment après la grant guerre,
> Qu'avait faite lassus au ciel,
> Le victorieux saint Michel,
> Quand en chassa hors Lucifer
> Et le fit choir au fond d'enfer...

Il continue longuement l'histoire de la chute des mauvais anges.

Au chapitre ive, il développe l'objet de son ouvrage et entre en matière :

> Moi donc tels maux considérant
> Entrai en un penser fort grant
> Et tant furent mes sens ravis,
> Quand un moment me fut advis,
> Que me trouvai à leur grant porte
> Et affin que mieulx j'en rapporte
> La pure et vraye vérité
> J'ouï là une infinité
> De maulx que Satan racomptait
> A Lucifer desquels temtait,
> Ce disait-il et soir et mains
> Sans cesser les pouvres humains
> Et se vantait par grant orgueil
> Qu'il ferait d'eux tout son vueil,
> Et les aurait en ses lyens ;
> Car comme j'entendis bien là,
> Il ne lui chaulx que de ceux-là;
> Tous aultres maudits infidelles
> Ne sont que trop en ses cordelles,
> Pourquoi ne s'en soucie point.

Ce n'est encore qu'un prologue; et il se continue dans huit chapitres où l'auteur rapporte tout ce que Satan raconte à Lucifer sur les ruses qu'il emploie pour faire tomber les hommes dans le mal.

> Ici donc en l'honneur de Dieu,
> Pour mieulx publier en tout lieu
> Leurs doctrines et grant tricherie,
> Commence Eloy sa diablerie.

Au chapitre XLIXe, notre auteur parle de la vanité des femmes, de leurs toilettes, des modes qu'elles adoptent et qui, disparues momentanément, se sont renouvelées tant de fois, au profit de l'enfer, depuis le commencement du monde :

> Je regarde une savetière,
> Porter un estat maintenant
> Aussi pompeux et advenant
> Que une notable bourgeoise.
> . . . .
> Une simple bourgeoise aussi
> Est atournée du temps qui court
> Comme une bien grant damoyselle
> Et veut être semblable à elle.
> Une damoyselle en après,
> Comme nous voyons loing et près
> A trois pseaumes et trois leçons
> Est huy parée en tels façons
> Qu'il semble avoir si grant richesse.

L'auteur ou plutôt Satan, décrit les coiffures des femmes dans le passé et le présent :

> Qui surmontaient les lycornes
> Car ils portaient deux grants cornes,
> Mais aujourd'huy mes damoyselles,
> Afin de faire ou moi leur paix,
> Sont plus honnestes que jamais,
> Ils ne portent huy sur leurs têtes
> Au lieu de cornes déshonnêtes
> Chaperons qu'il faict si beau voir...

Mais ce que Satan signale plus particulièrement à Lucifer, ce sont les plumes dont les têtes des femmes sont couvertes et les font voler rapidement vers les enfers :

> Pleins de plumes entends-tu moy bien,
> Car je te dis sans rigoller,
> Qu'ils pourront bien en bas voler,
> Pour ainsi les attraperons.

Satan décrit ensuite la toilette des femmes :

> . . . . . . tant découvertes,
> Qu'on les voit toutes ouvertes
> Jusqu'au dessoubs de la poitrine....

Puis il parle des *corps à lacet, corsets* dont se servent les femmes :

> Dont je lui scai un très bon gré,
> Car c'est de degré en degré.
> Le chemin, au moins si je puis,
> Pour descendre en nostre puits.

Mais les modes féminines sont très changeantes :

> Car pour tout vray tu peulx penser,
> Que leur estat se renouvelle
> D'heure en heure.....

Lucifer demande alors à Satan si les maris sont contents de la *pompe* de leurs femmes :

> Je te dys qu'ils en sont encore
> Dix fois plus contents que leurs femmes.
> . . . .
> Je ne te dys pas tout pourtant.

Nous n'en dirons pas non plus davantage; ces extraits suffisent pour faire connaître le genre satirique de l'ouvrage de notre compatriote Eloy Amerval.

GUILLAUME, poète

Ce sont nos archives communales qui nous le font connaître. Malheureusement on n'y trouve que son

nom et celui de son père : « Le 25 octobre 1527, est
« reçu bourgeois de Béthune, Guérard Poitou, natif
« de Labeuvrière, père de Guillaume, poète, né quel-
« ques années plus tard à Béthune » (1).

Pierre de MANCHICOURT

Vers 1510, naquit à Béthune, Pierre de Manchicourt, cité par Rabelais, comme un des premiers musiciens de son temps (2). Il fut successivement chanoine d'Arras, maître des enfants de chœur de Tournai. Il était à Anvers en 1560. Ce compositeur a publié plusieurs recueils de motets. Le septième livre de ces motets publié à Paris, en 1534, par Attaignant, contient celui qui est connu sous le titre de : *O Thoma Didime*. Cet auteur fit, en outre, publier quatre morceaux de musique très remarquables : 1° *Cantiones musicæ*, Paris 1539 ; 2° *Modulorum musicalium*, Paris 1545, chez Pierre Attaignant ; 3° deux messes publiées en 1546, par le même éditeur, l'une sous le titre de : *C'est une départie*, l'autre sous celui de *Pôvre cœur* ; 4° une messe à quatre voix intitulée : *Quo abiit dilectus*, Paris, 1568, grand in-folio, chez Nicolas Duchemin (3).

Guillaume d'ASSOUVILLE ou ASSONVILLE

C'était un médecin distingué. Né à Béthune, il faisait paraître en 1545, un traité jugé très remarquable contre les maladies pestilentielles (4).

(1) Arch. municip., BB, 1.
(2) Rabelais, t. II, p. 33.
(3) Fétis, *Biographie des musiciens*, t. VI, p. 244.
(4) Arch. du Nord de la France, t. I, 2 série, p. 138.

Jean-François LE PETIT

Jean-François Le Petit, naquit à Béthune, vers l'an 1546. Son bisaïeul avait été créé chevalier ; son aïeul et son père, ayant perdu toute leur fortune dans les guerres et troubles des Pays-Bas, s'étaient faits médecins pour fournir à leur subsistance. Ces détails nous sont donnés dans une petite pièce de poésie, composée de quarante vers et intitulée : Blason des armoiries de l'auteur :

> Ton bysaeul par sa chevalerie,
> . . . .
> Si dans ces traits ton aïeul et ton père
> N'ont secondé leurs nobles devanciers,
> Taxer en faut des guerres la misère,
> Qui leur maison réduit tout en brasiers,
> Non que pourtant cette guerre maligne
> Ait leur estat réduit en povreté ;
> Car la requise et docte médecine,
> Fut de tous deux l'art, et la faculté.

Dans sa jeunesse, notre compatriote, se souvenant des devoirs que sa naissance lui imposait, prit les armes pour défendre son pays ; ce qui ne l'empêcha pas de se livrer à de fortes études historiques :

> Ma toy s'est veu des ta haute jeunesse
> A ton sçavoir joinct des armes le port.

Plus tard, il ne crut pas déroger à sa noblesse en acceptant les modestes fonctions de greffier de la ville de Béthune. Mais ayant embrassé le protestantisme et le parti du prince d'Orange, il fut forcé d'abandonner cet emploi et même de s'expatrier. Il se réfugia à Aix-la-Chapelle où il était encore le 1ᵉʳ janvier 1598, lorsqu'il dédia aux Etats-Généraux le livre intitulé : *Grande chronique ancienne et moderne de Hollande*. La dédicace qu'il en fit à « *ses très honorés seigneurs des Estats de Hollande* » est une des pièces les plus laudatives que l'on puisse rencontrer. C'est sans doute ce morceau si platement élogieux qui a fait dire à Paquot que l'auteur altère souvent les faits, dans la vue de plaire aux Etats-Généraux et de se ménager une retraite chez eux. Il fait remonter sa chronique jusqu'à Noé. Il publia, en 1615, à Arnheim, un autre ouvrage écrit en flamand et contenant la description des Provinces-Unies. Il paraît qu'il se donnait aussi comme poète latin, français et flamand. Tout porte à croire qu'il est mort en Hollande. Aucun biographe ne donne la date de sa mort.

Si cet auteur, comme le fait remarquer avec raison M. Quarré-Reybourbon, un de ses biographes, ne peut être classé parmi les gloires littéraires de Béthune, il a du moins laissé des travaux qui, contenant des renseignements utiles, lui donnent le droit de ne pas être oublié (1).

Antoine de POUVILLON

Antoine de Pouvillon, traducteur et poète distingué, naquit à Béthune, en 1560. Il mourut à Cambrai, en 1606; il y était abbé de St-Aubert. On lit dans l'*Histoire de la ville de Béthune*, manuscrit publié par M. Quarré-Reybourbon, que cet écrivain avait écrit sur la *nature des viandes requises à la vie*.

Frédéric JAMOT

Frédéric Jamot, né à Béthune, jouissait, dans les Pays-Bas, d'une grande réputation comme philosophe, poète et médecin. Sa poésie était très estimée par Wertins qui, cependant, selon le dire de Berkam, faisait

---

(1) Quarré-Reybourbon, *Biographie béthunoise*; Jean-François Le Petit-Roger, *Villes et châteaux*, art. Béthune.

un plus grand cas de la sagesse de cet auteur envisagé comme philosophe et médecin. Il a laissé un recueil de poésies grecques et latines qui ont été imprimées à Anvers, en 1593. Voici le titre de ces œuvres :

FREDERIC JAMOTIE
Medici bethuniensis

Varia poemata græca et latina hymni,
Idillia furnea, odæ, epigrammatica, anagramata.

ANTUERPIÆ MDXCIII

Petit in-4° contenant 141 pages. Texte grec et latin. Quelques-unes de ces pièces sont dédiées au marquis de Longastre, seigneur d'Annezin.

Jamot a fait paraître, en 1567, un autre ouvrage intitulé : « *Traité sur la goutte* contenant les causes et « origines d'icelle, le moyen de s'en pouvoir préserver « et le savoir guérir estant acquise ». Cet ouvrage lui valut de nombreuses félicitations. (Paris, à l'enseigne de la *Gallère d'Or*, 1573).

Jean SURIUS

Jean Surius est un enfant de Béthune. Il se fit jésuite. Poète élégant, il composa sous une forme dramatique, une pièce de poésie qu'il appela *Morata*. Elle parut en 1617. Il en composa une autre intitulée : *Inaures aureæ*, imprimée à Tournai, en 1623. Ses œuvres forment 3 volumes. Il dédia quelques-unes de ses pièces de vers au marquis de Longastre.

Il fut également très recommandable par son éloquence pour la chaire. Il mourut en 1631. Foppens le mentionne dans sa *Bibliotheca belgica*.

Jean CHRYSOSTOME

Le frère Jean Chrysostome, prêtre, capucin du couvent établi à Béthune, sa ville natale, était un prédicateur distingué. Il vivait au commencement du xviii⁰ siècle. Il publia, en 1735, à Paris, un ouvrage ayant pour titre : *Paraphrases sur le psaume 118⁰*.

Cet ouvrage était très recherché par les personnes pieuses et plus particulièrement par les ecclésiastiques qui s'en étaient fait une sorte de manuel, obligés qu'ils sont de réciter tous les jours ce psaume 118⁰ dans les petites heures du bréviaire.

On a aussi de cet écrivain un ouvrage imprimé en 1754, ayant pour titre : *Abrégé historique des vies de Brandisi et de Corléon*.

Jean LECLERCQ dit CLERICI

Jean Leclercq, connu sous le nom de *Clerici*, est originaire de Béthune. Il était franciscain, confesseur des religieuses de l'Annonciation de cette ville. Il composa : 1° un traité intitulé : *Exemplaire de pénitence* (Paris, Girault, 1530) ; 2° l'*Instruction des petits enfants*, imprimé à Béthune, au xvi⁰ siècle, par Pierre Dupuis (1) ; 3° « *Traité des fondements du temple spi-« rituel de Dieu*, presché en forme de sermon par « moy frère Jean Clerici 1527. Petit in-8° ».

Antoine DESLIONS

L'orthographe du nom de cet écrivain béthunois a été l'objet de plusieurs discussions. Foppens et Paquot l'écrivent aussi : *Des-Lions*. Les PP. de Backer et Ch. Sommergoval, Hœfer, Michaud, Feller, L. Quarré-

(1) Dinaux, arch., 2e série, t. I, p. 28.

Reybourbon, écrivent ce nom selon cette orthographe qui paraît être la bonne : *Deslions*.

Le père d'Antoine Deslions était notaire à Béthune; un de ses parents était argentier de cette ville en 1598. Il naquit à Béthune en 1590. En 1608, il entrait au noviciat des jésuites qui, dès l'année 1606, étaient venus s'établir en cette ville, où ils tentaient de fonder un collège. Après son noviciat, il enseigna les humanités avec un grand succès ; il exerça plus tard le ministère de la prédication avec un talent si remarquable que le cardinal, infant, gouverneur des Pays-Bas, le fit venir à sa cour où il prêcha pendant trois ans. Après avoir rempli ce saint ministère de la parole divine durant 25 ans et toujours avec fruit, il mourut à Mons le 11 juillet 1648.

Il cultivait avec succès, est-il dit dans la biographie de Michaud, la poésie latine, et brillait surtout dans l'élégie. Paquot, dans ses mémoires sur l'histoire littéraire des Dix-sept Provinces, reproduit comme un modèle de versification latine, la 12e élégie de son second livre : *de Beatâ virgine montis acuti*.

Telle est aussi l'appréciation de Dewez, *Histoire de la Belgique*, t VII, p. 5.

Il est auteur des ouvrages suivants : 1° *Elegiæ B. V. Mariæ*. Arras, de l'imprimerie de Rivière, 1631, petit in-oct.; 2° *de Angeli tutelaris cultu elogia*, Anvers, 1642; 3° *Eligiorum de amore Jesu, libri tres*, Anvers, 1642 ; 4° *de l'Institution, règles, exercices et privilèges de l'ancienne et miraculeuse Confrérie de St-Eloi*. En 1753, ce petit opuscule en était à sa 14e édition; 5° *douloureux Jésus dans les sacrés pas et dans les saintes stations de ses dernières souffrances*. Mons 1647.

Outre ces ouvrages si connus, dit M. Quarré-Reybourbon, notre auteur a laissé des manuscrits, contenant des poésies latines, d'autres poésies et un poème intitulé : *de Austriaria in S. Eucharistiam pietate* (la piété de la maison d'Autriche envers la sainte Eucharistie).

Antoine-Joseph DUMAS

Né à Béthune en 1705, il fit ses études à Arras. Après les avoir terminées, il se rendit à Paris, pour y faire connaître une méthode qu'il avait inventée pour l'enseignement des enfants et qu'il appelait la *méthode du bureau typographique*. Cette méthode était une imitation des procédés de composition de l'imprimerie, de sorte que les enfants apprenaient à assembler les lettres dont les mots sont formés, et à décomposer ceux-ci. Dumas appliqua le même procédé à la musique et publia sur ce sujet un livre intitulé : « l'*Art de la musique*, enseigné et pratiqué sans transposer par la méthode du bureau typographique, établi sur une seule clef, sur un seul ton et sur un seul signe de mesure ». (Paris, sans date, probablement 1753, in-4° oblong d'environ 450 pages). Un abrégé de cet ouvrage parut quelques années plus tard sous ce titre : « l'*Art de la musique*, enseigné et transposé sans transposer, joint à une introduction à la connaissance des clefs pour la démonstration des voix relatives ». Paris, 1758, in-4° gravé.

La méthode de Dumas en ce qui concerne l'unité de clef a beaucoup d'analogie, dit Fétis, avec les principes qui servent de base à la méthode plus moderne du méloplaste. L'auteur de l'article Dumas *Louis*, de la biographie universelle de Michaud, confond cet auteur avec Dumas *Antoine-Joseph* et lui attribue les deux ouvrages de celui-ci ; il oublie que Louis Dumas mourut en 1744, et que les deux ouvrages de musique dont il est parlé plus haut n'ont paru qu'en 1753 et 1758 (1).

(1) Fétis, *Biographie des musiciens*, t. III, p. 76 et 334.

MARCHAND de Béthune

François-Roger-Fidèle Marchand, seigneur de Burbure, naquit à Béthune, vers l'an 1734. Il est mort à La Flèche, le 17 octobre 1802. Il était chevalier de St-Louis, ancien officier dans les gardes du corps, dans la maréchaussée, dans la gendarmerie nationale, dans la 284e compagnie des vétérans nationaux, membre de l'Académie de Châlons-sur-Marne et de la Société libre des Arts du Mans. Il a composé plusieurs ouvrages dont nous citons les titres : 1° les *Secrets des arts, de la physique, de la chimie*; 2° le *Trésor des champs*; 3° la *Médecine ramenée à ses premiers principes*; 4° *Minéralogie du département de la Sarthe*; 5° les *Fruits de mes études*; 6° *Dictionnaire de la maréchaussée*; 7° *Contes de l'ancien temps*; 8° *Extraits de Roland furieux*; 9° *Dictionnaire ou Encyclopédie raisonnée et réfléchie des trois règnes de la nature*; 10° les *Phénomènes de la nature expliqués par le système des molécules organiques vivantes*; 11° *Essais historiques sur la ville et le collège de La Flèche*. Imprimé à Angers, an XI. Ce dernier ouvrage est celui qui l'a mis tout particulièrement en renom.

Louis-Constantin FLAJOLET

Louis-Constantin Flajolet, naquit à Béthune, le 9 octobre 1764. Il fit ses premières études au collège de cette ville et les termina à Douai où, après un brillant examen, il fut reçu maître-ès-arts et bachelier en théologie. Ordonné prêtre en 1790, il desservit pendant quelque temps la paroisse de Verquigneul. Immédiatement après le décret de l'Assemblée nationale, en date du 26 mai 1792, concernant le serment pour tous les prêtres indistinctement à la constitution civile du clergé, il émigra, ainsi que son frère Louis, devenu plus tard jésuite. Il habita Maëstricht où il connut le célèbre jésuite Feller dont il devint collaborateur. On cite de lui plusieurs articles insérés dans le dictionnaire des grands hommes et de géographie (2ᵉ édition) que Feller publia en 1792. L'abbé Flajolet rentré en France aussitôt que le lui permit l'état des choses, fut nommé en 1802 et successivement curé de l'Atre-St-Quentin, professeur de philosophie au grand séminaire d'Arras, curé de Calonne-sur-la-Lys et, en 1823, principal du collège de Tourcoing, qu'il administra avec une grande sagesse jusqu'au mois de juillet 1831. Il en sortit brusquement destitué. Plein de vie et d'activité, il fonda aussitôt un pensionnat au village de Mouscron (Belgique). Tous ses anciens élèves pensionnaires de Tourcoing, le suivirent, à l'exception d'un seul, sur cette terre hospitalière. L'établissement de Mouscron était en pleine prospérité lorsque son vénéré fondateur fut frappé par la mort. Il est enterré dans le cimetière de Calonne-sur-la-Lys, près de sa mère, ainsi qu'il en avait exprimé le désir par son testament.

M. Flajolet avait la répartie alerte et fine. En 1814, lorsqu'il était curé de Calonne-sur-la-Lys, deux officiers anglais, visitant avec lui son église, s'étonnaient d'y trouver un grand nombre de tableaux et de statues dont elle était magnifiquement ornée. « Comment se fait-il, lui demandèrent-ils, qu'un mobilier de ce genre nous manque entièrement dans toutes nos églises anglicanes? — Ah! se hâtait de répondre avec une bonhomie apparente le digne curé, c'est qu'il y a très peu de temps, messieurs, que vous êtes en ménage. »

. M. l'abbé Flajolet avait plusieurs proches parents à Béthune. Une de ses nièces était mariée à M. Monbrun dont les études historiques, manuscrites, sur Béthune, rédigées, sous forme d'annales, ont une valeur réelle et nous ont servi pour quelques faits rapportés dans notre ouvrage. Nous saisissons avec bonheur cette occasion pour remercier ses honorables enfants de nous avoir communiqué cette œuvre de leur père, notre excellent ami, qui, depuis longtemps, nous avait promis de la mettre à notre disposition.

BAIL de Béthune

Charles-Joseph Bail, est né à Béthune en 1777. Il publia en 1809, la *Statistique du nouveau royaume de Westphalie*, ouvrage regardé comme le plus complet et le plus exact qu'on ait sur ce pays. En 1815, il publia la *Correspondance de Bernadotte avec Napoléon*. En 1814, il fait hommage au roi d'un travail qu'il venait de terminer ayant pour titre : de l'*Importance et de la liberté du commerce des grains*. — Il mourut le 20 février 1824.

Honoré-Marie-Joseph CROISIER

Né à Béthune, le 6 mai 1765, Honoré Croisier est une des gloires militaires de la France. Nommé, le 25 novembre 1792, capitaine d'une compagnie franche organisée dans cette ville et qui devait, de concert avec le 12e chasseurs à cheval, en garnison à Arras, concourir à la défense du pays, il se lia d'amitié avec Murat, le futur roi de Naples, mais simple officier, à cette date, dans ce régiment de cavalerie. Nommé, en 1796, chef de bataillon dans la 17e demi-brigade d'infanterie légère, il combattit en héros, le 23 novembre de cette année, à l'affaire de Rivoli où son bataillon eut à soutenir seul les efforts de l'armée ennemie. Le 27 janvier 1797, il s'empara des redoutes de Brentonico. A la suite de ce brillant fait d'armes, il devint aide-de-camp du général Bonaparte.

Ce fut en cette qualité qu'il accompagna en Egypte son général en chef. Il y fut blessé sous les murs de St-Jean d'Acre.

Devenu chef de brigade, il fut blessé mortellement, le 4 novembre 1799, sous les murs de Fossano. C'est ce que nous apprend, sur ce combat, le rapport suivant du général Suchet.

AFFAIRE DE FOSSANO EN ITALIE

« Le 13 brumaire (4 novembre 1799), à la pointe
« du jour, les deux divisions Victor et Grenier se dis-
« posaient à attaquer; au même instant l'ennemi qui
« dans la nuit avait rassemblé ses forces marchait sur
« elles. Le général Victor, établi sur Fossano, soutint
« avec fermeté l'effort d'une partie de l'armée autri-
« chienne ainsi que le feu de la place... C'est dans
« cette mêlée que la valeur française a brillé de tout
« son éclat, les 3e et 17e demi-brigades légères reçu-
« rent les charges de cavalerie à la portée du pistolet...
« Le chef de brigade Croisier, de la 17e, arrivé la
« veille à son corps, reçut une blessure mortelle ».

Notre vaillant compatriote mourut le jour même à Coni, distante du champ de bataille de quatorze kilomètres, où il s'était fait transporter (1).

Denis-Tiburce-Louis-Joseph DELLISSE

Denis-Tiburce-Louis-Joseph Dellisse, né à Lille le 4 février 1785, appartient à la ville de Béthune non seulement par ses parents, qui l'habitaient d'ailleurs à l'époque de sa naissance, mais encore par les nombreux et éminents services qu'il rendit au sein de cette cité dans laquelle il mourut, le 7 avril 1856, après un séjour ininterrompu de plus de 41 ans.

---

(1) Louis PILLET, *Précis historique* sur les actions de la 17e demi-brigade, p. 34, 35, 163, 164. — *Journal des hommes libres* du 25 brumaire an VIII.

Orphelin à 4 ans, ses père et mère ayant été enlevés tous deux en l'espace de huit jours, Dellisse fut recueilli par son grand-père qui demeurait à Lille et, malgré les difficultés de toutes sortes inhérentes à cette période révolutionnaire, reçut une instruction solide qui développa de bonne heure sa vive intelligence.

En 1809, à l'âge de 23 ans, frappé des multiples avantages qui résulteraient pour la France de la possibilité d'extraire industriellement le sucre de la betterave et de répondre ainsi aux besoins du pays, — le sucre jusqu'alors tiré de la canne et exclusivement fourni par les colonies ne pouvait plus à ce moment pénétrer en France par suite du blocus continental et les faibles approvisionnements qui existaient se vendaient huit francs le kilo, — Dellisse, en compagnie de son beau-frère Crespel, monta à Lille, rue de l'Arc, une petite usine qui fut en réalité la première sucrerie française. Après des essais multiples, trop souvent infructueux, au milieu d'innombrables difficultés, les associés réussirent à produire, en 1810 cinq cents kilos de sucre et en 1811 dix mille kilos. La production industrielle était acquise, et la nouvelle fabrique alla dès lors grandissant et prospérant. Mais 1814 arriva avec l'invasion : l'usine fut dévastée, les 50 mille kilos de sucre qui remplissaient les magasins ne trouvèrent plus acquéreurs qu'à 1^f60 le kilo au lieu de 8 francs qu'ils valaient la veille, ce fut un désastre complet et la liquidation de la Société s'imposa !!!

Pendant que Crespel, poursuivant le cours des recherches et des travaux qui ont illustré son nom, allait se fixer à Arras, Dellisse venait à Béthune, où il installait, impasse des Récollets, une sucrerie qui a été, on peut le dire, le point de départ de la fortune agricole du pays. Plein d'activité et d'énergie ne refusant à personne les conseils de son expérience, il montait bientôt après les usines du faubourg d'Arras, de La-

Bourse, de Chocques, d'Aire, de Toulay dans la Somme et de Vaire dans la Vendée.

Ses efforts persévérants furent couronnés de succès et quand, en 1840, il céda à son fils (M. Dellisse-Engrand) la suite de ses affaires, il eut la satisfaction de constater en même temps que sa prospérité personnelle celle des fabricants et cultivateurs qui l'entouraient.

Au milieu des occupations, des préoccupations continuelles de l'industriel, Dellisse n'avait pas voulu se désintéresser des choses de la cité, et après avoir été conseiller municipal pendant 34 ans, administrateur du bureau de bienfaisance pendant 40 ans, de la caisse d'épargne pendant 24 ans, de l'hospice pendant 37 ans, il put se dire avec raison que s'il avait sa place marquée parmi les fondateurs de l'industrie sucrière, il avait aussi son nom inscrit parmi les bons et utiles citoyens de la ville de Béthune.

Adolphe-Pierre-Marie de BELLONNET

Le 29 juin 1789, naquit à Béthune, Adolphe-Pierre-Marie de Bellonnet, fils de Henri-Marie de Bellonnet, écuyer, major commandant le corps royal du génie en cette ville, chevalier de Saint-Louis, ancien directeur général des fortifications des Etats en Hollande et commandant les militaires hollandais réfugiés en France, et de Marie-Anne-Constance-Joseph de Surmont.

Destiné, dès son enfance, au métier des armes, il fut placé, à l'âge de douze ans, au gymnase littéraire de Versailles, puis au collège de la Marche. Revenu à Béthune, à l'âge de 15 ans, il y continua ses études mathématiques sous la direction du chef du génie de la place et d'un officier du 43e de ligne.

Admis, en 1805, à l'école polytecnique avec le n° 7,

il en sortit en 1807 avec le n° 1. Il fut aussitôt nommé sous-lieutenant et envoyé à l'école d'application.

Sa conduite, pleine de bravoure, à la bataille de Wagram, lui mérita la croix de la Légion d'honneur. Il n'avait pas 20 ans.

Il fut nommé capitaine en 1810.

Sous la restauration, il devint chef du génie à Béthune. Il assista, plein de vaillance, à la bataille de Waterloo.

Nommé chef de bataillon en 1825, il fut envoyé à Belfort en qualité d'ingénieur en chef. Lieutenant-colonel en 1831, colonel en 1835, général de brigade en 1840, il représenta, en 1842, l'arrondissement de Belfort comme député au corps législatif. Ce mandat lui fut renouvelé en 1846. En 1847, il était général de division. Mis à la retraite après la révolution de 1848, il fut rappelé à l'activité en 1849. Il mourut le 17 septembre 1851, après une longue et douloureuse maladie.

Au mérite éminent de l'ingénieur et de l'homme public, il joignait une bienveillance et une douceur de mœurs qui le faisaient aimer également de ses égaux et de ses inférieurs. Aussi sa mort fut-elle un véritable deuil pour tous ceux qu'il avait honorés de son affection (1).

François-Joseph FAUVART dit BASTOUL

François-Joseph Fauvart dit Bastoul, naquit à Béthune en 1782. Le 12 août 1839, il fut nommé général de brigade de cavalerie. Le 15 octobre 1851, il mourut en chemin de fer.

De son union à Melle de Ségalas, il eut deux enfants dont l'un est mort, il y a quelques années, à Tours, général de division.

(1) GOSSELIN, notice biographique.

François-Charles-Joseph de BAILLENCOURT dit COURCOL

François-Charles-Joseph de Baillencourt dit Courcol, fils de Jérôme-Guislain-Joseph, ancien marguillier de Ste-Croix, naquit à Béthune, le 22 novembre 1774. Le même jour, Jean-Baptiste-Joseph de Baillencourt dit Courcol épousait Aldégonde-Caroline Brassart.

Le 12 mars 1793, François-Charles-Joseph entrait au service en même temps que ses deux frères Louis, né le 9 mai 1777, et Philogène, né le 6 octobre 1773. Ils s'enrôlèrent volontairement; ils furent incorporés dans le 8e régiment de cavalerie (cuirassiers), dont le dépôt était à Douai.

François-Charles-Joseph fit toutes les campagnes de la République et de l'Empire. Il fut nommé colonel sur le champ de bataille de la Moskowa, où il s'était couvert de gloire. Il était colonel du 2e régiment des cuirassiers de la garde, lorsque la mort est venue le surprendre le 10 avril 1826.

Louis de Baillencourt, qui avait embrassé, comme son frère aîné, la carrière militaire, était capitaine en 1812. Nommé chef d'escadron à la suite de la bataille de Leipzig, il mourut à Mayence des suites d'une blessure reçue à la bataille de Hanau.

Leur frère aîné, Philogène, quitta de bonne heure le service militaire. Son fils Jérôme-Benoît-Joseph de Baillencourt dit Courcol, né le 17 octobre 1808, perpétua les traditions militaires de sa famille. Il est mort général de division.

Edouard CARY

Edouard Cary, né à Béthune, fils de Pierre Cary, ancien représentant du peuple à l'Assemblée nationale de 1848, prend actuellement sa retraite à Arras, en qualité d'ancien général de brigade dans l'artillerie.

Félix LEQUIEN

Félix Lequien, né en 1798, fut successivement avocat près le tribunal de première instance de Béthune, sous-préfet de notre arrondissement, membre de l'Assemblée législative, en 1849, du Corps législatif en février 1852. Il mourut, le 22 mars 1862, conseiller maître à la Cour des comptes.

Plusieurs jeunes Béthunois, dont l'avenir s'annonçait très brillant, ont été récemment arrêtés par la mort sur le chemin de la gloire : Victor Carette, Charles Clément, Emile Bailly, Ferdinand Caron, ce sont là des noms qui commençaient à percer dans le monde des illustrations civiles et militaires et qui, sûrement, auraient illustré leur ville natale, si leur vie s'était prolongée davantage.

Si la ville de Béthune est en droit de se glorifier d'avoir donné le jour à des littérateurs, des historiens, des philosophes, des artistes musiciens dont les noms méritent d'être cités dans l'histoire générale de la France, on peut ajouter que plusieurs de ses peintres, de ses verriers, de ses menuisiers, de ses charpentiers, de ses maçons ont fait des ouvrages qui l'ont également honorée. Nous en citerons quelques-uns dont les travaux dans la construction de l'ancien hôtel de ville, du beffroi, des fortifications, font bonne figure parmi les œuvres artistiques du passé.

Peintres

Wagon, de Béthune, employé comme peintre, en 1314, à vernir le cloître des chartreux de Gosnay. Ce travail était modeste; mais on sait que les meilleurs artistes de ce temps ne répugnaient pas à faire des travaux qui, de nos jours, ne seraient point acceptés par des hommes de talent. (Études sur Mahaut par Richard, p. 347).

Copin d'Oustre, de Béthune, peintre, est chargé, en 1447, de faire deux plans coloriés pour la reconstruction de l'hôtel de ville. (Arch. municip.)

Robert Verrière, de Béthune, peint à l'extérieur des fenêtres de cet édifice communal les armes du duc et de la duchesse de Bourgogne, ainsi que celles de la ville. (Arch. municip.)

Nicolas de Bennes, de Béthune, peint plus tard sur le même monument échevinal les armes de Charles-Quint. Ce peintre, dont le talent était apprécié, fut employé à peindre en *étoffe de fin or*, dans la chapelle de cette halle échevinale, un tableau de la Sainte-Vierge, ainsi que le chapiteau et le tabernacle de l'autel. (Arch. municip.).

Nicolas Saillot, de Béthune, fut également employé à peindre dans cette chapelle divers tableaux très remarquables représentant Ste-Anne, Notre-Dame, St-Jean, St-Barthélemy, St-Vaast, ainsi qu'un crucifix, le ciel, le champ d'azur semé d'étoiles, les bordures *estoffés* de couleur; le tout à l'huile. (Arch. municip.)

Jean Le Rue, de Béthune, peintre distingué, y fit le tableau de l'Annonciation. (Arch. municip.)

Pierre de Le Helle, de Béthune, fit dans la chambre des *plaids*, un tableau représentant les échevins et divers sujets concernant la manière dont la justice doit être rendue.

Ouvriers qui ont travaillé à la construction, à l'embellissement et à la décoration de l'ancien hôtel de ville et du beffroy de Béthune :

Maçons

Jean Wiot, maître maçón, Jean Piétre, Hippolyte Desmaizières, Jean Hanegrave, Jean Cornet, Prenault, Huchon Dupire.

Menuisiers

Jean Barisel, Jacqmart Franquet, Micquiel, Charlot Genelle, Henri de Calonne, Robert Barisel, Jean de Noue, Mahieu Barisel, Haquet Dubos, Robert Hansel, Claude de Calonne, Jacmart Dubrult, Jean Willesfroy, Mahieurt Hostelin, Robinet, Noël, Le Huchier, Jean Lombart, Nicolas du Roisnel, Jean Poitou, Regnaut Gervois.

Ouvriers artistes qui ont travaillé aux fortifications de Béthune :

Maçons

1406 Jean Malaquin, Jean Patte, Pierre Baliet.
1412 Simon Le Potier, maître des œuvres, Colart Paon, Colart Leclercq, Hayne.
1419 Jean Godau, Willemet Le Prévost, Pinchon, Régnier, Baudin Godin.
1424 De Becquerel, Pollet Pinchon, Jean Pinchon, Adam Godaut.
1429 Jean Mival.
1431 Bayart, Michel de Rains, Robert Oflan, Mailinquacerat.

1437 Alart Roussel, Willoigne, Jacques de Vimy, Paul Pinchon, Jean Dupire.
1442 Jean de Brousselle, Hanequin Le Vasseur, Haudechon Canniet.
1444 Haquinet le Moisne.
1456 Jean Delerue, Robert Benin.
1459 Hame.
1473 Denis Lefebvre, Martin Ricquier, Balthazard Rose, Haine Izerman.
1477 Pierre Commet, Antoine de Lehorre, Baudin Gontie.
1480 Le Cordier, Noël Cordier, Pasquier, Bourgois Guyot Hanegrave.
1484 Pollet Pinchon.
1490 Collart de Handrecies, Pierre Legrant, Maussin.
1492 Cornu, Mannessier, Izerman, Lenffant, Picque, Lasne, Baudin, Lejosne, de Lobel, Gamot le Cordier, Maussin, Pinchon, Collin Labbé, Dufresne, Machuart.
1497 Jacque Boutelle.
1498 Jacque de Torcy.
1501 Colin de Hemens, de Bruque, Lasne.
1505 Wasselle, Reneleux, Vitu, d'Athies, de Rocourt, Carnier, Malbrancque, Hayne, Brisart, Lejosne, Galot, Hocqualus.
1507 Lejout, Denis Lejout, Petit-Jean Bar, Grosset, Hanet, Trumel, Lane, Laignel.
1510 Du Maisnil, Adrien de Rocourt, Offelan, Pinchon, Valet, Pierquin Boidin, Adenet Boidin, Brunel, Lejoue, Deleplace, de Hemens, Caudronnier.
1518 De Wicques, Aubry, Quidan, Sartel, Jean Sartel, de Cotte, Fournier, Bosquet, Becquart, Jean Becquart, Duquesne, Gamot, Lepoix, Thorel, Bloquel, Buch, Berard, Paillart, Lambert, Werseo, Pinte.

1522 Pinte, Wasselles, Delambre, Callier, Cornu, de Mazelles, Bele, Deleruelle, Hemerel, de Calonne, Vitu, François de le Hays, Jean de le Hays, Bouchier, Destraielles, Leclercq, Despons, Noël.
1539 Carré, Charles de Haultecloques, Robin.
1544 Segard, Bataille.
1547 Thomas.
1555 Corbel, Carpentier, de Wicques.
1557 Charles de Haulteclocques.
1559 Jean d'Aubigny, Westrelin.

Charpentiers

1406 Simon le Potier, Maillet, Farde, Le Waitte.
1412 Des Ys, Boudelet, de Bécourt, Le Seurre, Willequin, Boulzaume, Danarz.
1412-1421 Durant, Berment, Milon, Duhamel, Farde, Dubois, Fardé, Potin, Damual, Cauderon, Le Bosquillon, Reinart, Milon, Gontier, Simonnet de Le Rœuvrière, Milon, Lereculé, Dauffay, Paupicqué.
1438 Desfaux, Boulet, Troquel.
1444 Boucher, Huchon, Jamin.
1456 De Mirerval, Cagne, de Latte.
1476 Hanevin, Le Pecqueur, de Maiez, Havel, Hernu, Tronquel, Leprendre, Bourguignon, Gloriat, de Montdidier, Pillet, Griette, Le Lacherie, de Froideval, Pugnat, Macque, Lepesque, Dewaurin, Desprez, Auwel, Courtois.
1491 Hanet, Greslin.
1492 Ride, Galot, Grebendon, Recullé, Van Belle, Hanel, Picanet, Pasque, Dugardin, Lasne, Ardenois, Morel, Deleplache, Gallot, Recullé, Leflamencq, Delevallée, Bonnart.

1496 Picart, Lefebvre, d'Abbeville, Hamel, Lemcort, Dubray, Saugnier, Cacherat, Bolle.
1499 Pamer, Blaire, de Beaumanoir, Rouzée, Violet, Brissat, Gamin, Morel, Maillart, Hiboult.
1510 Delevallée, Lemaistre, Deheuch, Dugardin, Ducrocq.
1513 De Hérissart, Dugardin, Ducrocq.
1516 Dewaucourt, Josse, Dupuich, Walle, Ducrocq.
1518 Rose, Lechine, Fouleux, Lasne, Boulie, Dubos-Georges, Lequien.
1522 Depennin, Boutesfoit, Recullé, Cornet, Léonart, Willequin, Rose, Duquemin, Dehérissart, Lesecq, Gallot, Lequien, de Monchy, Beste, Chrestien, Diévat, Joré, Duponchel, Paielle, Levray, Bin, Gaulier, Dufresne, Walle, Delattre, Dehuichin.
1525 Denys, Walle, Dugardin, Willemarre, Mallin.
1542 Dediévat.
1561 Lemaire.
1573 Messéant, Regnault Choire.

Serruriers-Ferronniers

1406 Le Waideur, Colart Loys.
1416 Pierre Mallebrancq, Defrise, Delattre.
1444 Dubos.
1493 Clau, Lebrun, Blocquel, Dehemens, Lecale, Leprinche, Dehoudain, Dupuich.
1512 De Quéry, Glore, Lebrun, Genelle, Caudron, Leblancq, Lossignol, Desauchoy.
1516 Duquemin, Lebailly.
1518 Grigny, Fascon.
1522 Hanegrave, Warnier, Lemangnier, Lesourd, Fagot, de Mesplau, Vinchent, Pincquart.
1540 Lauwin.
1547 Bacqueleu.

Orfèvres nommés aussi joyeliers, bibelotiers

1432 Daullé.
1511 Tassart Bourgois, Tristan, Demancheaulx, Collart Daublet, Fayolle, Carpentier, Deslyons.
1516 Pammart.
1532 Rose, Maillet.
1540 Levaasseur.
1563 Defroimantel.

CHAPITRE XVI

Rues et places

Aspect ancien des rues, — leur amélioration, — leurs habitants, — leurs noms.
Places et portes. — Faubourgs.
Population.

Les rues de Béthune n'étaient pas autrefois ce qu'elles sont aujourd'hui. Anciennement elles étaient mal pavées, insuffisamment éclairées le soir, encombrées journellement de voitures, de bêtes de somme, de quantités considérables de marchandises, en un mot, d'obstacles de tout genre qui rendaient difficile et parfois dangereuse la circulation. Ne croyons pas cependant que les améliorations sous ces divers rapports n'aient commencé que de nos jours. En 1717, la ville nommait un maître maçon aux gages annuels de deux cents francs pour surveiller les travaux d'entretien du pavé de la ville et de la banlieue (1). En 1754, les travaux de pavage dans les rues de la Porte-Neuve, de la Grosse-Tête, sur la Grand'Place, le Marché-au-Fil et dans les faubourgs exigeaient une dépense de 4542 l. 10 s. En 1789, la ville faisait placer dans les rues quarante reverbères fournissant un total de cent sept becs. Ce ne fut qu'en 1851 que nos rues furent éclairées par le gaz. Bien avant 1789, on interdisait aux marchands de Béthune d'empiéter sur la voie publique. Le grand nombre de carrosses qui existaient alors et précédemment à Béthune avaient exigé cette

(1) Arch. municip., CC. 282.

interdiction. Avant 1789, on comptait dans cette ville vingt-trois voitures de maître.

Au moyen-âge, certaines de nos rues étaient affectées spécialement à des industries déterminées. Nous avons la rue des Pots-d'Etain habitée par les *potiers* d'étain. Les industries odorantes étaient reléguées dans certains quartiers. Nous avions la rue des Tanneurs qui commençait à s'ouvrir après la rue présente du Tir. Les bouchers ne pouvaient ni tuer, ni vendre chez eux. Il y avait une tuerie autrement dite un abattoir sur l'âtre St-Barthélemy; il y avait en outre sur la place actuelle de la Mairie une boucherie corporative, où la viande était exposée sur des étaux dont le nombre était de quatorze.

Les habitants avaient coutume de choisir leurs rues pour s'y loger selon leurs professions et leurs conditions sociales. Les magistrats, les bourgeois enrichis ou anoblis, les chanoines, vivaient sur l'âtre St-Barthélemy, sur le cimetière du même nom, dans la rue nouvellement nommée Gambetta, c'est à dire dans des rues calmes, silencieuses, dans des maisons fermées sur la rue, prenant jour sur des jardins. Le peuple travaillait dans des rues animées, bruyantes, telles que la rue des Fers, celle de St-Pry, celle de la Grosse-Tête, dans des maisons ouvertes sur la voie publique où l'artisan était en communication directe avec le passant qu'il cherchait à attirer et qui surveillait pour ainsi dire son travail.

L'emplacement de ces ateliers différait suivant les professions. Les cordonniers et savetiers travaillaient dans une cave ou plutôt sur les marches d'une cave qui s'ouvrait sur la rue. Les boulangers travaillaient également dans une chambre basse au fond de laquelle on apercevait l'ouverture du four. Au rez-de-chaussée, en lieu apparent, les pains étaient étalés. Une paire de balances, des règles en bois, des tailles sur lesquelles on marquait par des crans la quantité de livres de pains fournies à crédit, étaient placées sur le comptoir auprès d'une fenêtre pour être vues du passant.

Le charcutier étalait sa marchandise dans sa boutique contiguë à la rue.

La poissonnerie était, comme la boucherie, dans un lieu particulier, place du Marché-aux-Poissons; la police veillait particulièrement à la propreté de cette place.

Les hôtels avaient au rez-de-chaussée leur cuisine et leur salle à manger qui s'ouvraient d'ordinaire sur la cour pour permettre aux voyageurs de prendre leurs repas en dehors des distractions de la rue.

Les tavernes et les cabarets avaient, d'ordinaire aussi, leurs grandes salles sur la cour où l'on pouvait boire, jouer ou causer, sans être distrait par le bruit de la rue.

Les menuisiers, les serruriers, les forgerons avaient leurs ateliers au rez-de-chaussée, désireux qu'ils étaient de produire leurs ouvrages à la vue de leurs clients dès leur entrée dans leur atelier.

Les tisserands qui, anciennement, étaient nombreux à Béthune, travaillaient d'ordinaire, dans les faubourgs. Ceux d'entre eux qui habitaient la ville s'installaient dans une cave ou au fond d'une ruelle dans une salle basse.

Rue des *Annonciades*, appelée depuis le 24 mars 1793, rue de la *Délivrance*.

Cette rue, anciennement, avait emprunté son nom au couvent des Annonciades.

Rue d'*Arras*, anciennement des *Fers*.

Cette rue avait pris, dès son origine, ce dernier nom, parce qu'elle conduisait à la porte dite *des Fers*, ainsi dénommée à cause de sa structure, garnie de *fers* de haut en bas, ayant *une croix de fer* pour défendre l'ouverture de son guichet, munie de *couteaux de fer* et de *chaînes de fer* (1).

Rue des *Grands-Becquereaux*, aujourd'hui *Gambetta*.

On n'est point d'accord sur la signification de ce nom. Les uns pensent qu'il dérive du mot *gargouille* terminée en *bec*. On sait que les gargouilles en bec servaient à jeter *l'eau* au dehors des bâtiments. D'autres estiment que ce nom vient du mot *Brocquereulx* signifiant *crampons*, araignes ou *araignées de fer*, fixés sur les murailles de nos fortifications pour y maintenir *les rateliers de bois* qu'on remplissait de pierres, d'épines pour être jetées, à un moment donné, sur les assaillants.

Cette rue est très ancienne. Au mois d'août 1203, Philippe de Saveuse donnait à sa sœur Marie, femme de Hugues de Carency, une maison, située à Béthune, rue des *Grands-Becquereaux*, pour compléter sa légitime (2).

Rue ou ruelle *Saint-Vaast*, appelée plus tard des *Petits-Becquereaux* et présentement *Louis-Blanc*.

Primitivement on l'appela rue ou ruelle St-Vaast, parce qu'elle conduisait à l'église de ce nom.

Rue du *Carnier*, actuellement rue *Saint-Vaast*.

Cette rue était nommée rue du *Carnier* parcequ'elle conduisait au cimetière, le plus ancien et le plus considérable de la ville, situé au faubourg Catorive. C'est dans ce faubourg que se faisaient autrefois les exécutions capitales.

(1) Arch. municip.
(2) Histoire généalogique d'une branche de la Maison de Béthune par M. l'abbé Douai.

Rue du *Château,* précédemment du *Chastel,* actuellement de l'*Esplanade.*

Cette rue portait, anciennement le nom du *Chastel* ou du *Château,* parce qu'elle conduisait au château des seigneurs de Béthune. Le Conseil de la commune lui donna, le 24 mars 1793, le nom de rue de l'Esplanade.

Rue du *Cimetière Saint-Barthélemy.*

Cette rue était ainsi appelée parce qu'elle était établie sur le cimetière de ce nom. Elle prit plus tard le nom de *rue Neuve,* plus tard encore celui des *Tanneurs* et présentement celui du *Tir.*

Rue du *Pilart* ou de la *Calondre.*

Le nom de rue du *Pilart* lui venait de celui de la petite rivière qui la traverse à une de ses extrémités. Cette rue fut appelée rue de la Calandre, lorsqu'on y eut établi une machine servant à lustrer les draps et dont le nom dérive du mot grec *Kalandra.*

Rue des *Trois-Vertes-Têtes* ou de la *Croix-St-Barthélemy.*

A partir de la *grande boucherie* située anciennement sur la place actuelle de la Mairie, la rue des Treilles prenait le nom de rue des *Trois-Vertes-Têtes* et aussi celui de la *Croix St-Barthélemy.*

Rue du ou des *Marais.*

Elle était ainsi nommée parce qu'elle conduisait au marais de Béthune et à celui d'Annezin.

Rue *Fourche,* présentement rue *Neuve.*

Cette rue, appelée autrefois *Fourche,* parce qu'elle avait à peu près la forme de cet instrument, fut supprimée en 1693 sur la demande des sœurs infirmières de l'hôpital St-Jean et malgré l'opposition des bourgeois. Elle ne fut ouverte de nouveau qu'en 1789. On lui donna alors le nom de rue *Neuve*.

Rue du *Pot* ou des *Pots-d'Etain*.

Elle fut ainsi nommée pour ce motif que les ouvriers travaillant l'étain et nommés anciennement *potiers d'étain* y demeuraient. Il y a quarante ans, on voyait, au milieu de cette rue, une maison à pignon saillant, curieux spécimen des habitations des bourgeois au moyen-âge.

Rue *Grosse-Tête*, autrefois appelée rue de l'*Engalerie*.

Cette rue porta successivement ces deux noms par allusion à un âne servant d'enseigne, ayant une grosse tête et enfermé dans une galerie ou balcon. Cette enseigne portait le nom d'*Asnes Biet*.

Rue du *Collège*, autrefois *Froide-Rue*, rue des *Jésuites*.

Elle fut appelée primitivement *Froide-Rue*, étant ouverte au vent du Nord qui, ne trouvant aucun obstacle, s'y engouffrait. Elle prit le nom de rue des *Jésuites*, lorsque ces religieux s'y installèrent au commencement du xvii° siècle. Le 24 mars 1793, nos édiles l'appelèrent rue de l'*Education*; un peu plus tard on lui donna le nom de la rue du Collège.

Rue des *Poulets*, présentement rue du *Carillon*.

On la nommait rue des Poulets parce qu'elle aboutissait au marché de ce nom. On l'appelle aujourd'hui rue du Carillon, pour indiquer sa proximité du beffroi.

Rue de la *Porte-Neuve*.

Cette rue prit ce nom en 1588, lorsque la ville eut acheté le terrain pour l'établissement d'une nouvelle *porte*, substituée à celle du *Carnier*.

Rue des *Rosiers*.

Cette rue tirait son nom d'un jardin auquel elle aboutissait et où l'on cultivait la rose.

Rue *Saint-Pry*.

Ainsi appelée parce qu'elle conduisait au prieuré de ce nom.

Rue *Poterne*.

Ainsi nommée par allusion à une poterne construite au milieu de cette rue.

Rue de l'*Ermitage*.

Anciennement cette rue portait ce nom parce qu'au n° 3, se trouvait une sorte de refuge pour un ermite. On en fit plus tard une école.

Rue du *Rivage*, anciennement de la *Vigne*.

Cette rue portait primitivement le nom de la Vigne parce qu'elle conduisait à des terres situées dans le faubourg de ce nom où l'on cultivait la vigne. Les bourgeois buvaient volontiers cette *piquette* appelée aussi *verjus* qui leur rappelait un produit du territoire.

Cette rue prit plus tard le nom de rue du Rivage. Habitée, en 1789, par plusieurs bouchers, elle était fort sale. Elle est devenue très propre, quoique traversée journellement par une foule de voitures, depuis l'existence de l'abattoir. De toutes nos rues, c'est elle qui fut pavée la première.

Rue de la *Treille* ou des *Treilles*.

Anciennement, elle commençait au n° 1 jusqu'au n° 29, et au n° 2 jusqu'au n° 16 inclusivement. Elle prenait alors le nom de rue des *Trois-Vertes-Têtes* ou de la *Croix St-Barthélemy*. On lui donna le nom de la rue de la *Treille* par allusion au *Treillis* qui protégeait la statue de St-Jean-Baptiste placée, dans cette rue, au-dessus du fronton de la chapelle de l'hôpital dirigé par les sœurs d'En-Haut.

Grand'Place.

Cette place date de l'origine même de la ville. Elle a conservé, du moins dans son ensemble, sa physionomie des anciens temps. Cependant, en 1811, fut reconstruit l'hôtel de ville. — La première pierre de cet édifice fut posée le 5 octobre 1811. Les pièces de monnaie reposent à la troisième assise de gré d'avant-corps du côté du corps de garde. Ce monument est loin d'être recommandable par son architecture. C'est depuis cette dernière date que le beffroi fut réparé et consolidé. La gouvernance qui présentement, est à l'usage de café, n° 13, *Café de Paris*, n'a rien perdu de son caractère monumental. La belle façade de l'*Hôtel du Nord*, n° 42, continue de se présenter noblement avec son pignon aigu à la rue. En 1783, cet hôtel portait le nom d'auberge du *Palais royal*. Au dessus de cet hôtel on apercevait de la Grand'Place, avant 1789, l'église des jésuites et son clocher qui ont disparu et à laquelle on arrivait par l'*Impasse Centrale*. La maison du *Constantin*, située également sur la Grand'Place au pied du beffroi, *sud-est*, était surmontée d'une élégante tourelle à laquelle on montait par un *escalier à vis*. En 1789, cette maison servait de *café* aux officiers de la garnison.

Sur la Grand'Place étaient établis les marchés : 1° aux grains ; 2° aux herbes et aux fruits ; 3° à la poterie.

Place du *Marché au-Fil*.

Cette place, qui portait aussi le nom de place du marché au lin, ne fut ainsi appelée qu'après la translation de ce marché qui, jusqu'au xviii° siècle, se tenait au faubourg du Rivage.

Place de la *Mairie*.

Cette place fut occupée autrefois par la grande boucherie, puis par le marché aux toiles.

La grande boucherie se composait, en 1762, des étaux suivants : à gauche, en sortant de l'hôtel de ville :

1° Adrien Delplace, propriétaire et occupeur du 1er étal.
2° L'église St-Vaast, propriétaire du 2e.
3° Marchand, propriétaire du 3e.
4° Adrien Delplace, propriétaire et occupeur du 4e.
5° Jean-Philippe-Joseph Hulleu, propriétaire du 5e.
6° Ve Danis, propriétaire du 6e.
7° André Dupuich, propriétaire du 7e.
8° Louis-Philippe Dartois, propriétaire du 8e.
9° Adrien Wagnard, propriétaire et occupeur du 9e
10° Adrien Wagnard, propriétaire du 10e.
11° Adrien Wagnard, propriétaire du 11e.
12° Pierre Hersin, propriétaire et occupeur du 12e
13° Adrien Wagnard, propriétaire du 13e, placé au-dessus de l'étal précédent.
14° Marchand, propriétaire du 14e.
15° Delle Faucquette, propriétaire du 15°.

16° Bouton et Barrois, propriétaires du 16°.
17° André Dupuick, propriétaire et occupeur du 17°.
18° André Dupuick, propriétaire du 18°.

Petite boucherie dont les étaux appartenaient à la ville :

1ᵉʳ Occupé par Dominique Hersin.
2ᵉ — par Jacques Millot.
3ᵉ — par Sébastien de Rohart.
4ᵉ — par Adrien Wagnard.
5ᵉ — par J.-B. Allocherie.

Place du *Marché-au-Beurre.*

Cette place était désignée, en 1762, par les noms des Trois-Vertes-Têtes et de la Croix St-Barthélemy. Il a pris actuellement le nom de place du *Marché-aux-Poulets.*

Place du *Marché-aux-Poissons.*

Aujourd'hui comme autrefois, il occupe le même emplacement.

Place du *Marché-au-Beurre de pot,* présentement place *St-Vaast.*

On y voyait autrefois cinq maisons faisant face au grand portail de l'église St-Vaast et que la ville, après les avoir achetées en 1824, fit démolir.

Place *St-Barthélemy,* anciennement *Atre-St-Barthélemy.*

Elle avait servi jadis de petit cimetière et portait, pour cette raison, le nom d'Atre Saint-Barthélemy.

Il y avait, en outre, dans Béthune, des *ruelles,* des *cours,* des *courettes,* comme on les appelait. Ces ruelles ou courettes étaient, pour la plupart, mal pavées, quand elles l'étaient ; les eaux ménagères y croupissaient ; les immondices s'y accumulaient ; le soleil n'y pénétrait que difficilement ; la circulation y était interceptée de toutes manières ; le linge y séchait à l'extérieur sur des cordes ; les façades de ces demeures étaient loin d'être pittoresques; leur aspect terne et délabré n'attirait guère, mais plutôt éloignait tous ceux que la nécessité n'y conduisait pas ; ces ruelles n'étaient pas faites pour la circulation, à peine avaient elles ce qu'il fallait pour y demeurer. Cependant ceux qui les habitaient y étaient relativement heureux, y trouvant leur foyer, leur intérieur, leur famille. Parmi ces *cours* ou *ruelles* nous citerons celle du *Bar de Mer*, celle de la *Cour de la Vierge*, la rue de la *Basse-Ville*, etc.

Quelques-unes de nos anciennes rues ont disparu. Il en est ainsi d'une ancienne rue appelée rue de Bourgogne qui, des environs du Bar-de-Mer, retombait dans la rue de la Vigne; il en est de même de la rue des Bordeliers, traversant la rue des Fers pour aboutir à la rue St-Pry. M. Lequien, dans sa notice sur Béthune, donne les mêmes renseignements sur la rue des *Roseaux*, voisine de la porte du Marais, et qui a disparu, dit-il.

C'est une erreur de la part de cet honorable auteur qui, dans sa lecture de l'ordonnance de 1562, sur les mystères, a pris le mot *Roseau* pour celui de *Rosier*. Le même auteur se trompe aussi lorsqu'il prétend faire aboutir la rue des *Trois-Prés-St-Jean* à la rue des *Fers*. La rue des *Trois-Prés-St-Jean*, qui a disparu, nous en convenons avec lui, était située au delà de la porte de la Vigne et non dans l'intérieur de la ville, « aux environs de la place ».

La ville de Béthune n'avait, en 1364, que quatre portes. C'est ce que l'on voit dans un bail passé entre Robert Bailleul, maître de l'hôpital et Jean de Beleval, demeurant à Labeuvrière. Celui-ci s'engage, par cette convention, à livrer tous les grains de *le ditte cense* dedans les *IIII* portes de Béthune. Ces portes étaient celles des *Fers*, de la *Vigne*, de *St-André*, de

St-Pry. Ce qui n'empêche pas cependant d'admettre l'existence de la porte des *Marais* ou *Maretz* à cette époque, celle-ci n'étant pas destinée, comme les quatre autres portes, à recevoir *cars* ou *carettes* venant du dehors et chargés de grains.

Faubourgs

On comptait, autrefois comme aujourd'hui, dans Béthune, neuf faubourgs, savoir : 1° de Lille; 2° du Perroy; 3° d'Arras; 4° de Catorive; 5° du Pont-de-Pierres; 6° du Rivage; 7° des Prés-des-Sœurs; 8° de St-Pry; 9° de la Porte-Neuve.

Les maisons situées dans ces faubourgs étaient anciennement fort basses et couvertes, pour la plupart, en chaume. L'installation de leurs habitants était rurale plutôt qu'urbaine.

Le faubourg de Lille portait ce nom parce qu'il conduisait à cette dernière ville. La route de Béthune à Lille passait primitivement par Festubert, plus tard par Nœux.

Le faubourg du Perroy, autrement dit du *Prey*, donnait son nom à une chapelle et à un prieuré très renommés.

Le faubourg d'Arras tirait son nom de cette dernière ville où il conduisait.

Le faubourg du Pont-de-Pierres ainsi nommé parce que le pont jeté sur la rivière était en pierres.

Le faubourg de Catorive tirait son nom de deux mots unis ensemble : *cato* pour château et *rive* pour signifier le *bord de la rivière de la Lawe*.

Le faubourg du Rivage, précédemment de la Vigne, où se tenait le marché aux bêtes et aux chevaux, était doté d'une chapelle très renommée dédiée à Saint-Jacques.

Le faubourg St-Pry tirait son nom du prieuré et de

la paroisse consacrés à ce grand saint. Entre le faubourg d'Arras et celui de St-Pry, se trouvaient les *bois dérodés* tant de fois cités dans nos archives municipales.

Le faubourg de la Porte-Neuve était renommé depuis fort longtemps pour ses blanchisseries. Les blanchisseurs y trouvaient un terrain parfaitement approprié pour y établir leurs buanderies ou bueries, leurs chaudières, leurs auges, leurs planchots, l'eau pour laver leurs étoffes, les prés pour leurs séchoirs.

Le faubourg des Prés-des-Sœurs était ainsi nommé parce que les religieuses d'En-Haut étaient propriétaires d'une certaine partie de ce territoire.

Rues des faubourgs

1° La rue du Groude était en dehors mais proche de la porte des Fers. En 1405, la table des pauvres de St-Barthélemy vendait à Jean Pronier, barbier, pour seize sols parisis, une maison, située dans cette rue.

1° Rue Verte ou Verde-Rue. Elle était située au faubourg Catorive, le long de la rivière, en aval du faubourg, entre le mont Sorel et le Vert-Chemin. En 1615, on y construisit pour les pestiférés, un hôpital auquel on donna le nom de béguinage. Cette rue était appelée anciennement rue *Pépin*.

3° Rue de la Croichie. Cette rue, située sur le chemin de Béthune à Verquigneul, s'ouvrait à la sortie du calvaire de N.-D. du Perroy; c'est ce qui lui valut son nom de *Croichie*. En 1275, fut faite par les tables des pauvres des trois paroisses de Béthune, la cession d'une mencaudée de terre, sise dans cette rue, au profit de Jean d'Annequin, demeurant à Verquigneul.

4° Rue des *Asnes*. Cette rue conduisait, en 1478, du faubourg St-Pry à celui des Fers.

5° Rue Borel. Il est fait mention de cette rue dans nos archives municipales, sous la date de 1498. Elle était située au faubourg d'Arras.

6° Rue des Vaches. Elle était située au faubourg Catorive, près du chemin de Béthune à Hinges.

A l'entrée du chemin de Béthune à St-Venant par le faubourg de Catorive, on voyait un fort beau calvaire nommé la *Croix-Rose*.

A la sortie de la ville par la porte des Fers se trouvait également à l'est un magnifique calvaire.

Entre la porte d'Arras et celle de St-Pry se trouvait ce qu'on appelait indistinctement les grands prés la *Vieville*, les prés de *Bourgogne*, les *Houches*.

En 1720, Béthune contenait 550 maisons et 4,500 habitants, non compris les faubourgs. En 1763, le nombre des habitations s'élevait dans l'intérieur de la ville à 625. La paroisse Ste-Croix en avait 519 ; le reste appartenait à celle de St-Vaast. D'après le pouillé du diocèse d'Arras de 1787, le nombre des communions dans la paroisse Ste-Croix était de 2.600. Le chiffre pour ceux de la paroisse St-Vaast était de 4000. Ce qui donnait un total de 6.600, sans compter les enfants n'ayant pas l'âge de communier. En 1788, la population, y compris tous les faubourgs, s'élevait à 7.465.

En 1851, Béthune avait 7692 habitants, en y comprenant la population flottante qui était de 524 individus.

En 1856, le recensement de la population donnait un total de 7.772 habitants, en y comprenant 447 individus appartenant à la population flottante. Le recensement de la population fait en 1861, donnait à Béthune, 8.264 habitants y compris 655 personnes appartenant à la population flottante.

En 1889, Béthune comptait 10.917 habitants. La progression est considérable.

RENSEIGNEMENTS

ET

PIÈCES JUSTIFICATIVES

I

Maires de Béthune

Maximilien de BOISROND,	1692
Jean-Baptiste WALLART,	1698
Vacance d'office de 1709 à 1765.	
De BEAULAINCOURT, comte de Marles,	1765
De HAME de DIXMUDE,	1769
De BARDOUL,	1771
Le RICQUE de MARQUAIS,	1773
FLAHAUT,	1780
Le chevalier DUPIRE d'HINGES,	1786
Éloi BOIDIN,	1789
Antoine-Joseph de BAILLENCOURT,	1790
Benoit BROUDOUX,	1792
François de BAILLENCOURT,	1793
André Éloi CARPENTIER,	1795
Auguste TRIPIER,	1798
DELALEAU,	1799
LEMAIRE-DONZE (Cent-Jours)	1815
DELALEAU,	1815
Marquis De BAYNAST,	1826
LEMAIRE-DONZE,	1830
Louis BOIDIN,	1832
Henri de BELLONNET,	1836
DELLISSE-ENGRAND,	1862
HURBIEZ,	1878

Oscar DUPUICH, 1879
Eugène HAYNAUT, 1888

II

Seigneurs de Béthune

HERMAN, fils d'Arnould, le vieux, comte de Flandre,	940
ROBERT Ier dit Faisceux, fils d'Adalème, comte d'Atrebatie	970
ROBERT II, fils du précédent,	1030
ROBERT III, fils du précédent,	1070
ROBERT IV, fils du précédent,	1101
GUILLAUME Ier, fils du précédent,	1128
ROBERT V, fils du précédent,	1148
ROBERT VI, fils du précédent,	1191
GUILLAUME II, frère du précédent,	1197
DANIEL, fils du précédent,	1214
ROBERT VII, frère du précédent,	1230
MATHILDE, fille du précédent, femme de Guy de Dampierre,	1248
ROBERT VIII, fils de la précédente (dernier seigneur par succession directe),	1264
PHILIPPE-LE-BEL, roi de France, par conquête et traité,	1297
MATHILDE DE FRANCE, comtesse d'Artois, par donation et échange,	1311
JEANNE, reine de France, fille de la précédente,	1329
JEANNE DE FRANCE, fille de la précédente, duchesse de Bourgogne,	1330
PHILIPPE DE ROUVRE, fils de la précédente,	1347
MARGUERITE DE FRANCE, tante du précédent,	1361
LOUIS DE MALE, comte de Flandre, fils de la précédente,	1382
MARGUERITE, fille du précédent, femme de Philippe-le-Hardi,	1384
GUILLAUME DE NAMUR (échange),	1385
JEANNE DE HARCOURT, 2e femme du précédent (par douaire),	1418
CHARLES-LE-TÉMÉRAIRE (par rachat),	1455
MARIE DE BOURGOGNE, fille du précédent, femme de Maximilien,	1477
LOUIS XI, roi de France (par conquête),	1477
PHILIPPE-LE-BEAU, fils de Marie de Bourgogne et de Maximilien,	1483

CHARLES-LE-QUINT, fils du précédent,	1506
PHILIPPE II, fils du précédent,	1556
Isabelle-Claire-Eugénie, fille du précédent, femme de l'archiduc ALBERT (donation),	1598
PHILIPPE IV, roi d'Espagne,	1621
LOUIS XIV, roi de France, conquête et traité,	1645
République de Hollande, conquête,	1710
LOUIS XIV, traité d'Utrecht,	1713
LOUIS XV,	1715
LOUIS XVI,	1774
MAXIMILIEN Antoine-Armand, duc de Sully, par échange,	1779
MAXIMILIEN Gabriel-Louis, duc de Sully, fils du précédent	1786

III

Gouverneurs de Béthune

BON DE SAVEUSE,	1460
Jean de POLIGNAC,	1477
Louis de BLOIS,	1497
Claude de BONVARDE,	1504
François de MELUN,	1521
Frédéric de MELUN,	1522
Maximilien de MELUN,	1554
François de NOYELLES,	1555
Gille de LENS,	1556
François de BERNEMICOURT, seigneur de la Thieulloy,	1564
Jean de BERNEMICOURT, seigneur de la Thieulloy,	1584
Gaston de SPINOLA,	1594
Philippe de ROBBES,	1597
Le comte de BOUSSU,	1606
Philippe de GOMICOURT,	1625
Charles STASSIN,	1635
Adrien DANDELOT,	1636
Philippe de BONNIÈRES,	1640
Ferry de CHOISEUL,	1645
François de CREQUI,	1655
Nicolas BOCHART,	1687
Jean de MARILLAC,	1700

Antoine DUPUICH de VAUBAN, 1704
Jean RABO, baron de Keppel, 1710
Antoine DUPUICH de VAUBAN, 1713
Baron de ROTTENBOURG, 1731
Charles de TERNAUX, 1737
Duc de BROGLIE, 1752
Charles de MONPEON, 1771

IV

Noms de quelques-uns des Députés du Tiers-État de Béthune

1715 Jacques-François DAMIENS et Baltazar DUFRESNE.
1716-1717 Jacques-Charles DUBUS et Bon-Philippe DESGROSILLIERS.
1718 Nicolas VALLERO et André-Joseph MARCHAND.
1719 Jacques-François DAMIENS et Pierre-Guy JOYE.
1720 Adrien-François GALBART et Pierre-Guy JOYE.
1721 Jean-Baptiste CORRIETTE et Jean-François LEROULX.
1722 Jean-Baptiste CORRIETTE et Henri-Joseph FAUQUETTE.
1723 1724 Jacques-François DAMIENS et Jean-Charles DELEVIGNE.
1725 François-Joseph BOUTON et Bonaventure GOULIART.
1726 Bonaventure GOULIART et Joseph-Albert de LAUTEL.
1727-1728-1729 DELEVIGNE et Baltazar DUFRESNE.
1730-1731-1732 DELEVIGNE et DUFRESNE.
1733 DELEVIGNE et Michel-Joseph DESTIEN.
1734 DELEVIGNE et André-Antoine DENIS.
1735 DELEVIGNE et DUFRESNE, sieur de LA VAULTE.
1736 Jean-Baptiste GERMAIN et DUFRESNE.
1737 DELEVIGNE et Louis DESCAMPS.

1738-1739-1740 DELEVIGNE et GOTTRAN.
1741 DELEVIGNE et André-Joseph MARCHAND.
1742 DELEVIGNE et André-Antoine DENIS.
1743-1744-1745 DELEVIGNE et Guislain LESCUYER.
1749 DELEVIGNE et BOUTON.
1750 SEGON et DELEVIGNE.
1751 DELEVIGNE et MARCHAND.
1752 DELEVIGNE et GOTTRAN.
1754 DESTIEN et LESCUYER.
1764 AMAS.

V

Pour les despens et mises soutenus pour l'exécucion faicte de Jéhan Bacouel, natif de Buires-lez-Auxi, exécuté à la justice de Béthune (Décembre 1517).

A Anthoine Le Brun et Gabriel Desquire, sergens à cheual en ladite gouuernance, pour auoir prins prisonnier ung nommé Jéhan Bacouel, natif de Buires-lez-Auxi, lequel, sur plaincte faictes à monsieur Le Lieutenant audit Béthune, estait chargié d'auoir, auec aultres, commis certain rapt et force en la personne de Jéhenne Le Borgne, dite Descamps, femme de Jacques de Bray, demourant audit lieu d'Auxi, et aultres maléfices, exécuté à la justice de Béthune, comme il apperra cy après, payé, pour leur prinse, comme il a esté accoustumé de tout temps (1) . . . . viij^s.

Audit Anthoine Le Brun, pour auoir esté quérir ledit Jacques de Bray qui demourait et seruait au uillaige du Locon, distant d'une lieuwe de Béthune, après que ledit Bacouel fu prins, pour sçauoir si c'estait ledit Bacouel qui auait fait ladite force à sa femme pour ce payé . . . . xij^d.

A Plaintain Le Rouge, messaigier, pour ung uoiaige par lui fait par l'ordonnance de justice en la ville d'Auxi pour aller quérir et amener ledit Jacques de Bray qui estait retourné audit Auxi et aussi ladite Jehenne Le Borgne, sa femme, pour confronter icelle Jehenne pour ledit cas contre ledit Jehan Bacouel, du-

(1) Le premier chiffre a été effacé et, à la marge, se trouve cette mention : « Prendre comme et comptes précédens.... viij^s. »

quel uoiaige, allant, besongnant et retournant, il uac-
qua par trois iours à iiij˚ pour iour, font . . . . . xij˚.

Audit Jacques de Bray et sadite femme pour leurs
despens qu'ils ont eus et soutenus d'auoir uenu en
ladite ville de Béthune dudit lieu d'Auxi pour, par
ladite Jéhenne, estre confrontée contre ledit Bacouel
sur ladite force et rapt, auoir séjourné par deuls iours
audit Béthune, et pour les despens de leur retour. . xviij˚.

Après laquelle confrontacion faicte, pour ce qu'il
apparoissait aucunement audit rapt que ledit Bacouel
dényait et se estait chargié d'aucun homicide, que on
ne pooit uérifier que en allant audit lieu d'Auxi faire
l'informacion desdits cas, fu admis par la justice,
sans y auoir escheuins qui enissent beaucoup cousté,
que le procureur pour office yrait et auec lui Jéhan
Clauwin, greffier de l'escheuinaige de Béthune pour,
par euls appelés auec euls deuls hommes de fief du
chasteau dudit Auxi, faire informacion desdits cas et
aultres s'ils trouuaient ledit Bacouel estre chargié;
lesquels se partirent dudit Béthune le mardi vj iour
d'octobre v˚ dix-sept.

Audit Nicolas de Camiers, procureur-général en
ladite gouuernance, Jéhan Clauwin, greffier de l'escheuinaige dudit Béthune, et, auec euls, Anthoine
Le Brun, sergens à cheual de ladite gouuernance, en-
uoyés pour la cause dite audit lieu d'Auxi, pour leur
uoiaige par euls fait, illecq faire ladite informacion
dudit Bacouel et de sa vie et renommée, appelés auec
euls deux hommes de fief dudit chasteau d'Auxi, et
qu'ils firent ; auquel uoiaige allant, besongnant et retournant, ils uacquèrent par l'espasse de six iours et
leur a esté payé, pour chacun, assauoir : audit procureur xvj˚ pour iour, audit greffier xij˚ pour iour et
audit sergens qui compaigna et assista ledit procureur
et greffier et fit aussi, audit lieu d'Auxi, les adiourne-
mens des temoings qu'ils trouuèrent sachant à parler
du fait dudit Bacouel x˚ pour iour; font, pour euls
trois, xxxviij˚ pour iour; monte pour lesdits vj iours. xj¹, viij˚.

A Jéhan Parenti et Jacques Bernard, hommes de
fief du chasteau d'Auxi, lesquels furent prins et esleux
desdits procureur et greffier à estre prins à faire ladite
informacion, à euls payé pour iij iours qu'ils ont uacquié, tant audit lieu d'Auxi comme en aucuns uillaiges

circumuoisins où ledit Bacouel auait hanté et conuersé, à vj^s le iour, chacun, font pour euls deuls . . . .   xxxvj^s.

A Guillemin Affelin, Jehannet Le Preuoft, Deniset Sombret, Mahieu Facelle, Jehan Digon-le-Josne, Jehan Deminilleuille, Mahieu Le Feure, Nicolas Pénon et Collart Hullot, tesmoings oys par lesdits commissaires sur ladite informacion, qui font ix tesmoings à chacun desquels a esté payé ij^s, font . . . .   xviij^s.

A ung sergens dudit lieu d'Auxi qui assista lesdits commissaires pour, auec ledit Anthoine Le Brun, sergens, faire uenir lesdits tesmoings, meisme allé auec ledit Anthoine au uillaige de Uy-sur-Esne, pour euls informer à la justice pour le fait de l'homicide dont ledit Bacouel estait chargié; pour et à luy payé . .   iiij^s.

En enssuiuant laquelle informacion, et tout ueu et considéré par lesdits escheuins, icelui Jéhan Bacouel fu, par iceuls escheuins, condempné à estre pendu et estranglé à la justice dudit Béthune, de laquelle sentence ledit Bacouel appela tant desdits escheuins comme depuis des francs-hommes du chasteau dudit Béthune et d'Arras.

A Pierre Tabari, messaigier de pié de ladite ville de Béthune, lequel fut enuoyé audit lieu d'Arras, le iour précédent de ladite sentence desdits escheuins par l'aduertense d'iceuls pour, par ledit Pierre, amener le maistre de le haulte œuure d'Arras pour mettre à exécucion ladite sentence desdits escheuins; lequel Pierre ne trouua ledit maistre de le haute œuure d'Arras qui estait allé hors la ville, mais, au lieu de lui, il trouua ung nommé Jacques de Le Parelle, assi maistre de le haulte œuure, auquel il marchanda et l'amena audit Béthune. Payé audit Tabari pour son uoiaige .   viij^s.

Audit Jacques de Le Parelle, maistre de le haulte œuure pour son uoiaige par lui fait, dudit lieu d'Arras en ladite ville de Béthune, pour mettre à exécucion ladite sentence, ce qu'il ne polt au moien de l'appellacion en téricnce dudit Jéhan Bacouel; néanmoins, il fu retenu jusques à lendemain que la sentence des francs-hommes du chasteau dudit Béthune, confirmatiue de la sentence desdits escheuins, fu prononchée; de laquelle semblablement ledit Bacouel appela; à ceste cause s'en retourna, ledit Jacques, sans rien faire. Pour ce à lui payé, pour sondit uoiaige, selon le marchié à lui fait par ledit Pierre Tabari ou cas qu'il ne fust mis en œuure . . . . xxx⁵.

A Gabriel Desquire, Loys Grében et Ansselot-Lecourt, sergens à cheual en la gouuernance de Béthune et, auec eulz, un piéton qu'ils ont prins pour mener le cheual du prisonnier pour ung uoiaige par eulx fait, de l'ordonnance de monsieur le lieutenant et aultres officyers dudit Béthune, après ce que ledit Jéhan Bacouel, condempné par les frans-hommes du chasteau dudit Béthune, olt appelé de la sentence, mené icellui Jéhan Bacouel en la ville d'Arras et prisons de la Court-le-Comte pour, par les frans-hommes dudit chasteau d'Arras, ueoir et uisiter le procès dudit Jéhan Bacouel appelant et sur ce ordonner et baillier leur sentence; lesquels frans-hommes, après auoir ueu ledit procès, confirmèrent la sentence desdits escheuins et frans-hommes de Béthune, de laquelle sentence ancores ledit Bacouel appela et, pour ce, iceuls sergens et ledit piéton menèrent ledit Jéhan Bacouel prisonnier en la ville de Paris, en la conchiergerie à Paris; ensemble portèrent le procès dudit prisonnier qu'ils mirent es mains de monsieur Longhœul, l'un des seigneurs du Parlement à Paris. Auquel lieu de Paris, par mesdits seigneurs du Parlement, le tout ueu et ledit prisonnier par eulx interroghié, fu iteratiuement les sentences des sussusdites confirmées et ordonné que ledit prisonnier ferait ramené audit Béthune pour mettre à exécucion ladite sentence. Auquel uoiaige, tant audit lieu d'Arras que à Paris, allant besongnant et retournant à cheual, iceuls sergens et piéton uacquèrent par l'espasse de xxvj iours, au moien que, audit lieu de Paris, iceuls sergens ne polrent estre tost despeschiés, obstant certains empeschemens qu'il y auait en ladite court de Parlement ainsi que en a escript maistre Pierre Deschamps, procureur du Roi catholicque, nostre seigneur; et leur a esté payé assauoir : ausdits trois sergens, pour chacun iour, à cheual, x⁵ et audit piéton par marchié à lui fait iiij⁵ pour iour; font pour euls iiij, xxxiiij⁵ pour iour; font et à euls payé. . . . . xliiijˡ, iiij⁵.

A Jacquemin Le Réant, marissal, pour le louaige d'un cheual par lui baillié, sur lequel ledit prisonnier a essé mené ausdits lieux d'Arras et de Paris et ramené

audit Béthune, qui a esté détenu par l'espasse de xxvj
iours à iij˚ vj^d par iour, au moien du chier temps et
par marchié fait auec lui ; font pour lesdits xxvj iours.   iiij^l, xj˚.

Pour les despens du cheval dudit prisonnier desdits
xxvj iours, à iij˚ vj^d pour iour, lesdits xxvj iours, font
pareille somme de. . . . .   iiij^l xj˚.

Audit Nicolas de Camiers, procureur, pour son
uoiaige par lui fait de Béthune audit lieu d'Arras,
auecq ledit prisonnier, pour aller illecq porter le procès dudit prisonnier et prendre contre lui, sa conclu-
sion criminelle, où il a uacquié par iiij iours au pris
de xvj˚ le iour, font . . . .   lxiiij˚.

A Philippe Marchant, greffier en la gouuernance
d'Arras, pour le double du *dictum* de la sentence rendue par lesdits frans-hommes d'Arras, à lui payé (1).   v˚.

A Jacques de Relli, Cheppier des prisons de la
Court-le-Comte, aud. lieu d'Arras, pour son salaire
d'auoir gardé et gouuerné led. prisonnier par trois
iours iijnuys, à lui payé (2) . . . . . (xvij˚)   iiij˚, vj^d.

A monssieur Langhœul, l'un des seigneurs du Parlement audit lieu de Paris pour les espices du procès
et auoir fait son rapport comme il est accoustumé et
par l'aduis de maistre Pierre Deschamps procureur
dudit seigneur Roy, payé (3) . . . .   xl˚.

Au clercq dud. sieur Longhœul, pour solliciter son
maistre que lesd. sergens fussent expédiés au moien
qu'ils auaient ja esté dix iours aud. lieu de Paris sans
rien faire et pour les grans affaires qui estaient lors
en lad. court, comme s'en disait pour le fait de Monseigneur de Nauarre, les fit despaichier le xj˚ iour
payé par l'aduis dud. maistre Pierre . . . . . .   x˚.

Au cheppier de la conchiergerie, à Paris, pour xj
iours que led. prisonnier fu en la dicte conchiergerie,
payé . . . .   xij˚, vj^d.

Au greffier du criminel pour auoir présenté le procès dud. criminel, payé (4). . . . .   ij˚.

Au greffier du criminel dud. lieu de Paris, pour

(1) Cet article est barré, à la marge se trouve cette mention : « *Ce greffier doit faire cest escript à cause d'office*, ergo, rayé. »
(2) Le premier chiffre est effacé. On lit à la marge : « *Prendre selon la taxe des comptes précédens à xvij par iour.* »
(3) A la marge : *Telle despense ne se trouve prinse par les comptes précédens, ueu ce qu'il rend Transeat.*
(4) A la marge, comme ci dessus : *Transeat comme illecq.*

son droit et auoir l'acte de l'appointement de lad. court de Paris, par l'aduis dud. maistre Pierre payé. . . . . . x^s.

Pour les despens de bouche dud. Jehan Bacouel, prisonnier, faits sur les chemins depuis Béthune iusques Arras et d'Arras à Paris et aussi depuis Paris iusques à Béthune, qu'il le conuint gouuerner plus amplement de pain et d'eauwe, au moien que ce fu au mois de novembre V^e dix-sept qu'il fit grandes froidures iusques à gelées, et si a conuenu auoir, toutes les nuys, feu et candeille pour veiller ledit prisonnier, payé pour tout . . . . iiij^l, xij^s, vj^d.

A maistre Flourens Bazart, maistre de le haulte œuvre de la ville d'Arras, pour son salaire d'auoir uenu de ladite ville d'Arras en ladite ville de Béthune et mis à exécucion la sentence de ladite court de Paris confirmatiue aux siéges de l'Eschevinaige de Béthune et des chasteaux de Béthune et d'Arras; pour ce et à lui payé, par marchié à lui fait comme il est accoustumé . . . . lx^s.

A ung piéton, nommé Cabaret, qui a esté envoyé, audit lieu d'Arras, quérir et amener ledit maistre de le haulte œuure, en ladite ville de Béthune pour faire l'exécucion dessus dit, payé pour deux iours, au moien que lors il y auait péril par les chemins, des grandes eauwes fleuwans pour le desgel et plœuue; payé . . x^s.

A monsieur le lieutenant et aultres officiiers de ladite ville de Béthune, pour leurs despens de bouche par eux soustenus au retour de l'exécucion faicte dudit prisonnier à la justice dudit Béthune, payé comme il est d'ordinaire xxiiij^s parisis, font . . . . . . xxvij^s.

Quant à l'eschelle qu'il a conuenu auoir pour la justice, elle a esté empruntée à la ville; pour ce . . . Néant.

VI

NOMS DES RÉGIMENTS

DONT IL EST FAIT MENTION DANS LES ARCHIVES

D'*Aquitaine*. Passé en revue le 15 juin 1782, par M. de Raismes d'Ezery, commissaire des guerres.

D'*Arras* ou d'Artois. Mariage, le 20 décembre 1774, de Louis de Ferrand, aide-major de ce régiment, avec Marie de La Pénotrie.

D'*Artagnan.* Tués au siège, le 15 août 1710, Jacques Hamelin, sergent; le 21 août, M. Hussette, capitaine.

D'*Aubeterre.* Suicide de Pierre Lerd, carabinier de la compagnie de M. de Merière, dans la brigade d'Aubeterre.

D'*Aubusson.* Baptême, le 29 avril 1709, de Jeanne, fille de Jacques Desandrieux, major, et de Louise d'Arnault.

D'*Aumont.* Mariage, le 25 mars 1759, de Philippe de Genevières, capitaine au régiment d'Aumont-Infanterie, avec Marie de Genevières.

D'*Aunay.* De la Rivière, capitaine, tué le 18 août 1710.

D'*Aunis.* Inhumation, le 10 juillet 1716, de Jacques Lachant, lieutenant.

De *Barrois.* Inhumation, le 9 novembre 1715, de Léon de Boui, capitaine réformé; mariage, le 6 novembre 1714, de Pierre Raimbaut, chirurgien-major, avec Marie de Collutio.

De *Beauvilliers-Cavalerie.* Mariage, le 30 juillet 1747, de Louis de Gruson de Maincourt, ci-devant officier, avec Catherine du Crocq.

De *Berwick.* Le 5 juillet 1772, abjuration de l'hérésie de Luther par Marguerite Rubicq, devant M° Michel O'Flamery, aumônier du régiment de Berwick. 22 août 1710, tué sur la tranchée Jean Waren, capitaine Irlandais; 24 août, tué Guillaume Rucel, capitaine irlandais; en 1771, abjuration de David Bourgeois, calviniste, sergent; 13 août 1772, abjuration d'Hendrick Ulrick, luthérien, soldat.

De *Blaisois.* Inhumation, le 13 mars 1730, de Jean Gaudel, seigneur de la Chapelle, capitaine.

De *Boufflers.* En garnison à Béthune en 1725.

De *Bourbon-Busset.* Le 25 janvier 1771; inhumation de François Boireau-Saujon de Cangy, ancien capitaine de cavalerie.

De *Bourgogne.* Inhumation, le 2 septembre 1738, de Jean-Baptiste de Gironte, capitaine.

De *Brown.* Le 9 mai 1768, Jean-Baptiste Brown, soldat, comparait au siège de l'échevinage.

De *Bulkelay-Infanterie.* Mention d'un procès entre Guillaume Fitz-Gérald, capitaine en second, et N. Dumets.

De *Cambrésis.* En garnison à Béthune en 1726.

Des *Carabiniers.* Mention de procès entre Jacques Le Forestier et Charles de Giraud, capitaine-lieutenant au régiment royal des carabiniers. Inhumation le 11 décembre 1749, d'Elisabeth Menge, épouse de Charles Degrieux, ancien capitaine.

De *Caraman.* Inhumation, le 27 juillet 1755, de François Huraut comte de Vibraye, capitaine au régiment de Caraman-Dragon, fils de Paul, ancien colonel dudit régiment..

De *Cayen-Cavalerie.* Requête par Jacques Desandrien, major.

De *Chartres*. Mariage, le 31 octobre 1768, de Louis de Guerpel, ci-devant lieutenant avec Jeanne Le Maître.

De *Chastelux*. Le 28 décembre 1737, François de Saujon, capitaine de cavalerie, parrain de Jeanne, fille de Joseph de Violaines, ingénieur ordinaire du roi, et de Jeanne du Hautoi.

De *Clare*. Mariage, le 8 janvier 1727, de Charles O'Donnell, capitaine de la deuxième brigade de Clare, avec Rose O'Donnell, fille de Daniel, lieutenant.

De *Clermont-Prince*. Le 3 janvier 1769, Louis Fusée, comte de Voisenon, capitaine au régiment de cavalerie, est parrain de Guislaine, fille de Jean-Baptiste Darquier, chirurgien-major de l'hôpital et de Marie Cuignet.

De *Contencin*. Jacques Simon, dit : « Va-de-bon-Cœur », soldat, est condamné à être pendu pour vol de plusieurs objets dans l'église des PP. Capucins.

De la *Couronne*. Mariage, le 4 juillet 1749, de Nicolas de Croix de Drumetz, capitaine, avec Antoinette de Ginnestoux.

Des *Cuirassiers du Roi*. 1er octobre 1785, baptême de Marie, fille de J.-B. Magon de la Giclais, officier, et de Marie de Wavrin-Villers-au-Tertre.

De *Dauphin-Infanterie*. 6 mars 1752, mariage de Louis de Servin d'Héricourt, capitaine, avec Agnès Le Ricque de Rougeville.

De *Dillon*. Procès entre Bernard Magenis, officier et....

De *Douay*. (Aunay). 20 août 1710, est tué d'un coup de fusil au chemin couvert de la ville, Jean de Mesgrigny, officier.

Des *Dragons du Roi*. Procès entre Joachin de le Helle d'Affroux, officier.

D'*Egmont*. 16 octobre 1753, mariage de Jacque de Bardoul, officier, avec Marie des Moucheaulx.

D'*Enghien*. 30 décembre 1697, Jean de Jossis en était lieutenant-colonel.

De *Flandre*. 17 mai 1730, baptême d'Antoine, fils d'Antoine, d'Artus, capitaine, ingénieur en chef des ville et château de Béthune et de Marie Lasse.

De *Foix*. Procès entre François de Marguerye, lieut.-colonel et...

Des *Fusilliers*. Simon le Caisne, dit : « Laramée », soldat au régiment des Fusilliers, est condamné à être publiquement fustigé et banni pour vol d'argent, de hardes et de diverses provisions, commis la nuit avec effraction.

De *Gastinois*. 1750, procès de Balthasart Flament, capitaine...

De *Gondrin*. 18 août 1710, de Beauregard, sous-lieutenant, tué pendant le siège.

Des *Grenadiers-Royaux*. 7 mai 1786, inhumation de Charles de Lierres, ancien capitaine.

De *Grignan*. 31 avril 1681, inhumation de Claude Carreur, seigneur du palais, lieutenant.

D'*Havré*. 4 mai 1738, inhumation de Nicole Foulers, veuve de M. de la Mure, capitaine de grenadiers.

De *Haynault*. 17 décembre 1722, mariage de Joseph de Ripert de Saint-Morin, major du régiment de Haynault, avec Marie de Saint-Messant.

De l'*Isle de France*. 14 février 1768, mariage de François, vicomte de Foucault, major, avec Jeanne de Beaulaincourt ; 31 mars 1789, mariage de Vaast le Mercier, seigneur du Carieul, Quesnoy, Beaurepaire, ancien officier, avec Marie de Giey de Villars.

De *Lally*. 9 février 1853, inhumation de Claude Dillon, lieutenant au régiment de Lally-Irlandais.

De *Languedoc*. 24 juillet 1786, baptême de Marie, fille de Vigor Briois, ancien officier au régiment de dragons de Languedoc, et de Marie de Brandt.

De *La Vallière*. 24 avril 1748, inhumation d'Eloi Damiens, ancien lieutenant-colonel du régiment de La Valière-Infanterie.

De *Lee*. 1698, 1699, 1700, en garnison à Béthune. La ville fournit aux vingt cadets de ce régiment irlandais, serviettes, plats, assiettes, et au colonel 100 livres pour son logement.

De *Lenoncourt*. 20 août 1709, inhumation du R. P. Gaudet, aumônier du régiment de cavalerie de Lenoncourt.

De *Lionnois*. 1667, en garnison à Béthune ; la ville fournit, à cette date, 40 paillasses et *linceuls* aux soldats malades de ce régiment.

De *Luxembourg*. 22 août 1710, de Formaison, capitaine, meurt d'un coup de fusil, lors du siège de Béthune.

De la *Marine Royale*. 31 janvier 1688, baptême de Marie, fille de Balthasar de Beaumont, capitaine, et de Robertine Loyolle.

De *Miromesnil*. 4 août 1710, inhumation de Jacques de Lépine, capitaine des grenadiers du second bataillon au régiment de Miromesnil.

De *Navarre*. Abjuration de Pierre de Sainte Colombe, calviniste, lieutenant.

De *Normandie*. 11 décembre 1763, mariage de Jean-Baptiste Wastelier de Busnes, ci-devant officier, avec Marie d'Albié d'Aillicourt.

D'*Orington*. 28 mars 1717, mariage de Philippe Héasse, capitaine, avec Lucie O'Donoghue.

D'*Orléans-Infanterie*. Procès à l'occasion du testament de la fille de Jean du Bus, épouse de Frédéric-Charles, seigneur de Metz capitaine.

De *Pecquigny*. En 1726 et 1727, campement de ce régiment dans les faubourgs de Béthune ; le colonel logé au *Lion d'Or*.

De *Picardie*. 24 janvier 1780, baptême de Fortuné, fils de Ferdinand Le Ricque, capitaine au régiment de Picardie-Infanterie, et de Catherine de Genevière de Ranchin de Montharan.

De *Pont*. Dobin était soldat dans ce régiment.

De *Pont-Audemer*. 25 avril 1758, inhumation de Charles Défiance, lieutenant de la milice de Pont-Audemer.

De *Ponthieu*. 1er juillet 1692, mariage de Pierre de Barreau, capitaine, avec Catherine de Melun.

De *Port-au-Prince*. Procès entre Philippe de le Helle, d'Hélissart, ancien officier.

De la *Reine*. Mars 1685, suicide de Massilia, soldat de la compagnie de Mauroy, au régiment de la Reine.

De *Roquepinne*. Le 11 décembre 1697, les trompettes, du haut du beffroy, sonnent pour célébrer la publication de la paix.

De *Rosen*. 6 mai 1698, mariage de Antoine de Custine, capitaine de cavalerie au régiment de Rosen, avec Marie Tresca.

De *Rouvray*. 15 avril 1716, baptême de Jean, fils de Giraud, capitaine des carabiniers, brigade de Rouvroy, et de Marie de Gruson.

Royal Italien. 30 septembre 1718, inhumation de Dominique Hylariocy, capitaine.

De *Sailly*. 17 avril 1692, mariage de Nicolas Dupire, aide-major du régiment de dragons de Sailly, avec Thérèse Briois.

De *Saint-Aignan*. 12 octobre 1753, inhumation de Louise d'Arnaud, veuve de Jacques Desandrieux, ancien lieutenant-colonel.

De *Saint-Phalle*. 23 décembre 1708, inhumation de Jean de Ghemigny, cornette de la compagnie de M. du Perron au régiment de Saint-Phalle.

De *Solre*. 20 août 1710, mort d'une blessure, M. Ferling, capitaine.

De *Souâtre*. 4 février 1690, mariage de Jean du Bur, seigneur de la Motte-Dorée, capitaine d'une compagnie de chevau-légers au régiment de Souâtre, avec Adrienne Le Cocele.

De *Stampa*. Jenne Turpin, fille de Claude, vivandier de la colonnelle suisse du régiment de Stampa, était en pension chez Catherine Lhomme en 1686.

De *Thorigny*. 20 août 1710, Pierre Périer, sieur du Bocache, âgé de 22 ans, natif de Coutance, capitaine, est tué au siège de Béthune.

De *Turenne*. Procès entre Louis, comte de Maulde, capitaine, etc.

De *Vaillac*. 9 décembre 1701, mariage de Jean de Vassinlac de Volling, major, avec Anne de Coupigny de Bracquencourt.

De *Vendôme*. 20 août 1710, Charles Picau, capitaine, âgé de 18 ans, tué au siège de Béthune.

De *Vivarais*. 2 juillet 1788, enterrement de Henri Philip, officier porte-drapeau. — Sous la Révolution, sédition de ce régiment.

De *Xaintonge*. 10 février 1701, enterrement de Georges de la Barrière, capitaine réformé à la suite du régiment de Xaintonge.

De *Zurlanben*. Procès entre François de Vol, capitaine au régiment allemand de Zurlanben.

VII

Place de Perruquier à
pour
j'ai reçu de Jacques Lemaire
la somme de cent dix livres
pour la finance de l'une des *six* places héréditaires de barbiers-perruquiers, baigneurs étuvistes en la ville et fauxbourgs de *Béthune*, créés par édit du mois de juillet 1703, vérifié au besoin a esté, pour refaire avec ceux cj devant establi qu'un seul et même corps de communauté, et jouir des mesmes privilèges attribuez aux anciens par les précédents édits, se faire recevoir, et prester le serment par devant le juge du lieu sur la quittance du trésorier des revenus casuels, qui sera enregistré dans les registres de la communauté et sans que ledit acquéreur soit tenu de prendre des provisions. Le tout suivant et ainsi qu'il est plus au long porté par ledit édit et par l'arrest du Conseil du 5 juin 1708. Fait à Paris, le *dix-neuvième* jour de *février* mil sept cent *dix*.
Quittance du trésorier des revenus casuels de la somme de (10
Au rolle du 21 janvier 1710, art. 2) (1).

VIII

RÉCEPTION DE MARCHANDS DE GRAINS

1699 (2 décembre) : Jean Sohier, Jean Lepillet, François Bouillet.

7 et 11 décembre : Jean Cardon, Jean Thullier, Martin Daveron, Claude Rifflart, Matthieu Cossart, Elisabeth Grisart, femme de Claude Rifflart, Antoinette Durand, femme de François Rouillet, Nicolas Gouillart, Florence Leroy, femme de Jean Thullier, Michel Bertau.

14 décembre : Pierre Asbroucq, Christophe Denain.

1700 (13 janvier) : Guislain Roseau, Marie Dumets et Marie Duriez, Michel Annebicque, Marie-Catherine Dumetz, Jacques Bonnel, J.-B. Gabo, Ph. Carpentier, Guislaine Lombart, Jeanne Barbe.

1700 (5 janvier) : Crassot est nommé facteur de grains.

1699 (17 septembre) : Contrat d'association passé entre Antoine

(1) Note communiquée par M. Quarré Reybourbon, membre de la commission historique du département du Nord.

Dehem, marchand à Armentières, et J.-B. Sohier, de Béthune, pour faire le commerce de grains.

1700 (18 janvier au 5 mars) : Anne Preine, Florence Legrand, Jean Tenard, François Paris, Anne Labitte, Flore Lesaffre, Flore Lhomme.

IX

Le 25 janvier 1523, les estaux de poissonneries furent adjugés :
Le premier à Godefroy de Guery — le second à Lenchier — le troisième à Nicolas Azaron — le quatrième à Bastien Monnard — le cinquième à Lenchier — le sixième à Eloy Le Lohois — le septième à Nicolas Le Lohois — le huitième à Mahieu Bodelet — le neuvième à Eloy Le Pecqueur — le dixième à Robert Genre — le onzième à Eloy Le Pecqueur — le douzième à Eloy Le Pecqueur.

X

Inscriptions pour la fontaine de Béthune

Peuple heureux, qui venez puiser mon onde pure,
Vous la devez à l'art autant qu'à la nature.
Ce trésor dans un roc étroit enseveli,
Je tiens du magistrat ma seconde naissance,
D'une source de biens et de reconnaissance,
Prenez garde d'en faire une source d'oubli.

Autre

Vous qui puisez mon eau dans vos pressans besoins,
Aprenez par ces vers qu'après beaucoup de soins,
Un magistrat zélé d'un roc impénétrable,
A fait sortir pour nous cette source admirable.
S'il n'a point fait graver son nom par le sculpteur,
C'est qu'il a mieux aimé l'être dans votre cœur.

Autre

Vous qui trouvez après de longs travaux,
Dans cette source un remède à vos maux.
Reconnaissez la science subtile,
Du magistrat qui nous la rend utile.
Si vous cherchez le nom du Bienfaiteur,
Chaque habitant l'a gravé dans son cœur.

Autre

Zélé pour ses concitoiens,
Un magistrat a trouvé les moiens,
De forcer l'art et la nature,
A leur fournir la source pure,
Qu'un rocher redoutable étouffait dans son sein.
En faisant creuser ce bassin,
Il n'a point cherché sa gloire,
Il l'a livré au public, ainsi que sa mémoire.

Autre

Aux soins d'un magistrat actif et pénétrant,
  Mon eau pure doit son courant,
  Sa main habile et charitable,
M'a fait sortir du sein d'un rocher redoutable,
Où ma source captive attendait son secours.
  Elle se reproduit toujours
Pour vous rafraîchir la mémoire,
De ses bienfaits et de sa gloire.

Autre

Zélé pour le public, insensible à la gloire,
Un magistrat d'éternelle mémoire,
A par ses soins, découvert en ces lieux,
Le christal pur qui vous frappe les yeux.
Un roc épais, immense, impénétrable,
Y renfermait cette source agréable,
Il a prévu vos besoins à venir,
Pour mériter un plus long souvenir.

Autre

Habitans fortunés, qui sans crainte et sans peine,
Profitez des douceurs qu'offre cette fontaine ;
Ne prenez point ses eaux pour un jeu de hazard,
Un magistrat habile, a su par son grand art,
Tirer du sein d'un roc cette source féconde.
Sa timide vertu, sa sagesse profonde,
N'a voulu vous laisser ni son nom, ni ses traits,
Vous le reconnaîtrez sans doute à ses bienfaits.

Autre

Un sec rocher frappé par des coups redoublés,
Vomit un torrent d'eau aux Hébreux altérés,

Un puids profond creusé pour Jacob et sa suite,
Sont des prodiges faits pour un peuple chéri.
Ce que tu vois ici considère et médite,
Est un double prodige et un bienfait sans prix.
Au soin d'un magistrat zélé pour sa patrie
Béthune tu le dois, et jamais ne l'oublie.

Autre

Sous les coups de Moïse un aride rocher,
Ouvre son sein, fournit une source abondante,
Qui du peuple épuisé calme la soif brûlante;
Même prodige ici t'invite à t'approcher,
Le zèle industrieux d'un magistrat habile,
A su le reproduire dans cette heureuse ville.

(P. IGNACE, recueil tome 8, page 195).

Toutes ces pièces en vers, et qui ont le même objet, sont de Marmontel, fameux poète à Paris, et auteur de plusieurs tragédies qui ont été jouées sur les Théâtres français.

XI

Noms des signataires de la décision prise au sujet de la demande de 910 septiers de blé, faite au nom du Roi, par l'intendant Chauvelin :

Duboisrand, N. Courcol, Defroimentel, Dessausseux, Dufresne, Gommet, Vaillant, Layelle, de Cassus, Hainin, Blezy, Dumets, Viscart, Dubinier, Delahaye, de Lautel, Loyer, Beaucourt, Damiens, Duboisrond, Hersin, Marsil, Caudron, Jeanne Leroux, Philippe Grégoire, Seclin, Guislain Tellier, Vallero, Roux de Michel, Courcol, veuve du docteur de Sailly, Lecocq, Anne Pollart, veuve du sieur Mesplau, Depernes, sœur Marie-Célestine mère supérieure des conceptionnistes, de Gondecourt, Pamart, Rincq, Gasquet Descamps, prêtre, Dumailly, de Rancart, Hemart, Hue Riche, Gourdin, Heddebaut, Isede Lautel, Marguerite Fromont, T. Jolly, Frédéricq Barrois, Jacques Cousteau, Marie-Françoise-George Trescat, Jeune Françoise de Rougemont, Duplanquet, Legay, B. Lalain, Jourlinghem, F. Espillet, M. F. Enlart de Galbart, Piquarl, Marie-Thérèse Guillebert, supérieure des religieuses d'En-Haut, Renauld, Catherine Biurlois, Margueritte Leroulx, Gourdin, Marie-Jeune Delarue, Jacqueline Desprey, Catherine Lequien, B. Dufresne, Florence Galbart, Philippe Toilliez, veuve du sieur Degruson, Jean Oyel, de

Spry, Hugues Dupuich, M. Labbe, M. C. de Baillencourt, Joseph François, Penolt, Fillieul, Gille Lemaire, Jacques Fagot, Anne Gaiant, Anne Ogier, Hélène Dumain, Marie Delematte, Marie-Thérèse Delarue, Eléonore Templier, Florence Martin, Hugue Joubert, Catherine veuve Mascoy, Jan Hanotte, Marie-Joseph Morel, Jean Fourmentel, Bertin-Jacques Mory, Lévêque, Charles-Guislin de Jesmel, Rapian, Maximilien Damette, Etienne Dubois, Jeanne Garbe, Jacques Lescuyer, Jan Blondel, Marie-Antoinette Lecocq, Jan Caron, François Parent, Christophe Dhennin, Baltazar Caudron, Flament, Marie-Florence Legrand, Desauteux, Antoine Wavrin, François Tellier, Adrien Marchand, François Hullin, Louis-Jacques Pillet, Mazingarbe, Jan Delaleau.

XII

EXTRAIT du Registre aux Délibérations de l'Echevinage

L'an mil sept cent soixante-deux, le vingt-un août, dix heures du matin, nous échevins de la ville de Béthune, assemblés extraordinairement en chambre échevinale de la ville, désirant pourvoir à l'enseignement de la jeunesse dans les humanités au collège de cette ville, ayant pris cet objet en considération, en exécution de notre délibération du 19 de ce mois, avons résolu de nommer cinq régens dont un en rhétorique; un autre de poésie ou de seconde; un autre de syntaxe ou de troisième; un autre de grammaire ou de quatrième et un autre de figure ou de cinquième qui enseignera en même temps celle que l'on appelle sixième en France; à commencer le 1er octobre prochain aux appointements, charges, clauses et conditions ci-après :

1° Les regens qui seront nommés resteront toujours dans la même classe, à moins que nous ne trouvions à propos de les faire changer.

2° Il sera par nous choisi dans le nombre des cinq régens un préfet ou principal des classes indistinctement, sans que cette préfecture ou principalité soit attachée plutôt à une classe qu'à l'autre; elle dépendra au contraire de notre choix.

3° Les appointements des régens seront payés de trois mois en trois mois par l'économe et sequestre des biens de la maison et collège des ci-devant soi-disant jésuites de cette ville, lesquels appointements commenceront à courir au 1er octobre prochain.

4° Il nous sera libre de révoquer les régens sans être obligés d'en donner aucune cause ou raison.

5° Sera nommé et choisi par nous un portier qui sera chargé de sonner la cloche pour annoncer l'ouverture et la fin des classes le matin et l'après-midi, les balayer aussi bien que la cour tous les jours et tenir propres et nettes toutes les parties qui sont à l'usage des classes et des exercices qui y ont lieu, d'en enlever toutes les ordures, au moyen des salaires qui lui seront fixés ci-après et sans pouvoir rien exiger ni des écoliers, ni de tous autres, pour telle cause et raison que ce soit.

6° Le portier sera tenu de sonner le premier coup de l'ouverture des classes à 7 heures du matin et à 1 h. 1/2 de l'après-midi, depuis le 1er février jusqu'au dernier octobre, et depuis le 1er novembre jusqu'au dernier janvier, à 7 h. 1/2 du matin et 1 heure de l'après-midi; et le second coup une demi-heure après en toutes saisons. Il annoncera la fin de la classe le matin et l'après-midi trois heures après le premier coup. Il sera tenu de fermer exactement les fenêtres, les portes desdites classes et de la cour aussitôt que les écoliers en seront sortis.

7° Le préfet ou principal des classes s'y rendra au 1er coup sonnant de leur ouverture jusqu'à l'arrivée des autres régens qui seront obligés d'entrer dans leurs classes respectives au second coup sonnant. A l'issue de la classe du matin, les écoliers iront chaque jour modestement et sans aucune confusion à l'église dudit collège où ils entendront une messe basse qui sera dite par un des régens alternativement et chacun leur semaine; et les quatre autres régens y assisteront également pour contenir leurs écoliers dans la décence et modestie convenable.

8° Les dimanches et fêtes, ladite messe se dira une demi-heure après le second coup de l'ouverture des classes sonnée; et cette demi-heure aussi bien que celle de l'après-midi avant vêpres sera employée à catéchiser les écoliers.

9° Le régent de cinquième et sixième emploiera, surtout pendant le carême, une partie du temps de la classe à instruire les écoliers dans les principes de notre sainte religion afin de les mettre en état de faire leur 1re communion.

10° Il y aura vacances aux dites classes depuis le 1er jusqu'au dernier septembre chaque année, pendant la quinzaine de Pâques et depuis la veille de Noël jusqu'au jour des Rois, les mardi et jeudi de chaque semaine l'après-midi et un jour chaque mois au choix du préfet ; il ne pourra être accordé aucun autre vacance ou congé que de notre consentement.

11° Les régens seront tenus de faire faire, chaque année, un exercice public à leurs écoliers à la fin duquel les prix seront distribués à ceux qui les auront mérités. Ces prix seront tels que nous jugerons à propos de les donner. Ils seront fournis sur les fonds et revenus qui seront ci-après destinés à l'enseignement.

12° Nul régent ne pourra se dispenser de tenir école sauf par maladie ou autre légitime empêchement dont il sera tenu de nous prévenir et dans tous les cas il sera obligé de se faire représenter à ses frais par un autre sujet par nous agréé.

13° Dans le cas d'infirmité habituelle qui mette un régent hors d'état de continuer ses services, nous lui substituerons un autre sujet à notre choix, lequel n'aura que la moitié des appointements, l'autre moitié réservée à l'infirme, sans préjudice aux gratifications que nous pourrons accorder à l'un ou à l'autre, eu égard à leurs talents ou services.

14° A la première vacance, le substitué aura les appointements pleins, et si cette vacance vient pendant la vie de l'infirme par la mort, retraite ou remerciement d'un autre régent, celui qui sera nommé à la place vacante n'aura que moitié des appointements, de sorte que ce sont toujours les derniers nommés qui partageront les appointements avec les infirmes.

15° Les régents, au cas que nous y soyons autorisés par la cour, auront leurs habitations gratuitement dans la maison occupée par les ci devant frères de la société et en occuperont par eux-mêmes et non autrement les parties que nous assignerons à chacun d'eux et jusques lors, lesdits régents se logeront en ville à leurs frais.

16° Il ne sera pas permis aux régents de prendre aucun pensionnaire ni en commun ni en particulier.

17° Ils seront tenus de conférer ensemble une fois chaque mois en présence de deux commissaires que nous nommerons et du procureur du roy de ce siège sur tout ce qui conviendra de faire pour le bien de l'enseignement et la police des classes. Les projets qui seront arrêtés dans ces assemblées nous seront présentés pour y être par nous pourvus s'il y écheoit.

18° Les écoliers feront chaque mois une composition d'après laquelle les places leur seront données en présence de nos commissaires à la police des classes le jour par eux choisi.

19° Les régents auront chacun 1,000 livres d'appointement, et celui qui sera par nous choisi pour préfet aura 200 livres d'augmentation d'appointement chaque année.

Le portier qui, en même temps, sera sonneur, balayeur et correcteur aura pour salaire annuellement 200 livres.

20° Pour faire face aux appointements et salaires, il sera prélevé chaque année sur les revenus du collège des ci devant frères de la Société de Jésus, une somme de 6,000 livres ; l'excédant de laquelle somme après lesdits appointements et salaires payés sera mis en dépôt pour être employé par nous, soit en gratification, pain, vin, luminaires, ornements, entretiens et décorations de l'église ou autres usages relatifs à l'éducation de la jeunesse.

21° Nous nous réservons d'augmenter ou diminuer le présent réglement suivant l'exigence des cas. Suivant quoi avons nommé et choisi pour préfet et régent de rhétorique ou de 1er maître, Jean-Paul Carlevan, prêtre du diocèse d'Arras, natif de Bouchain, âgé de 27 ans;

Pour régent de poésie ou de seconde, maître Adrien Despret, prêtre du diocèse d'Arras, natif de Gaudiempré, âgé de 26 ans environ;

Pour régent de syntaxe ou de troisième, maître Charles-André Duhameau, prêtre du diocèse d'Arras, vicaire présentement au village d'Hesdigneul, natif de la Vieille-Chapelle, âgé de 28 ans;

Pour régent de grammaire ou de quatrième maître, Nicolas-François-Augustin Morel, prêtre du diocèse d'Arras, natif de Bucquoy, âgé de 26 ans;

Pour régent de figure ou de cinquième et sixième, maître Louis-François Capron, prêtre du diocèse d'Arras, habitué en la paroisse St-Vaast en cette ville, natif de cette dite ville, âgé de 26 ans.

Fait en chambre échevinale les jour, mois et an que dessus ».

XIII

Noms des Curés

1° De la paroisse de Saint-Vaast

1546 Claude Bernard.
1580 Jean Faucqueur.
1613 Nicolas Leroy.
1623 Carion d'Avesnes.
1628 Nicolas Drumez, bachelier en théologie. C'est sous lui le 26 novembre 1628 que fut érigée dans cette paroisse avec la permission de Paul Boudot, évêque d'Arras, la Confrérie du Rosaire.
1633 Nicolas de Drinste.
1646 Adrien Dubrosquet.
1650 Nicolas Delavalle.
1672 Philippe-Charles Espillet, vicaire de Monchy, né à Béthune, en 1633, d'une famille noble, grand bienfaiteur de cette église.
1708 Eloy Duchastel.
1710 Pierre-François Delobry, né à Houchain près Béthune, en 1672
1728 Martin-Louis-Antoine Vassal, né à Béthune, en 1685, gradué en théologie de la faculté de Paris, ancien curé de Wally-lez-Arras.
1757 Roch-Joseph Legrand, né à Hesdin, bachelier en théologie, ancien curé d'Allouagne, fondateur d'une maison de cha-

rité qui fut desservie par trois sœurs de St-Vincent de Paul en 1764. — En 1780, il résigna sa cure en faveur de M. Rifflart. Il fut guillotiné à Arras en 1794. — Une main infidèle a écrit sur l'intérieur de la couverture d'un registre déposé à la mairie de Béthune : *Rochus-Josephus Legrand hujus parochiæ pastor per 23 annos .. obiit die 12 Augusti 1780 et in cœmeterio vedastino sepeliri voluit.*

1781 Pierre-Joseph Rifflart, né à Béthune, le 3 février 1748, bachelier en théologie, curé de Sainte-Croix en 1777, entra en jouissance de la cure de St-Vaast le 1er janvier 1781, en vertu de la résignation que Roch-Joseph Legrand avait faite en sa faveur. Il fut nommé chanoine de la collégiale de Béthune en 1788 sur la présentation du duc de Sully, seigneur de Béthune, et il remit sa cure entre les mains de Mgr l'évêque d'Arras. Il fut déporté en 1792, et mourut en 1820.

1788 Philippe-Antoine Delbarre, né à Billy-Berclau, en 1743, curé de Fosseux depuis 9 ans, fut transféré à la cure de St-Vaast, par Mgr de Conzié, évêque d'Arras, le 18 mai 1788. Il en fut dépossédé par l'autorité civile qui n'avait aucun droit à cet effet, à la fête de la Pentecôte, le 12 juin 1791, ayant refusé de prêter le serment constitutionnel. Il fut obligé de s'expatrier. Quatre ou cinq ans après, il revint en France où il se cacha ; il fut nommé, à cette époque, pour le quartier de Béthune, préfet de missions jusqu'au rétablissement du culte en 1802. Il se retira alors à Arras où il vécut, quelque temps encore, prêtre habitué dans une paroisse.

Pendant la Révolution, Jean François, né à Richebourg, ancien curé de Famechon, prêtre constitutionnel, exerça, comme intrus, le ministère pastoral dans cette paroisse, depuis le 11 juin 1791 jusqu'en 1802. — Il se soumit alors à l'Eglise et à Mgr de la Tour d'Auvergne. Il fut pourvu canoniquement en janvier 1803, de la cure de St-Nicolas, à Arras. Mais peu de temps après, il se retira à Béthune où il mourut le 27 juillet 1808.

Au mois de juillet 1802, Mgr de la Tour d'Auvergne nomma en qualité de desservants provisoires, chacun par chaque semaine, M. François Susdit, M. Masclef, qui devint curé d'Aubigny, et M. Delétoille, ancien curé de Ste-Croix à Béthune qui fut vicaire de St-Vaast.

1802 Antoine-Joseph Coquelet, né au Quesnoy, le 11 avril 1746, licencié en théologie de l'Université de Douai, ancien chanoine de St-Géry à Cambrai, déporté en 1792, fut nommé canoniquement à la cure de Béthune en 1802 par Mgr et agréé par le gouvernement le 24 décembre de la même année. Il avait exercé le saint ministère secrètement en France en 1793. Il mourut en 1813.

1813 François-Joseph Delétoille, né à Avesnes-le-Comte, le 16 octobre 1749, vicaire d'abord pendant six ans à Ste-Croix, en la ville d'Arras, fut nommé curé de Ste-Croix à Béthune au concours de 1781. Il en remplit les fonctions jusqu'en 1791, qu'il fut dépouillé injustement et sans aucun pouvoir, de son titre pour avoir refusé le serment constitutionnel, sa cure avait été précédemment supprimée par le pouvoir civil et réunie à celle de St-Vaast. Déporté, par suite de ce refus de serment, en 1792, il ne rentra en France qu'en 1802. Il fut nommé simple vicaire à cette époque et ne devint curé de St-Vaast qu'en 1813, à la mort de M. Coquelet. Il mourut le 30 juillet 1829.

1829 Hugues-Joseph Maës, né à Busnes, le 22 février 1761. Religieux feuillant, maître des novices de son abbaye en 1788. Emigré pendant la Révolution, jusqu'en 1797 pour refus de serment. — Il exerça secrètement le saint ministère en France depuis 1797 jusqu'en 1802. — Après avoir desservi Barly-Fosseux, Witte et Cohen, et l'hospice d'Aire, il fut nommé curé de Béthune en 1828 et mourut en 1848.

1848 Benoît Marin, vicaire d'abord, puis curé de St-Vaast à Béthune en 1848, mort en 1861.

1861 Hector Bocquet.

1878 Edouard Cornet.

2° De la paroisse de Ste-Croix

1660 A M. Vallero.
1690 Varet.
1709 Cailleret.
1749 Bourdon.
1768 Le Vaillant.
1772 Dolebecque.
1777 Rifflart.
1781 Delétoille.

3° De la paroisse de St-Pry

1572 Isaac Gaiant.
1598 Jean Hurtau.
1610 Bregnier.
1629 Jean Remoleu.
1639 Darcq.

XIV

EXTRAIT des registres du Conseil d'Etat du Roi.

Sur la requête présentée au Roi étant en son conseil par les curés des paroisses de Ste-Croix et St-Vaast de la ville de Béthune en Artois. *Contenant;* que vers l'année 1680, trois ou quatre personnes charitables de cette ville s'associèrent pour procurer des secours aux malades indigents et honteux et aux infirmes qui, quoique capables de travailler, sont hors d'état de se procurer les choses nécessaires à leur situation, ces secours qu'elles fournissaient pour la plus grande partie à leurs dépens consistaient en remèdes, bouillons, lits, paillasses, draps, couvertures et chemises à ceux qui en manquaient. Leur exemple excita le zèle du plus grand nombre des habitants de Béthune, chacun voulut contribuer en proportion de ses facultés, à une si bonne œuvre, les aumônes remises à ces associés devinrent si abondantes que sans interrompre les distributions qu'ils faisaient chaque jour, il resta entre leurs mains des sommes assez considérables pour être employées, en acquisition de fonds et de rentes dont les revenus rendent les secours plus certains. L'évêque d'Arras approuva cette institution que l'on qualifia du nom de charité et il y coopéra lui-même. Il chargea dès 1695 le sieur Gonduin, chanoine et doyen de chrétienneté, l'un des principaux instituteurs de veiller à son administration et il le fit en même temps dépositaire des libéralités qu'il destina à cet usage. Les administrateurs de l'hôpital de Béthune, c'est-à-dire les chanoines, les officiers de la gouvernance et les échevins persuadés de l'avantage que les pauvres recevaient de cet établissement y contribuèrent eux-mêmes de quarante livres par mois qu'ils firent remettre entre les mains du sieur Gonduin depuis 1713 jusqu'à sa mort arrivée en 1724. L'administration de la charité fut alors confiée aux soins des curés de Ste-Croix et de St-Vaast prédécesseurs des suppliants ; ils s'en acquittèrent à la satisfaction de tous les ordres de la ville et en particulier de celui des échevins qui firent remettre au curé de Ste-Croix une somme de 300 livres en 1733, temps où les secours plus abondants devinrent nécessaires. Ces deux curés et les suppliants qui leur ont succédé ont toujours continué depuis ce temps de toucher les revenus, de recueillir les aumônes et de faire faire les distributions par deux filles gagées pour veiller les malades, leur porter les aliments et les remèdes et leur rendre toutes sortes de services. C'est à l'évêque ou à un préposé de sa part qu'ils ont toujours rendu compte de leur gestion sans que les officiers municipaux ayent jamais prétendu en prendre connaissance ni partager avec eux l'administration de ces établissements. Les deux servantes employées au service des pauvres étant décédées vers la fin de 1763, les suppliants proposèrent de les remplacer par trois sœurs de la charité de l'institut de St-Vincent de Paul. Ce projet fut approuvé. Les officiers municipaux qui étaient alors en exercice en reconnurent l'utilité et en prescrivirent l'exécution. Il fut fait en conséquence un traité avec les supérieurs de cet institut, et les trois sœurs, que ceux-ci envoyèrent à Béthune, s'y établirent au commencement de 1764. Leur zèle et leur intelligence à servir et à soulager les pauvres malades répondirent à l'opinion qu'on en avait conçue et ce qu'il y a de plus distingué dans la ville aplaudit à un changement aussi avantageux pour les pauvres. Il n'y eut que les chirurgiens et les apotiquaires qui par un esprit d'intérêt s'élevèrent contr'elles dès le commencement. Ils sont parvenus à persuader à une partie des officiers municipaux et des notables actuels de Béthune que l'augmentation de dépenses qu'elles occasionnent absorbe une partie considérable des secours destinés au soulagement des pauvres. C'est sur ce prétexte que par une délibération de ce corps du 17 avril dernier, il a été arrêté que les secours seraient distribués aux pauvres par deux ou trois filles ou femmes de la ville auxquelles il sera donné comme auparavant une modique rétribution, qu'en conséquence les suppliants qui se qualifient de seuls administrateurs seront sommés de renvoyer les sœurs de la charité, qu'il sera nommé deux co-administrateurs tirés l'un du corps des échevins et l'autre des notables, pour conjointement avec les suppliants pourvoir au service des pauvres, qu'il sera formé opposition à toutes lettres patentes que l'on pourrait chercher à obtenir, les regardant dès à présent comme surprises, que la partie publique fera toutes les diligences nécessaires pour recouvrer les titres appartenant à la fondation, qu'il sera fait inventaire à sa requête pardevant des commissaires nommés par les échevins des effets qui se trouvaient dans la maison de charité et qu'en cas de refus il en sera dressé procès-verbal. Les dispositions de cette délibération se réduisent à deux objets principaux : le renvoi des trois sœurs de la charité, la co-administration des échevins. Le renvoi a deux motifs. On prétend par un premier motif qu'elles sont à charge parcequ'elles coûtent plus que des filles de la ville. C'est une erreur, elles n'occasionnent point une augmentation de dépenses, et elles sont plusieurs. Le second motif est que leur établissement est illégal, qu'il ait été fait sans les consentements des ordres qui doivent le donner aux termes de l'édit de 1749, que par conséquent elles doivent être regardées comme intruses. On veut faire entendre par là qu'il leur falait des lettres patentes pour s'établir à Béthune. C'est encore une erreur. Elles n'y sont venues que de l'agrément des officiers municipaux qui étaient alors en place et elles ont en leur faveur des lettres patentes du mois de novembre 1657 enregistrées au parlement de Paris, le 16 décembre de l'année suivante, qui leur permettent de s'établir où elles seront appelées par les maire et échevins ou habitants. Quant à la co-administration c'est une nouveauté qui détruirait la charité. En effet les officiers municipaux n'y ont jamais eu aucune part, comme les suppliants l'ont observé. Combien de personnes charitables confient aux suppliants des aumônes qu'elles ne feraient plus s'il fallait que d'autres administrateurs en fussent instruits. Combien de familles honnêtes qui, plongées dans la misère et la pauvreté préféreraient d'être dénuées des secours qui leur sont nécessaires plutôt que de rendre publique leur situation. Au reste les suppliants n'ont sur ce point aucun intérêt personnel. Ils n'envisagent que celui des pauvres. Ils s'en rapportent à ce qu'il plaira à la sagesse et à la justice du roi d'en ordonner. Mais ils ont pensé qu'il n'appartenait ni aux maire et échevins ni à eux de changer de leur autorité privée la forme de cette administration et d'y admettre ceux qui n'y ont jamais eu aucune part et qu'elle doit au contraire subsister jusqu'à ce qu'il plaise à sa Majesté de s'en expliquer. *A ces causes* requéraient les suppliants qu'il lui plut sur ce leur pourvoir; vu ladite requête ensemble copie de la délibération prise par les notables, maire et échevins de la ville de Béthune, le 17 avril dernier, touchant l'administration de la charité de ladite ville; le certificat donné le 3 février 1764, par les échevins, prévôt et mayeurs de la dite ville de la nécessité d'y établir le plus tôt qu'il serait possible des sœurs de la charité de l'institut de St-Vincent de Paul pour le soulagement des pauvres malades, et les attestations données en faveur dudit établissement et de son administration tant par les officiers de l'état-major et ceux de la gouvernance que par le clergé, la noblesse, les anciens échevins, les autres corps, plusieurs bourgeois et habitants de la dite ville; ouï le rapport, sa Majesté étant en son Conseil, a cassé et annullé, casse et annulle la dite délibération, ordonne que la charité de la dite ville de Béthune, continuera d'être administrée comme elle l'était avant et lors de la dite délibération. Fait deffenses aux notables, maire et échevins de la dite ville de prendre de semblables délibérations à l'avenir et de s'immiscer en rien de ce qui concerne l'administration de la charité.

Fait au Conseil d'Etat du Roi sa Majesté y étant tenu à Compiègne le douze septembre mil sept cent soixante dix.

Le Duc de CHOISEUL.

LOUIS, par la grâce de Dieu, roi de France et de Navarre, à notre huissier ou sergent premier requis, nous mandons et commandons par ces présentes signées de notre main que l'arrêt ci-attaché sous le contre scel de notre chancellerie, aujourd'hui rendu en notre Conseil d'État nous y étant ; veux et signifie à tous ceux qu'il appartiendra, à ce qu'ils n'en prétendent cause d'ignorance et fasse au surplus, pour l'exécution dudit arrêt, tous exploits, significations et autres actes requis et nécessaires sans pour ce demander autre congé ni provision. Car tel est notre plaisir. Donné à Compiègne, le douzième jour du mois de septembre, l'an de grâce, mil sept cent soixante-six et de notre règne le cinquante-deuxième.

LOUIS.

Par le Roi, Le Duc de CHOISEUL.

TABLE DES MATIÈRES

Maître Joseph-Gaspard-Edouard Cornet, chanoine honoraire, curé-archiprêtre de Béthune VII

CHAPITRE I
Existence communale

I. — Chartes et coutumes d'émancipation.
II. — Les échevins, — leur nomination, — leur administration, — leur serment. — Leurs attributions : chefs de guerre, législateurs, juges, pacificateurs, administrateurs. — Honneurs et avantages attachés à la charge d'échevin. — Halle échevinale.
III. — Corps de ville, — sa composition, — élection de ses membres, — leurs pouvoirs respectifs. — Fonctions du procureur-syndic, — du clerc ou greffier, — de l'argentier ou receveur. — Création de l'office de maire sous Louis XIV. — Mécontentement des échevins. — Vénalité de la charge de maire. — Rachat de cette charge par la ville en 1709. — Edit de 1664 réservant au roi la nomination du maire. — Appointements de ce magistrat. — Nomination du maire par les électeurs en 1789. — Organisation militaire par le corps de ville. — Auxiliaires et agents subalternes.
IV. — Scel et armoiries.
V. — Beffroi.
VI. — Bourgeois, habitants, manants, forains. — A quelles conditions on devenait habitant. — Concession du droit de bourgeoisie, — Serment des bourgeois. — Obligations et charges des bourgeois. — Leurs privilèges de juridictions, dans leurs maisons, dans leurs personnes et dans leurs biens. — Condition des manants. — Obligations des forains 1

CHAPITRE II
Finances

I. — Leur gestion appartenait aux échevins. — Sagesse des règlements touchant la comptabilité. — Règles tracées en 1421 par deux commissaires de Philippe-le-Bon.

II. — *Recettes* : Deniers patrimoniaux. — Arrentements. — Fermes et assises. — L'impôt pesait sur tous, excepté sur le chapitre de St-Barthélemy.
III. — *Dépenses* : Elles devaient être autorisées par le seigneur. — Elles étaient de deux sortes, les unes facultatives, les autres obligatoires. — Appointements et gages des agents de l'administration. — Charges occasionnées par le service militaire. — Règlement du budget.
IV. — Contributions seigneuriales, provinciales et royales. — Droit du quart, aides; droit de relief, centième, vingtième. — Taxes éventuelles 59

CHAPITRE III
Droit de Justice

I. — Origine du droit de justice. — Prétention de Daniel, seigneur de Béthune, d'exercer la haute justice ; ce droit lui est concédé par Louis VIII. — Droit de justice exercé par les échevins en tous cas criminels et civils, excepté celui de lèse-majesté : haute, moyenne et basse justice. — Pouvoir judiciaire des échevins s'étendant sur les militaires, les clercs, les morts et les animaux. — Pénalités en usage : l'amende, le bannissement à trois degrés, la fustigation, la marque, la torture, la mort. — Peines appliquées pour coups, vol simple, vol dans une église, vol avec menace d'incendie, immoralité, assassinat, infanticide, fabrication de fausse monnaie. — Exécution des sentences. — Prisons. — Recours en appel.
II. — Droit de police exercé de tous temps par les échevins. — Police morale ayant pour but la répression du scandale et des manifestations tumultueuses. — Police municipale prévenant les fraudes électorales, surveillant les hôtelleries, auberges, cabarets, la propreté des rues, assurant la sécurité des habitants. — Érection de la charge de police en office 82

CHAPITRE IV
Les fortifications

I. — *Mur d'enceinte.* — Sous Herman, simple palissade défendue par un fossé. — Robert VII fit construire et relier par un mur sept grosses tours. — Philippe de Valois en 1346 et Louis XI en 1477 font relever les fortifications. — L'usage de la poudre de guerre fait modifier le système de défense par les échevins d'abord, par Charles-Quint ensuite. — Défense des portes, barrières, pont-levis, herse. — Ouverture et fermeture des portes. — Clefs.

II. — *Portes et tours.* — Porte St-Pry. — Tour des Récollets. — Tour de la porte des Fers ou d'Arras. — Tour St-Ignace et bastion Vauban. — Porte de la Vigne ou du Rivage. — Tour de la porte du Carnier. — Porte-Neuve ou porte d'Aire. — Porte et tour des Marais. — Tour du Colombier. — Tour du Moulinet et tour des Faucilles.

III. — *Armement.* — Acquisition de poudre, de salpêtre, de pièces d'artillerie. — Installation de guérites. — Echevins commis à l'inspection de l'artillerie, leur remplacement par un directeur des fortifications quand l'État se substitue à la municipalité.

IV. — *Le Château,* son origine, son importance, sa démolition.

V. — Sièges de Béthune 101

CHAPITRE V
La Milice bourgeoise, — la Garnison

I. — *Milice bourgeoise.* — Le droit d'avoir des remparts entraînait le devoir de les défendre. — Le guet et la garde — Réorganisation de la garde bourgeoise à l'avènement de Charles-Quint. — Obligation de fournir un contingent de dix hommes équipés et armés. — Organisation des jeunes gens en corporations armées. — Joueurs d'épée. — Modification de la milice bourgeoise au xviii° siècle.

II. — *Compagnies volontaires.* — Archers, arbalétriers, arquebusiers et canonniers. — Leurs fonctions. — Privilèges accordés et courtoisies faites à ces compagnies. — Origine de ces compagnies et leurs exercices. — Tir du *gay* et roi de l'oiseau. — Suppression des compagnies.

III. — *Garnison.* — Troupes du seigneur associées à la milice bourgeoise. — Obligations des bourgeois à l'égard des troupes de la garnison, des troupes de passage. — Répartition des logements militaires. — Logement des troupes de passage dans les quartiers et les auberges. — Réclamations des habitants contre les charges de la garnison et le passage des troupes. — Construction de casernes. — Leur aménagement. — Demande d'augmentation de la garnison 123

CHAPITRE VI
Confréries — Corporations

I. — Le principe de l'association domine dans l'histoire de Béthune. — Droit d'association admis sans restriction. — Classification des confréries. — Toutes portent d'abord le nom de *Charité,* plus tard certaines le nom de *Serment.* — Choix d'un saint patron. — Motifs qui guidaient les confréries dans ce choix. — Noms des patrons.

II. — Organisation de la corporation, — ses règlements et statuts, — ses ressources : droit d'entrée, amendes, cotisations, courtoisies, legs, — sa comptabilité. — Election des chefs. — Respect qui leur était dû.
III. — Hiérarchie de la corporation : l'apprenti, le compagnon, le maître. — L'examen exigé de tous pour la maîtrise après présentation d'un *chef-d'œuvre*. — Production d'un certificat de catholicité. — Les étrangers admis à la maîtrise sous condition que les droits seraient doublés. — Tarif des droits de maîtrise. — Nombre des apprentis limité. — Durée de l'apprentissage. — Obligations des apprentis. — Obligation du compagnon de travailler sous les ordres d'un maître qu'il ne peut quitter que sous certaines conditions. — Défense aux maîtres de *débaucher* aucun compagnon d'une autre boutique.
IV. — Situation matérielle des ouvriers. — Taux des salaires et prix des denrées. — Règlement de la collation de la maîtrise modifié sous Louis XIV. — Création d'offices. — Transformation d'offices en charges héréditaires. — Esprit de monopole des corporations — Organisation et limitation du travail. — Sauvegarde des intérêts de l'ouvrier et du consommateur. — Contestations entre les corporations et les habitants. — Armoiries des corporations, — leurs bannières, — leur suppression. . . . 145

CHAPITRE VII

Commerce et Industrie

Prospérité agricole de Béthune au x° siècle. — Plantes cultivées dans les faubourgs. — Développement de l'industrie. — Fabriques de draps. — Teintureries. — Sayetteries. — Importance du marché aux grains. — Réglementation du commerce des grains. — Halle aux draps. — Halle de la tannerie. — Fabrication de fromages. — Poissonnerie. — Boucherie. — Poids public. — Etablissement d'un *Lombart* ou mont-de-piété. — Marchés et foires. 179

CHAPITRE VIII

L'eau et le feu

I. — *L'eau.* — La situation de Béthune oblige les habitants à recourir l'eau de rivière ou à creuser des puits profonds. — Nombre et situation des puits. — Glacière militaire. — Établissements de bains.
II. — *Le feu.* — Le bois, d'abord seul combustible en usage. — Charbon de bois. — Tourbes. — Fréquence des incendies au moyen âge. — Leurs désastres. — Mesures

prises pour les combattre. — Acquisition de matériel et ordre à certains corps de métiers de prêter assistance. — Indemnités aux victimes. — Acquisition de pompes et organisation de la compagnie de sapeurs-pompiers. . 193

CHAPITRE IX

Les Fêtes

I. — La Flandre terre bénie des fêtes. — Fête de la Pentecôte, populaire entre toutes. — Elle était d'ordre municipal et d'ordre religieux. — Procession. — Règlements pour le maintien de l'ordre et pour la décoration des maisons. — Ordre de la marche. — Procession du 28 mai 1562, représentation de trente-deux mystères. — La procession de la Fête-Dieu, non moins pompeuse que celle de la Pentecôte. — Frais à la charge de la ville
II. — Compagnies de Liesse. — Acteurs figurant dans les jeux de personnage. — Ecoliers et régents sur la scène. — Excursions et voyages des compagnies de Liesse. — Subsides et récompenses.
III. — Division des mystères en trois classes : les mystères proprement dits, les moralités et les soties ou farces. — Lieux de représentation. — Surveillance des spectacles. — Cessation des représentations données par les bourgeois. — Spectacles donnés par des saltimbanques. — Théâtre du collège. — Construction d'une salle de spectacle.
IV. — Autres divertissements et exercices du corps. — Tir à l'arc et à l'arquebuse. — Jeux de boules. — Joûtes. — Jeux d'épées. — Combats de coqs. — Combats de pinsons. — Feux de joie. — Feu de St-Jean.
V. — *Fêtes officielles*. — Entrées des seigneurs, — des évêques, — des gouverneurs généraux, — des gouverneurs de la ville. — Amour des harangues. — Réjouissances à l'occasion des victoires. — Des traités de paix. . . . 205

CHAPITRE X

Les écoles primaires

I. — De tout temps les lettres et les arts furent en honneur à Béthune et l'enseignement y fut favorisé. — Ecoles des chanoines de St-Barthélemy au xiie siècle. — Aux xvie siècle les écoles se multiplient dans la ville et dans les faubourgs : Ecole de St-Pry. — Fondation d'Antoine Le Petit. — Ecole de l'Hermitage. — Ouverture de l'école des pauvres dite de l'*Ave Maria*. — Son règlement. — Sa fermeture. — Autre école. — Délibération de 1772 pour demander des frères à la doctrine chrétienne. —

L'Institut des frères ne peut accéder à la demande. — Secours accordés aux recteurs des petites écoles gratuites, de l'école pour les pauvres. — Ecole dominicale, sa fondation, ses ressources, sa direction.

II. — Instruction des filles. — Ecoles tenues par les Conceptionnistes, les Annonciades, les Dames de la paix. — Les sœurs de St-Joseph. — Les institutrices laïques. — Degré de l'instruction de la population. — Libraires. — Imprimeur. — Abandon des écoles de filles après l'expulsion des religieuses en 1791. — Vains efforts des instituteurs laïques. — Réouverture de l'école par une ancienne sœur de la Providence. — Installation de ces sœurs rue des Petits-Becquereaux. — Fondation de M. l'abbé Wourm. — Continuation de son œuvre par M. l'abbé Marin. — Pensionnat laïque. — Pensionnat des sœurs de la Providence. — Pensionnat des Ursulines. — Ecoles des Orphelins. — Salle d'asile.

III. — Donation de M. l'abbé Wourm pour l'ouverture d'une école de garçons. — Installation des frères de la doctrine chrétienne. — Agrandissement de l'établissement par M. l'abbé Marin. — Subvention de la commune et de l'Etat — Bénédiction solennelle du nouveau bâtiment. — Reconnaissance de la ville envers M. l'abbé Wourm. — Expulsion des frères. — Ouverture d'une école libre. 247

CHAPITRE XI

Instruction Secondaire

I. — Ouverture d'une maîtrise sous Daniel; de la grande école latine de St-Barthélemy, de l'école latine de St-Vaast. — Encouragements donnés par les échevins aux régents et aux élèves. — Ouverture du collège des Jésuites; sa rapide prospérité. — Exercices littéraires des élèves. — Proscription des Jésuites; fermeture du collège. — Réclamation des échevins aux États d'Artois. — Délibération de l'échevinage. — Edit royal donnant à tous les collèges indépendants une administration uniforme. — Suppression du collège; son remplacement par une pédagogie. — Abandon des études. — Réclamations de la ville appuyées par les Etats d'Artois.

II. — Rétablissement du collège. — Sa direction par les Pères de l'Oratoire. — Affluence d'élèves. — Science des maîtres. — Leurs succès. — Expulsion des Oratoriens. — Fermeture du collège. — Situation de l'enseignement avant la Révolution.

III. — Un décret impérial rétablit le collège. — Le traitement des professeurs est voté par le conseil municipal. — Le collège ne retrouve pas son ancienne splendeur mal-

gré les dépenses. — Hautes capacités des anciens directeurs. — Fondation d'un collège libre.
IV. — Ouverture d'une école de musique — d'une école de dessin 269

CHAPITRE XII
La Misère

Sollicitude pour les pauvres. — Interdiction de la mendicité aux pauvres du dehors, non à ceux nés ou ayant acquis domicile en ville. — Institution des *tables* des pauvres. — Recettes et dépenses. — Reddition des comptes. — Secours donnés aux pauvres. — École des pauvres. — Secours aux enfants trouvés. — Création d'un orphelinat de garçons. — Établissement des orphelines. — Asile pour les vieillards. — Mesures prises en cas de disette. — Bureau de bienfaisance. — Conférence de St-Vincent de Paul 291

CHAPITRE XIII
Maladies, Enterrements, Cimetières

I. — Sollicitude constante pour les malades et les infirmes. — Fondation de l'hôpital St-Jean par les chevaliers hospitaliers. — Indépendance de cet établissement. — Sa direction par les Frères mineurs. — Ceux-ci vont quêter au dehors pour le soutenir. — L'administration passe aux échevins. — Personnel domestique. — Religieuses madelonnettes. — Leur remplacement par des sœurs de St-François d'Assise. — Médecin, chirurgien, apothicaire. — Soins de propreté. — Incorporation des hôpitaux de Gosnay, d'Hesdigneul et de Fouquières. — Expulsion des religieuses en 1792. — Vente de leur couvent. — Son acquisition par le sieur Elipré. — Le couvent des Conceptionnistes transformé en hôpital. — Dotation par l'empereur. — Soins des malades et direction intérieure confiés à des sœurs. — Hôpital St-Georges. — Hôpital militaire. — Hôpital du faubourg St-Pry.
II. — La médecine à Béthune. — Médecin pensionnaire. — Chirurgien pensionnaire ; leurs gages. — Examens. — Soins gratuits aux indigents. — Indemnités aux sages-femmes. — Gratifications aux empiriques. — Œuvre des pauvres malades.
III. — La lèpre, ses causes et ses effets. — Adoucissements apportés par le christianisme. — Cérémonial observé pour la séquestration des lépreux ; — leur petit nombre. — Établissement d'une léproserie ou maladrerie.
IV. — La peste, - son apparition fréquente, — soins préventifs. — Isolement des pestiférés hors des murs. — Hô-

pital des pestiférés. — Mesures de police. — Remèdes. — Recours à l'intervention divine : processions, prières publiques.

V. — Ensevelissements et inhumations. — Cimetières : du Petit Saint-Vaast ou de Catorive ; du prieuré St-Pry ; de St-Barthélemy ; de la paroisse St-Pry ; de la paroisse St-Vaast ; de l'hôpital St-Jean. — Inhumation dans les églises et chapelles. — Pierres tombales.

VI. — Les charitables de St-Eloi. — Organisation de la confrérie, — costume de ses membres, — sa chapelle, — scission entre ses membres. — Société de Saint-Nicolas chargée de secourir les pauvres et les malades. — Prospérité de cette confrérie. — Considération dont jouissait la confrérie de St-Eloi. — Longue paix suivie de contestations entre les deux confréries. — Dissolution de la confrérie de St-Nicolas. — Saint-Eloi, patron de la ville. — Fêtes et processions en son honneur. — Dissolution de la confrérie de St-Eloi, — son rétablissement, — la Ste-Chandelle 303

CHAPITRE XIV

Clergé séculier de Béthune

I. — *Collégiale de St-Barthélemy*, fondée et dotée par Robert-le-Faisseux. — Robert, son fils, établit six chanoines, pourvoit à leur subsistance et fait prononcer l'excommunication contre ceux qui porteraient la main sur ces donations. — Robert III fonde trois nouveaux canonicats. — Création par les chanoines d'une neuvième prébende, puis successivement de quinze autres par divers bienfaiteurs. — Division des chanoines en deux camps : les vieux et les jeunes. — Discorde entre eux. — Sentence arbitrale portée, en 1217, par l'évêque d'Arras. — Le prévôt, seul dignitaire de la collégiale. — Le chantre. — Le sacristain ou *coustre*. — Les prébendes des jeunes sont assimilées à celles des vieux. — Le nombre des chanoines est réduit à treize. — Exigence des chanoines de St-Barthélemy. — Composition du chapitre en 1789. — Biens du chapitre. — Chapelle de la collégiale, — sa maîtrise, — ses richesses artistiques, — son trésor sacré, — ses prévôts.

II. — *Paroisse de Sainte-Croix*, d'abord dite de St-Jacques, puis de St-Barthélemy, érigée dans une chapelle proche de la collégiale. — Composition du chapitre de l'église, — ses pouvoirs. — Droits du curé limités par ceux des chanoines. — Difficultés diverses. — On songe à édifier une nouvelle église. — Condescendance du chapitre de la collégiale. — Administration du temporel de la paroisse. — Etendue de la paroisse, — sa population, — ses ressources.

III. — *Paroisse de St-Vaast*, eut pendant dix siècles son église au faubourg Catorive. — Charles-Quint ordonne la translation dans l'intérieur de la ville. — Construction de la nouvelle église, — ses dimensions, — sa beauté architecturale, — ses cloches, — ses orgues, — sa chaire. — La prédication. — Revenus de l'église. — Etendue de la paroisse. — Dîmes. — Prébendes. — Le clergé paroissial.

IV. — *Paroisse St-Pry*, indépendante du prieuré de ce nom. — Preuves de cette indépendance. — Situation de l'église St-Pry, — son domaine, — sa démolition. — Annexion des habitants de St-Pry à la paroisse de Fouquières.

V. — *Chapelles*. — Chapelle de la halte échevinale. — Chapelle de la Maladrerie. — Chapelle du Perroy. . . . 349

CHAPITRE XV

Communautés religieuses

I. — *Prieuré St-Pry*. — Herman répare la chapelle et, pour la desservir, fonde une abbaye devenant bientôt un simple prieuré dépendant de l'abbaye de St-Bertin. — Prétentions du prieuré. — Reconstruction en 1729. — Incendie en 1784. — Vente pendant la Révolution.

II. — *Couvent des Frères-Mineurs et des Récollets*. — Installation des Frères-Mineurs dans un couvent hors les murs. — Robert, gouverneur de la ville, en 1330, achète pour eux, une maison rue St-Pry. — Ils construisent leur église. — En 1606, ils sont remplacés par des Récollets.

III. — *Couvent des Capucins*. — Fondé en 1595, rue de la Délivrance. — Constructions d'une église. — Fonctions des Capucins. — Leur expulsion en 1791.

IV. — *Couvent des Annonciades*. — Fondé en 1515 par Isabelle de Luxembourg. — La direction spirituelle est confiée aux Récollets. — Expulsion de trois religieuses infestées de jansénisme. — Dispersion de 1791.

V. — *Couvent des Conceptionnistes*. — Fondé en 1323 par Mahaut, comtesse d'Artois, à l'extrémité inférieure de la rue St-Pry, d'où leur nom de Sœurs d'En Bas. Ces religieuses étaient cloîtrées. — Expulsées par la Révolution, leur couvent fut transformé en hôpital militaire, puis en hôpital civil.

VI. — *Couvent de la Paix*. — En 1624, les Bénédictines s'installent dans une maison de la rue du Château, achètent l'hôtel de Verquigneul où elles ne peuvent entrer, puis l'hôtel d'Ourton et font construire une église ; chassées par la Révolution, leur couvent fut en partie converti en prison.

VII. — *Couvent des Capucineresses.* — Fondée par testament de Catherine de Croix, cette communauté fut installée dans une maison sise dans la rue dite actuellement du Marais. — Elle est désignée dans les archives sous le nom de communauté *des filles d'Ailly.*

VIII. — *Béguinage du faubourg du Perroy.* — Fondé au commencement du XIVe siècle, par quelques filles pauvres, fut détruit pendant le siège de 1346 et rétabli par les Echevins.

IX. — *Sœurs de la Providence de Rouen.* — En 1764, succèdent aux sœurs de St-Joseph, à l'école de ce nom qu'elles dirigent jusqu'en 1791. — En 1802, sœur Guilbert ouvre une école et s'adjoint une sœur en 1804. — En 1824, les sœurs de la Providence sont installées en qualité d'institutrices communales.

X. — *Sœurs de Charité.* — Appelées en 1764, par le curé de St-Vaast, avec approbation du Magistrat, sont bientôt menacées de renvoi, à la suite d'une réclamation des chirurgiens et apothicaires. Le Roi casse la délibération des échevins. Les sœurs de Charité étaient installées à cette époque dans la rue des Grands-Becquereaux. — Seules, de toutes les religieuses, elles ne quittèrent pas leur maison pendant la Révolution ; la Municipalité prit leur défense en 1794 et 1795, nomma la sœur Jeannette, chirurgien des pauvres. — Réinstallation des sœurs de Charité en 1829. — Orphelinat de filles.

XI. — Maisons de refuge des communautés voisines de la ville 397

CHAPITRE XVI

Célébrités béthunoises

Ebrard de Béthune ; — Guillaume de Béthune ; — Quênes ou Conon de Béthune ; — Selvage ou Sauvage de Béthune ; — Jean Buridan ; — Jean d'Auffay ; — L'Adam Nicaise ; — Eloi d'Armeval ou d'Amerlant ; — Guillaume ; — Pierre de Manchecourt ; — Guillaume d'Assouville ou d'Assonville ; — Jean-François Le Petit ; — Antoine de Pouvillon ; — Frédéric Jamot ; — Jean Surius ; — Jean Chrysostôme ; — Jean Leclercq dit *Clerici* ; — Antoine Deslions ; — Antoine-Joseph Dumas ; — Marchand de Béthune ; — Louis-Constantin Flajolet ; — Bail de Béthune ; — Honoré-Marie-Joseph Croisier ; — Denis-Tiburce-Louis-Joseph Dellisse ; — Adolphe Pierre-Marie de Bellonnet ; — François-Joseph Fauvart dit Bastoul ; — François-Charles-Joseph de Bailliencourt dit Courcol ; — Edouard Cary ; — Félix Lequien.

Peintres ; — Maçons ; — Menuisiers ; — Charpentiers ; — Serruriers-Ferronniers ; — Orfèvres 421

CHAPITRE XVII

Rues et Places

Aspect ancien des rues, — leur amélioration, — leurs habitants, — leurs noms.
Places et portes. — Faubourgs.
Population 463

Renseignements et pièces justificatives. 477

www.ingramcontent.com/pod-product-compliance
Lightning Source LLC
Chambersburg PA
CBHW060756230426
43667CB00010B/1592